中国社会科学院创新工程学术出版资助项目

马克思主义专题研究文丛

马克思主义经济学研究

（第2辑·2012）

程恩富 ● 主编

中国社会科学出版社

图书在版编目(CIP)数据

马克思主义经济学研究（第 2 辑·2012）／程恩富主编．
—北京：中国社会科学出版社，2013.4
ISBN 978 - 7 - 5161 - 2307 - 2

Ⅰ.①马…　Ⅱ.①程…　Ⅲ.①马克思主义政治经济学
—研究　Ⅳ.①F0 - 0

中国版本图书馆 CIP 数据核字（2013）第 055744 号

出 版 人	赵剑英
责任编辑	赵　丽
责任校对	韩海超
责任印制	李　建

出　　版	中国社会科学出版社
社　　址	北京鼓楼西大街甲 158 号（邮编 100720）
网　　址	http://www.csspw.cn
	中文域名:中国社科网　　010 - 64070619
发 行 部	010 - 84083685
门 市 部	010 - 84029450
经　　销	新华书店及其他书店

印刷装订	北京一二零一印刷厂
版　　次	2013 年 4 月第 1 版
印　　次	2013 年 4 月第 1 次印刷

开　　本	710×1000　1/16
印　　张	30.75
插　　页	2
字　　数	513 千字
定　　价	78.00 元

凡购买中国社会科学出版社图书,如有质量问题请与本社联系调换
电话:010 - 64009791

前　言

以毛泽东、邓小平、江泽民为核心的党的三代领导集体和以胡锦涛同志为总书记的党中央始终高度重视党的理论工作，重视全党对马克思主义理论的学习和研究工作。

2004年1月，《中共中央关于进一步繁荣发展哲学社会科学的意见》下发，并决定实施马克思主义理论研究和建设工程。

为贯彻落实党中央关于把中国社会科学院努力建设成为马克思主义坚强阵地、党和国家的思想库智囊团、哲学社会科学的最高殿堂的要求，中国社会科学院采取了一系列重要措施。2009年初决定把加强马克思主义理论学科建设与理论研究作为一项重要工作来抓，并成立中国社会科学院马克思主义理论学科建设与理论研究工作领导小组。领导小组成立后，一方面注重抓好马克思主义理论学科组织机构的建设，设立马克思主义理论类别的研究室和中心等；同时又注重马克思主义基础理论研究。

为了推进马克思主义基础理论研究，决定从2011年开始编辑出版"马克思主义专题研究文丛"，每年收录全国范围内相关学科领域具有代表性的文章。

中国社会科学院马克思主义理论学科建设
与理论研究工作领导小组
2011年9月

目　录

马克思主义经济学基本理论研究

当代社会主义经济研究

当代资本主义经济研究

马克思主义经济学与西方经济学比较研究

马克思主义经济学基本理论研究

政治经济学现代化的四个学术方向

程恩富

中国经济学和政治经济学现代化的学术原则应当是"马学为体、西学为用、国学为根、世情为鉴、国情为据、综合创新"。① 而政治经济学的现代化应当是在国际化、应用化、数学化和学派化这四个学术方向上持久地开拓创新。

一 政治经济学的国际化

马克思主义政治经济学从它诞生之日起就是一个国际化的学说,只是后来随着世界上社会主义国家的建立和"冷战"的兴起,政治经济学在东西方两大阵营以及在每个阵营的不同国家内分别走上了不同的发展道路,并日益隔绝起来。中国改革开放以后,对国外的马克思主义政治经济学研究日益关注,翻译和引进了不少学术成果,但迄今为止,这种交流主要是单向的,还处于中国政治经济学界了解和借鉴国外政治经济学的阶段。随着中国长期经济发展奇迹的出现、中国经济模式优势的确立,尤其是中国经济在西方金融和经济危机的爆发后的优异表现,中国的政治经济学理论发展日益得到国际知识界的关注。现阶段政治经济学国际化的中心思想是加强双向交流。一方面,中国在世界上的地位越来越重要,中国马克思主义经济理论研究的国际影响也日趋扩大;另一方面,西方金融和经济危机使马克思主义在苏东剧变之后重新得到世人的广泛关注,马克思在《资本论》中对于资本主义市场经济的批评也被西方国家的民众甚至一些政要认

---

① 详见程恩富、何干强《论推进中国经济学现代化的学术原则》,《马克思主义研究》2009年第 4 期。

可。国外一大批马克思主义经济学家，如大卫·科茨、莱伯曼、柯瑞文、迪劳内、伊藤诚等以马克思主义经济学的基本原理与当代世界经济的具体实际的结合为主题，阐述了世界资本主义和社会主义市场经济的一系列新的理论和政策思路，为中国经济学家的理论创新提供了可供借鉴的宝贵思想资源。随着中国经济参与世界经济进程的加深，中国马克思主义经济学的研究除继续关注中国的发展外，也将逐步扩大国际视野，积极参与全球政治经济学和左翼经济学的学术研讨和争论。这有益于把马列主义经济学及其中国化理论客观和正确地介绍到各国，有益于中国抵御西方发达国家施加给中国经济的无理压力、维护中国的合理经济权益和推动世界经济的公正有序发展，有益于加强中国政治经济学在世界马克思主义经济学界的平等交流和"话语权"，有益于与西方主流经济学界的对话和论争，以增强对整个国际知识界的影响力。

政治经济学国际化正在积极地进行之中。最近六年，由各国学者推选的中国经济学家领衔的全球学术团体——世界政治经济学学会分别在中国、日本、法国和美国召开世界政治经济学大会；2010 年，创办了《世界政治经济学评论》国际英文季刊；2009 年开始，每年评选"21 世纪现代政治经济学杰出成果奖"；2011 年开始，每年评选"世界马克思经济学奖"，不断双向翻译发表的一些重要著作和论文。2011 年，中国社会科学院支持创刊的《国际批判思想》（中文翻译为《国际思想评论》）国际英文季刊，由 30 多个国家的约 50 位国际知名学者担任编委，政治经济学探讨和评论是其十多个重要学科之一。这些世界级的政治经济学学会、刊物、翻译和评奖等学术工作，均有力地推动了中国政治经济学的国际化和国外政治经济学的中国化，在各国的学术影响迅速增大。

二 政治经济学的应用化

理论是为社会实践和应用服务的，经济理论更是如此，强调经世济民和民富国强，以便更好地解决中外经济社会发展中的问题。现代政治经济学理论应当更多地被运用、拓展到部门经济、应用经济和专题经济的学科中去。从近年来的情况看，西方经济学理论的广泛应用是经济学发展的主要趋势。比如，西方经济学的基本概念、理论、原理和分析方法等，都渗透到了金融、贸易、产业经济等学科之中，体现了理论经济学对应用经济学的引领作用。这一点是值得马克思主义经济学借鉴的。不过，西方金融和经济危机爆发后，西方发达国家内部、西方发达国家之间以及西方发达国家与发展中国家之间的矛盾日益激化，以西方经济学为基础理论的国际金融、国际贸易、发展经济学等应用经济学的内在缺陷日益显露，急需运用科学的经济学基础理论来改造这些应用学科。许多问题，如金融衍生产品到底是化解金融风险、促进经济发展的利器，还是国际金融垄断寡头扩大金融风险、掠夺世界人民的工具，其真相到底如何等，这些都需要根据马克思主义政治经济学原理改造和发展的相关应用经济学来系统诠释。

马克思主义经济学可以分为马克思主义理论经济学（其中政治经济学是主体）和马克思主义应用经济学两个层次。应当说，经典马克思主义经济学本身已包含对现代学者所细分的应用经济学的分析。马克思关于货币、价格、工资、企业、流通、分配、产业、金融、汇率、信用、危机等理论及其应用，都是当时历史条件下政治经济学理论具体化、部门化和应用化的精华。尽管由于著作篇幅有限，论述得还不够，而且随着时代的变迁，这些理论的部分结论有一定的局限性，但只要根据现实的经济发展对这些理论精髓进行深入挖掘和科学扩展，就能够很好地指导各门应用经济学和交叉经济学。以许多应用经济学和新兴交叉经济学都要涉及的供求关系为例，马克思抓住了资本主义经济的本质，即对私人剩余价值的追逐，论证了资本主义市场经济必然出现生产等相对过剩，出现供给与需求的不平衡。"资本家的供给和需求的差额越大，就是说，他所供给的商品价值越是超出他所需求的商品价值，资本家的资本增殖率就越大。他的目的，不在于使二者相抵，而是尽可能使它们不相抵，使他的供给超出他的需求。"[①] 因此，与建立在供给与需求处处均衡分析之上的西方经济学相比，马克思主义政治经济学能够给予各门应用经济学科真正科学的方法论和理论导向。

与西方学术界中的"经济学帝国主义"，即用西方经济学的思想和分析方法研究和解释其他社会科学所研究的问题相类似，政治经济学的应用化，还包括其被应用到其他各个学科，尽管其中的缘由与"经济学帝国主义"大不相同。政治经济学关于劳动、财富、价值、产权、资本、资源、成本、收益、经济利益、按比例发展、经济调节机制和经济全球化等分析

---

① 马克思：《资本论》（第2卷），人民出版社2004年版，第134页。

方法和原理，其中有不少可以被借鉴应用到其他社会科学的学科中。正是因为政治经济学揭示了现代社会的经济运动规律和机制，而经济系统与政治、文化和社会等其他系统存在一定的联系和发展的某种共性，因而它对于其他相关学科往往具有渗透和双向借鉴的意义，这在经济社会学、经济哲学、经济伦理学、经济心理学、经济人类学、新政治经济学、人口学、国际政治经济学、国际关系学等学科发展中尤其重要。

推动政治经济学应用化的方式较多。这里只说明两点：一是要加强大学生和研究生教材的编写。目前，中国社会科学院马克思主义研究院正在组织全国科研单位和大学，重新编写 150 门左右的理论经济学、应用经济学、交叉经济学及相关学科的教科书，以便逐步摆脱中国经济学科"被殖民化"（美化为中国经济学"与国际接轨或国际化"）的严重偏向，构建真正具有时代精神、世界实践和科学创新的马克思主义经济科学的完整学科体系，实现"以我（国）为主"的经济学双向交流和国际化。其特点和综合创新之处，便是以经济全球化、区域化和集团化为背景，以中外现代经济关系和经济制度为对象，广泛运用中外马克思主义政治经济学及其应用的最新科学研究成果来创造性地编著，能够体现中国和世界现代马克思主义经济学的最高研究水平，适合各国马克思主义经济学的教学和深一步的研究需要。二是要重视由马克思主义政治经济学家领衔召开的应用经济领域和相关领域的研讨会。政府、学术界和社会各界人士，共同研讨经济问题，也是一种很好的方式。近年来中国社会科学院马克思主义研究院和经济社会发展研究中心联合十余所高校共同举办的"中国经济社会智库高层论坛"，应用马克思主义经济学方法和理论精神，对社会普遍关心的重大现实问题进行独创性研讨，已先后提出"先控后减的新人口策论"、"机关、事业和企业联动的新养老策论"、"转变对外经济发展方式的新开放策论"和"城市以公租房为主的新住房策论"等，引起社会各界的广泛重视，起到了很好的建言献策和理论传播效果。

三　政治经济学的数学化

重视数学分析，在定性分析的基础上进行必要的定量分析，一直是马克思主义政治经济学的优良传统之一。《资本论》就是一个典范，可以说，在古典政治经济学体系中运用数学最多的就是马克思。"马克思使用的计算，主要是用作文字论证的补充说明，他的文字论证将过程和横断面分析结合在一起了，这样的计算即使对今天现有的数学技巧来说，也是做不到的。"① 马克思自己曾说："为了分析危机，我不止一次地想计算出这些作为有规则曲线的升和降，并曾想用数学方式从中得出危机的主要规律（而且现在我还认为，如有足够的经过检验的材料，这是可能的）。"② 马克思重视数学方法在经济研究中的作用，但并不迷信数学，而是始终将数学方法建立在正确的分析前提上，即以唯物辩证法为指导，坚持以科学抽象法、逻辑方法和历史方法作为分析的基础。

此外，马克思还认为，在纯数学领域内进行的研究，必须通过经济分析进行检查，使它不脱离某一经济现象所固有的经济规律。由于坚持了上述原则，马克思的经济学理论的数学化分析能够增强理论的解释力和科学性。

相比之下，现代西方经济学虽然运用了大量的数学工具，但由于其出发点时常失误或脱离现实，因而其数学化的结果并不能表明其理论的科学性和精确性。例如，西方宏观经济学的计量经济学模型的联立方程组中，通常必有一个方程是按总供给与总需求相均衡的原则设立的，从而这样的数学模型求解出来的结果，必定与生产过剩等的常见实情相距甚远，从而无法发现经济运行中的问题，也无法预测经济危机。另外，数学模型的复杂性并不与数学模型的科学性成正比。比如，西方宏观经济学模型为了体现自己的科学程度，喜欢搞上百个方程和上百个变量的过于复杂的大型模型，却忽略了每个变量都存在计量误差，随着方程数和变量数的增加，每个变量的些许误差的集合会放大成巨大的误差，从而使得模型只有纸面上的意义，难以科学认知和应用。

对政治经济学的数学化可以有两种态度。第一种是坚持唯物辩证法和历史唯物论为总的方法论原则，同时高度重视利用数学分析工具，把数学分析与现代马克思主义政治经济学前提假设和理论基础结合起来，进行马克思主义经济学原理的论证、阐述和发展，以弥补定性分析和规范分析的不足。这里所说的数学化，并非化得越深越好，而是依据理论分析的必要

---

① ［美］肯尼思·梅（K. May）：《价值和价格：对温德尼茨解法的一个注释》，《经济学杂志》1948 年第 6 期。

② 《马克思恩格斯全集》（第 33 卷），人民出版社 1995 年版，第 87 页。

性和可能性。第二种则是盲目地与西方主流经济学接轨，注重数学分析的形式主义和滥用数学工具。为了数学而分析，而不是为了分析而运用数学，甚至为了便于参照西方经济学的方式运用数学，而采用西方经济学所使用的部分错误假设和前提，背离了在政治经济学里运用数学的初衷，得出了许多错误的结论。现代西方主流经济学偏好以片面的或脱离现实的假设为研究经济问题的出发点，建立一个"理论假设—逻辑推演—实证检验"固定的分析模式，并视为唯一科学的研究范式，排斥研究方法和叙述方法的多样性，以至于把亚当·斯密的《国富论》和马克思的《资本论》称为经济哲学而非经济学著作，这是典型的现代教条主义。前一种态度是中国经济学的主攻方向之一，后一种态度则是需要避免的。

需要指出的是，西方经济学对于数学工具的运用是不充分的。马克思曾经讽刺李嘉图："看来，除了资产阶级社会形式以外，'欧文先生的平行四边形'是他所知道的惟一的社会形式。"① 与此类似，"令所谓的利润函数一阶导数等于零是西方经济学家所知道的唯一的求解利润最大化的方法"②。但是，一方面，这一方法并不总是求解利润最大化的方法；另一方面，考虑到风险的存在，资本家也并不处处追逐短期利润的最大化。显然，不受西方经济学束缚的政治经济学可以更为合理地使用更多的数学方法。

经济学研究中的模型，除了文字模型和图表模型以外，数学模型是重要的表达和分析方法。政治经济学的数学化，将在以下几个方面促进中国经济学的发展：（1）可以运用现代数学的最新成果，为逻辑分析、抽象分析和定性分析等方法提供支撑，对马克思主义经济理论进行更全面的阐述，如价值转形问题、劳动生产率与价值量变动的关系问题等；（2）可以运用数学工具，对现代社会中经济发展的经验材料进行更科学的归纳、整理和分析，并为国家和企业的经济决策提供更为详实的依据，如劳动报酬和人口的统计分析等；（3）在马克思主义方法论的基础上，对现代市场现象进行数学解释，有利于马克思主义经济理论与西方经济理论的对比，从而增强人们的理论辨别力，如国有企业的真实效率等；（4）可以使理论更严谨和清晰，易于表达，增强马克思主义经济学的学术解释力和说服力，

---

① 马克思：《资本论》（第 1 卷），人民出版社 2004 年版，第 94 页。

② 余斌：《经济学的童话》，东方出版社 2008 年版，第 19 页。

如一般利润率下降规律等。总之，政治经济学的数学化，将有利于弥补目前政治经济学研究中的部分缺憾，大大促进其理论的传承和创新，真正体现中国经济学的时代特征。

四　政治经济学的学派化

《辞海》中对"学派"一词解释为："一门学问中由于学说师承不同而形成的派别。"这种定义的学派是传统的"师承性学派"。学派还可以指以某一地域、国家、民族、文明、社会或某一问题为研究对象，而形成具有特色的学术群体。这种现代性的学术群体，同样可称为"学派"。在西方经济学界中，有芝加哥学派、奥地利学派、剑桥学派等以地域命名的学派，有重农学派、货币主义学派、供应学派、产权学派等以概念或主题命名的学派，也有凯恩斯主义学派、后凯恩斯主义学派等以某一重要理论创始人命名的学派。以这三种不同形式命名的经济学学派的形成和发展，除了某些是与对抗马克思主义经济学有关之外，主要还是与资本主义国家中阶级的分层及其利益的分层有关，如有的学派主要维护的是大地主阶级的利益，有的学派主要维护的是小资产阶级的利益，有的学派侧重维护的是产业资本阶级的利益，有的学派侧重维护的是金融资本阶级的利益，有的学派主张资产阶级的经济改良主义，有的学派主张维护大垄断资产阶级的利益，等等。随着各自所维护的阶级和阶层在社会和统治集团内部地位的升降，这些学派的学术影响力也相应地升降。

与资产阶级经济学学派的形成和发展不同，中国政治经济学的学派化，不是为了代表劳动阶级不同阶层的利益，而是都应站在劳动阶级和广大人民的整体立场，都应遵循马克思经济学的方法论和理论精神，都应尽可能地全面系统地掌握实际经济情况，在此基础上对马克思主义政治经济学方法、理论及其应用进行深入探讨，并由于认识上的不同或不能完全做到"三个都应"而形成各自的学术流派。

实际上，随着马克思主义政治经济学研究的日益深入，政治经济学的学派化，将是未来的一个主要方向。这是因为，马克思发现的唯物史观和改造旧哲学形成的唯物辩证法，第一次打开了人们科学地认识人类历史发展规律的大门，马克思主义博大精深，涉及经济学、政治学、社会学等许多学科，而且这些学科之间还有丰富的交叉内容，单凭个人或少数几个人的努力要全面研究马克思主义并将其应用于各个学科是做不到的，形成学派势在必行。

学术自由、繁荣和质量的标志之一是学派化，其益处，一是可以集中研究主题，避免泛泛而谈和不够深入的缺点，体现研究成果的特色，形成具有深度的学术积累；二是可以在不同学派中形成争鸣，增强政治经济学的辨别力和旺盛力，形成有学术渊源的思想发展史；三是可以通过学派的传承和壮大，凝聚有特色的研究群体，形成研究合力。在日本政治经济学界，劳农派、宇野派、新古典马克思主义经济学派、演化经济学派等都颇有影响。目前，国内政治经济学研究领域已开始形成一些影响程度不同的学派，如以中国社会科学院和上海财经大学为研究基地的新马克思经济学综合学派（或称海派经济学）等。有些人以为形成学派很简单，其实，学派化对学者尤其是学派的学术带头人的要求会更高。学派要能站得住脚，就要求学者在经济学方法、理论和政策研究上与别人有科学价值的重要区别，但又不能像许多西方主流学派那样，只是把某一方法、理论或政策加以极端化和片面化，呈现极端成派的不良学术格局和倾向。如产权学派只认定产权这一因素最重要，货币学派只认定货币政策最重要，供给学派只认定供给最重要，从而缺乏辩证的系统分析思维，缺乏在一定条件下各种重要因素的地位相互转化的认知。另外，学派不是封闭性的宗派，其思想和人员均应呈现动态式的开放。马克思主义政治经济学的诞生和发展，曾经与各种经济学思潮和流派进行互动、批评和反批评。现代政治经济学的学派化不应当宗派化和极端化，而应当促进思想解放、互相借鉴和正常的学术批评，形成合乎学术规范的争鸣局面。

（原载《学术月刊》2011 年第 7 期）

中国特色社会主义经济学的理论创新

顾海良

"从当前的国民经济的事实出发"，是马克思开始经济学研究时就提出的观点。准确把握中国特色社会主义"经济的事实"，把马克思主义基本原理与当代中国的实际结合起来，才能说出适合于中国经济发展实际的"新话"。比如1984年，党的十二届三中全会通过的《关于经济体制改革的决定》提出"社会主义经济是公有制基础上的有计划的商品经济"，就是适合当时中国经济体制改革实际的"新话"，也是马克思主义经济学的"新话"。邓小平对此作出高度评价，认为这些"新话"，给人以"写出了一个政治经济学初稿"的印象，是"马克思主义基本原理和中国社会主义实践相结合的政治经济学"，"解释了什么是社会主义，有些是我们老祖宗没有说过的话，有些新话，我看讲清楚了"。经过近30年的发展，中国共产党撰写的"政治经济学的初稿"日臻完善，中国特色社会主义经济学已经成为中国化马克思主义的光辉篇章，成为中国共产党对当代马克思主义经济学创新的伟大贡献。

1. 以社会主义初级阶段为研究对象。社会主义初级阶段是当代中国最重要的也是最基本的"经济的事实"；社会主义初级阶段的经济关系，是中国特色社会主义经济学研究的出发点和对象。

对经济学对象的理解，马克思主义经济学形成时期有两种基本观点：一种是马克思提出的对象的典型性的观点；另一种是恩格斯提出的对象的特殊性的观点。在《资本论》第一卷中，马克思对资本主义经济关系的研究，主要以英国资本主义发展为"例证"。因为英国是当时资本主义经济最发达、最典型的国家。通过分析英国资本主义经济关系，人们能够透彻理解资本主义经济运动规律，深刻揭示资本主义经济关系发展的必然趋势。在《反杜林论》中，恩格斯提出了对象特殊性的观点。他认为："人们在生产和交换时所处的条件，各个国家各不相同，而在每一个国家里，各个世代又各不相同。因此，政治经济学不可能对一切国家和一切历史时代都是一样的。"经济学对象的特殊性决定了经济学国别特色的必然性。

中国特色社会主义经济学的研究对象，强调的是中国的特殊国情和处于社会主义初级阶段经济关系的特殊性质。因此，它以社会主义发展道路的多样性为前提，以发展中的社会主义经济关系为对象。从这个角度说，中国特色社会主义经济学的研究对象，是对马克思、恩格斯经济学研究对象的发展，是对马克思主义经济学的创新性运用。

2. 整体研究社会主义初级阶段经济制度、经济体制和经济运行。马克思注重研究资本主义经济关系中的经济制度本质。《资本论》第一卷是以"我的观点是把经济的社会形态的发展理解为一种自然史的过程"开始，以"资本主义生产由于自然过程的必然性，造成对自身的否定"为最后结论的。"资本主义私有制丧钟就要敲响了"，就是马克思关于资本主义经济学研究的指向。《资本论》对经济体制和经济运行的研究，从属于经济制度本质研究。

与上述研究侧重点不同，中国特色社会主义经济学则集中研究社会主义经济关系，以对经济制度本质研究为基础，着力探索经济体制、经济运行规律。换言之，对经济体制和经济运行的研究，成为社会主义初级阶段经济制度研究的重要内容和必然展开形式。

3. 确立解放生产力和发展生产力的基础理论地位。对马克思主义生产力理论的当代诠释，是中国特色社会主义经济学形成和发展的重要标识。在"拨乱反正"过程中，我们首先遇到的问题就是生产力问题，即怎样评价生产力在中国社会主义经济关系性质和本质中的地位、怎样理解生产力在中国社会主义经济增长和发展中的作用。1978年3月，邓小平同志指出："科学技术是生产力，这是马克思主义历来的观点……'生产力中也包括科学'。现代科学技术的发展，使科学与生产的关系越来越密切了。科学技术作为生产力，越来越显示出巨大的作用。"由此前进一步，邓小平同志认为要把发展生产力和解放生产力结合起来。他说："过去，只讲在社会主义条件下发展生产力，没有讲还要通过改革解放生产力，不完全。应该把解放生产力和发展生产力两个讲全了。"要把解放生产力和发展生产力"讲全"，就不只是生产力的问题，而是生产力和生产关系相结合的问题，这也是中国特色社会主义经济学创新的根本所在。

解放生产力和发展生产力理论，是展开中国特色社会主义经济学的最基本的理论。在解放生产力和发展生产力理论的基础上，我们清楚了社会主义社会初级阶段的主要矛盾是人民日益增长的物质文化需要同落后的社会生产之间矛盾的理论，增强了对社会主义经济关系主要矛盾和社会主义本质的认识；清楚了以经济建设为中心的党在社会主义初级阶段基本路线的理论，确立了以实现社会主义现代化为根本目标的经济发展战略及其相适应的战略规划和战略步骤的基本内涵；清楚了社会主义初级阶段生产力布局和经济关系多样性现状的认识，形成了社会主义初级阶段基本纲领特别是关于所有制结构和分配体制基本格局的理论；清楚了经济体制改革目标模式的选择，明确了社会主义市场经济体制改革的路径和目标。列宁认为："只有把社会关系归结于生产关系，把生产关系归结于生产力的水平，才能有可靠的根据把社会形态的发展看做自然历史过程。"中国特色社会主义经济学确立的解放生产力和发展生产力的理论视阈，凸现了马克思主义经济学的"生产力的水平"，为中国特色社会主义道路的发展提供了"可靠的根据"。

4. 讲究"剥离下来"和"结合起来"的方法论要义。方法创新是理论创新的先导，方法创新显现于重大理论创新之中。马克思就是在对劳动价值论和剩余价值论的科学革命中，实现了经济学方法创新。社会主义市场经济理论与实践问题，是中国特色社会主义经济学的重大理论。对社会主义市场经济体制的理论创新，最显著地展示了中国特色社会主义经济学的方法创新。

在我国经济体制改革实践中，确立社会主义市场经济体制目标模式，首先必须突破市场经济与资本主义私有制存在的"天然联系"的传统观念。在经济思想史上，抽象的经济范畴的形成大多经历了"极其艰难地把各种形式从材料上剥离下来并竭力把它们作为特有的考察对象固定下来"的过程。"剥离下来"就是离析市场经济对资本主义私有制的依附关系，从资本主义经济中"剥离"出市场经济这一具有体制性规定的抽象范畴。1979 年 11 月，邓小平提出要从"方法"的角度搞清楚市场经济和社会基本制度之间的关系。他指出："说市场经济只存在于资本主义社会，资本主义的市场经济，这肯定是不正确的。社会主义为什么不可以搞市场经济，这个不能说是资本主义。"这就深刻揭示了市场经济作为经济运行"方法"所具有的体制性的规定，认定市场经济是一个体制性范畴就从根本上破除了那种把市场经济等同于资本主义私有制的传统观念。

但是，抽象范畴只有在思维的一定层面上才有意义。市场经济作为体制性范畴，只有与一定的基本经济制度相结合才是充分的、现实的市场经济体制。因此，我们要一方面把市场经济从资本主义制度中"剥离下来"，形成抽象意义的市场经济范畴；另一方面要强调市场经济体制必然与一定的基本经济制度"结合起来"，形成建设和发展社会主义市场经济体制的新观念、新实践。在党的十四大上，江泽民同志就提出了"社会主义市场经济体制是同社会主义基本制度结合在一起的"论断。在回顾改革开放30年经济体制改革宝贵经验时，胡锦涛同志指出："必须把坚持社会主义基本制度同发展市场经济结合起来，发挥社会主义制度的优越性和市场配置资源的有效性，使全社会充满改革发展的创造活力。"

5. 重视经济体制改革。经济体制改革理论是以改革理论为先导的。党的十一届三中全会提出："实现四个现代化，要求大幅度地提高生产力，也就必然要求多方面地改变同生产力发展不相适应的生产关系和上层建筑，改变一切不适应的管理方式、活动方式和思想方式，因而是一场广泛、深刻的革命。"改革不是原有经济体制的细枝末节的修补，而是经济体制的根本性变革。要全面系统地进行农村改革、国有企业改革、市场体系建设、价格体系改革和计划、财政、金融、分配、流通体制改革。社会主义经济制度的完善和发展，根本上就是社会主义经济体制改革和创新的问题。调整和完善所有制结构，进一步解放和发展生产力，是社会主义市场经济体制为目标的改革的重大任务。

6. 坚持社会主义两个根本原则。邓小平在探讨"什么是社会主义、怎样建设社会主义"问题时指出："一个公有制占主体，一个共同富裕，这是我们所必须坚持的社会主义的根本原则。我们就是要坚决执行和实现这些社会主义的原则。"这两个根本原则是社会主义初级阶段经济制度的基本内涵。

生产资料公有制是社会主义经济制度的基础。公有制的主体地位主要表现在公有资产在社会总资产中占优势、国有经济控制国民经济命脉并对经济发展起主导作用。不过，公有制实现形式可以而且应当多样化，股份制就是其中一种主要实现形式。毫不动摇地巩固和发展公有制经济，毫不动摇地鼓励、支持和引导非公有制经济发展，是坚持和完善社会主义经济制度的两个基本原则。中国特色社会主义所有制结构的确立，奠定了中国特色社会主义经济发展的坚实的、可靠的制度基础。

中国特色社会主义经济学分配理论的创新，集中于两个方面：一是坚持以按劳分配为主体、多种分配方式并存的制度，把按劳分配和按生产要素分配结合起来，健全劳动、资本、技术、管理等生产要素按贡献参与分配的制度。鼓励一部分人先富起来，最终实现全社会的共同富裕。二是统筹协调效率与公平的关系。坚持和完善社会主义初级阶段的分配制度，初次分配和再分配都要处理好效率和公平的关系，再分配要更加注重公平。解决好国民收入初次分配的问题，需要建立健全市场机制，以效率为前提，加重公平的分量，规范分配的方式，逐步提高居民收入在国民收入分配中的比重，提高劳动报酬在初次分配中的比重。同时，创造条件让更多群众拥有财产性收入，逐步扭转收入分配差距扩大趋势。

7. 探索社会主义市场经济体制目标模式。社会主义市场经济体制改革理论的核心是计划和市场的关系问题。党的十四大之前，我们经历了计划经济为主市场调节为辅、社会主义有计划的商品经济、计划与市场内在统一等目标模式的选择。党的十四大确立了社会主义市场经济体制的目标模式，对什么是社会主义市场经济体制、怎样建设社会主义市场经济体制问题作出了初步探索。党的十四届三中全会通过的《关于建立社会主义市场经济体制若干问题的决定》，提出了社会主义市场体制的基本框架，对建立现代企业制度、培育市场体系、转变政府职能、建立宏观调控体系、建立社会保障体系等方面的改革作出了具体规定。

从党的十五大到十六届五中全会，中国共产党强调坚持社会主义市场经济的改革方向，提出建立较为完善的社会主义市场经济体制的阶段性任务。完善社会主义市场经济体制，需要推进各方面体制的改革创新，以更大决心加快推进改革，使关系经济社会发展全局的重大体制改革取得突破性进展。加快重要领域和关键环节的改革步伐，要以转变政府职能和深化企业、财税、金融等改革为重点，形成有利于转变经济发展方式、促进全面协调可持续发展的体制机制，为发展中国特色社会主义提供强大动力和体制保障。

党的十七大以后，中国共产党进一步深化对社会主义市场经济规律的认识。概而言之，社会主义市场经济体制改革和发展问题，是党的十四大以来中国共产党历届中央全会和历次代表大会研究最多的理论和实践问题，也是中国特色社会主义经济学中最具创新性的理论和实践问题。

8. 紧抓科学发展主题。改革开放以来，中国共产党一直关注中国经济的发展问题。邓小平同志提出："发展才是硬道理"、"中国的主要目标是发展"；江泽民同志强调："必须把发展作为党执政兴国的第一要务"；党的十六大以来，以胡锦涛同志为总书记的党中央，紧紧围绕"实现什么样的发展、怎样发展"这一重大问题，提出了科学发展观重大战略思想，强调发展是第一要义，核心是以人为本，基本要求是全面协调可持续，根本方法是统筹兼顾，阐明了发展观念、道路、战略、目标、方式和动力等一系列基本问题。

科学发展是中国经济发展的主题。我们坚持从社会主义初级阶段国情出发，科学制定并适时完善"三步走"发展战略，全面建设小康社会，加快转变经济发展方式。科学发展，丰富、发展了中国特色社会主义经济学，赋予中国特色社会主义经济学以新的中国风格和时代特征。

9. 坚持全方位对外开放。实行对外开放是我国社会主义现代化建设的一项基本国策，也是中国特色社会主义经济学的重要组成部分。改革开放以来，中国共产党确立了实行对外开放和积极参与经济全球化的进程的基本国策，形成了中国特色社会主义经济开放理论。对外开放是全方位的开放，包括对发达国家和发展中国家的开放，包括经济、科技、教育、文化等各领域的开放，包括沿海、沿边、沿江地带、内陆城市和地区的开放。当然，我们要正确处理对外开放同独立自主、自力更生的关系，维护国家经济安全，在坚持对外开放的同时把立足点放在依靠自身力量的基础上，大力推进自主创新，实现自主发展。

10. 构建有机理论体系。中国特色社会主义经济学，在对象方法上以社会主义初级阶段经济关系为研究对象，突出经济制度、经济体制和经济运行的整体研究，把握解放生产力和发展生产力理论基础地位、以"剥离下来"和"结合起来"为方法论要义；在理论结构上，以经济改革、经济制度、市场经济、科学发展和对外开放为主导理论。这些主导理论相互联系、相互依存，构成一个有机整体；这些主导理论的相互结合、相互作用，生成一系列衍生性理论。主导理论和衍生性理论结合在一起，共同构成中国特色社会主义经济学理论体系。

中国特色社会主义经济学是中国化马克思主义经济学。中国化马克思主义经济学，一方面是马克思主义经济学的中国化过程。这就是把马克思主义经济学基本原理运用于中国改革开放的具体实际，用以分析和解决中国社会主义经济的实际问题，如毛泽东同志所说的"使马克思主义在中国具体化，使之在其每一表现中带着必须有的中国的特性，即是说，按照中国的特点去应用它"。另一方面是中国化的马克思主义经济学过程，即依据马克思主义经济学的基本原理，使得从中国社会主义经济实际发展和中国改革开放实践经验中得出的新思想、新理论马克思主义经济学化，形成具有中国特色马克思主义经济学的新内涵和新形式。这就是毛泽东同志所称的"要使中国革命丰富的实际马克思主义化"。这两个方面，前者是理论运用于实践的过程，后者是实践上升到理论的过程；前者是理论运用和探索的过程，后者是理论概括和升华的过程。两个过程交织在一起，螺旋式地发展。

（原载《前线》2011 年第 8 期）

阶级分析在我国政治经济学中的地位

吴宣恭

要建立既符合我国国情又能指导我国社会主义建设的政治经济学，首要的是必须具有以辩证唯物主义和历史唯物主义为指导的科学研究方法和分析方法。建立在马克思主义所有制理论基础上的阶级分析方法就是其中的重要方法。

一　阶级分析是马克思主义经济学的重要方法

在社会生产和再生产过程中，人们通过各种方式结成一定的关系。政治经济学就是研究生产关系及其发展规律的科学。但是，生产必须以一定的物质资料为前提，不同的人与生产资料的关系不同，在社会生产和劳动组织中所起的作用和所处的地位就不相同，取得归自己支配的那份社会产品的方式和份额也不同，因而有些人就能凭借其占有的生产资料在生产过程中占据支配地位，进而无偿占有另一些人的部分劳动成果。马克思主义把存在这些差别的不同人群或集团称为阶级。

对阶级关系的分析是辩证唯物主义和历史唯物主义这个政治经济学基本方法和基本理论的重要构成部分，是马克思主义关于生产力与生产关系相互关系理论以及所有制理论的自然延伸和运用，也是正确认识社会经济、政治关系的重要方法。在研究资本主义和以前社会的生产关系时，马克思主义的政治经济学始终贯彻和运用了阶级分析方法，阐明这些社会中人们形成一定生产关系的所有制基础，亦即阶级产生的基础，深刻地揭示了在这些基础上人们相互关系的实质，精辟地论述这些关系的发展规律。

马克思从不隐讳他的学说的阶级性。科学性和阶级性的结合，在马克思主义政治经济学中得到充分的显示。只要是存在阶级的地方，对阶级关

系的分析仍然是研究社会经济政治关系的有效方法。例如，虽然有人主张
经济发达国家的阶级界限已经日益淡化，但在这些国家里，剥削、贫困仍
然没有消失，财富向少数人集中的过程不仅没有停止，反而大大加快了，
美国 2009 年的基尼系数就升至 4.68。肇源于美国、震撼全球的大危机就是
劳动人民有支付能力的需求与迅速扩张的资本主义生产的基本矛盾，即使
依靠庞大的信贷消费也无法解决的一次总爆发。而在美国尚未完全走出危
机之际，2010 年第三季度，全美企业居然获得 1659 亿美元的利润，创出
了有纪录以来的最高数字。这种阶级状况，使得美国虽然花费巨大的投资
企图振兴经济，但收效甚微。徘徊于 9% 以上的严重失业率一直高居不下，
约有 200 万户居民因无法还贷而被收回房屋；23% 的美国家庭背负的抵押
贷款金额高于其房产的价值，穷人面对满身的债务走投无路，为生计而不
得不忍受更加繁重的压榨，群众的焦虑和怨恨不断聚集。① 为了转移人民的
不满，美国政府想方设法转移群众对社会矛盾的视线。这就是为什么不管
正义和有识人士如何说明真相，美国政府仍然不顾事实，坚持把失业和危
机归咎于中国的出口和人民币汇率的原因。可见，无论从经济关系或者政
治关系看，阶级分析仍然是正确认识资本主义社会问题的重要方法。

问题是，在劳动人民夺取了政权并进行了生产资料所有制的社会主义
改造以后，尚处在社会主义初级阶段的我国是否还存在阶级、阶级差别和
阶级矛盾，政治经济学是否还要使用阶级分析方法。

对于这些问题，似乎无需太多的理论探讨，实践和客观现实可以容易
地、清楚地给出答案。

二　现阶段我国还存在阶级差别和阶级矛盾

中华人民共和国的建立标志着劳动人民从反动统治者手中夺取了政
权，在政治上成为社会的主人。但是，旧的经济关系并没有立即改变。后
来，经过没收官僚资本和农村土改，消灭了官僚资产阶级和封建地主阶
级。在 20 世纪 50 年代前期，我国社会还存在着多种经济成分以及与之相

---

① 见《两极分化令美国社会危机四伏》，2010 年 11 月 29 日《参考消息》。另据报道，美国
马萨诸塞州的风险资本和管理咨询公司副总裁 Peter Cohan 称："收入增长依然迟缓，因此企业认
为，暂停招聘是合理的应对之举"，"企业将进一步压榨其现有劳动力。由于失业率如此之高，这
些压力转嫁到员工身上，人们不得不逆来顺受"。

应的阶级：工人、农民、个体生产者和民族资产阶级。在这个时期，社会的中心任务是尽快恢复因长期战乱遭到破坏的国民经济，以增强国力，抵御外敌，提高人民的生活水平。为了实现共同的任务，各个劳动阶级在政治上和经济上结成巩固的联盟，他们与民族资产阶级也存在团结协作的一面。但是，当时社会秩序尚未完全稳定，经济极端困难，加上抗美援朝的沉重负担和帝国主义的封锁禁运等，国内外形势非常严峻，一些资本家乘此时机，囤积居奇，哄抬物价，扰乱金融秩序，为攫取最大利润而大肆活动。劳动人民与力量还相当强大的资产阶级之间，还存在矛盾对立的一面，有的还十分激烈，谁在经济领域占据主导地位的问题还没有完全解决。在这种特殊的历史条件下，为了维护新生的社会主义关系，保障劳动人民的利益，我国加速了对资本主义工商业的改造，在所有制方面消除阶级对立的根源。

到了 1956 年底，我国基本完成了所有制的社会主义改造。随后，公有制不断扩大，囊括了几乎所有的经济领域，私有制几乎被全部消灭了。从此之后到改革开放前的长时期里，在中国大地上，剥削制度被铲除，剥削阶级不复存在了。虽然有些时期还在讲阶级斗争，但它只能从国外敌对势力的活动以及思想政治的分歧和对立去解释，在经济领域里讲的是劳动人民根本利益一致的条件下长远利益和眼前利益、整体利益和局部利益、个人利益的矛盾，除了一些穿凿附会（如割"资本主义尾巴"之类），基本上不再使用阶级差别去分析经济利益关系。

改革开放以后，我国的所有制结构发生了巨大的变革。为了实现发展生产的中心任务，国家先是在原有体制外发展个体和私有经济，引进外资，接着又在体制内将很大部分的公有企业改造为私营企业和混合所有制企业。公有经济在社会主义生产中所占的比重大幅度下降，国内的私营经济加上外资企业在就业人数和产值上逐步占据首位。雇佣劳动制度重新恢复并且大规模发展了，在这一大片经济领域里又出现了两极分化：一边是数以亿计的雇佣劳动者靠出卖劳动力换取微薄的工资，养家糊口；一边是靠剥削工人无偿劳动积累起巨额资产的私营企业主，他们及其家属（按照外国记者的说法）"享受疯狂消费"。2009 年，中国家财千万元的富豪已达 82.5 万人，家产亿万元的有 5.1 万人。2010 年，荣登胡润富人榜家产十亿元的富豪就有 1363 人，其中百亿元富豪 97 人；家产亿元以上的达 5.5 万人。根据胡润榜，中国仅仅前 200 名富豪的财富总额就达 26022 亿元，相当于国有中央企业总资产（21 万亿元）的 7%，占 2009 年全国 GDP（335353 亿元）的 7.76%。而 2009 年美国前 400 名富豪的总资产为 1.13 万亿美元，相当于全美 GDP（14.8 万亿美元）的 7.63%。就是说，中国前 200 名富豪的总资产占全国 GDP 的份额，大于美国前 400 名富豪所占的份额，表明我国财富集中的程度已经超过世界上最富有的国家，更是远远超过我国进行所有制的社会主义改造以前的状况。贫富悬殊、两极分化发展到如此显著的地步，如果再说我国不存在阶级和剥削，就是逃避或者抹杀现实，就是自欺欺人。我国有些人天天口不离"与时俱进"，但是，他们却固守我国三大改造后一段时期的说法，对现实阶级关系的巨大变化视而不见，甚至故意掩饰，说明他们只是想利用"与时俱进"去反对所谓过时的马克思主义，并不是真正的时代精神。

既然存在阶级，人们在生产和再生产各个领域中的地位和相互关系就必然受到影响，就会有矛盾和对立，要正确认识和处理社会上发生的各种问题就离不开阶级关系的分析。

三 离开阶级分析许多经济问题就无法 找到合理的答案

先举内需不足问题为例。严格地说，所谓"内需不足"指的是居民生活消费不足，因为内需应该包括国内的投资需求，它已是长期处于亢奋状态，并非不足。居民消费不足造成社会经济结构和产业结构不合理，许多产品生产过剩，过度依靠出口，经济受制于他人，限制了我国经济的持续快速发展。原因何在，如何解决呢？有人说它是信息阻隔造成的，理由是，有供给就必然会有需求，只要信息准确，供需会自然平衡，内需不足的问题就能解决。这种搬用西方经济学的可笑说法在环球的经济危机面前破产了，连大部分的外国人都不相信，还能解决我国居民消费不足的问题吗？

有人说消费不足是因为缺少一个强大的中产阶级，把这一阶级培育大了，消费需求就会提高。这种说法没有正确认识我国资本主义私有制的特点，即，由于庞大的劳动后备军的存在极大地增强了私人资本的地位，有力地压制了包括智力和体力劳动在内的劳动者的工资的增长，使中国私人资本得以超过世界的速度迅速积累，加剧了财富占有的悬殊，同时也将只是相对概念的所谓"中产阶级"的财产限制在很低的水平。依靠这个收入仍然很低的"中产阶级"能使我国居民消费普遍提高吗？而在我国财富悬殊、分配严重不公的条件下，劳动者仅仅依靠个人才能致富的几率越来越小了。这些人期盼的真有实力消费国内产品的"中产阶级"，何年何月才会形成，我国居民消费不足的局面还得拖延多久？

有人将内需不足归罪于税收太高。一是不符合实际，二是缺少阶级分析。2009年，我国宽口径的财政总收入占GDP的比重为30%，低于发展中国家的平均水平（占GDP的35.5%），更是远低于工业化国家的平均水平（占GDP的45.3%）。从所得税来看，我国几年前就取消了全部的农业税；城镇企业所得税的税率为25%，需要重点扶持的高新技术企业为15%，小型微利企业为20%，而几个主要资本主义国家的企业所得税税率，荷兰为26%，英国为28%，德国为30%，美国为39%，日本为42%，都超过或大大超过我国的水平。至于个人所得税，我国中等收入阶层个人所得税税率为9%—12%，美国为10%—15%，英国为20%—21%，瑞典为31.5%，我国的税率也是最低的。目前我国在税收方面的问题是，国有企业的实际税负明显高于其他类型企业，是私营企业平均税负的5倍多；实际征税中存在工薪阶层成为纳税主体，富人纳税相对少的税收"逆调节"；许多以富有者为纳税对象的应征税项如遗产税、暴利税等没有开征；很大部分的私营企业偷税漏税行为严重。所以，说我国税收过高既不是事实，也不是我国居民消费不足的真正原因。笼统地一般的减税并不是提高居民消费需求的途径，正确的办法是分别不同阶层，调整税负，提高个人所得税起征点，减少普通工薪人员的税负，增大高收入者的所得税率；增设财产性收入的税种，如遗产税、赠与税、第二套房产税、暴利税以及高档消费税；严格税收制度，消除私营企业主能够轻易偷税漏税的常见弊病，禁止地方官员任意给某些大户减税免税优惠。与此同时，还要合理使用财政收入，增加公共品供应，完善社会保障制度，减轻劳动者在教育、保健方面的负担，减少和解除他们进行现期消费的后顾之忧。

还有一位海外归来的学者提出："中国未来十年主要靠内需，而内需主要靠民营企业。"① 暂不论这位先生想把私营经济抬上主要地位的是非，他显然忽略了，我国所欠缺的是广大居民的消费需求而不是原来就很高的私营企业的投资。而从私营企业主的生活消费看，虽然他们拥有巨大的支

① 2010年11月29日《经济参考报》。

付能力，但所追求的是高档汽车、高价洋酒、高级衣着和化妆品。他们为中国创造的是超过美国、位居世界第二的进口奢侈品市场，是在境外高端消费领域令外国游客惊羡的一掷万金的"豪爽"形象，而不是本土产品的消费能力。[①] 他们对提高广大居民的消费，解决国产产品的市场出路，作用是有限的，哪里谈得上是"主要"依靠呢。

其实，我国消费需求不足反映的是生产的迅速增长与广大劳动者有支付能力相对不足的矛盾，根本原因是：农村公有经济和合作经济得不到扶持，分散而细小的农户经营难以使广大农民走向富裕；城市资本介入农村资源的经营时，造成大量的劳动收入远低于城市工人的雇佣农民；在鼓励、支持私营经济发展时失去监督和引导，致使广大雇佣劳动者创造的价值过多地落入少数剥削者囊中而自己所得过少。必须充分重视由所有制结构引起的这些问题，采取正确的方法，改变不合理的分配关系，增加城乡广大劳动者的收入，才能真正扩大人民群众有支付能力的消费需求。

再以公众最关心的分配不公、财富悬殊为例。有人认为行业垄断是我国分配不公的主要原因。这是缺乏事实根据，故意混淆视听的。据国家统计局的资料，我国垄断行业与非垄断行业的平均工资，差距只有 2—3 倍，而非垄断产业中的不同行业（如证券业、IT 行业与纺织业、木材加工业），差距却为 4—5 倍。这些人歪曲事实，目的是想利用公众不满分配不公的情绪，反对国有经济对重要产业进行控制，进一步推行私有化。[②]

根据今年 10 月公布的胡润"百富榜"，今年我国前 1000 名富豪的财富平均增长了 10 亿元，比起 2009 年全国城镇居民年均可支配收入的 17175 元和农村居民年均的 5153 元，[③] 差距达到 5.8 万倍和 19.4 万倍以上。如对比前 10 名富豪增长的财富（平均 98.2 亿元），则差距高达 57 万倍和 190 万倍以上。这个差距远远不是行业间的工资差距和城乡间的收入差距所能比拟的。

如果有人认为以上资料只是反映我国收入和财富两极分化的特殊情况。那么，可以看看多数的私营企业主与劳动者的收入差别。

---

① 有报道称，迪拜六星、七星级豪华酒店的顾客中有 60% 以上为中国人。

② 详细分析请参见吴宣恭《分配不公的主要矛盾、根源和解决途径》，《经济学动态》2010年第 11 期。

③ 见温家宝在十一届全国人民代表大会第 3 次会议上作的《政府工作报告》（2010 年 3 月 5 日）。

　　由中央统战部、全国工商联等的课题组发布的《2009 中国私营企业调查报告》，提供如下与分配有关的信息：（1）私营企业的注册资本由 1993 年底的 681 亿元增加到 2009 年底的 35305 亿元，增长了 52 倍，年均增长 48.41%，是雇工工资增长幅度的几十倍。（2）2009 年我国企业主个人年收入平均值为 20.2 万元，雇工全年平均工资加奖金和部分分红，总数是 8033 元；工资最低的行业，年均国有资产在 6000 元以下。企业主的平均收入为雇工收入的 25.15 倍；如与工资最低的行业相比，收入差距为 33.66 倍。（3）资本千万元级的私营企业，雇工平均工资甚至低于全部被访问企业的平均工资水平，只有 6817 元；按此计算，企业业主与雇工的收入相差 251.87 倍。（4）国有单位在岗职工年平均工资是 14577 元，集体单位在岗职工为 8678 元。私营企业的平均工资只等于国有单位的 55%。（如根据国家统计局的资料，2009 年全国城镇私营单位就业人员年平均工资为 18199 元，国企在岗职工年平均工资为 35053 元。私企平均工资只为国企平均工资的 51.9%。）

　　可见，我国分配和财富不公的主要矛盾根本不是垄断行业与一般行业的工资差别，也不是城乡之间收入的差别，而是私营企业主惊人的收入和巨大财富与普通劳动者的收入和财产的巨大差距。造成这个巨大差别以及差距快速扩大的原因只能从私有经济迅速发展而形成的资本急剧积累和劳动大众相对贫困去说明。因此，我国分配不公和财富差别悬殊是过度剥削的结果，其制度根源是在短期间迅速膨胀的资本主义私有制，或者说，是引导和监管不力的、带有浓重原始积累性质的资本主义私有制。

　　有人认为官吏和企业高管腐败是分配不公的罪魁祸首和首要原因。这些人的确看到存在于官场职场，严重危害我国经济政治的重大弊害。痛恨它，谴责它，要求铲除它，完全符合社会正义原则。但是，仅仅看到腐败现象而没有探究它产生的所有制基础，是远远不够的。应该清楚地认识到，私人资本对最大利润的追逐才引发勾结官府，进行权钱交易的动机；得到巨大利益的私人资本才能满足腐败官吏的贪欲。愈是暴利的行业，权钱交易就愈是严重。有位分析家说："几乎每一个腐败的案件背后都离不开资本的影子"，如实道出私人资本才是政治上滋生腐败的真正根源。政治腐败无非是私人资本攫取最大利润的重要工具，正是借助于腐败，一些私人企业主才得以暴发致富。如果没有私人资本的迅速发展及其拉拢腐蚀，中国官场职场的腐败就不会蔓延到今日的地步。因此，反腐、惩腐不光是政府监察纪检部门的事，在毫不动摇地鼓励、支持私有经济发展的同时，还要运用经济手段、法律手段和行政手段规范他们的活动，注意从思想上引导他们守法经营，并利用社会监督和舆论监督，揭露、制止私人业主的不良、违法行为。

最后以农产品价格飞涨为例。关于这个引起广大群众和政府焦虑的民生问题怎样发生，如何抑制，也有不同的意见。有人认为它是因供给不足引起的，主张采取优惠措施，奖掖生产以平抑物价。这种意见看似符合经济学原理，却不够全面。我国虽然自然灾害频仍，但粮食连续 7 年丰收，今年总产达 54641 万吨，比上年增产 2.9%，蔬菜种植面积没有减少，主产区的生产正常，某些价格猛烈上涨的农副产品产量并没有剧烈波动。因此，在全国或较大地区物价飞涨不见得是供应不足造成的。有人主张物价猛涨是由成本提高拉动的，于是建议对生产者进行补贴，对经营者给予优惠贷款，对某些食品的运输者豁免过路费，等等。这也是浮于表面的意见。其实，我国日用必需品和粮食、蔬菜、副食品的生产条件还是比较稳定和有所改善的，成本提高的幅度有限，产地的收购价涨幅也不大，不足以掀起价格的巨额攀升，补贴生产者对抑制价格涨势虽然不无用处，却需要经过一定的周期才能生效，无法应对当前如此凶猛的涨价浪潮。此外，这次农产品的最大涨幅产生在流通阶段，给经营者和运输者的种种优惠只会增大他们的获利，不是平抑价格的必要措施。

有人认为这股涨风是流动性过高的结果，就套用西方经济界的惯用方法，主张采取货币调控、加息、提高银行准备金等手段。虽然这些做法也有些道理，但是，仅在"没有味道"的货币上打主意而不问它们掌握在"什么人"手中、用来干什么，是解决不了问题的。截至目前，我国经过两度加息，准备金也提高到最高水平的 18.5%，物价涨风仍然没有压住，却同时在另一方面造成信贷紧缩，令人担心经济发展速度会受到影响，使"防涨价"和"保增长"处于两难的尴尬境地，足可证明单纯的货币调控的局限性。① 现在看来，导致这次农产品价格暴涨的主要原因并非前面所提的那些，而是境内外的一些私人资本互相串通勾结，利用手中的巨额游资（这是国家紧缩银根管不到的），囤积某些产品或操纵期货市场，控制

---

① 有的经济分析人员还担心，加息将诱使境外游资更大量流入，加大对紧缺物资的投机炒作，进一步抬升重要生活消费品的物价。

生产者和货源，采用造谣、虚假交易和其他欺诈手段，制造市场恐慌情绪，① 形成"供应方囤积，需求方抢购"的现象，反复联动炒作，大力哄抬物价。其他厂商则不管生产、流通条件有无变化，成本是否受到影响，也借着这股涨风纷纷提价。这是私人资本在新中国成立初期与劳动人民多次较量的故伎重演，是它的消极面的一次明显暴露。现在，有关领导部门终于看到并且公开证实了这种损害大众利益牟取巨额利润的肮脏行为。正是认准这一重要祸根，政府配合经济手段和法律手段采取直接的行政干预，强化价格监管制度，严肃查缉各种违法违规的价格行为，加大处罚力度，坚决打击和制止投机倒把、囤积居奇和操纵物价，并逐级派出督查组检查措施落实和物价变动情况。政府的这个重招一出，农产品价格终于开始回落。表明破除市场自由主义观念，对私营经济进行引导、监督的正确性和必要性。

不过，只是一时对某类物品实施这种行政手段还不足以树立正常的市场秩序。境内外巨额的游资必然按其本性追逐最大利润，四处寻找可图高利的机会，其破坏市场稳定秩序的力量不容小视。② 为此，国家首先要吸取新中国成立初期反击不法资本家哄抬物价、维持正常市场秩序的经验，重视流通环节的重要作用，在流通领域保持必要的力量，控制重要部门，掌握足够的物资，适时地吸纳或抛售，对付不正当的投机炒作行为（当然，这种方法无疑地会遭到反对③）。甚至还可拨出足够雄厚的资金或给予必要的信贷额度，设立以平抑物价为基本任务的专门经济组织，以经济手段与投机倒把、哄抬物价的商贾展开斗争。同时，必须根据行之有效的方法制定管理法规和法律，如"反投机法"、"反暴利法"等，由有关管理机构和司法部门严格实施。银行也要对现金的提存和贷款的流向实行严格

---

① 例如，前段某些媒体报道大批豆油厂家停产，春节期间可能发生供应困难，引起有些市民恐慌、抢购。实际上是因为流通不畅，豆油库存积压过多，厂家暂时停产，并非由于政府限价，工厂无利可图。而且今年东北大豆丰收，进口数量正常，国家库存充裕，甚至还出现过大豆巨额拍卖"流拍"的事件，不会产生油料和食用油供给紧张。

② 有人跟踪我国游资的投向：股市高涨时大肆炒股；股市低迷时冲击房地产业和矿山，组织到处击的"炒房团"、"炒矿团"；国家加紧调控房地产业、治理采矿业时，就转而炒作紧销物资和农产品，有人称它"像风一样刮来，像潮水一般退去"。

③ 就在国家开始增加玉米和油料收购并限制某些私营大企业收购之时，一些人就评论此举破坏了"市场内生定价功能的完整性"，是"对粮食生产和农业资源配置的干扰"。市场自由主义理论与私商利益的默契和配合，可见一斑。

的管理并协同有关国家机构进行监控。只有建立完备的法律、法规，相关机构共同配合，加强经济管理和监控，并以强有力的经济力量为支撑，才能持之以恒，保证市场的持续健康运行。

四　正确认识和处理阶级关系是构建社会主义和谐社会的重要前提

承认社会主义初级阶段还存在阶级和阶级矛盾，不是要回到"阶级斗争为纲"，而是正视现实，贯彻马克思主义和共产党一贯坚持的实事求是精神。阶级差别和阶级矛盾是客观存在的，不是人脑臆想的产物，不管人们是否认识它、承认它，必然按其本性发挥影响和作用。有差别，就有矛盾或对立，就会产生摩擦或者斗争。阶级矛盾和斗争始终存在于阶级社会。马克思主义有关阶级的理论不过是现存的阶级斗争、眼前的历史运动的真实关系的一般表述。今天，在为构建社会主义和谐社会而努力的时候，也需要以正确认识和处理阶级关系为重要前提。

有位资深评论家说，构建社会主义和谐社会必须扬弃传统的阶级分析方法。因为这一方法的应用，把十三亿人分成三六九等，贴上各种各样的阶级标签，给予各种不同的待遇和机会，制造各种矛盾，撕裂人民的团结，使社会谈不上平等、公正和法治，导致了一系列不和谐、不公平、不公正和非正义现象的产生与长期存在。

显然，这位评论家根本不懂历史唯物主义并产生抵触和反感，他的说法完全颠倒了经济基础与上层建筑的关系。马克思讲过："无论是发现现代社会中有阶级存在或发现各阶级间的斗争，都不是我的功劳。在我以前很久，资产阶级历史编纂学家就已经叙述过阶级斗争的历史发展，资产阶级的经济学家也已经对各个阶级作过经济上的分析。"[①] 本文在第二节已经根据无可否认的现实资料，证明在我国的社会主义初级阶段仍然存在阶级和剥削，接着又指出由于阶级和剥削的存在产生了一系列的社会弊病，导致了严重的分配不公，损害了广大劳动者的利益。阶级的存在是由私有制决定的客观事实，是一系列不和谐关系的前提和基础。不公平、不公正、非正义并不是哪种思想和方法制造出来的，而是阶级和剥削存在的必然表

---

① 《马克思恩格斯选集》（第4卷），人民出版社1995年版，第547页。

现和结果。

中国共产党在十六大和十六届三中全会、四中全会，明确提出构建社会主义和谐社会的战略目标，就是因为我国社会还存在许多不协调、不和谐因素，还有许多社会矛盾。因此，要构建社会主义和谐社会，就必须清楚地了解社会存在的矛盾，分析哪个是主要矛盾、重要矛盾，矛盾各方的关系如何，矛盾的主要方面在哪里，矛盾的变化及其趋势如何。只有这样，才能及时发现问题，正确疏导，缓和或者化解矛盾，减少或者祛除妨碍和谐的因素，才能实现社会关系的和谐。在社会主义初级阶段，阶级矛盾是社会存在的各种矛盾中重要的方面，其他矛盾也多数与阶级矛盾有关。要构建社会主义和谐社会，要消除不协调、不和谐的因素，就要进行阶级分析，有针对性地疏导、化解阶级矛盾，改善各个阶级之间的关系。相反地，如果对客观存在的阶级矛盾视而不见或故意掩盖，任其发展，矛盾和对立的因素就可能积累和激化，最后以剧烈的方式爆发出来。这才是不利于社会主义和谐社会的建设的。

总之，以上意见只想说明，必须如实地认识现阶段的阶级关系，恢复阶级分析方法在经济学中应有的地位，这是对改革开放以来讳言阶级关系的经济学的艰难的突破。如果否定这一点，就没有马克思主义经济学，更谈不上它的发展和创新了。

（原载《政治经济学评论》2011 年第 2 期）

通过解决重大现实问题来发展马克思主义经济学

林　岗

　　要使马克思主义经济学成为永葆青春活力的科学真理，就应该紧密结合实际，不断研究和解决随着时代的前进和实践的发展所提出的新情况、新问题。加强马克思主义经济学的解释力和实践性，这是进一步发展马克思主义经济学过程中应该解决的一个重大问题。这不仅要求我们应该注重基础理论的研究，也应该注重应用理论的研究。在研究基础理论的同时，更应该开阔研究领域、拓展研究视野，把理论研究引入到应用研究的层面和国家经济发展政策研究的层面；唯有如此，才能充分地体现马克思主义经济学的理论价值和实际意义。马克思主义经济学是社会主义建设的思想源泉和理论指导，能够解释社会建设中存在的问题，并为问题的妥善解决提供理论支持、有力手段和有效途径；如果不能解释和解决现实问题，马克思主义经济学的话语权就会丧失。马克思主义经济学在中国应该具有强大的理论生命力和政策影响力，因为我们国家是中国共产党领导下的社会主义国家，我们的宪法精神、思想源泉和理论根基就是马克思主义和列宁主义；而不能像在某些国家一样，只在学术圈内讨论和发展，脱离实际，对政策的影响很小。

　　目前，我们国家面临一些什么问题呢？概括起来讲，就是如何在新时期抓住成长机遇促发展的问题，主要体现在以下几个方面：

　　1. 如何成功跨越"中等收入陷阱"的问题。"中等收入陷阱"描述的是这样一个现象：当一个国家人均国内生产总值达到 3000 美元左右，进入中等收入国家行列后，快速发展中积聚的矛盾往往集中爆发，极易出现社会冲突爆发、经济停滞不前的情况，从而掉入"中等收入陷阱"。陷入"中等收入陷阱"国家的主要表现与基本特征有：经济增长回落或长期停滞、严重的贫富分化、过度城市化、增长转型困局、腐败问题突出、社会冲突加剧、金融体系脆弱、民主乱象等。导致"中等收入陷阱"的原因肯定是因地而异，但没有新的发展理论支持和有效的政策变动，却是普遍特征。当前，中国人均国内生产总值已经超过 3600 美元，迈入中等收入国家行列；那么，我们也面临应该怎样跨越"中等收入陷阱"的问题。中国政府非常关心这个问题，马克思主义经济学界在这个问题上应该有一个自己的看法。首先我们应该澄清的一个问题是：中国会不会陷入这样的情况呢？从马克思主义经济学的基础理论出发，笔者认为应该不会有这样的问题，因为中国跟有些国家不一样，那些国家很小，很快就实现工业化了，农村人口也完成了转移；可是，中国现在才走过工业化、城市化的中期阶段，真正完成这个过程还需要很长的时间，至少还需要二十年。在这一段时间内，在这样一个大的结构变动下，中国保持高速的经济增长，使得人民生活水平的不断提高，是我们跨越"中等收入陷阱"的基本背景和前提条件。所以说，从最基本的条件来看，中国是不会陷入"中等收入陷阱"的。但是，这个陷阱能否避免，还受到很多外部因素的影响，因此，这也就要求我们应该具有更高的战略警惕和更好的理论创新，对当前的经济发展形势和机遇形成更加科学的判断，以免浪费很多宝贵的时间和错过很多发展的机遇，以免国民经济的持续发展被打断。判断失误，无疑是自己给自己挖了一个陷阱。

2. 如何处理好收入分配不合理和扩大内需问题。收入分配不合理问题不解决，社会贫富差距就会进一步拉大，经济长期增长的需求条件因而肯定会受到损害；因为削弱了国内的购买力，国内市场的扩张就没有了基础，大多数人的收入很低，没有能力去购买，国内经济及产能的扩大就没有相应的需求与之相匹配，这样的话很可能就会陷入一种需求不足的停滞的状态，人民的收入水平也就很难持续提高，我们就有可能掉进"中等收入陷阱"里去。

3. 如何处理好贸易失衡和人民币升值问题。当前，中国内需不足，就要靠国外需求来补国内需求的不足，过剩产能只能依靠国际市场来帮助消化。而这又带来了经济发展中另一重大问题——贸易失衡问题。西方国家通过层层的贸易壁垒和不平等国际经济秩序，迫使我们在国际市场上以低于我们必要的社会必要劳动耗费出售我们的商品。按照价值论的观点，我们给西方国家提供如此低价格的商品，是让它们无偿占有了中国劳动者的一部分剩余劳动或剩余价值，是它们对中国的劳动力进行了剥削和利用。这样不平等的国际贸易环境不利于我们的发展；长此以往，我们很难改变在国际经济中"打工者"的地位。而与此同时，我们通过外贸顺差赚到了美元，又用这些美元购买美国的资产；这样，美国政府有钱了，不仅会用这些钱来缓解经济危机，还会用这些钱来发展其军工产业，继续推行世界霸权主义的政策，干涉别国内政。同时，美国资本家还可以用向新兴经济体出售企业债券取得的收入来购置这些国家的资产以谋取巨大利益。目前，美国在国外的资产为 10.4 万亿美元，其他国家持有的美元资产为17.4 万亿美元（之间的差额可以用外贸的顺差来解释）。中国用美元去购买美国的资产，美国又用这一部分钱来购买包括中国在内新兴经济体的资产，而且美国在国外进行投资时的利润率远远高于在国内投资，在国外的投资利润率为 6% 左右，扣除成本最终会有 3% 左右的利润率，相当于3000 多亿美元，美国要想有这样一个经济增长率的话，需要劳动三年。而且，美国还通过施压促使人民币升值，减少美国的债务，这也会使大量资产涌进中国，迫使人民币的大幅贬值；这样，一方面会摧毁我们的货币体系，另一方面会恶化我们的贸易环境。显然，在人民币升值问题上，美国想给我们挖一个陷阱。然而，如果不改变现有的贸易秩序和贸易结构，仍然保持很高的外贸依存度，那么，我们赚取的只是以大堆被称为"美元"的废纸，而美国资本家获得的却是实实在在的利益。在贸易失衡问题上，美国政府即便所有的方法都用完了，最后还有一招就是不断地印钞。美国不怕美元的贬值，而我们却要承受美元贬值的害处。针对外贸依存度过高、贸易失衡和人民币升值等一系列问题，需要马克思主义经济学的理论智慧和政策献计，对这些问题进行科学的分析和合理的解决。

这些现实中的重大问题应该引起马克思主义经济学学者的关注和讨论，应该充分运用现有的马克思主义经济学的研究成果去认真研究和寻找对策；当然，更应该创新和发展马克思主义经济学的理论来应对纷繁复杂的新情况和新局面。这样既可以解决中国的实际问题，同时也推进了马克思主义经济学的理论创新。

（原载《学术月刊》2011 年第 7 期）

现代马克思主义政治经济学理论
创新的基本路径

马　艳　李　韵

在现时代，由于社会经济活动的多变性、复杂性以及经济学表达与研究工具的多样性，马克思主义政治经济学创新与发展的路径也将有所变化。我们在坚持马克思主义政治经济学科学研究方法的基础上，沿着经典马克思主义政治经济学的研究逻辑，科学地借鉴现代西方经济学以及应用经济学成熟和有效的研究工具之后，根据社会主义经济活动实践和现代资本主义经济发展的新问题和新情况，通过对现代马克思主义政治经济学进行分析与探索，总结和归纳出了一套现时代马克思主义政治经济学理论创新与发展的基本路径以及原则，以期推进现代马克思主义政治经济学的与时俱进。

一　现代马克思主义政治经济学理论创新与
发展的基本思路

马克思主义政治经济学在现时代进行理论创新与发展的基本路径主要分为有机统一的三个层面：第一个层面是内容创新，第二个层面是数理分析，第三个层面是实证分析。

（一）内容创新

所谓内容创新，就是提出一些新理论或新观点，从而形成一个新的理论框架或新的理论体系的过程。这一研究过程在马克思主义政治经济学的理论创新过程中是至关重要的。

在马克思主义政治经济学的理论创新过程中，我们主要进行的是定性分析。所谓定性分析，就是对经济事物的本质的研究，马克思主义政治经济学就是对经济事物的内在联系进行科学研究的理论系统，其任务是要透过经济现象形态来揭示经济事物的内在联系，即揭示经济事物的本质形态及其规律性。

对经济事物的定性研究所使用的方法一般称之为经济学的方法论。马克思主义政治经济学的方法论就是唯物辩证法和唯物史观，它不仅是马克思主义经济学的精髓，也是马克思主义经济学的基本出发点和探索经济问题的基本视角和一般性依据。这一分析过程就是从唯物的、辩证的和历史的三者相统一的视角分析经济事物，揭示经济事物的本质形态和最一般的发展变化的规律。使用马克思主义政治经济学这一方法论来进行理论内容创新的过程，就是一个研究方法和叙述方法并用的过程。研究方法是从研究对象出发，充分占有材料，分析它的各种发展形式，找出其内在规律性，使感性认识上升到理性认识的过程。叙述方法就是在研究方法完成的基础上，运用理性认识把研究对象的现实运动从理论上表述出来的过程。确切地说，这整个过程就是我们应用人脑的抽象思维能力在大量琐碎的经济现象的细节描述中经过分析演绎、判断推理，提取某种共同的东西，形成新的理论内容，然后再将这些新的理论内容表达出来，也可以说是一种对复杂事物的简单化过程，这不是一件轻而易举的事情，马克思曾提道："分析经济形式，既不能用显微镜，也不能用化学试剂。二者都必须用抽象力来代替。"①

这个对现实经济活动的高度理论抽象或者创新表达出来的过程所使用的工具是多种多样的。经典马克思主义政治经济学在其理论内容创新过程中首先使用的表达工具和推理工具是文字方法，也就是通过文字逻辑将这些新的思想、新的观点以及整个理论内容体系演绎推理出来，完整表达出来。我们认为，这有两个方面的原因：一是受马克思同时代经济学表达范式的影响；二是由文字逻辑方法本身特点决定。所谓文字逻辑方法，是指用文字符号来描述经济现象，通过上下文的语句逻辑进行推理的一种方法。文字逻辑方法的优势为：（1）所使用的文字语言更为丰富多彩，更为周详，可以描述一些较为复杂，感性成分多些，而现有数学暂时无法表达

---

① 马克思：《资本论》（第1卷），人民出版社2004年版，第8页。

出来的一些理论问题；（2）使用文字和语句来表述与推理一些经济问题，这会使其所要表达的经济学道理更为浅显，更容易为普通的读者接受等。

（二）数理分析

任何经济事物都包括质与量两个方面，马克思主义政治经济学研究的对象也是如此。在能充分揭示人类社会经济运行过程和经济关系的内在本质和运动规律这些定性研究的基础上，客观描述其表现形式和各种变量之间的关联也是非常重要的。这种研究是要揭示经济现象和经济过程中反映规律性的数量联系，揭示这些经济关系及其发展变化中反映质与量的规定和界限。

为此，在对马克思主义政治经济学的理论内容创新完成之后，再进行一定的定量性研究也是非常重要的。所谓定量分析的方法，就是运用数学和计量等工具来揭示经济现象和经济过程中反映规律性的数量关系的方法。定量分析方法包括两个方面内容，一是运用数量关系和空间形式等数学工具所进行的数理分析方法；二是运用计量等工具所进行的实证分析方法。

数理分析方法与文字分析方法都是经济学分析中的两种工具，它们的作用都是从一些给定的假设条件这些定性分析的基础上，通过推理过程得出一组结论或定理。但是，两者也有区别。就表述技术与推理途径而论，数理逻辑的优势是：（1）所使用的数学语言与文字语言相比更便于理论演绎推理，其表达也较为简练；（2）可以戒除文字逻辑存在的假设不明晰的缺陷；（3）可以用数学定理来证明其理论内容的正确性。这样，当对一些进行定性分析获得的内容创新再通过数理分析的途径进行处理后，便具有以下理论意义：一是会使得这些新思想、新观点更加简洁，可以将很复杂的语言内容抽象成为几个公式或几条曲线；二是通过"如果—那么"的严格假设条件下推理出来的结论会更加严谨，更加精确；三是通过数学定理检验证明后创新内容也大大增加其正确性和科学性；四是通过数理逻辑分析将一些创新内容表达出来后所建立起来的数理模型，也为计量工具的使用和实证分析奠定了基础，使得内容创新与实证分析之间有了一座桥梁；五是由于马克思那个时代数学还没有发展到今天这样高的程度，数学方法在经济学中的运用也没有像现在这样广泛。所以，就现时代创新与发展马克思主义政治经济学来看，利用现代数学最新成果作为马克思主义政治经济学创新与发展的工具不仅是与时俱进的需要，也是深刻认识日趋复杂的经济社会化和国际化及现代市场经济的运行规律数量变化的重要前提。

（三）实证分析

无论是内容创新和数理分析都属于理论分析，我们知道，马克思主义政治经济学创新的任务并不是仅仅停留在理论推理演绎这一层面的创新上，而是要有效地指导社会实践活动。所以，历史性与实践性是马克思主义政治经济学的最重要的特征，换言之，马克思主义政治经济学在本质上就是一门实践的历史科学，所以，实证分析也应是马克思主义政治经济学应用性研究的重要内容。

所谓实证分析，就是利用数量分析技术以及各种经验型研究方法完成马克思主义政治经济学由实践到理论，再由理论到实践的分析方法。这一研究方法包括对现有经验数据和历史材料的整理分析的过程，还包括对一种理论创新内容进一步的检验与证明的过程。就这一点而论，自经典马克思主义政治经济学以后，现代西方经济学在实证研究方面有了更长足的发展，他们将经济学视作是从经验事实中通过归纳方法总结出具备普遍意义的结论，或者是从经验事实中提炼出某些具备典型性的前提假设，然后以逻辑演绎方法推导出某些结论，再将这些结论拿到现实中进行"一致性检验"，如果理论与事实不符，则不是理论错了，而是由于干扰因素造成的（19 世纪证实主义经济学），或者推翻或修正这些理论结论，以促进经济理论的进一步发展（20 世纪证伪主义）。虽然，现代西方经济学这种实证研究方法由于受到西方近代哲学的方法论的主导，其经济学的研究视角已经远离了对经济事物本来应该是什么的这样的本质研究，而是驻留在对经济事物具体化、表象化的实证性描述；但是，当马克思主义政治经济学在完成了理论创新之后，这一研究方法则是解释现实经济问题、寻找指导现实活动的最好的分析方法。

我们将现代马克思主义政治经济学理论创新的路径作如上归纳的基本出发点，也是源自于经典马克思主义政治经济学的本身。经典马克思主义政治经济学是将内容创新与数学分析、定性分析与定量分析、文字逻辑方法与数理逻辑方法完美结合的最好典范。马克思在《资本论》中，对资本主义经济问题的分析总是先用文字方法进行质的分析，然后在这些定性分析的基础上采取数学逻辑进行定量分析。例如，他先对价值进行质的分析，然后就对其量的变化进行了考察，在揭示了剩余价值之资本雇佣劳动的本质后又对其度量的方法进行了演示；在对再生产过程进行了资本主义性质的分析基础上还作了数学的表达；在对平均利润、商业利润、银行利润、借贷资本、利息率、地租和生产价格等问题作了资本主义性质的界定之后，还对其变化率与变化量进行了逐一分析。同时，经典马克思主义政治经济学又是建立在对社会经济活动实践的具体分析和实际考察的基础上的理论结晶，如经典马克思主义政治经济学是以资本主义生产方式的典型——英国作为解剖和阐述的例证，马克思花了几十年的工夫，几乎阅读了英国以往和当下所有有关经济活动各种统计数据、工厂的工作记录、社会调查报告和政府文件等，这些"充分地占有材料"[1] 的过程就是一种实证的分析过程，这也是马克思主义政治经济学在当下仍然具有强大生命力的原因所在。

可见，马克思这一分析过程是对资本主义经济活动进行了三个方面的抽象、提炼和演绎证明的：一是本质的抽象并通过文字逻辑进行推理演绎；二是量的抽象并通过数学逻辑进行推理演绎；三是历史与现实的抽象并使用经验数据进行证明证实。

二 马克思主义政治经济学在现时代理论创新与发展的基本原则

从内容创新到数理分析再到实证分析这一分析路径虽然具有一定的内在逻辑，但是，在这一研究过程中并不能无原则地追随或仿照西方经济学，也不能以追求数学的高深与广泛使用为宗旨，而应坚持用马克思主义政治经济学的基本方法论来指导这一研究过程。

第一，内容创新是现代马克思主义政治经济学理论创新与发展的重要基础和基本前提。

在现时代马克思主义政治经济学理论创新过程中，大量使用高等数学的最新成果来表述与分析、演绎与推理其理论框架（数理模型），力图在数学逻辑的明晰假设基础上进行理论传承与创新是尤为重要的；但是，我们也必须认识到，就数理分析和文字分析本身而论是不能创造任何经济思

---

① 马克思：《资本论》（第1卷），人民出版社2004年版，第21页。

想，也不能创造任何经济学概念、理论和体系的。任何一个经济理论体系不管运用何种方法，其目的都是"从一些给定的假定或公理出发，通过推理过程得出一组结论或定理"①。但这里有一点必须明确，无论是数理分析还是文字分析的"前提条件"，也就是理论创新内容必须是正确的，因为"在数学这个磨盘中，你放进小麦，可以磨出面粉；你放进草籽，就决不会磨出同样的东西。计算机科学家的'废料进，废料出'的说法，生动地表明，从错误的前提出发，不管用了多少数学和多么复杂的数学，都不可能得出正确的结论"②。也就是说，"数学形式的正确，决不能证明经济理论的正确"，③ 你用的工具（比如磨盘或计算机）是对的，不等于从里面出来的结果就是对的。

经典马克思主义经济学最重要的内容，是揭示出经济学的基本原理和经济过程的基本规律，而数学方法不过是一种表达和推理证明的根据，至多也只能说是辅助经济理论创新的一种好的方法。如吴易风教授总结到的："在经济理论中恰当地运用数学方法，可以使正确地理论和科学的研究成果表达更为准确和精确，可以更好地检验结论和前提是否一致或矛盾，可以更有力地增强研究成果中的结论。"④

第二，数理分析方法在现代马克思主义政治经济学理论创新过程中使用的基本原则。

在西方经济学的发展过程中，虽然在运用数学方面获得了长足发展；但同时，在西方经济学的发展过程中也出现了数学泛化的问题。我们在西方经济学的论著和教材中可以发现，他们所使用数学的程度和范围比自然科学还多还广，许多人戏称，经济学现在比数学还数学。为此，西方经济学内部也发出了担忧与批评的声音，指责西方经济学在连篇累牍的数学公式中，"在神气十足但毫无用处的符号迷阵中，把现实世界中之复杂性与息息相同性置诸脑后了"，⑤ "而将读者从一套似乎有理而任意的假说引到精确的但却是无关紧要的理论结论"里。⑥

---

① ［美］蒋中一：《数理经济学的基本方法》，刘学译，商务印书馆2003年版，第6页。
② 吴易风：《当前经济理论界的意见分歧》，中国经济出版社2000年版，第3、5页。
③ 同上。
④ 同上。
⑤ ［英］凯恩斯：《就业、利息和货币通论》，徐毓枬译，商务印书馆1998年版。
⑥ 吴易风：《当前经济理论界的意见分歧》，中国经济出版社2000年版，第3、5页。

为此，为了防止数学方法使用在马克思主义政治经济学数理研究中的泛化，在研究过程中，应澄清以下认识和坚持以下基本原则：（1）现代政治经济学的数理分析研究必须注意所研究的理论创新内容这一基本前提是否正确，"有没有陷入无用数学符号迷阵，有没有忽视现实世界的复杂性和相互依存性"，① 也就是所创新的内容是不是符合马克思主义政治经济学的基本逻辑。（2）使用数学方法是为了方便阐述和分析问题，为了更快捷地得出正确的结论，所以，只有在使用数学方法比不使用数学方法更利于阐述和分析问题时才使用，② 而不是相反。（3）只有在所涉及的变量可量化、数据可以得到的情况下才使用数学方法。③ 数学方法也有局限性，如果变量不可以量化，那么用数学方法考察变量之间的关系并不比用文字分析好，甚至更差，这种情况就不适于用数学方法；另外，如果数据得不到，即使用数学方法得出了某些结论，也无法检验和预测，那么使用数学方法就获得不了额外的好处。（4）使用公理化的逻辑推理。现代数学从一开始就是建立在公理化的逻辑推理和演绎基础上的，"公理（或假设）、推理、结论、检验"这一过程保证了逻辑的严密性。马克思主义经济学就是用逻辑的和历史的演绎方法推理得出科学的结论构成的理论体系，所以，从逻辑上讲马克思的推理方法和"公理化"的数学方法是一致的，而且这种推理方法也保证了马克思主义经济学的严密性。

第三，实证分析也是一种定量分析，对理论分析起到进一步验证以及更好地与实践相结合的作用。

在实证分析中，也要贯穿马克思的辩证唯物主义和历史唯物主义的方法论，具体遵循以下几点原则：（1）实证模型设计和案例选取必须具有针对性和典型性。定性分析是定量分析的思想基础和逻辑起点，数理分析作为定量分析的一个方面，为进行实证分析提供了理论上的抽象的数量关系基础。因此，实证分析的计量模型设计以及案例选取必须从理论分析出发，紧扣定性分析与数理分析得出的理论结论，而不能仅仅对经济数量的表面关系进行描述，为了实证而实证。（2）数据来源必须遵循客观科学的原则。实证分析的一个显著特征是运用一定的方法对现实经济数据进行整

---

① 吴易风：《当前经济理论界的意见分歧》，中国经济出版社2000年版，第3、5页。

② 胡伟清：《经济学运用数学的尺度》，《经济学家》2006年第2期。

③ 同上。

理和分析，从而论证理论结论，并用于指导实践。因此，数据来源的真实性与可靠性成为实证分析正确与否的关键因素。由于现实情况总比抽象理论分析所得出的结论复杂，实证分析必须以真实客观的现实数据为依据，而不能为了得到所需结论而选择性地遴选数据，甚至伪造和修改数据。（3）实证分析方法需要综合运用多种分析方法。实证分析方法不仅包括现代计量经济方法，还包括投入产出分析法、问卷调查、案例分析、经验数据分析等分析方法。鉴于现实经济的复杂性以及影响因素的多样性，实证分析需要综合运用多种方法，同时也特别强调各种方法在政治经济学研究中的适用条件，而不是简单"拿来主义"。

（原载《学术月刊》2011 年第 7 期）

中国经济模式的政治经济学分析

张 宇 张 晨 蔡万焕

十一届三中全会开启了中国改革开放的历史新时期，经过 30 多年的不懈努力，中国成功实现了从高度集中的计划经济体制到充满活力的社会主义市场经济体制的历史转折，推动了经济持续快速的发展、人民生活水平的不断提高和综合国力的大幅提升，"中国经验"、"中国道路"、"中国模式"受到全世界日益广泛的关注。中国发展模式最引人瞩目的是它的增长奇迹。究竟是什么原因导致了中国经济持续 30 多年 10% 左右的高增长率？最具历史意义的是这一奇迹背后所蕴含的制度和理念：到底存在不存在一条与西方资本主义不同的成功的发展道路以及制度和理念？这是近现代中国历次重大社会变革所关注的持久主题，也是广大发展中国家现代化过程中共同面临的抉择，如何回答这一问题在很大程度上决定着历史发展的方向和未来世界的面貌。中国发展模式的内涵是十分丰富的，体现在经济、政治、文化、社会等各个方面。本文主要从政治经济学的角度分析中国经济模式的特征与意义。第一节综述对中国经济模式认识的演进与发展，第二节阐明中国经济模式的主要特征，第三节分析中国经济模式面临的矛盾与选择，第四节概述中国经济模式的意义，包括普遍性与特殊性。

一 对中国经济模式认识的演进与发展

对中国经济模式的认识和研究是随着中国社会主义建设的实践而不断发展的。早在 20 世纪 50 年代后期即社会主义制度建立之初，以毛泽东为代表的党的第一代领导人就提出要实现马克思主义与中国实际的第二次结合、走自己道路的指导思想，对中国社会主义建设的道路进行了初步的探索。在学术界，以孙冶方等为代表的一批学者对中国社会主义经济建设中的一些重大问题也进行了深入的思考，取得了一些重要的理论成果。从指导思想和实践进程看，中国经济模式的发展方向无疑是在中国化的马克思主义理论指导下形成的。就学术层面来说，对中国经济模式的认识存在着不同的流派和观点，其演进在改革开放以来大致经历了以下三个主要的发展阶段。

（一）比较经济学的范式：20 世纪 80 年代对经济体制改革目标模式的探讨

经济改革的初期，一方面，经济体制改革的实践对改革理论的需求日益强烈；另一方面，正统的西方经济学和传统的社会主义经济理论又缺乏关于市场经济体制演化的系统理论。在这种情况下，比较经济学的理论大显身手，成为探索经济模式的重要理论支柱。在理论上，苏联东欧等国外学者关于社会主义经济体制的理论，如兰格的"计划模拟市场"模式、布鲁斯的"含市场机制的计划经济"模式、奥塔·锡克的"宏观收入分配计划调节下的自由市场"模式、科尔内的"宏观调控下的市场协调"模式、诺夫的"可行的社会主义"模式等，都曾在中国学界受到重视。在实践中，南斯拉夫的自治社会主义、匈牙利的新经济机制、戈尔巴乔夫的新思维以及东亚模式、北欧模式、英美模式等，都曾引起人们的关注。在比较研究的基础上，国内学者对中国经济体制改革的目标模式进行深入的探讨，取得了许多重要的成果。例如，刘国光、戴园晨、张卓元等提出体制模式与发展模式的"双模式转换"论和企业改革与价格改革两条主线协同并行的"双向协同"改革战略；① 厉以宁等提出企业改革主线论和股份制作为企业改革主要形式的观点；② 吴敬琏、周小川等提出以价格改革为中心进行综合配套改革的"协调改革"观点；③ 董辅礽提出社会主义经济是"八宝饭"的混合经济观点；④ 卫兴华、洪银兴和魏杰提出"计划调节市场，市场调节企业"的有计划商品经济的运行模式；⑤ 等等。从 1987 年

---

① 刘国光主编：《中国经济体制改革的模式研究》，中国社会科学出版社 1988 年版。
② 厉以宁：《中国经济改革的思路》，中国展望出版社 1989 年版。
③ 吴敬琏、周小川等：《中国经济体制改革的整体设计》，中国展望出版社 1988 年版。
④ 董辅礽：《经济体制改革研究》，经济科学出版社 1994 年版。
⑤ 卫兴华、洪银兴、魏杰：《计划调节导向和约束的市场调节》，《经济研究》1987 年第 1 期。

10月起，国家体改委委托有关经济主管部门、科研机构、大专院校以及少数省市的专家学者，研究 1988—1995 年我国经济体制改革的中期规划，形成了几份具有不同特点的综合规划和总体报告，集中体现了那一时期人们对经济体制改革的目标模式的系统认识。[①]

比较经济学的理论和方法对于我们正确借鉴国外的经济模式具有重要参考价值，它在摆脱传统计划经济理论的束缚和探索中国经济体制改革的目标模式方面功不可没。但是，比较经济学的方法存在重要的局限。一方面，它是经验的而不是规范的，它对历史和现实中存在的经济体制从实证的角度进行比较和概括，但是并没有形成关于制度变迁的一般理论。另一方面，这一理论又是抽象的，而不是现实的，因为它把不同社会制度和不同历史环境下形成的经济体制简单化、图式化。西方比较经济学最主要的弊病是缺少唯物史观和辩证法的科学思想，回避性质不同的生产关系之间的比较以及不同历史阶段和社会制度下经济规律的根本差别，撇开生产资料所有制与具体的经济管理体制及其运行机制之间深刻的内在联系，并把不同社会制度下的经济体制抽象地归纳为集权、分权和集权与分权的结合等模式，或者是动力机制、决策机制、调节机制等因素，这些过分抽象和简化的模式和因素与实际的经济生活相距甚远，当然不可能把握中国经济改革与经济发展的复杂过程和内在逻辑。

（二）转轨经济学的范式：20 世纪 90 年代对渐进式改革与激进式改革的比较

随着高度集中的计划经济体制向市场经济的全面过渡，过渡经济学或转轨经济学应运而生。当 20 世纪 80 年代末 90 年代初苏东剧变发生时，西方正统经济学家达成一种共识，向市场经济的过渡必须实行以宏观经济稳定化、价格自由化和国有企业私有化为核心的激进式改革，人们不可能两步跨越一道鸿沟，渐进式改革是难以成功的。但是，实践的结果却大为出人意料：经济学家没有预料到价格自由化和宏观稳定化之后产量的大幅度下降；私有化的结果导致了"内部人"获益；有组织的犯罪活动急速增长，黑手党现象严重；如此多的国家分崩离析；最大的意外则是中国经济渐进式改革的成功。这表明，主流经济学家有关转型的知识和对转型的理

---

① 国家体改委综合规划司编：《中国改革的大思路》，沈阳出版社 1988 年版。

解相当有限，并且大部分是"事后诸葛亮"。① 中国经济的持续增长与苏联东欧各国经济的持续衰退形成了巨大反差。正如斯蒂格利茨所说，成功与失败的对比是如此鲜明，以至于如果人们不试图从中汲取一些教训，也未免太不负责任了。② 随着转型过程的深入，赞同渐进式改革和批评激进式改革的意见逐步增多，对中国渐进式改革与苏联东欧激进式改革道路的比较成了那一时期过渡经济学或转轨经济学关注的焦点。

在转轨经济学的范式中，国外有代表性的观点主要有三个方面。

一是新古典经济学的范式。以萨克斯等为代表的新古典经济学家所推崇的是以私有化和自由化为核心的"华盛顿共识"和激进的"休克疗法"。他们认为，中国渐进式改革的成功只是一种例外，主要是得益于有利的初始条件，如以农业为主的经济结构、传统计划体制内部的松散性等，因而中国的改革经验不具有普遍意义。他们还强调，由于没有实行彻底的私有化和自由化，中国渐进式改革正在陷入困境，面临着一系列所谓"深层矛盾"的挑战和危机。③

二是凯恩斯主义的范式。以斯蒂格利茨为代表的新凯恩斯主义者认为，不完全且代价很高的信息、不完全的资本市场、不完全的竞争，这些都是市场经济的现实，以亚当·斯密"看不见的手"为基础的新古典经济学在转型经济和制度选择中用处很小，渐进式改革比激进式改革更为可取。④ 阿姆斯旦和泰勒等人认为，向资本主义过渡更需要的是"看得见的手"，而不是新自由主义的"看不见的手"，资本主义的成功有赖于能够支持长期投资和承担风险的制度，而这种制度的建设，只有通过国家才能建构。⑤

三是演进主义的范式。蒙勒、诺顿等持演进主义观点的学者认为，社会是复杂的，人的理性是有限的，改革只能用试验的方法逐步推进，最成功的改革将属于那些在一个较长的时间内不断进行变革的国家，而不是选

① 热若尔·罗兰：《转型与经济学》，张帆、潘佐红译，北京大学出版社2002年版。

② 斯蒂格利茨：《改革向何处去？——论十年转轨》，载胡鞍钢、王绍光编《政府与市场》，中国计划出版社2000年版。

③ Jeffrey Sachs and Wing Woo, "Structural Factor in the Economic Reforms of China, Eastern Europe and Former Soviet Union", *Economy Policy*, Vol. 18, April 1994.

④ Joseph E. Stiglitz, *Whither Socialism*, Cambridge, MA: The MIT Press, 1994.

⑤ Allce, H. Amsden, Jacek Kochanowicz, and Lance Taylor, *The Market Meets It's Match: Restructuring the Economies of Eastern Europe*, Cambridge, MA: Harvard University Press, 1994.

择某些经济战略使过去和未来之间造成断裂的国家。① 青木昌彦等人认为,② 经济体制是一个复杂的进化系统,不同制度之间存在着互补性,互补性越强,改革的成本越高;进行大规模经济改革时,即使总的方向已经确定,改革的结果和过程也会有很大的不确定性,因此,渐进式改革方式更为可取。

上述三个方面的理论在对经济转型的性质和目标的理解上并无根本分歧,都把经济转型理解为从社会主义计划经济向西方资本主义市场经济的过渡。所不同的是,新古典理论主张的是全面的一步到位的激进式改革;凯恩斯主义承认市场经济的局限并肯定了政府干预的意义;演进主义则揭示了资本主义市场秩序自发演进的特征。它们的共同缺陷是:主要从主观主义和个人主义的世界观出发考虑问题,缺乏对经济转型过程整体的、历史的考察,视资本主义市场经济为天然合理、亘古不变的理想制度,同时又有意无意地忽视中国渐进式改革与苏联东欧激进式改革在性质和目标上的根本区别。应当指出,中国的渐进式改革是完善社会主义基本制度,而苏联东欧的激进式改革是否定社会主义制度,离开了这一根本区别,不仅不可能把握中国经济模式的本质,反而会在方向上出现南辕北辙的错误。

国内学者对中国的转型模式也进行了深入探讨,以下是较有代表性的观点。

林毅夫等认为,改革以前中国发展缓慢的根本原因在于推行了重工业优先发展的"赶超战略",而改革以来中国经济迅速发展的关键则在于改革三位一体的传统经济体制,使中国的资源比较优势得以发挥。同时,中国改革成功的一个重要保证是选择了一条代价小、风险小又能及时带来收益的渐进式改革道路。③

樊纲等把渐进式改革的实质概括为"双轨过渡"和"增量改革",特别是非国有经济的迅猛发展。④ 张军认为,以价格双轨制为特征的"边界

① 彼得·蒙勒:《论激进经济改革与渐进经济改革》,载李兴耕、李宗禹、荣敬本编《当代国外经济学家论市场经济》,中共中央党校出版社 1994 年版;J. Mcmillan and B. Naughto,"How to Reform a Planned Economy: Lesson from China",*Oxford Review of Economic Policy*,Vol. 8,No. 1,1992.

② 青木昌彦、奥野正宽编:《经济体制的比较制度分析》,魏加宁等译,中国发展出版社1999 年版。

③ 林毅夫、蔡昉、李周:《中国的奇迹:发展战略与经济改革》,上海三联书店、上海人民出版社 1994 年版。

④ 樊纲:《渐进改革的政治经济学分析》,上海远东出版社 1996 年版。

改革"的经验在于，国有部门在计划外边界上通过对价格信号作出反应去捕捉获利机会，要比突然被私有化的国有部门对经济扭曲和短缺作出的反应更迅速。①

周振华认为，中国经济体制改革的内涵是由制度博弈的结构或"改革的程序"决定的。这种"改革程序"的设定可以归纳为：市场化取向的改革目标动态化；诱致性激励的改革选择集弹性化；制度交易的合同非完全化。贯穿其中的核心是改革与发展的一体化。②

钱颖一等认为，中国改革的成功主要得益于传统体制的 M 型结构，即一种以区域原则为基础、多层次、多地区的"块块"结构，这种结构削弱了行政控制，强化了市场活动，刺激了非国有企业的发展。③ 杨瑞龙认为，在向市场经济过渡中，中国的制度变迁方式将依次经过供给主导型、中间扩散型和需要主导型三个阶段，在中间扩散型制度变迁过程中，地方政府发挥着关键作用。④

还有的学者从改革目标的不确定性、改革过程的非均衡性、改革方式的非激进性以及自发性改革的重要性和传统文化的影响等方面，阐述了中国经济转型模式的特点。

中国学者的这些探讨和见解，揭示了中国经济转型方式的某些经验和特点，丰富了对经济转型过程的认识。⑤ 这些探讨和见解虽然各有侧重，但大都是在改革的目标相同且确定的假定前提下，围绕着改革方式的差别展开讨论的，有其主要的局限性。第一，没有深入考察改革的过程与改革的目标之间的辩证关系，只是在市场化的方式层面上认识转型问题。第二，没有深入考察社会主义基本制度与经济体制的紧密联系，忽视了改革是社会主义制度

① 张军：《"双轨制"经济学：中国的经济改革（1978—1992）》，上海三联书店、上海人民出版社1997年版。

② 周振华：《体制变革与经济增长——中国经验与范式分析》，上海三联书店、上海人民出版社，1999年版。

③ 钱颖一、许成钢：《中国的经济改革为什么与众不同》，《经济与社会体制比较》1993年第10期。

④ 杨瑞龙：《中国制度变迁方式三个阶段论》，《经济研究》2001年第6期。

⑤ 这一时期，也有学者认识到改革的目标和宪法制度对改革道路的决定性作用。例如，在《过渡之路：中国渐进式改革的政治经济学分析》一书中，笔者曾经提出一个以马克思主义整体的政治经济学范式为基础的过渡经济学分析框架，并把中国渐进式改革定义为"工业化与社会主义宪法制度双重约束下的市场化"。但是，这种观点在当时是较为少见的。（参见张宇《过渡之路：中国渐进式改革的政治经济学分析》，中国社会科学出版社1997年版。）

的自我完善这一根本性质。第三，只有抽象空洞的市场经济概念而没有具体历史的社会主义市场经济概念。[①] 第四，没有形成与中国的制度和国情相适应的中国特色的经济转型理论，较多运用了西方经济学的理论观点。从这些方面来看，上述观点并没有从根本上超越西方转轨经济学的范式。

（三）政治经济学的范式：21 世纪以来对中国经济模式基本特征和一般意义的探讨

进入 21 世纪后，中国的经济体制改革进入了一个新阶段。2003 年中共十六届三中全会通过的《中共中央关于完善社会主义市场经济体制若干问题的决定》确认："我国经济体制改革在理论和实践上取得重大进展。社会主义市场经济体制初步建立，公有制为主体、多种所有制经济共同发展的基本经济制度已经确立，全方位、宽领域、多层次的对外开放格局基本形成。"[②] 这一论断表明，中国的经济转型已经完成了它的主要目标和任务，经济改革已经从 1980 年代的以"破"为主，1990 年代的以"立"为主，进入到以"完善或定型"为主的阶段。特别是科学发展观的提出，使中国经济发展的理论和实践得到进一步的丰富和完善。

2007 年以后，对于中国模式的基本特征和一般意义的探讨全面深入地展开，三个重要的历史事件推动了这一进程。

其一，在中共十七大报告中，胡锦涛对中国改革开放的基本经验作了科学的概括，提出"十个结合"的重要论断，并在纪念党的十一届三中全会召开 30 周年大会上的讲话中对这"十个结合"作了进一步深入的阐述。这些概括和阐述使我们对"中国经验"、"中国道路"和"中国模式"的认识达到一个新的高度。

其二，围绕着纪念改革开放 30 周年和建国 60 周年，关于"中国模式"的文献大量涌现，对中国模式的探讨从学术层面进入主流媒体，[③] 从改革方式进入基本制度和发展模式，从经济领域进入政治、文化和社会领

---

① 江泽民强调："'社会主义'这几个字是不能没有的，这并非多余，并非'画蛇添足'，而恰恰相反，这是'画龙点睛'。所谓'点睛'，就是点明我们市场经济的性质。"（江泽民：《论社会主义市场经济》，中央文献出版社 2006 年版，第 202 页。）

② 《中共中央关于完善社会主义市场经济体制若干问题的决定》，中共中央文献研究室编：《十六大以来重要文献选编》（上），中共中央文献出版社 2005 年版，第 464 页。

③ 2008 年以来，人民网、《人民论坛》、《中国社会科学》、《经济学动态》等重要媒体和杂志都刊文对中国模式进行探讨。

域，从经验总结进入理论的提升，对"中国模式"的关注度空前提升，认识不断深化。

其三，由美国次贷危机所引发的全球金融、经济大危机激起人们的深刻反思，资本主义制度和新自由主义模式受到广泛质疑，而中国特色的社会主义发展道路和社会主义市场经济体制则在应对危机中显示出特殊的优势，这进一步触发了人们对"中国模式"的关注和思考。

面对着新的形势和任务，人们逐步摆脱转轨经济学的思维，试图从中国的实践中提炼对经济发展和制度变迁具有一般意义的理论和经验，转轨经济学的范式开始被政治经济学的范式所替代。马克思主义政治经济学是联系生产力和上层建筑、研究社会生产关系及其经济运动规律的科学，具有不同于西方主流经济学的根本特征。以辩证唯物主义和历史唯物主义为基础的世界观和方法论，为无产阶级和广大人民群众利益服务的政治立场，以生产力与生产关系相互作用为核心的经济分析体系，马克思主义政治经济学的这些基本性质为建设社会主义和未来共产主义的实现提供了科学的思想指导。运用马克思主义政治经济学的范式开展对中国经济模式的认识和研究，具有以下突出特点。

一是更加重视中国模式的制度特征。王振中等运用马克思主义关于经济社会形态二重基本结构的分析方法，从生产关系系统和交换关系系统两个角度研究中国的转型问题，并把经济转型过程分为两个不同方面——从计划经济向市场经济的过渡和基本经济制度的选择。① 程恩富指出，中国模式区别于其他模式的显著体制特征是经济发展的"四主型"制度，公有制为主体的多种类产权制度、劳动主体型的多要素分配制度、国家主导型的多结构市场制度和自力主导型的多方位开放制度。②

二是更加重视中国模式与中国特色社会主义的本质联系。程恩富明确提出，中国模式是社会主义本质的中国实现形式。③ 胡钧等指出，中国模式就是有中国特色的社会主义道路，其成功的关键在于中国共产党的领导、公有制的主体地位、政府的主导作用和有效利用市场。④ 秦宣、徐崇

---

① 参见王振中《中国转型经济的政治经济学分析》，中国物价出版社 2002 年版。

② 程恩富：《中国模式的经济体制特征和内涵》，《经济学动态》2009 年第 12 期。

③ 程恩富：《中国模式：社会主义本质的中国实现形式》，《中国社会科学报》2011 年 1 月 11 日。

④ 胡钧、韩东：《"中国模式"的实质、特点和面临的挑战》，《政治经济学评论》2010 年第 4 期。

温等强调，中国模式是我们党把马克思主义的普遍真理同我国的具体实际结合起来，走自己的道路，建设中国特色社会主义的产物。① 刘国光指出，中国之所以能够从容应对危机，是因为我们还在坚持中国特色社会主义模式。②

三是更加重视中国模式的发展维度。进入 21 世纪以后，对中国模式的认识更多聚焦于发展问题，中国模式在许多场合下被等同于中国的发展模式，如何实现科学发展成为新时期经济发展的主题，如何实现经济发展方式的转变成为新时期经济发展的主线。中国经济发展的速度、质量、结构和动力等问题的研究受到普遍重视，对中国经济增长奇迹的解释以及对中国发展模式经验和意义的评估受到国内外学术界日益广泛的关注。

四是更加重视中国经济模式的整体历史结构。越来越多的人认识到，需要在整体性视野中认识和把握中国模式的内涵，要从经济、政治、文化、社会、历史的有机联系中把握中国经济模式的总体特征，而不能作割裂或分立式的理解。③ 越来越多的人认识到，不能割裂新中国前 30 年和后 30 年之间的内在联系，也不能割裂当代中国发展与历史和传统的深刻联系。有的学者强调，中国模式实际上是关于中华人民共和国 60 年成功之路的理论解释，中国模式的基础是中华文明的延续性。④

五是更加重视中国模式的世界影响。随着中国日益参与经济全球化的进程，中国经济与世界经济的联系日益紧密，人们开始从世界体系的历史演进中，探求中国模式的历史意蕴和对世界秩序变动的深刻影响。⑤ 中国模式的崛起还引起了人们对依附理论的重新审视，中国经济的发展是开辟了自主发展的成功之路，还是会陷入依附性发展的困境，重蹈依附性发展的暗淡命运？⑥ 中国模式对人类社会演变的方向、发展中国家的发展道路

---

① 秦宣：《"中国模式"之概念辨析》，《前线》2010 年第 2 期；徐崇温：《关于如何理解中国模式的若干问题》，《马克思主义研究》2010 年第 2 期。

② 刘国光：《中国模式让我们有望最先复苏》，《红旗文稿》2009 年第 11 期。

③ 赵剑英、吴波主编：《论中国模式》，中国社会科学出版社 2010 年版。

④ 潘维主编：《中国模式：解读人民共和国的 60 年》，中央编译出版社 2009 年版。

⑤ 代表性的著作有乔万尼·阿里基《亚当·斯密在北京》，路爱国、黄平、许安结译，社会科学文献出版社 2009 年版，第 10 页。

⑥ 安德鲁·马丁·费希尔：《中国正在拉美化吗？在全球失衡浪潮中，中国在实力与依附性之间的平衡行为》，《政治经济学评论》2010 年第 4 期；卢荻：《世界发展危机与"中国模式"》，《政治经济学评论》2010 年第 4 期。

和世界社会主义未来的影响，也开始受到重视。

上述五个方面对中国模式之认识和研究的新特点，体现了唯物史观和马克思主义政治经济学关于生产力与生产关系、经济基础与上层建筑以及历史与逻辑、理论与实践的辩证关系，反映了中国特色社会主义发展的历史进程。这清楚地表明，学术界对于中国经济模式的认识和研究已经开始超越西方主流经济学的狭隘视野、价值偏见和思维定式，政治经济学的范式正在并且必将成为学术界认识和研究中国经济模式的主导面。

二 中国经济模式的主要特征

迄今为止，对中国经济模式基本特征的概括是按照以下一些不同的视角展开的：一是基本制度，二是经济体制，三是发展道路，四是转型方式，五是全球化。实际上，这些不同的视角是相互联系、密不可分的，其中，基本制度特别是基本经济制度处于核心地位，起着关键作用。马克思主义政治经济学认为，经济基础决定上层建筑，而在经济基础中，基本经济制度又处于核心地位。所谓基本经济制度，就是指生产资料的所有制及其构成，它决定着一个社会生产关系的本质特征，决定着生产、分配、交换以至消费等各个环节，决定着一个社会的经济体制和经济发展道路，并从根本上决定着一个社会的政治制度、意识形态等上层建筑的性质。因此，只有从基本经济制度出发，才能准确把握中国经济模式的本质及其内在逻辑。可以这样认为，中国的经济模式实际上是中国的基本经济制度在现实的改革、发展与开放过程中的展开或实现，其主要特征可以概括为以下方面。

（一）以公有制为主体、多种所有制经济共同发展的基本经济制度

新中国成立后，通过社会主义改造，我国建立了以公有制为基础的社会主义制度。改革开放以来，中国逐步确立了以公有制为主体、多种所有制经济共同发展的社会主义初级阶段的基本经济制度，其主要内容可以做如下的具体概括：毫不动摇地巩固和发展公有制经济，毫不动摇地鼓励、支持、引导非公有制经济发展，坚持平等保护物权，形成各种所有制经济平等竞争、相互促进的新格局；深化国有企业改革，形成适应市场经济要求的现代企业制度和企业经营机制；优化国有经济布局和结构，增强国有

经济的活力、控制力、影响力；长期稳定并不断完善以家庭承包经营为基础、统分结合的农村双层经营机制；建立归属清晰、权责明确、保护严格、流转顺畅的现代产权制度；以现代产权制度为基础，发展混合所有制经济。根据上述内容进行的所有制和产权制度的改革，在实践中取得了显著成效，在理论上是巨大的创新，既坚持了科学社会主义的基本原则，又根据我国实际和时代特征赋予其鲜明的中国特色；既搞活了公有制经济，又促进了多种所有制经济的共同发展。中国经验证明，那种认为公有制经济注定低效率，注定与市场经济相冲突的观点是根本站不住脚的。公有制的主体地位保证了市场经济的社会主义性质，有利于经济的持续稳定协调发展和实现社会的共同富裕。多种所有制经济的共同发展有利于发挥各种生产要素的作用，调动各方面的积极性。社会主义初级阶段基本经济制度的确立，为中国特色社会主义的发展奠定了坚实的基础。中国今天能够拥有这样比较雄厚的综合国力和重要的国际地位，能够在激烈的国际竞争中持续稳步发展，能够在急剧变革的转型过程中保持社会的基本稳定，经受住 20 世纪末苏联解体东欧剧变、东亚金融危机和 2008 年的抗震救灾、金融海啸等重大突发事件的考验，都是与这个基本经济制度密不可分的。

（二）与社会主义基本制度相结合的新型市场经济体制，即社会主义市场经济体制

中国经济体制改革的目标是建立社会主义市场经济体制。社会主义市场经济是与社会主义基本制度相结合的新型市场经济，中国经济改革获得成功的关键就是在社会主义基本制度特别是公有制经济与市场经济之间创造出了一种可以相互兼容和相互促进的新型关系。在这种新型关系中，社会主义基本制度具有了新的含义，焕发出新的活力；市场经济也具有了新的特点，体现了社会主义基本制度的要求。从中国的实践看，社会主义基本制度与市场经济相结合的途径和方式主要有以下几方面。建立与市场经济相适应的公有制的新形式和新体制，促进多种所有制经济共同发展；坚持公有制的主体地位，发挥国有经济的主导作用，深化国有企业改革；建立以按劳分配为主体、多种分配方式并存以及效率与公平相结合的收入分配制度；形成统一、开放、竞争有序的现代市场体系；建立健全计划引导下以市场为基础的宏观调控体系；建立健全完善的社会保障体系；建立与市场经济相适应的完善的法制体系；建立与市场经济相适应的新型社会管理体制；形成内外联动、互利共赢、安全高效的开放型经济体系；不断提高党和政府驾驭社会主义市场经济的能力。可以说，把社会主义基本制度与市场经济有机地结合起来，是中国经济改革的目标所在、实质所在、特色所在、经验所在。从经济运行的特点来看，中国改革开放以来形成的市场经济体制是一种以市场调节为基础、国家调节为主导、经济发展为目标、制度转型为背景的社会主义大国的市场经济体制，是一种计划调节与市场调节、中央集权同地方分权、直接调节与间接调节、供给管理与需求管理、短期目标与长期目标、总量平衡与结构优化有机统一的国家主导型的市场经济模式。这种市场经济体制与发达资本主义国家的市场经济体制存在着重要的差别，也不同于其他发展中国家和转轨国家的市场经济体制。中国的经验再次告诉我们，强有力的国家干预是发展中国家实现现代化不可或缺的关键因素，更是社会主义制度的本质特征，所谓"大市场、小政府"和国家管得"越少越好"的自由主义观点是完全不靠谱的。

（三）以新型工业化和体制创新为动力的科学发展道路

发展是硬道理，发展是中国共产党执政兴国的第一要务。中国模式最引人瞩目的特点是它持续30多年近10%的高速经济增长奇迹。那么，中国经济增长的奇迹是如何取得的呢？国内外的学者们对此作了多方面的解释，如广阔的市场需求、稳定的政治环境、高的储蓄率和投资率、低成本的人力资源、有效的政府干预、经济的市场化、对外贸易和利用外资、技术的进步、二元结构的转换等。从根本上来说，中国经济的持续快速增长是以新型工业化和体制创新的不断深化为动力的。工业化与信息化的相互促进以及经济和社会体制的全面创新，一方面激发了资本、劳动力等资源投入的不断增加和需求的不断扩大，另一方面，推动了资源配置效率的不断提高和经济创新的持续深入。这是一种由结构性变迁、技术进步和体制创新共同推动的结构性或变革性的经济增长。新型工业化和体制创新作为推动这种增长的基本因素，在相当长的时期内是不会改变的，这就使中国经济的增长具有持续稳定的动力。这就是中国经济奇迹的所谓奥秘所在。中国经济模式的最重要成果和最宝贵经验就在于，它从中国的实际出发，探索并形成了符合中国特色的发展理论、发展战略和发展道路，最重要的是科学发展观，还有"三步走"和全面建设小康社会的战略，以及中国特色新型工业化道路、中国特色农业现代化道路、中国特色自主创新道路、中国特色城镇化道路、中国特色的区域发展道路等体现科学发展要求的经济发展道路。这些成果反映了中国特色社会主义对发展的客观要求，为中国的经济发展开辟了更加广阔而光明的前景。

（四）独立自主的对外开放战略

改革开放以来，中国确立了对外开放的基本国策，并通过主动、渐进和可控的方式，从建立经济特区到开放沿海、沿江、沿边、内陆地区再到加入世界贸易组织，从大规模"引进来"到大踏步"走出去"的路径，实现了从封闭、半封闭到全方位开放的历史转折。中国对外开放的模式有以下主要特点。一是统筹国内国际两个大局，坚持互利共赢的开放战略；"引进来"与"走出去"相结合；充分利用国际国内两个市场，优化资源配置，拓宽发展空间；以开放促改革、促发展。二是明确经济全球化具有二重性，有两种发展趋势。一方面，它促进世界资源的合理配置，促进各国生产力的发展，从而造福各国人民；另一方面，它是资本主义经济关系的全球扩张，进一步加剧世界资源配置和经济发展的不平衡，继续扩大南北发展差距，加剧贫富分化和环境恶化。我们选择并推进前一种趋势，警惕并控制后一种趋势。三是把积极参与经济全球化同独立自主结合起来。在坚持对外开放的同时，把立足点放在依靠自身力量的基础上，把引进与开放创新、利用外资与自己积累结合起来，注意维护国家的主权和经济安全，注意防范和化解国际风险的冲击，始终保持国家对关键行业和领域的控制力。我们不断提高自主创新的能力，努力建设创新型国家，形成经济全球化条件下参与国际经济合作和竞争的新优势。

（五）以社会主义市场经济为目标的渐进式转型

20世纪80年代末90年代初，从传统计划经济向市场经济的过渡形成了两条不同的道路，即苏联东欧的激进式改革和中国的渐进式改革。中国经济改革的成功不仅在于它向世人昭示，社会主义与市场经济是可以结合的，而且还在于它在实践中探索出了一条有中国特色的渐进式改革道路或改革方式，这种改革方式的主要特点是：

——自上而下与自下而上相结合，在坚持统一领导的前提下，充分发挥基层单位在制度创新中的积极性和创造性。

——双轨过渡，增量先行，在保留计划协调的前提下，通过在新增资源中逐步扩大市场调节的比重，稳步向市场经济过渡。

——整体协调，重点突破，在坚持全国一盘棋的前提下，分部门、分企业、分地区地各个突破，由点到面，实现经济体制的整体转换。

——兼顾改革、发展与稳定，把改革的力度、发展的速度和社会可承受的程度统一起来，在社会稳定中推进改革和发展，通过改革和发展促进社会的稳定。

——分步推进，循序渐进，先试验后推广，根据实践的需要和认识的发展不断调整和完善改革的具体目标和具体思路。

目标决定方法，方法内生于目标，不能脱离改革的性质和目标，抽象讨论改革的方式问题。中国的经济改革之所以采取渐进的方式，从根本上来说，是由社会主义市场经济这一改革目标的特殊性质决定的。

首先，社会主义市场经济是与社会主义基本制度相结合的市场经济，改革的目标并不是要根本否定社会主义基本制度，而是要通过制度创新克服传统计划经济体制的弊端，赋予社会主义基本制度新的活力。中国经济改革的这种根本性质，决定了其方式和过程必然具有温和渐进的特点。新旧体制之间不是泾渭分明、截然对立的，而是具有明显的连续性和继承性，它们之间的转换要经历许多具体阶段，经过许多中间环节，采取许多中间形式。

其次，中国目前处在社会主义初级阶段，市场发育和市场机制的作用不仅受社会制度的制约，而且受经济发展阶段的制约，在相当长的时期内面临着分工粗疏、结构简单、信息不畅、基础设施薄弱、城乡差距大等因素的制约，中国的市场化与工业化、体制模式的转型与发展模式的转型是结合在一起的，因此，市场经济的形成和发展必然要经历一个比较长的历史过程，中国的改革只能是渐进式改革。

再次，社会主义市场经济是一种新型的市场经济，它的具体含义和实现形式并不是先验的和固定不变的，而是处于不断变化发展的过程中，具有一定的不确定性。实际上，把改革目标确立为社会主义市场经济并不是一开始就明确了的，而是经历了从计划经济、商品经济到社会主义市场经济的长期探索过程。社会主义市场经济体制改革目标的确立，也没有一劳永逸地解决关于改革目标的所有问题，已经形成的社会主义市场经济仍需不断加以完善。

因此，中国渐进式改革与苏联东欧激进式改革的根本区别，不在于市场化的方式和方法，而在于改革的目标和性质。正如科尔内所概括的，渐进与激进的差别不在于转型的方式和速度，也不在于它们是温和的还是激烈的，而在于究竟是改革还是他所谓的"革命"。① 中国经济改革的目标是完善社会主义制度，而苏联东欧激进式改革的目标则是否定社会主义制度，这才是中国渐进式改革与苏联东欧激进式改革的根本区别。

中国经济模式上述几个方面的特点是相互联系的有机整体。中国的经济模式，从基本制度的角度看，就是以公有制为主体、多种所有制经济共同发展；这一基本制度体现在经济体制方面，就是社会主义市场经济体制；体现在对外开放方面，就是独立自主的对外开放战略；体现在经济发展方面，就是科学发展的道路。这些相互联系的内容集中到一点，就是建设中国特色社会主义经济。正如在党的十七大报告中胡锦涛总书记指出的，"改革开放以来我们取得一切成绩和进步的根本原因，归结起来就是：开辟了中国特色社会主义道路，形成了中国特色社会主义理论体系"。② 中国特色社会主义是中国经济模式的核心和灵魂，中国经济模式形成和发展的过程，就是中国特色社会主义经济理论与实践形成和发展的过程。

认识中国经济模式的基本特征还需要把握以下几点。第一，中国的经济模式是在新中国成立 30 年以来社会主义革命和建设的基础上发展起来的，前 30 年的革命和建设为中国经济模式的形成奠定了物质的和制度的历史前提，改革开放 30 年的实践则形成了中国经济模式的基本内容和主要框架。第二，中国经济模式的核心是社会主义初级阶段的基本经济制度，主要内容是在社会主义制度的基础上推进市场化、工业化和对外开放，主题则是发展中国特色社会主义。第三，中国经济模式既有相对稳定的一般性特点，同时又是一个处在不断改革与发展过程中的动态概念，在不同的阶段、不同的部门和不同的地区有着不同的表现形式。第四，中国经济模式一方面体现了经济社会发展的普遍规律和时代特征，另一方面体现了中国的民族特色和基本制度，是在共性与个性的统一中创造的新的经济模式。

---

① 科尔内所谓的"革命"，系指对公有制经济的全盘私有化。János Kornai, *Highway and Byways: Studies on Reform and Postcommunist Transition*, Cambridge, MA: The MIT Press, 1995.

② 胡锦涛：《高举中国特色社会主义伟大旗帜为夺取全面建设小康社会新胜利而奋斗——在中国共产党第十七次全国代表大会上的报告》，载中共中央文献研究室编《十七大以来重要文献选编》（上），中共中央文献出版社 2009 年版，第 8—9 页。

三 中国经济模式面临的矛盾与选择

中国的经济模式虽然业已形成并取得了举世瞩目的光辉成就，但是这一模式还不完善，还存在不少尖锐的矛盾和严重问题，如生态环境恶化，失业压力增强，贫富差距扩大，自主创新水平低，社会事业发展滞后，社会保障体系不健全，腐败现象严重等。

针对上述问题，近年来社会上流行着两种相互对立的观点。

一种是新自由主义的观点。这种观点认为，中国的改革之所以成功，是因为实行了所谓的私有化、自由化和国际化，而中国改革存在的问题则在于私有化、自由化和国际化的程度不够，公有制经济和国有经济的比重过大，政府干预和社会调节过多，与国际接轨的程度不高，政治体制改革滞后。由此得出的结论是，要进一步深化市场化改革，继续减少与取消政府干预和社会调节，对国有企业实行彻底的私有化，进一步加快与国际经济接轨的步伐，并逐步引入西方式的所谓"民主化"的宪政体制，为自由市场的作用奠定政治和法律的基础。

另一种观点则对中国市场经济改革的方向提出了质疑。这种观点在西方一些新左派学者中比较流行，代表人物有大卫·哈维、马丁·哈特、沃克尔等人。[①] 持这种观点的学者认为，市场化的改革造成中国国有企业比重下降和私营企业比重上升，收入与财富分配越来越不公平，经济的扩张日益依赖外国投资与出口，资源与环境的危机日益加剧，阶级矛盾日益凸显，社会矛盾不断激化。如果不改变市场经济导向的改革方向以及相应的所有制和阶级结构，这些问题是不可能克服的。

西方新左派与新自由主义的观点看似对立，实则相通，它们都否定了社会主义与市场经济结合的可能性与合理性，也就从根本上否定了中国经济模式的价值与意义。不同的是，新自由主义否定的是社会主义，西方新左派否定的是市场经济。这当然不是什么新见解，而是那种把社会主义与市场经济相对立的右的和"左"的教条观点的再现。

---

① 参见 D. Harvey, *A Brief History of Neoliberalism*, Oxford, NY: Oxford University Press, 2005, pp. 120 – 151；Martin Hart – Landsberg and Paul Burkett, *China and Socialism: Market Reform and Class Struggle*, New York: Monthly Review Press, 2005; R. Walker and D. Buck, "The Chinese Road, Cities in the Transition to Capitalism", *New Left Review*, 46, July/Aug., 2007, pp. 39 – 66。

　　那么，到底应当如何看待中国经济模式中出现的问题呢？从现象的层面看，问题是由多种因素造成的：有市场化不足的问题，如企业制度不完善、市场体系不健全、政府干预过多等；也有泛市场化问题，如公共部门乱收费、公共服务产业化、权钱交易现象的蔓延等；还有法律、法规、政策和管理不完善的问题；更多的则是发展中的问题，如科技水平落后、自主创新能力低、城乡二元结构、就业压力大、社会保障体系不健全等。这些问题虽然也与体制上的缺陷有关，但从根本上说，只能通过科学发展来加以解决。现实的问题错综复杂，不能简单归结为市场化不足或市场化过度。从根本上来说，我们所面临的主要矛盾还是如何实现社会主义与市场经济之间更好地有机结合的问题，这是贯穿于中国经济模式发展的主线，也是决定中国社会主义市场经济前途和命运的关键。关于这一点，中共十四大报告明确指出，"社会主义市场经济是同社会主义基本制度结合在一起的"①。中共中央十五届四中全会进一步指出，"建立和完善社会主义市场经济体制，实现公有制与市场经济的有效结合，最重要的是使国有企业形成适应市场经济要求的管理体制和经营机制"②。中共中央十六届三中全会强调，"坚持社会主义市场经济的改革方向"，"继续探索社会主义制度和市场经济有机结合的途径和方式"③。中共中央十六届四中全会提出，"把握社会主义市场经济的内在要求和运行特点，自觉遵循客观规律，充分发挥社会主义制度的优越性和市场机制的作用"④。中共十七大报告在总结我国改革开放的历史经验时，把"坚持社会主义基本制度同发展市场经济结合起来"作为重要的经验之一。⑤ 在当前新的历史条件下，实现社会主义与市场经济更好的有机结合，是从根本上解决制约我国经济发展诸多矛盾的必由之路。

---

　　①　江泽民：《加快改革开放和现代化建设步伐，夺取有中国特色社会主义事业的更大胜利》，中共中央文献研究室编：《十四大以来重要文献选编》（上），人民出版社1996年版，第19页。

　　②　《中共中央关于国有企业改革和发展若干重大问题的决定》，载中共中央文献研究室编《十五大以来重要文献选编》（中），人民出版社2003年版，第1004页。

　　③　《中共中央关于完善社会主义市场经济体制若干问题的决定》，载中共中央文献研究室编《十六大以来重要文献选编》（上），中共中央文献出版社2005年版，第465、480页。

　　④　《中共中央关于加强党的执政能力建设的决定》，载中共中央文献研究室编《十六大以来重要文献选编》（中），中共中央文献出版社2006年版，第276页。

　　⑤　胡锦涛：《高举中国特色社会主义伟大旗帜为夺取全面建设小康社会新胜利而奋斗》，载中共中央文献研究室编《十七大以来重要文献选编》（上），中共中央文献出版社2009年版，第8页。

实现社会主义与市场经济更好的有机结合的关键，是如何在实践中自觉坚持和完善我国的基本经济制度。在这一问题上，目前社会上存在不少模糊甚至混乱的认识。比如，把社会主义经济中的国有经济与资本主义经济中的国有经济混为一谈，认为国有企业的主要职能是提供公共物品，从事私有企业不愿意经营的部门，补充私人企业和市场机制的不足，等等。社会主义基本经济制度是我国经济和政治制度的基石，对于基本经济制度认识上的这种模糊、分歧乃至混乱，必然会影响中国特色社会主义事业的顺利发展。同时，我们也要看到，在社会主义初级阶段基本经济制度这一重要理论提出后的十多年时间里，我国的所有制结构发生了深刻而重要的变化，如何在新的历史条件下进一步坚持和完善我国的基本经济制度还面临着许多新的课题。例如，马克思的公有制理论与当代我国现实生活中的公有制有什么样的关系？公有制经济的优越性体现在哪些方面？社会主义国家的国有经济与资本主义国家的国有经济有什么不同？用什么样的指标来界定公有制的主体地位和国有经济的主导作用？如何确立社会主义国有经济的定位和功能？怎样看待国有经济在市场竞争中的"进"与"退"？能否不分青红皂白地把国有经济的主导地位简单地等同于"垄断"？对于国有企业中存在的不合理的行政垄断，如何放松和解决？对于存在自然垄断的国有企业，国家如何推进资源税改革，有效地征收资源税，将租金用于公共服务？如何遵循社会主义生产关系的规定性搞好国有企业，同时又使其促进非公有制经济的发展？外资企业能看做是中国企业吗？这些问题是进一步坚持和完善我国的基本经济制度必须深入研究和解决的。

实现社会主义与市场经济更好的有机结合还要努力完善我国的收入分配制度。改革开放以来，我国居民的收入大幅增长，生活持续得到改善。与此同时，不同社会阶层之间的收入差距也越来越大，成为突出的经济和社会问题。中共十七届五中全会通过的《中共中央关于制定国民经济和社会发展第十二个五年规划的建议》强调，"加大收入分配调节力度，坚定不移走共同富裕道路"。[①] 我们知道，实现共同富裕与基本制度的完善是密切相关的。这是因为分配取决于生产，"所谓的分配关系，是同生产过程

---

① 《中共中央关于制定国民经济和社会发展第十二个五年规划的建议》（2010 年 10 月 18 日中国共产党第十七届中央委员会第五次全体会议通过），《人民日报》2010 年 10 月 28 日，第 5 版。

的历史地规定的特殊社会形式，以及人们在他们的人类生活的再生产过程中相互所处的关系相适应的，并且是由这些形式和关系产生的"。① 从当前的实际情况看，弄清这一问题需要区分两类性质不同的收入差距。一类收入差距发生在普通的劳动者之间，主要是由不同部门、地区、行业之间劳动者的素质或贡献和生活费用的差别造成的，比如，高科技部门劳动者的收入高于一般的劳动者，城镇居民的生活费用高于农村居民的生活费用。同时，这些也与现实中存在的国有企业对行业的行政垄断、劳动力市场被分割或不完善等不合理因素有一定关系。这类收入差距大致能体现按劳分配的要求，有利于调动生产者的积极性，对于其中不合理的因素则需积极采取措施进行调节。另一类收入差距发生在不同的财产占有者之间，尤其是资本的所有者与劳动者之间，主要是由于人们在财产（包括资本、房地产、各种金融资产和经济资源）占有特别是生产资料占有上的差别造成的。这类收入差距是市场经济发展的必然产物，有利于发挥市场机制的作用，但如果没有有效的限制和调节，必然会导致财产占有和收入分配的两极分化，一极是财富在少数人手中的不断积累和增大，另一极则是大多数人生活的相对贫困。这就是马克思揭示的以私有制为基础的资本主义市场经济中资本积累的一般趋势。

对于我国目前是否存在两极分化，社会上有不同的认识。但是，至少两极分化作为一种趋势和日益临近的威胁已是不争的事实，我们不应当回避，必须高度重视。实现共同富裕固然需要加大收入再分配调节的力度，包括完善社会保障制度、增加公共支出、加大转移支付力度等措施，但初次分配体制和财产关系的公正合理才具有根本的意义。这就必须坚持和真正落实以公有制为主体、多种所有制共同发展的基本经济制度和以按劳分配为主体、多种分配方式并存的基本分配制度，建立和谐的劳动关系，保障劳动者的基本权益，完善工资正常增长机制，提高劳动收入在国民收入分配中的比重，普遍较快地增加城乡居民收入。还要构建能有效拉近贫富差距的税制体系，加大对财产性收益和资源利用的税收调节，依法逐步建立以权利公平、机会公平、规则公平、分配公平为主要内容的社会公平保障体系，更好地体现社会主义制度的优越性。

完善中国的经济模式，还必须在充分发挥市场机制的基础性作用的同

---

① 马克思：《资本论》（第3卷），人民出版社1994年版，第999—1000页。

时，更加关注科学发展，更加关注社会公平，更加关注民生建设，更加关注自主创新。归根到底，中国的经济模式是社会主义基本制度与市场经济相结合的成果，离开了社会主义基本制度与市场经济的结合这一主线，中国的经济模式就失去了灵魂，迷失了方向。应当清楚地认识到，中国模式不是一种一成不变的东西，而是丰富多彩、生机勃勃、与时俱进的历史创造过程。因此，我们必须从实际出发，不断解决和克服现实经济中存在的各种矛盾和问题，不断丰富和完善中国模式的内涵，赋予其新的活力和创造力，实现社会主义与市场经济的有机结合，使中国特色社会主义道路越走越宽广。

四　中国经济模式的意义：普遍性与特殊性

中国的经济模式是一种特殊的事例，还是具有普遍的意义呢？在普遍性上，人们的认识不尽一致。持否定态度的人认为，中国的成功主要得益于一系列有利的初始条件，因而，中国的改革经验不具有普遍意义，而是一种特殊环境的产物。持肯定态度的人则认为，中国的改革道路是一条代价低、风险小，又能及时带来收益的成功道路，既然改革中国家的传统经济体制及其弊端都是相同的，改革的道路也应该是相通的。所以，中国改革的经验是普遍的而不是独特的。[①]

应当说，中国的经济模式首先是中国特殊国情的产物，是与中国特色社会主义道路和中国的基本制度紧密地联系在一起的，此外，特殊的初始条件、特殊的历史文化传统以及特殊的改革路线乃至于领导集团特殊的风格，都是塑造中国经济模式的重要因素。走自己的道路，既是中国革命获得成功的根本经验，也是中国改革与发展获得成功的根本经验。任何照搬照抄别国理论与经验的教条主义做法，都必然会在中国改革与发展丰富多彩和生机勃勃的实践面前折戟碰壁。同样，对中国来说是成功的模式和经验，并不一定适用于任何时代和任何国家，不同时代和不同国家的市场经济体制既有共性，也有差别，抽象的、适用于任何时代和国家的市场经济是不存在的，只有立足于现实和历史的市场经济环境和市场经济制度，市

---

① 参见林毅夫、蔡昉、李周《中国的奇迹：发展战略与经济改革》，上海三联书店、上海人民出版社 1994 年版。

场经济发展的模式才是有生命力的经济模式。

或许有人会说，市场经济就是市场经济，在全世界都是一样的，没有什么国家与地区之分，更没有姓"社"与姓"资"之分，因此，不可能有什么中国特色的市场经济。事实并非如此。市场经济并不是可以脱离具体的社会结构而存在的某种设施或工具，可以在不同的制度环境和历史条件下随意搬来搬去。相反，不同历史阶段和不同社会结构下的市场经济体制既有共性，也有差别。古典的市场经济不同于现代的市场经济，英美模式不同于北欧模式，东亚模式又有自己的特点。同样是发展市场经济和实现工业化，中国与其他国家相比面临着如下一些特殊的社会历史条件：具有悠久而深厚的历史文化传统；实行社会主义的经济和政治制度；处于工业化与信息化的双重转型之中；人口众多而资源相对稀缺；在世界资本主义体系中处于相对落后的地位；地域辽阔且区域差异巨大，等等。因此，中国的经济模式既体现了经济现代化和市场经济发展的一般规律，又反映了中国特殊的制度、国情和历史阶段的要求，因而，它既尊重一般规律，又充满了首创精神；既有特殊性，也有普遍意义；既是民族的，也是世界的。

强调中国特色并不意味着中国的经济模式只是一种特例或偶然。共性寓于个性之中，特殊性中包含着普遍性。市场经济的形成与发展有其客观的、普遍的规律，中国的经验和模式中也必然包含着某些普遍的规律和一般的意义。中国经济发展的经验和模式开阔了经济学研究的视野，丰富了对市场经济发展规律的认识，深化了对经济发展和制度变迁规律的认识，这一点已为越来越多的人所认识。所谓"北京共识"，虽然不能说是一种严密的理论和权威的解释，但却反映了人们试图提升中国经验的愿望。①邹至庄的观点也具有代表性。他在《中国的经济转型》一书中提出，除了方法论之外，对中国经济转型的研究提供了六个关于经济学实质性的命题：私有制并不一定产生管理效率，市场刺激手段对于经济迅速发展的关系不充分，政府的形式与经济发展的速度无关，不同的经济体制均可以为市场经济服务，政治上的可行性是经济转型中的一种重要因素，中央计划

---

① 乔舒亚·库珀·拉莫：《北京共识》，载黄平、崔之元主编《中国与全球化：华盛顿共识还是北京共识》，社会科学文献出版社 2005 年版。

下的官僚主义经济体制难以清除。①

在人类历史的发展进程中，中华民族从来不是，现在更不应当仅仅是世界文明的模仿者和追随者，而是有所发明、有所创造、有所贡献。中国经济模式向人们提供了这样一种启示，那些看似相互对立的因素如何相互补充、融合、渗透、促进和发展，包括公有与私有、效率与公平、国家与市场、自由与和谐、集权与分权、经济与社会、发展与稳定、传统与现代、自主性与全球化、新体制与旧体制，等等。归根结底，中国模式的根本意义在于，要在理论上推倒资本主义现代化的目的论，从区别工业化、现代化、市场化与资本主义化入手，得出现代化和市场化的转型未必要以资本主义的工业化和市场经济为标准的结论，挑战资本主义优越性和普遍性的意识形态，实现社会主义与市场经济的历史性结合。② 这种结合就是特色，就是创造。

众所周知，对于国家与市场的关系，经济学家们历来众说纷纭，导致了经济自由主义和国家干预主义此消彼长的持久争论，形成了"自由市场论"、"国家调节论"、"国家推动发展论"、"驾驭市场论"、"亲善市场论"、"发展型政府论"等多种观点。但是，其中的任何一种观点都难以准确地说明中国的经验和现实。由于面临着比较相似的历史文化传统和发展阶段，中国的经济模式具有比较明显的所谓"发展型政府"的特点。③ 但是，即使与一般的发展型政府相比，中国的国家与市场的关系也呈现出了许多新的特点。一是国家与市场的关系不是单一的，而是多元的，在不同部门、企业和领域有不同的组合。比如，沿海不同于内地，农村不同于城市，农业不同于工业，国有企业不同于非国有企业等。二是国家与市场的关系不是固定的而是不断变化的，在不同的发展阶段存在过不同的模式，如计划经济为主、市场调节为辅的模式，有计划商品经济的模式，社会主义市场经济体制的模式，社会主义市场经济体制在不同的阶段也有不同的特点。三是国家与市场的关系具有经济、政治、文化和社会以及宏观与微观、生产力与生产关系等多种维度。比如，科

---

① 邹至庄：《中国的经济转型》，中国人民大学出版社 2005 年版。

② 参见林春《"中国模式"议》，《政治经济学评论》2010 年第 4 期。

③ 发展型政府的原型是所谓的东亚模式，其主要特点有：政府对经济的干预程度较高，利用制定发展战略、规划和实行扶植性产业政策等方式促进经济发展，政治精英与经济精英在发展问题上达成基本一致，国家与社会的合作等。

学发展、社会和谐、政治动员、计划协调、统筹兼顾、宏观调控、微观管制、制度创新、国有资产管理等，都体现了政府的经济职能。四是中央与地方的关系具有特殊重要的地位，地方政府既是一级行政组织，又担当了类似企业家的角色，从而使国家与市场的关系呈现出与众不同的复杂结构，成为影响中国改革与发展的一个十分重要的因素。五是国家与市场的关系与社会主义经济和政治制度存在着密切的关系，体现了社会主义基本经济和政治制度的要求。中国模式中关于国家与市场关系的这些创新性的做法和思想，对经济理论和实践的发展无疑具有重要的启示。可以相信，随着中国经济模式的发展和影响的扩大，人们对中国经济模式一般意义的探索也会不断加强和深化。

加强和深化对中国经验和中国模式的认识，需要对已有的西方主流经济学信条以至知识体系保持必要的警醒，意识到它们的局限和偏颇。现在尤其需要破除这样一种新的教条主义或蒙昧主义思想。这种思想认为，经济学在全球只有一种即西方的主流经济学，它是"科学"的和"普适"的，无民族和国界的限制，所谓的中国经济学和中国经济模式是不存在的，存在的只是西方经济学和西方经济模式在中国的应用和推广。这种观点是错误的。第一，西方经济学并不只有一种，而是存在众多的理论和流派，而且这些理论和流派的地位与影响也随着历史的发展在不断变化，被许多人尊崇的现代西方新古典经济学其实也只是众多经济学流派中的一支，它绝不是什么普遍和永恒的真理。第二，经济学的发展与人类文明的发展一样，从来都是不同国家、不同时代和不同群体的人们根据他们自身特殊的环境、经验和知识背景提出的，是不同思想理论之间相互交流、碰撞、融合的结果。因此，经济学的发展绝不是某些国家和某些人的专利。第三，中国的发展是在与西方国家的工业化不同的历史条件和国际国内环境下进行的，因而不可能照搬西方的模式和经验。第四，任何一种经济理论都是以一定的现实为基础的，都不可避免地会反映出理论的生产者的利益倾向、历史经验、价值理念、文化背景和思维方式。照搬西方的经济理论和发展模式，其危害不仅在于它无助于理解中国的道路和模式，而且会使我们成为新教条主义或新蒙昧主义的奴隶，失去应有的自我发展和自主创新的信心和能力。亨廷顿坦承："普世文明的概念是西方文明的独特产物。""20世纪末，普世文明的概念有助于为西方对其他社会的文化统治和那些社会模仿西方的实践和体制的需要作辩护。普世主义是西方对付非西方社会的意识形态。"① 中华民族的伟大复兴，必然伴随理论的繁荣与兴盛，中国应当对于人类有较大的贡献。我们要从中国的实际出发总结经验、提炼思想、创新理论，发展与中国经济模式相适应的自主性和原创性的经济理论，无愧于我们的时代和民族。

中国的经济模式为发展中国家走向现代化、发展市场经济和参与全球化，开辟一条新的道路，展现了一种新的可能。同时也为人类的进步和社会主义的复兴带来了光明和希望。1956 年毛泽东在《纪念孙中山》一文中说过："中国应当对于人类有较大的贡献。而这种贡献，在过去一个长时期内，则是太少了。这使我们感到惭愧。"② 1987 年邓小平在会见一位外国领导人预期："到下一个世纪中叶，我们可以达到中等发达国家的水平。如果达到这一步，第一，是完成了一项非常艰巨的、很不容易的任务；第二，是真正对人类作出了贡献；第三，就更加能够体现社会主义制度的优越性。""这不但是给占世界总人口四分之三的第三世界走出了一条路，更重要的是向人类表明，社会主义是必由之路，社会主义优于资本主义。"③ 现在，当中国人民以一往无前的进取精神和波澜壮阔的创新实践，在建设富强民主文明和谐的社会主义现代化国家的征程上大步迈进的时候，我们是否可以说，中国模式的成功将会是中华民族对人类文明发展做出的新的较大贡献。

（原载《中国社会科学》2011 年第 3 期）

---

① 萨缪尔·亨廷顿：《文明的冲突与世界秩序的重建》，周琪等译，新华出版社 1998 年版，第 55—56 页。

② 《毛泽东文集》（第 7 卷），人民出版社 1999 年版，第 156 页。

③ 《邓小平文选》（第 3 卷），人民出版社 1994 年版，第 225 页。

用唯物史观的方法理解劳动者个人所有制

——读苏联学者《在社会主义条件下重建
个人所有制的含义》一文的思考

何干强

一　关于劳动者个人所有制争议的简要回顾

马克思指出："从资本主义生产方式产生的资本主义占有方式，从而资本主义的私有制，是对个人的、以自己劳动为基础的私有制的第一个否定。但资本主义生产由于自然过程的必然性，造成了对自身的否定。这是否定的否定。这种否定不是重新建立私有制，而是在资本主义时代的成就的基础上，也就是说，在协作和对土地及靠劳动本身生产的生产资料的共同占有的基础上，重新建立个人所有制。"①

自从《资本论》第一卷问世以来，上述这段话中的"个人所有制"就备受关注，并形成两类不同性质的争议。一类是马克思主义与反马克思主义性质的争议。远的有，当年德国资产阶级学者杜林责难马克思，说"个人所有制""既是个人的又是社会的"，这是"所有制的混沌世界"；恩格斯则在《反杜林论》中对其强加于人的恶劣作风和形而上学的思维方法进行了深刻批判。② 近的有，在我国经济体制改革的大潮中，有人把"个人所有制"解读为"人人皆有的私有制"或股份制中的私人股份占有制，根本背离了马克思强调的"这种否定不是重新建立私有制"。另一类则是马克思主义学者之间在文本理解上的争议。这类学者的共同点是，都肯定马克思所讲的第二次否定不是重新建立生产资料私有制，都认为"个人所有

---

① 《资本论》（第1卷），人民出版社2004年版，第874页。
② 参见《马克思恩格斯选集》（第3卷），人民出版社1995年版，第472—475页。

制"与社会主义的公有制（或社会所有制）是不矛盾的、统一的；但是，对马克思提出的"个人所有制"究竟是指生产资料的所有制，还是指消费资料的所有制，则各执一端，见仁见智。

这两类理论争议都具有现实意义。前者是捍卫马克思主义之必需，有助于明确经济体制改革的社会主义方向；后者则有助于相互启发，集思广益，深化对马克思原创性经济学原理的理解，有重要理论价值和学术价值。

二　苏联学者康德拉索夫的观点值得重视

关于"个人所有制"的理论含义，新中国马克思主义学界的研讨已经持续了许多年，① 至今仍存在观点上的分歧。② 其实，在国外也有关于这个专题的争议。笔者在这里向读者推荐苏联学者瓦西里·吉洪诺维奇·康德拉索夫 20 世纪 80 年代末的一篇论文《在社会主义条件下重建个人所有制的含义》。了解一下他的观点，有助于我们开阔视野，深化研讨。

B. T. 康德拉索夫教授 1954 年毕业于莫斯科大学，1975 年到莫斯科普列哈诺夫国民经济学院商业系任教，是理论经济学博士生导师，苏联研究马克思"个人所有制"的著名学者。笔者 1990 年 10 月至 1991 年 3 月在该院访问进修期间，他是指导老师。当时已 66 岁的他对笔者说，马克思关于个人所有制的思想对理解社会主义生产关系具有重要意义，但是苏联理论界目前（众所周知，当时苏联私有化思潮盛行，正处于资本主义复辟的前夜）对这个问题的研究并不重视。当他听说中国理论界对这个问题有较多的讨论时很高兴，就把代表他当时最新研究成果的《在社会主义条件下重建个人所有制的含义》一文签上名字，连同载文的《经济科学》1989年第 11 期杂志送笔者作纪念。

---

① 新中国在 1978 年之前就有介绍个人所有制的文章，参见高松《什么是个人所有制》，《学习》1955 年总第 88 期。1978 年以后研究学者不断增加，到 1989 年，对该专题的探讨已成为理论经济学的热点之一。参阅卢岱、余辉《关于"重新建立个人所有制问题"》，载《〈资本论〉研究资料和动态》第 6 集，江苏人民出版社 1985 年版；杜浩智：《马克思"重新建立个人所有制"理论与社会主义的所有制》，载《经济研究》编辑部编《中国社会主义经济理论问题争鸣（1985—1989）》，中国财政经济出版社 1991 年版。

② 参阅卫兴华《解读"重新建立个人所有制"必须弄清的几个问题》，王成稼：《恩格斯解读"个人所有制"最符合马克思的原意》，两文均刊登在《当代经济研究》2010 年第 12 期。

康德拉索夫在该文的一个注释中说，他在论述中"采取了高度的理论抽象，没有分析在现实社会主义条件下保留非社会化劳动形式的问题"，也就是说，他是以全社会实行纯粹的公有制或社会所有制作为分析的前提的，主要是为了从抽象的理论层面弄清马克思关于个人所有制文本的含义。

这篇论文力图以唯物史观解读个人所有制，在研究方法上给我们不少有益的启示。康德拉索夫认为：

1. 个人消费品所有制在资本主义社会也是存在的，它不可能因资本主义社会向社会主义转变而消除。这就是说，个人消费品所有制是不能用以表现社会经济制度的历史性质的。

2. 一定社会制度的历史性质主要在生产资料所有制的历史特征上体现出来，因此，共产主义社会的特征应当在生产资料所有制的特征上得到表现；生产资料的劳动者个人所有制就是体现共产主义（社会主义是其第一阶段）公有制特征的范畴。

3. 个人所有制的个人不是指一般的个人，而是指劳动者；因此，应当把个人所有制理解为劳动者个人所有制，并把它与社会主义生产方式紧密结合起来理解，弄清两者之间的内在联系。

4. 在社会主义条件下（这里指马克思所说的商品货币关系已消亡了的社会主义），生产方式或生产要素的结合方式具有自己的历史特点，它是每一个劳动者同公有生产资料的结合，但这只能是具有自由个性的劳动者以联合劳动形式与劳动者联合体掌握的、只有协作劳动才能在生产中占有的公有生产资料的直接结合。这是一种全社会范围内的直接社会劳动形式。

5. 一定社会形式的劳动是相应的生产资料所有制的物质基础。与资本主义私有制相适应的是劳动力买卖的雇佣劳动形式，雇佣形式的劳动是资本主义私有制的物质基础。与劳动者个人所有制相适应的是直接社会劳动形式，直接社会劳动是劳动者个人所有制的物质基础。因此，个人所有制并不是与劳动者共同占有生产资料相对立的，而是每个劳动者都通过联合体的协作劳动在直接生产过程中占有生产资料。

6. 个人所有制作为生产资料所有制关系，同其他生产资料所有制关系一样，是生产资料所有者在直接生产过程中对劳动者的劳动、劳动成果的占有关系，其特征是由作为联合体的总体劳动者占有每个生产者的劳动和劳动成果的关系，这是一种彻底排除了剥削关系的占有关系。总体劳动者的成果，应当既满足整个社会的要求，又满足每个单个成员要求。

7. 个人所有制作为与直接社会劳动相适应的生产关系，消除了生产和占有生产成果之间的对抗性，但是不会消灭矛盾本身。社会主义仍然存在生产的社会性与占有生产成果的集体形式之间的矛盾（康德拉索夫认为这是社会主义的主要矛盾）。这个矛盾的产生是与总体劳动者占有每个劳动者劳动的质与量的规定性相联系的，它的解决取决于与它相适应的分配方式，这就是按劳分配。它决定了社会主义条件下个人所有制的消费品分配的历史特征。

上述要点反映出，康德拉索夫《在社会主义条件下重建个人所有制的含义》这篇论文，是从生产资料所有制关系这个社会制度的经济基础层面来理解马克思的个人所有制范畴的。根据他的理解，可以认为，劳动者个人所有制揭示出的是资本主义制度被彻底消灭之后的生产资料公有制，在劳动者主体方面显示出的特征包括：自主结合成从事协作劳动的联合体、从事直接社会劳动、对劳动成果实行按劳分配等。他从生产方式、劳动社会性的实现形式和分配关系等相互联系的方面分析劳动者个人所有制，体现了唯物史观的基本方法。

三　用唯物史观的方法深化对劳动者个人所有制的理解

今天，我们有必要进一步应用唯物史观的方法论，科学回答我国理论界提出的新问题，以推进本专题研讨的进一步深化。为此，笔者提出以下几点看法。

（一）从辩证逻辑的角度理解恩格斯与马克思关于个人所有制阐释的一致性

我国理论界争议颇大的一个问题是，恩格斯关于个人所有制的阐释与马克思的原意是否存在矛盾。从康德拉索夫的论文中可以知道，这种争议在苏联也存在过。我们知道，恩格斯在《反杜林论》中指出，在生产资料社会所有制基础上重建个人所有制，"对于任何一个懂德语的人来说，这也就是说，社会所有制涉及土地和其他生产资料，个人所有制涉及产品，那就是消费品"①。据此，一些学者认为，恩格斯的解释十分清晰，个人所有制就是消费品的个人所有制，不是指生产资料的个人所有制；而恩格斯引用的马克思在《资本论》第一卷中的一段话也指出："设想有一个自由人联合体，他们用公共的生产资料进行劳动……这个联合体的总产品是一个社会产品。这个产品的一部分重新用作生产资料。这一部分依旧是社会的。而另一部分则作为生活资料由联合体成员消费。因此，这一部分要在他们之间进行分配。"② 因而他们认为，马克思关于个人所有制的阐释同恩格斯是一样的，指的是消费品个人所有制。

然而另一些学者则认为，马克思个人所有制的原创性含义指的是生产资料所有制，而不是消费品所有制；马克思在《资本论》中虽然没有明确把个人所有制表达为生产资料所有制范畴，但是他在其他论著中有明确的阐述。例如，在《法兰西内战》中，马克思十分清楚地在生产资料所有制的含义上使用"个人所有制"范畴；③ 在 1861—1863 年的《经济学手稿》中，则明确地指出，资本家占有"社会生产资料"的这种对立的形式一旦消除，结果就会是联合起来的工人"社会地占有而不是作为各个私的个人占有这些生产资料"，资本主义私人所有制只有"改造为非孤立的单个人的所有制，也就是改造为联合起来的社会个人的所有制，才可能被消灭"④。所以，马克思的劳动者个人所有制，只能理解为联合起来的劳动者个人共同占有社会生产资料的所有制。

笔者认为，在马克思主义学者内部的以上分歧，通过深入理解马克思和恩格斯阐述个人所有制的辩证逻辑或辩证方法，是可以消除的。不难看出，在上述学者对原著的引证中，马克思既阐明了，在否定了资本主义私有制之后，生活资料要在劳动者个人之间分配（在社会主义阶段实行按劳分配，也就是消费品属个人所有），又明确指出，生产资料公有制就是"联合起来的社会个人的所有制"。其实，恩格斯在《反杜林论》中指出个人所有制涉及消费品之后，在对否定之否定规律的进一步阐述中，与马克思一样，也明确地从生产资料所有制范畴角度阐述了个人所有制。恩格斯指出，马克思关于否定之否定的那段话，概述了"关于资本的所谓原始

① 《马克思恩格斯选集》（第 3 卷），人民出版社 1995 年版，第 473 页。
② 《资本论》（第 1 卷），人民出版社 2004 年版，第 94 页。
③ 参见《马克思恩格斯选集》（第 3 卷），人民出版社 1995 年版，第 59 页。
④ 《马克思恩格斯全集》（第 48 卷），人民出版社 1985 年版，第 21 页。

积累的经济研究和历史过程的最后结果"，资本的所谓原始积累，在英国就是"否定以劳动者自己生产资料的私有制为基础的小生产"，"消灭以自己劳动为基础的私有制"，"这种从个人的分散的生产资料到社会的集中的生产资料的转化，就构成资本的前史"；① 然后，恩格斯引证马克思的话指出，资本主义生产方式一旦站稳脚跟，"现在要剥夺的已经不再是独立经营的劳动者，而是剥削许多工人的资本家了。……剥夺者就要被剥夺了"。② 不言而喻，被剥夺的正是资本家私人掌握的"社会生产资料"，所以否定资本主义私有制而重新建立的正是生产资料范畴意义上的劳动者个人所有制。可见，马克思和恩格斯完全一致地认为个人所有制既属于生产资料所有制范畴，又涉及消费品的个人所有或在劳动者个人之间分配。他们在个人所有制含义的阐释上是一致的。

这里不应忽视三个要点：其一，唯物史观认为，消费品的分配关系和生产资料的所有权关系是同一生产关系具有内在联系的两个方面，前者不过是后者的结果。③ "分配关系的历史性质就是生产关系的历史性质，分配关系不过表示生产关系的一个方面。"④ 正因为如此，马克思和恩格斯才既从生产资料所有制范畴的角度论述个人所有制，又讲个人所有制涉及消费品。

其二，恩格斯在说"社会所有制涉及土地和其他生产资料，个人所有制涉及产品，那就是消费品"的时候，似乎谈了两种不同类型的所有制，其实不然。须知，恩格斯这样表述是针对杜林的形而上学思维方法的，是批判杜林的需要。对于只会用非此即彼的形式逻辑或者形而上学方法进行思维的杜林来说，同一生产关系存在相互联系的生产资料的所有权关系和消费品的分配关系，这就等于说一种所有制"既是个人的又是社会的"，这是自相矛盾的。恩格斯为了让杜林理解对他的批判，就不能不把生产资料占有方式和个人消费品占有方式这两种规定性分开表述。这也有助于习惯用形式逻辑进行思维的一般读者理解马克思论述的个人所有制范畴看似矛盾其实并不矛盾，从而认识杜林的肤浅和错误。

其三，马克思之所以在阐述对资本主义私有制的否定时，要用个人所

① 《马克思恩格斯选集》（第3卷），人民出版社1995年版，第477页。
② 同上书，第475—476页。
③ 同上书，第306页。
④ 《资本论》（第3卷），人民出版社2004年版，第1000页。

有制来表达生产资料公有制，是为了让人们明白，资本主义自所谓原始积累以来的历史进程及其发展趋势正好体现了一般辩证法的否定之否定规律。资本主义私有制否定了"个人的、以自己劳动为基础的私有制"，这是第一次否定；但是在资本主义私有制发展中孕育出的社会化生产的新生产方式，必然造成对它自身的否定，这第二次否定"不是重新建立私有制"，而是重新建立起与第一次否定了的所有制形式有某种相似性的劳动者"个人所有制"。这种相似，也就是劳动者的个人自由、劳动者与生产资料的直接结合的"痕迹"。但是，这绝不是回到小生产的私有制，而是在公有制和社会化大生产基础上建立起"联合起来的社会个人的所有制"。这个历史过程和发展趋势，正好体现出劳动者与生产资料直接结合的生产方式从低级到高级的螺旋式上升的历史辩证法。

可见，只要我们遵循唯物史观的辩证方法，深入领会马克思与恩格斯的有关论述，就会得出，他们关于个人所有制含义所表述的思想是一致的、不矛盾的。

（二）劳动者个人所有制是对阶级所有制的彻底否定

前面提到，康德拉索夫把马克思的个人所有制表述为"劳动者个人所有制"；前面加上"劳动者"，这是很有必要的。在我国的研讨中，有的学者把个人所有制理解为"个人产权的界定"，类似于股份公司制中的个人对股份的占有，这是很值得商榷的。① 马克思的个人所有制意味着，每个劳动者在共同占有社会生产资料（生产资料公有制）的基础上，从事直接社会性的协作劳动，并通过按劳分配占有属于个人的消费资料；而股份制中的个人占有股份，本质是私人对资本化的生产资料的占有，而占有股权的私人可以是非劳动者的私人，因此，股份制股权占有的社会性质与劳动者个人所有制的社会性质存在本质上的差别。再说，马克思的劳动者个人所有制是以商品货币关系已经消亡的劳动者的直接社会劳动为前提的，到那时，与商品货币关系必然联系在一起的信用制度已不再存在，股份制必然消亡，又怎么会有股份制那样的"个人产权的界定"呢？

必须充分认识到，辩证法中的否定之否定规律展示了事物从低级向高

---

① 参见《经济研究》编辑部编《中国社会主义经济理论问题争鸣（1985—1989）》，中国财政经济出版社 1991 年版，第 143—144 页。

级、从简单到复杂、从不发达到发达的自我扬弃（既有克服又有保存）的螺旋式上升的发展过程。每个客观事物向前发展的过程都有自身的否定之否定。就劳动者与生产资料能够直接结合的生产资料所有制的发展而言，小生产的劳动者私人所有制发展到一定程度，被资本主义私有制所否定；资本主义私有制发展到一定程度，又必将被公有制基础上的劳动者个人所有制所否定。但是，这前后两次否定，存在质的区别。第一次否定或扬弃，克服的是劳动者个人与生产资料的直接结合，但是保存了私人占有或私有制，并发展起社会化的生产方式；第二次否定或扬弃，则以生产资料公有制取代了（克服了）私有制，保存和进一步发展了社会化的生产方式，并使劳动者个人与生产资料的直接结合重新建立起来，而且是在更高级的阶段上，即以劳动者个人的自由联合、以全社会的协作劳动建立起来。所以，前后两次否定的一个根本的区别是，第二次否定是对包括“个人的、以自己劳动为基础的私有制”和资本主义私有制在内的全部私有制的彻底否定，是对马克思所指出的阶级社会的“阶级的所有制”[①] 的彻底否定，而重建的则是消灭了阶级的所有制，是全体劳动者个人自主联合、共同占有社会生产资料的公有制。正因为如此，劳动者个人所有制与私有制相比，意味着人类社会将进入到不再存在阶级差别的一个自由人联合体经济的高级阶段。可见，马克思的个人所有制与生产资料的私有产权是风马牛不相及的，绝不能用私有制的观念来曲解它！

（三）充分认识劳动者个人所有制与我国现实经济形态中公有制的区别和联系

在马克思关于小生产私有制经过否定之否定发展到重建劳动者个人所有制的论述中，后者是作为历史发展的必然趋势提出来的，它是一个抽象的理论范畴。尽管劳动者个人所有制实质上就是共产主义（社会主义是第一阶段）公有制，但是，抽象的范畴毕竟不同于具体事物。为了正确地发挥科学理论对经济实践的指导作用，我们有必要研究劳动者个人所有制与我国现实中已经建立的社会主义公有制的区别和联系。

它们的区别主要是：（1）前者是纯粹的生产资料公有制，不仅是彻底否定了一切私有制的公有制，而且也是消灭了商品货币关系的公有制；后

---

① 《马克思恩格斯选集》（第3卷），人民出版社1995年版，第59页。

者则是在现实生产力发展水平的历史条件下与非公有制经济并存的、在全社会占主体地位的公有制，是与商品货币关系结合在一起的公有制，既有采取国有制形式的全民所有制，又有以家庭承包经营为基础、实行集体与家庭统分结合双层经营体制的农村土地集体所有制。（2）前者建立在全社会劳动者自主联合劳动的基础上，全体劳动者与社会生产资料已经实现了全社会范围的直接结合，在全社会从事直接社会性的劳动；后者则只是在公有制企业范围内实现劳动者与公有制生产资料的直接结合，但是，公有制企业的劳动者作为企业总体工人进行的劳动，相对于全社会来说，还不具有直接的社会性，还必须在国家计划的指导下把产品作为商品来生产，投入市场实现，才能转化为社会劳动。（3）前者对劳动者个人消费品的按劳分配在做了必要的社会扣除之后，在全社会范围直接进行；后者对劳动者个人消费品的按劳分配，则只能在企业生产的商品获得市场实现的前提下，扣除应交国家的税费，在企业内部进行；公有制企业虽然都贯彻按劳分配原则，但是相互之间存在生产条件、地区发展水平等多方面因素引起的差别，集体企业之间在个人消费品分配上就更存在明显差别；国有企业（本质上是全民所有制企业）之间还需要国家进行必要调节，才能做到企业间的公平按劳分配。不言而喻，我们不应当用劳动者个人所有制范畴的基本规定性简单地裁剪现实，而应当从社会生产力发展的实际水平出发，在坚持社会主义基本经济制度的实践中努力完善社会主义公有制的现实形态。

但是，我们也必须充分认识到，劳动者个人所有制与我国现实的公有制在内涵上具有共同性。现实的全民所有制和集体所有制都是对生产资料私有制的否定，都有条件要求在企业内部消灭剥削关系，劳动者取得主人翁的地位（"鞍钢宪法"的两参一改三结合、"厂务公开"等是具体表现形式），都有条件要求以各种具体形式贯彻按劳分配原则。尤其是在国民经济中起主导作用的全民所有制经济或国有经济，更表明其发展的趋势就是全体劳动者占有生产资料的公有制形式，也就是劳动者个人所有制。深刻理解这些内涵上的共同性，有助于我们坚定向共产主义前进的信念。

改革开放以来，我国为了适应社会生产力的发展，调整了生产资料的所有制结构，提出鼓励、支持、引导非公有制经济发展，这无非是为了实事求是地遵循否定之否定规律，也就是把过去否定太多的非公有制经济再给予一定的恢复。然而，我们必须看到，对小生产私有制和资本主义私有制的否定之否定的历史过程，实质是人类社会自身发展必将彻底否定私有制的过程。全社会实现公有制或劳动者个人所有制，是历史前进的大方向，是不以人的意志为转移的发展趋势。所以，我们在多种经济成分并存的社会主义初级阶段，应当遵循客观经济规律，更努力地维护社会主义公有制的主体地位，促进公有制经济的发展，为社会逐步向高级阶段发展而努力奋斗。

（原载《国外理论动态》2011 年第 6 期）

重树马克思科学抽象法在经济学
研究中的重要地位

——马克思主义经济学和西方主流经济学
方法论的比较分析

杨成林 何自力

一 问题的所在

经济学研究的意义在于，通过纷繁复杂的经济现象理解人们经济实践过程的本质和规律，抽象并构建经济学理论体系，并用以指导人们当前和未来的生产、生活和经济实践。而经济学研究方法的意义和作用则在于，如何以更为科学合理的方式，分析经济活动，通过现象看本质，从现象中抽象出本质，进而对本质和规律进行科学合理的理论表达。

经济学研究的重要意义是不言而喻的，在过去如此，在当前和未来更是如此。但作为经济学研究的前提和基础的方法问题，在我国经济学界却没有引起足够多的重视。对这一领域的现状，一句话概括即为：没有能够"去粗取精，去伪存真"。通俗地说，好的科学的研究方法没有被很好地继承和发扬，而不好的有缺陷的方法却被普遍地应用，甚至被乱用。鉴于研究方法在经济学研究中的重要作用及我国经济学研究方法存在的种种问题，对当前经济学研究方法进行系统地探讨和研究，重申马克思科学研究方法（主要指科学抽象法）在经济学研究中的重要地位，具有重要的理论和现实意义，特别是在进一步构建和创新具有中国特色社会主义市场经济理论的过程中更显如此。这一点对我国经济学界来说显得格外的迫切和重要。

二　关于马克思的科学抽象法

社会科学领域的研究无法像自然科学一样在实验室中进行，马克思认为"分析经济形式，既不能用显微镜，也不能用化学试剂，二者都必须用抽象力来代替"，[①] 也就是说，抽象是唯一可以当做分析工具的力量。马克思正是运用科学抽象法才真正解答了"商品之谜"。按照马克思的观点，科学抽象法要求对社会活动的研究从感性的具体出发，经过分析上升到抽象的规定，然后在抽象规定的基础上，经过思维中的综合过程，再现为理性的具体。其中，抽象在方法论意义上，是作为人们认识世界的一种方法，即把感性具体的某一方面的属性、关系等在人的头脑中抽取出来的方法。科学抽象法的具体过程为：感性具体→抽象的规定→理性具体。就整个过程来说，对感性具体的认识，仅仅是理论认识的来源，而不是理论体系的出发点；理论体系的形成和构建是从抽象开始的，也就是说，理论是以抽象的规定，而不是感性具体作为自己的形成要素。从"感性具体"上升到"抽象的规定"只是使科学研究站在理论体系入口处，而通过综合，把反映事物各方面本质和联系的"抽象的规定"联系在一起，才能形成关于事物的全面深入的认识。从抽象到具体的运动，表面上看是一种纯概念的运动，但这种概念的运动实际上是社会运动的反映，即抽象的思维表达的是人类社会的本质。

马克思在论述政治经济学的研究方法时，将科学抽象法分解为两条道路，即："在第一条道路上完整的表象（感性具体）蒸发为抽象的规定；在第二条道路上，抽象的规定在思维的行程中导致具体的再现。"[②] 经济学的产生和发展史，同样是经济学研究方法产生、发展和不断完善的历史。从具体到抽象首先是从感性具体出发，对"混沌表象或整体"进行分析，形成抽象的规定，达到对感性具体某一本质方面的认识。马克思认为，17世纪成为社会科学研究领域的分水岭，在此之前的研究人文社会科学的专家和学者所走的研究道路，便是从感性具体到抽象的第一条道路。"第一条道路是经济学在它产生时期在历史上走过的道路。例如，17世纪的经济

① 《资本论》（第1卷），人民出版社2004年版，第8页。
② 《马克思恩格斯选集》（第2卷），人民出版社1995年版，第18页。

学家总是从生动的整体，从人口、民族、国家、若干国家等等开始，但是他们最后总是从分析中找到一些具有决定意义的抽象的一般关系，如分工、货币、价值等等。"① 而在抽象到理性具体的第二条道路上，"这些个别的要素一旦多少确定下来和抽象出来，从劳动、分工、需要、交换价值等等这些简单的东西上升到国家、国际交换、世界市场的各个经济学体系就开始出现了"②。因此，只有从抽象的规定再进一步上升到理性具体的时候，社会科学的各种理论体系才会真正出现。而这后一条道路才是马克思所要走的道路。在马克思看来，"从抽象上升到具体的方法，只是思维用来掌握具体、把它当做精神上的具体再现出来的方式"③。

科学抽象法遵循"历史与逻辑统一"的根本原则。历史与逻辑统一的方法进一步说明和规定抽象应该如何进行，理论和理论体系应该何以展开和构建。所谓历史的方法，是依据历史发展的进程，在时间的跨度内对客观事物各个方面及各种要素的发生、发展和成熟进行深入透彻的研究；所谓逻辑的方法，是认识事物规律和关系的一种思维方式。逻辑，是指人的思维对客观事物现实的历史发展过程和对人类认识的历史过程的概括反映，是历史的东西在理论思维中的浓缩和再现。逻辑分为形式逻辑和辩证逻辑。形式逻辑又分为演绎方法、归纳方法等。马克思在《资本论》中广泛地运用了形式逻辑的方法。例如，马克思在利用资本总公式 G—W—G，揭示剩余价值的来源时，便运用了演绎推理的方法。但是，马克思揭示剩余价值源泉的根本方法是唯物辩证法，是在运用辩证法对资本总公式的矛盾进行分析的基础上才找到剩余价值的源泉的。在这里，演绎推理只是辩证方法的辅助工具，是比辩证法低一个层次的研究方法。实际上，历史和逻辑统一中的逻辑就是指辩证逻辑。历史和逻辑是区别的，但彼此又是密切关联的。历史是客观存在的，是第一性的，而逻辑是主观的，是第二性的。逻辑与历史统一，是说客观现实的历史是逻辑的基础和内容，逻辑行程终归要由历史进程来决定，而逻辑是历史的理论再现，是"经过修正"的历史。因此，科学的研究方法必须把历史的方法和逻辑的方法结合起来，使历史与逻辑统一起来，否则研究一方面会陷入对历史事实的琐碎研

---

① 《马克思恩格斯选集》（第 2 卷），人民出版社 1995 年版，第 18 页。

② 同上。

③ 同上书，第 19 页。

究，抓不住历史发展过程中的本质的、客观的规律。这是因为"历史常常是跳跃式地和曲折地前进的，如果必须处处跟随着它，那就势必不仅会注意许多无关紧要的材料，而且也会常常打断思想的进程"①。另一方面，如果逻辑不以客观的历史事实为研究的出发点和基础，那么逻辑的理论再现就必然会因缺乏历史感而显得空洞无物。

在具体的运用上，科学抽象法又具体化为：研究方法、叙述方法和批判方法等其他方法。在社会科学中，研究方法是对研究对象以及研究资料进行分析和综合的方法，是从表象深入到本质和规律的方法；叙述方法则是在研究的基础上，如何表述理论和理论结构的方法。②"但是，在形式上，叙述方法必须与研究方法不同。研究必须充分地占有材料，分析它的各种发展形式，探寻这些形式的内在联系。只有这项工作完成，现实的运动才能适当的叙述出来。这点一旦做到，材料的生命一旦观念的反映出来，呈现在我们面前的就好像是一个先验的结构了。"③ 批判性既是马克思主义理论的鲜明特征之一，又是马克思社会科学研究方法的本质特征。彻底的批判精神是马克思主义科学性和革命性的集中体现。例如，《资本论》的副标题即为："政治经济学批判"，也就是说，马克思以批判的态度考察和研究整个资本主义制度，并用以说明资本主义制度的历史暂时性和必然灭亡的特征。

三　科学抽象法的哲学本源

黑格尔主义、法国的唯物主义和社会主义、英国的政治经济学，是马克思主义的三个主要的思想来源，而黑格尔主义在这三者之中是居于首要地位的。实际上，马克思主义思想的其他来源也都受到黑格尔辩证法的影响和制约。黑格尔在他的思辨结构和晦涩难懂的语言中蕴藏着天才的思想方法，他提供了揭露对象矛盾的方法，他力图证明和揭示历史发展的内在必然性。恩格斯曾指出，"尽管黑格尔（历史性）的思维方式是那么抽象和唯心，但他的思想发展却总是与世界历史的发展平行着，这就是说，黑

---

① 《马克思恩格斯选集》（第 2 卷），人民出版社 1995 年版，第 43 页。
② 杨耕：《为马克思辩护——对马克思哲学的一种新解读》，北京师范大学出版社 2004 年版，第 315 页。
③ 《马克思恩格斯选集》（第 2 卷），人民出版社 1995 年版，第 111 页。

格尔不同于所有其他哲学家的地方，就是他的思维方式有巨大的历史感作基础。他是第一个想证明历史中有一种发展、有一种内在联系的人"。① 而在马克思看来，黑格尔是以"最抽象"的形式表达了"最现实"的人类状况，他以"思辨哲学"的方式表征了他所生活"时代"的现实。

唯物辩证法和唯物史观是人类认识史上最重要、最积极的成果，是科学理论和科学研究方法的灵魂和精华。马克思将唯物辩证法作为科学的研究方法去研究资本主义经济运行规律，并将其发挥得淋漓尽致。《资本论》是他将辩证法应用于政治经济学研究的第一次尝试。在《资本论》的整个方法系统中，辩证法居于核心和枢纽的地位。② 在马克思哲学思维和研究方法中，唯物史观与唯物辩证法居于同等重要的地位，它是马克思哲学思维和科学研究方法的重要组成部分。在恩格斯看来，唯物史观不仅是世界观，而且是方法论。在《〈政治经济学批判〉序言》中，马克思就曾对历史唯物主义的基本原理做出过经典的论述。马克思在《资本论》的第一版序言中说："我的观点是把经济的社会形态的发展理解为是一种自然史的过程。"

科学抽象法是马克思在继承和批判黑格尔哲学的基础上，提出和具体运用到社会科学研究中的方法，是哲学思维和哲学方法（唯物辩证法和唯物史观）在社会科学研究领域的具体运用和体现。哲学的思维和方法，即哲学的世界观和方法论是社会科学研究的最高原则和根本方法，是马克思科学抽象法的哲学本源。

四　马克思主义经济学与西方主流经济学方法论的比较

经济学方法论是一个体系、系统、群，它有着十分丰富的内涵。马克思主义经济学与西方主流经济学作为两种不同的研究范式，其本质的区别就体现在方法论的层面上。这是支撑两种不同的研究范式怎样以及能否科学地在丰富的经济表象中把握经济规律和本质的基石。

1. 方法论层面上两种研究范式之间的区别

经济学方法论研究专家库恩·拉卡托斯将经济学方法论体系分为三个

---

① 《马克思恩格斯选集》（第 2 卷），人民出版社 1995 年版，第 42 页。
② 张小金：《资本论与科学研究方法》，社会科学文献出版社 2007 年版。

层次，沿着他的思路，我们需在三个层次上把握两套研究范式的区别。第一，"经济世界观"层次。这一层次是经济学方法论所涉及的最高层次，即哲学、本体论的层面上的内容。虽然这一层次的方法论内容并不直接构成经济学的理论体系，但却对经济学研究的目标、视角以及研究者的立场都起着决定性的作用。这是因为以客观公正的态度进行研究是科学研究精神的必然要求，这一点对于能否得出不受个人"价值判断"支配的关于经济运行的本质和规律来说是至关重要的。① 马克思主义经济学方法论的本质特征是从物质资料生产的客观实际出发，以唯物辩证法和唯物史观的经济世界观揭示资本主义的经济本质和规律；而主流西方经济学方法论的根本特征是以资源的"稀缺性"和"理性经济人"为基本假设，其经济世界观是唯心的、形而上学的，并以此研究资本主义经济的表面现象。第二，经济学方法论的第二层次是方法论"硬核"。这一层次的内容是"经济世界观"在经济学研究以及随后的经济理论中的具体反映。每种经济学研究范式的核心概念都建立在这个层次上，它是任何一种理论体系构建的前提和基础，因而决定着整个范式理论体系的科学性和稳定性。在这个层次上，关于经济中人的行为的规定性可被视为经济学方法论的"硬核"，因为无论是马克思主义经济学还是西方主流经济学，都是以对经济中"人的经济行为"的研究作为出发点和核心的。② 只不过西方主流经济学把人只是假定为狭隘的"理性经济人"，我们并不否认理性的经济行为是人在经济决策过程中的一个重要方面，但同样不可否认的是理性的追求最优化的经济行为绝不是人类经济行为的全部。因此，建立在"理性经济人"假设基础之上的西方主流经济理论体系是不科学的、偏颇的，以一孔之见代替全面的分析，从而得出对部分来讲即使有一定的道理，但就整体而言是荒谬的结论，必定将问题的分析引入歧途。与西方主流经济学不同，马克思主义经济学将处于一定经济发展阶段的、一定经济关系中的"历史的、现实的人"作为其整个理论体系的基本出发点和前提。在马克思主义经济学

---

① 实际上，一种完全客观的状态是个人不可能到达的，但科学的研究精神却要求努力达到这种状态。在这里，个人的客观性不仅包括价值判断，而且也包括避免将个人的价值观和信仰强加给他人。参见唐·埃斯里奇《应用经济学研究方法论》，经济科学出版社 2007 年版，第 60—61 页。

② 何自力等：《高级政治经济学——马克思主义经济学的发展与创新探索》，经济管理出版社 2010 年版，第 23—24 页。

的研究范式中，经济中的人是作为经济关系的人格化而出现的，其中包含着人在再生产过程中的理性经济行为。例如，在马克思那里资本家剥削雇用工人以追求剩余价值最大化，在西方经济学那里就变成了资本主义企业主追求利润最大化的理性经济行为。如上所见，当"理性经济人"这个方法论"硬核"被推翻时，西方经济学的整个理论体系就面临崩塌的危险，需要重新加以构建和完善，而事实却正是如此。① 第三，"理论保护带"是经济学方法论的最低层次。这个层次的方法论主要是以方法论"硬核"为基础，是抽象和构造具体经济理论的初始假设条件。"理论保护带"围绕着方法论的"硬核"展开，是连接方法论"硬核"和具体经济理论的桥梁，其主要的作用是当经济理论不能很好地解释经济现实时，避免由于理论和现实之间的这种冲突，而对方法论"硬核"进行修正，从而防止整个理论体系的崩塌。在具体的做法上，通过对"理论保护带"的修正，避免理论和现实的冲突，加强理论对现实的解释能力。例如，西方主流经济学在对市场结构进行研究时的各种假设以及马克思在研究资本的循环和周转时的各种假设都属于这个层次的方法论。②

2. 关于两种研究范式的历史性

马克思主义经济学是具有充分历史性的经济学。历史和逻辑的统一是马克思主义经济学的本质特征。马克思、恩格斯都曾指出："历史从哪里开始，思想进程也应该从哪里开始，而思想进程的进一步发展不过是历史过程在抽象的、理论上前后一贯的形式上的反映。"③ 无论是在经济世界观、方法论"硬核"还是在具体的理论阐述和构建的层面上，马克思主义经济学都表现出充分的历史性，因为它以唯物史观为基本的经济世界观，以处于特定社会关系中的"历史的、现实的人"为其方法论"硬核"，以人类历史必然发展阶段的资本主义及其生产关系为主要的研究对象，并在此基础上分析资本主义的本质和规律，构建科学合理的经济理论。与此相反，西方主流经济学研究范式中关于人的经济行为的假定则落入了形式主义的"窠臼"，无论是在经济世界观、方法论"硬核"层面都是如此。在

---

① 这一点也为一些著名的西方主流经济学家所认识，其中最具代表性的是诺奖得主保罗·克鲁格曼。

② 何自力等：《高级政治经济学——马克思主义经济学的发展与创新探索》，经济管理出版社 2010 年版，第 24 页。

③ 《马克思恩格斯选集》（第 2 卷），人民出版社 1995 年版，第 43 页。

这种研究范式中，无论人是历史上的或是现实中的人，还是无论人处于何种生产关系中，其阶级地位如何，它们通通都是自私自利的，以追求最优化为前提的"理性经济人"。在这方面，新制度史学家诺斯比其他西方主流经济学家更深入一步，他进一步发展了新古典经济理论，并将制度、产权、国家和意识形态等一些具有历史特征的新古典分析框架所舍弃的要素，纳入自己的分析框架，用以解释经济史上的结构和变迁，解释经济绩效的改善和经济增长，但诺斯教授的理论出发点仍然是关于"理性经济人"的假设，在这一点上他丝毫没有任何突破，反而是将"理性经济人"的假设强化到关于历史的分析当中。亨利·菲尔普斯·布朗曾论证说："现代经济学的基本错误在于关于人类行为的一些假定是完全武断的，确确实实是'凭空捏造'"，并且他把这种建立假想世界的习惯归咎于没有在研究历史的过程中培养经济学家。①

3. 个人主义的效率观及整体主义的价值判断

与西方主流经济学不同，马克思主义经济学是以价值理性为导向的经济学。在人文关怀的问题上，马克思主义经济学始终将人类（作为整体）的历史命运作为自己的理论归宿，它将生产力的解放和发展、消灭剥削、消除两极分化，实现共同富裕，作为自己崇高的目标。② 这也正是马克思所强调的在资本主义生产力高度发展的基础上，实现社会主义要义所在。

关于方法论的个人主义，马尔科姆·卢瑟福将其关键的假设概括为以下三项：一、只有个人才有目标和利益；二、社会系统及其变迁产生于个人的行为；三、所有大规模的社会学现象最终都应该根据只考虑个人，考虑他们的气质、信念、资源以及相互关系的理论加以解释。③ 方法论的个人主义原则基于这样一种信念，即个人构成了人之科学中分析的最终单位。④ 阿卡斯（Agaasi）曾犀利地指出，韦伯和哈耶克等人发起并推动了哲学从本体论向方法论的转变，而这一转变"乃是 20 世纪哲学实践中最重大的变化之一"。⑤ 正是由于这种转变支撑，并强化了个人主义在经济学

---

① 马克·布劳格：《经济学方法论》，商务印书馆 1992 年版，第 250 页。

② 何自力等：《高级政治经济学——马克思主义经济学的发展与创新探索》，经济管理出版社 2010 年版，第 7 页。

③ 马尔科姆·卢瑟福：《经济学中的制度：老制度主义和新制度主义》，中国社会科学出版社 1999 年版，第 38 页。

④ 哈耶克：《个人主义与经济秩序》，生活·读书·新知三联书店 2003 年版，第 6 页。

⑤ 同上书，第 10 页。

乃至整个社会科学方法论领域的核心地位。一方面，它构成了西方主流经济学唯心主义和形而上学经济世界观的哲学本源；另一方面，从哲学本体论向方法论的转变，构成了"理性经济人"的方法论"硬核"形成的前提和基础。从哲学本体论的个人主义到方法论的个人主义，再到具体的经济理论，个人主义以及围绕着它的"理性经济人"的假定，始终支撑着整个西方经济学的发展。自亚当·斯密以来一直如此，即使在凯恩斯的国家干预主义那里，这个西方经济学的核心范畴仍然发挥着理论基石的作用。

经济理论来源于经济实践，并用以指导经济实践。但理论在指导实践之前，必须对经济运行状况的好与坏做出判断，做出规范性的分析。在这个问题上，西方主流经济学发展了一种以个人主义为出发点的、以个人最优化行为为基础的，并且是方法论个人主义在逻辑上必然结果的一种效率观点，其中最为人所熟知的就是所谓的"帕累托有效"的概念。一直以来，效率问题都是西方主流经济学的核心问题，它贯穿于整个西方主流经济学研究之中，是西方主流经济学研究的最终归宿。在古典经济学那里，亚当·斯密用他的"一只看不见的手"诠释着"人人为自己，社会会更好"的个人主义信念，但如今，这个问题是通过市场中个人的最优化行为所形成的有效的资源配置状态来加以表达的。但是，正如建立在方法论个人主义之上的唯心主义经济世界观及其方法论"硬核"一样，西方主流经济学的效率观是一种狭隘的效率观点。这是因为即使在排除市场失灵的前提下，这种效率观也只有在有限的范围内有效。例如，埃奇沃思方框中契约曲线的两个端点都是帕累托有效的资源配置状态，但在引入价值判断的情况下，显然这两点都不是最优的效率点。因为，如果一个社会中只有两个人，最终的资源配置状态是一个人拥有全部资源，而另一个人却一无所有，那么当一个人所有的资源连其自身的衣食住行都不能保障时，他一定会不择手段地去掠夺其他人的资源。此时，这个社会的稳定因资源的争夺而没有任何保障。因此，我们的结论是连社会的稳定都不能保障的效率观显然是一种无效的效率观。实际上，若这个社会能在注重效率的同时，更多地注重公平，能够更多地关注整体而不单纯是个人的利益，则很明显这个社会将会更稳定、更和谐，每个人都会获得更多的利益（不单纯是狭隘的经济利益）。这里实际上阐述的是西方主流经济学效率观的一个致命缺陷，即这种效率观不涉及价值判断，具体地说，这种效率观在关注个人利益的同时，不涉及贫富差距、环境等关乎人类现在和未来发展的重大问题。而对个人利益的强调恰是每个国家现实中所面临问题的原因之所在。与狭隘的个人主义相对，方法论的整体主义则更为强调由个人组成的社会整体。方法论整体主义认为：社会整体大于其部分的和；社会作为整体显著地影响和制约其部分的行为；个人的行为应该从自成一体，并适用于作为整体的社会系统的宏观或社会的法律、目的或力量演绎而来，从个人在整体当中的地位或作用演绎而来。① 尽管方法论整体主义受到方法论个人主义者的强烈批评，但我们认为只有秉承方法论的整体主义观点，才能在理论上阐述整个世界以及每个国家现在所面临的重大问题，并在理论上对这些问题的解决进行有建设性的指导。

个人主义的效率观和整体主义的价值判断问题实际上就是效率和公平的问题。在经验上，效率和公平是对矛盾的范畴，并且它们之间的矛盾被人们以往的经验所强化，也就是说，效率和公平之间的矛盾是被人为对立起来的。而事实却恰恰相反，效率和公平应该是一对辩证统一的范畴，就像历史和逻辑一样。这里关键是看价值判断的标准是什么。在引入价值判断，考虑社会整体和人文关怀的情况下，真正的效率观一定是兼顾公平的效率观。

五 结语

历史发展的实践证明，建立在唯物辩证法和唯物史观基础上的马克思主义经济研究方法，提供给我们理解、剖析和透视纷繁复杂的经济现象，抓住其运行本质和规律的独辟蹊径的视角。马克思正是运用这种方法抽象出资本主义生产的各个方面，并将其在思维的行程中，在精神上，在理论上，再现出来。马克思研究经济学和社会科学的方法是他留给人类研究自身生产和生活方式的思想瑰宝。只有站在他的肩膀上，我们才能更深入、透彻地理解整体经济的运行，才能在纷繁复杂的表象中理解经济危机发生的机制和根源以及如何才能避免危机的发生。然而，遗憾的是，整个中国经济学界不但没能很好地继承和发扬马克思留给我们的文化精髓，反而在近些年来有逐渐扬弃的趋势。现如今，在我国只有一小部分马克思主义学

---

① 马尔科姆·卢瑟福：《经济学中的制度：老制度主义和新制度主义》，中国社会科学出版社1999年版，第34页。

者和经济学家固守着马克思主义研究的阵地，与此同时，更为严峻的事实是马克思主义经济学研究，或者运用马克思主义的立场、观点和方法的经济学研究面临着后继无人的境地。

基于这样的事实，也出于在理论上总结我国改革开放 30 多年的经济实践，建立具有中国特色的社会主义市场经济理论的迫切需要。继承和发展马克思主义经济学的基本原理和研究方法是当前我国经济学界面临的重要使命和任务。但是，创新和发展马克思主义经济学方法的首要任务是必须使人们改变马克思主义只是单纯的意识形态的思想局限，使其回归真正的科学理论和科学研究方法的历史地位。

（原载《当代经济研究》2011 年第 11 期）

负剩余价值和正利润可以同时存在吗

——破解斯蒂德曼的联合生产之谜

冯金华　　侯和宏

一　引言

根据马克思主义经济学，一个显而易见的事实是：如果一个社会存在有平均利润，则一定存在有剩余价值。其理由几乎是不证自明的，因为根据定义，平均利润本来就是剩余价值在社会总资本中进行平均分配而得到的结果。从总量上说，二者实际上是一回事。这个事实后来被置盐信雄（Okishio）概括为"马克思基本定理"。[①] 根据这个定理，正的剩余价值是正的平均利润的充分必要条件。换句话说，如果剩余价值大于零，则平均利润就一定大于零，反之，如果平均利润大于零，则剩余价值也一定大于零。

令人奇怪的是，这个定理后来在西方经济学界却受到诸多质疑。斯蒂德曼就是这些质疑者中影响较大的一位。他在 1977 年出版的《按照斯拉法思想研究马克思》一书中专设了一章，标题就叫"剩余价值为负时的正值利润"。[②] 在这一章中，斯蒂德曼以举例的方式说明，在联合生产的情况下，价值和剩余价值既可以为正，也可以为负，特别是，当剩余价值为负时，平均利润却可以为正，此外，当剩余价值为正时，平均利润也可以为负。他由此得出结论说："在进行联合生产时，如果采用马克思的价值定义，对于正的利润的存在而言，剩余价值为正既不是必要条件也不是充分条件。"[③] "因此，马克思用价值 = C + V + S 的计算方法定义的价值概念应

---

① Okishio, N. "A Mathematical Note on Marxian Theorems", *Weltwirtschaftliches Archiv*, Bd. 91, 1963, pp. 287 – 299.

② 斯蒂德曼：《按照斯拉法思想研究马克思》，商务印书馆 1991 年版，第 129 页。

③ 同上书，第 133 页。

当予以摒弃。"[1]

很自然的，斯蒂德曼对马克思基本定理的质疑本身也立刻就受到了质疑。争论主要集中在三个方面。首先，斯蒂德曼使用的方法是否正确？森岛通夫（Morishima）认为斯蒂德曼用投入产出方法来描述联合生产是不恰当的，因为联合生产涉及最优化问题。受冯·纽曼（Neumann）的一般动态经济均衡模型的启发，[2] 森岛通夫指出应当用"黄金规则"不等式来描述联合生产。[3] 其次，斯蒂德曼假设的前提是否恰当？库茨（Kurz）认为斯蒂德曼没有考虑到资本主义的竞争和剥削，没有对资本主义的生产关系和生产性质做出分析。[4] 法因（Farjoun）认为在斯蒂德曼的例子中存在两个不同效率的生产过程，第一个生产过程的效率要低于第二个生产过程的效率，这与资本主义竞争经济均衡相违背。因为资本主义的竞争必然淘汰没有效率的生产过程，因此不可能同时出现两种不同效率的生产过程的联合生产。[5] 中国的许多学者也围绕这个问题提出了自己的意见。白暴力认为，斯蒂德曼的假设只适用于自然经济。理由是在模型的两个生产过程中，每一个都同时生产两种商品，这相当于假定社会生产中的每一个生产过程都生产社会经济中的所有产品。这与现代社会大生产的分工事实相违背。另外，斯蒂德曼使用的是实物价格理论，不仅不能说明价格的本质，而且更不能说明资本主义生产过程中的剥削关系。[6] 丁堡骏认为斯蒂德曼的例子具有随意性，没有反映现实生活。[7] 最后，斯蒂德曼对模型的解法是否成立？伊藤诚认为联合生产问题不能通过简单的联立方程组来求解。伊藤诚的解决方案是，联合生产过程中产品价值的决定取决于生产领域内的价值规律和流通领域内的价值规律的共同作用。先是生产领域内的价值规律决定联合生产过程中的两种产品的价值总和，然后再通过流通领域内

---

① 斯蒂德曼：《按照斯拉法思想研究马克思》，商务印书馆1991年版，第129页。

② Neumann, J. V. "A Model of General Economic Equilibrium", *The Review of Economic Studies*, Vol. 13, No. 1, 1945–1946, pp. 1–9.

③ Morishima, "Marx's Economics: A Comment on CC. Von Weizsacker's Article", *Economic Journal*, Vol. 84, 1974, pp. 387–391.

④ Kurz, Heinz D. "Sraffa after Marx", *Australian Economic Papers*, Vol. 18, June 1979, pp. 52–70.

⑤ Farjoun, Emmanuel. "The Production of Commodities by Means of What?" in Mandel and Freeman eds. *Ricardo, Marx and Sraffa*: *The Langston Memorial Volume Introduced by Ernest Mandel*, 1984, the Langston Memorial Volume. London: Verso., p. 115.

⑥ 白暴力：《实物价格理论分析》，《学术研究》2007年第4期。

⑦ 丁堡骏：《按照马克思思想研究斯拉法——答斯蒂德曼》，《税务与经济》2003年第1期。

的价值规律——由货币表现出的全社会对两种商品购买力的变化之比——来决定每一种产品的价值量。[①]

然而，可惜的是，在所有这些批评中，很少有人看到，斯蒂德曼的模型和他的价值体系之间存在着深刻的矛盾和严重的错误，即它从根本上违背了社会必要劳动时间决定商品价值量的原理。斯蒂德曼对马克思基本定理、对马克思劳动价值论和剩余价值论的全部诘难都是建立在这些矛盾和错误的基础之上的，因而是完全没有道理的。

本文首先简要地概述斯蒂德曼为反驳马克思基本定理而建立的模型。为避免引起误解，我们将原封不动地采用斯蒂德曼原书中的数字例子；然后讨论该模型的错误所在，说明应当如何按照马克思的劳动价值论特别是社会必要劳动时间决定商品价值量的原理来分析所谓的联合生产。本文的结论是：一旦根据社会必要劳动时间决定商品价值量的原理来确定联合生产中劳动所形成的价值，就不可能出现所谓负的价值和剩余价值，因而，也就不可能出现负剩余价值与正利润（或者正剩余价值和负利润）共存的现象。

二 斯蒂德曼之谜

斯蒂德曼的基本假定包括：在一个社会中只存在两种生产过程（生产过程1和生产过程2），生产两种商品（商品1和商品2）。每种生产过程都使用某种商品和劳动来同时生产两种商品，即是所谓的联合生产，且所有的投入都在一个生产时期中被全部消耗掉。此外，每种生产过程都具有规模报酬不变的性质。

根据上述假定，斯蒂德曼设计了如下的数字例子（见表1）：生产过程1使用5个单位的商品1和1个单位的劳动，生产出6个单位的商品1和1个单位的商品2，生产过程2使用10个单位的商品2和1个单位的劳动，生产出3个单位的商品1和12个单位的商品2。两个生产过程总共使用5个单位的商品1、10个单位的商品2和2个单位的劳动，生产出9个单位的商品1和13个单位的商品2。

[①] 伊藤诚：《联合生产：斯蒂德曼遗留的问题》，载斯蒂德曼、斯威齐等《价值问题的论战》，商务印书馆1990年版，第155—157页。

表1   联合生产（斯蒂德曼模型）

生产过程	投入			产出	
	商品1	商品2	劳动	商品1	商品2
生产过程1	5	0	1	6	1
生产过程2	0	10	1	3	12
总计	5	10	2	9	13

斯蒂德曼进一步假定，在两个生产过程中，每单位劳动形成或创造的价值都等于1，并设商品1和商品2的单位价值分别为 L_1 和 L_2 。于是，表1用实物形式表示的两个生产过程就可以分别表示为如下的两个方程：

$$5L_1 + 1 = 6L_1 + L_2 \qquad (1)$$
$$10L_2 + 1 = 3L_1 + 12L_2 \qquad (2)$$

其中，每个方程的等号两边分别是相应生产过程的投入价值和产出价值。

方程（1）和（2）是斯蒂德曼的相应于表1的价值体系。解之即得 $L_1 = -1$ 、 $L_2 = 2$ 。这里，商品1的价值为负。于是，斯蒂德曼得出结论说："在出现联合生产的场合，马克思的价值计算方法会使任一种商品既可能具有正的价值，又可能出现负的价值。"[1]

借助上面求得的商品1和商品2的价值以及由表1最后一行所表示的总生产过程，斯蒂德曼接着讨论了整个社会的总产值 W 、不变资本 C 、可变资本 V 和剩余价值 S 。

由表1的最后一行容易看出，总产值和不变资本分别为：

$$W = 9L_1 + 13L_2 = 9 \times (-1) + 13 \times 2 = 17$$
$$C = 5L_1 + 10L_2 = 5 \times (-1) + 10 \times 2 = 15$$

为了求出可变资本，斯蒂德曼假定，1单位劳动的实际工资为3/6个单位的商品1和5/6个单位的商品2。于是，总工资即可变资本为：

$$V = 2\left(\frac{3}{6}L_1 + \frac{5}{6}L_2\right) = 2\left[\frac{3}{6} \times (-1) + \frac{5}{6} \times 2\right] = \frac{7}{3}$$

最后，总剩余价值等于总产值减去不变资本和可变资本，即：

$$S = W - C - V = 17 - 15 - \frac{7}{3} = -\frac{1}{3}$$

---

[1] 斯蒂德曼：《按照斯拉法思想研究马克思》，商务印书馆1991年版，第138页。

于是，斯蒂德曼又得出结论说：在联合生产的条件下，不仅商品的价值可能是负的（如上述的商品1），而且，剩余价值也可能是负的！

现在来看斯蒂德曼的价格体系。他认为，若假定劳动的价格和价值一样也为1，并用 P_1 和 P_2 分别表示商品1和商品2的价格，用 r 表示整个社会的平均利润率，则下面两个关系式必定成立：

$$(1 + r)5P_1 + 1 = 6P_1 + P_2 \tag{3}$$
$$(1 + r)10P_2 + 1 = 3P_1 + 12P_2 \tag{4}$$

由于（3）和（4）两个方程包含了 r、P_1 和 P_2 三个未知数，不能求得确定的解，故斯蒂德曼又增加了一个方程：

$$3P_1 + 5P_2 = 6 \tag{5}$$

他的理由是："由6单位劳动购买的实际工资品组合必须能支配6单位劳动。"[1]

方程（3）、（4）和（5）是斯蒂德曼的相应于表1的价格体系。解之即得：[2]

$$r = \frac{1}{5},\ P_1 = \frac{1}{3},\ P_2 = 1$$

由于在这个解中，所有的变量都是正的，特别是，其中的平均利润率（从而平均利润）也是正的，而前面在解价值体系时得到的剩余价值却是负的，故斯蒂德曼确信他最终证明了：在联合生产的条件下，即使剩余价值为负，平均利润也可以为正！

三 谜的破解

在斯蒂德曼的价值体系中，为什么会出现负的价值和剩余价值呢？破解这一谜团的关键是认识到，他在决定劳动所创造的价值时使用的是"个别时间"或"自然时间"，而不是马克思所说的"社会必要劳动时间"。例如，在他的表1中，投入两个生产过程的劳动都是1个单位的自然时间，而在由表1转化而来的价值体系即方程（1）和（2）中，每1单位自然时间的劳动都形成了1单位的价值。这是斯蒂德曼价值体系的根本错误

---

① 斯蒂德曼：《按照斯拉法思想研究马克思》，商务印书馆1991年版，第131页。

② 还有一个解因为包括了负价格而被略去。

所在。①

下面我们把社会必要劳动时间决定商品价值量的原理首先运用于分析斯蒂德曼的联合生产，然后运用于分析他没有考虑过的其他类型的联合生产，最后运用于分析一般形式的联合生产。所得到的结果都是：只要按照社会必要劳动时间来决定价值量，则不仅在斯蒂德曼的联合生产模型中，而且在所有其他类型的联合生产模型中，都不可能出现负的剩余价值以及负剩余价值和正利润的同时并存。

1. 斯蒂德曼的联合生产

按照马克思的劳动价值论，在生产相同商品的同一行业或同一部门的内部，不同生产过程（如不同企业）的劳动所创造的价值是由社会必要劳动时间（而非自然时间）决定的。同样 1 单位劳动所创造的价值，在效率较高的生产过程中要比在效率较低的生产过程中更大。因此，如果两个生产过程中的劳动具有不同的效率，则相同自然时间的劳动所创造的价值就不会相同。这是马克思劳动价值论的一个基本原理。

例如，假设某个行业只有两个生产过程，生产同一种商品，即是所谓的非联合生产；生产过程 1 用 1 小时生产了 1 件商品，但生产过程 2 用 1 小时却生产了 3 件商品（为简单起见，这里不考虑生产中的转移价值部分），即生产过程 2 的单位劳动的净产出是生产过程 1 的 3 倍，或者说，生产过程 2 和生产过程 1 的单位劳动净产出之比等于 3。② 由于两个生产过程总共用了 2 个小时生产了 4 件商品，故每件商品中包含的社会必要劳动时间是 0.5 个小时。这样，生产过程 1 的 1 个小时创造的价值是 $0.5 \times 1 = 0.5$，生产过程 2 的 1 个小时创造的价值是 $0.5 \times 3 = 1.5$，即生产过程 2 的 1 小时劳动所创造的价值是生产过程 1 的 3 倍。换句话说，当生产过程 2 与生产过程 1 的单位劳动的净产出比等于 3 时，相应的价值之比也等于 3。若用 λ 来表示生产过程 2 与生产过程 1 的单位劳动所创造的价值之比（简称生产过程 2 的价值比率），则有：

$$\lambda = \frac{\text{生产过程 2 的单位劳动形成的价值}}{\text{生产过程 1 的单位劳动形成的价值}} = \frac{\text{生产过程 2 的单位劳动的净产出}}{\text{生产过程 1 的单位劳动的净产出}}$$

尽管上面讨论的是非联合生产的情况，但显而易见，社会必要劳动时

---

① 顺便说一下，斯蒂德曼的价格体系也有很多错误，如可变资本没有参加利润的平均化等。

② 单位劳动的净产出等于总产出减去全部的物质消耗再除以劳动量。

间决定商品价值量的原理也同样适用于联合生产。一旦将这一原理运用于联合生产，所谓的斯蒂德曼之谜立刻就会被破解；与此同时，在很长一段时间中一直存在的关于马克思的劳动价值论是否适用于联合生产的种种疑虑也会被一扫而光。

首先容易看到，在斯蒂德曼的表 1 中，两个生产过程生产的都是同样的联合商品，即都是既生产商品 1，也生产商品 2。因此，从本质上说，它们属于同一个行业或同一个部门，是同一行业内部的两个不同的生产过程。这意味着，我们完全可以把社会必要劳动时间决定商品价值量的原理运用于斯蒂德曼的联合生产。

其次，在斯蒂德曼的两个生产过程中，劳动具有完全不同的净产出。[①] 例如，在生产过程 1 中，1 单位劳动的净产出是 1（ = 6 – 5）个单位的商品 1 和 1 个单位的商品 2；在生产过程 2 中，1 单位劳动的净产出是 3 个单位的商品 1 和 2（ = 12 – 10）个单位的商品 2。参见表 2。

由表 2 显而易见，生产过程 2 的劳动的效率要高于生产过程 1。可以从商品 1 和商品 2 两个方面来分析这个问题：生产过程 2 中单位劳动的净产出在只看商品 1 时是生产过程 1 的 3 倍，在只看商品 2 时是生产过程 1 的 2 倍。因此，将商品 1 和商品 2 放在一起看时，生产过程 2 的单位劳动的"综合"净产出应当是生产过程 1 的 2—3 倍。这意味着，根据社会必要劳动时间决定商品价值量的原理，生产过程 2 的单位劳动所创造的价值也应当是生产过程 1 的 2—3 倍。换句话说，如果设生产过程 1 的 1 单位劳动所创造的价值为 1，则生产过程 2 的 1 单位劳动所创造的价值就不应（像斯蒂德曼假定的那样）为 1，而是应当大于 2 但小于 3。

表 2　　　　　　　　　单位劳动的净产出（斯蒂德曼模型）

生产过程	单位劳动投入	单位劳动的净产出	
		商品 1	商品 2
生产过程 1	1	1	1
生产过程 2	1	3	2

在联合生产条件下，由于每个生产过程都同时生产两种商品，生产过

①　如前所说，法因曾经指出过，在斯蒂德曼模型中，两个生产过程具有不同的效率。但可惜的是，他没有进一步去分析这些不同的效率对劳动所创造的价值的影响。

程 2 与生产过程 1 的单位劳动的净产出比不再像非联合生产时那样只有一个，而是有两个，相应的，生产过程 2 的价值比率 λ 也不能再像非联合生产时那样等于那个唯一的净产出比，而必须要由全部的两个净产出比来共同决定。特别是，它必须位于由两个净产出比构成的"区间"之内。具体到表 1 或表 2 来说就是：净产出比区间为（2，3），价值比率 λ ∈（2，3）。至于 λ 到底为何值，即处在净产出比区间的哪一点，与我们目前讨论的问题无关。① 我们这里所要说明的是：只要按照社会必要劳动时间决定商品价值量的原理来确定生产过程 2 的劳动所创造的价值，即令生产过程 2 的价值比率位于它的净产出比区间之中，则所有商品的价值以及整个社会的剩余价值就不可能为负数。如果出现了负的价值，那一定是生产过程 2 的价值比率被定在了它的净产出比区间之外，而这恰恰违背了马克思的劳动价值论。

现在假定在表 1 中生产过程 1 的 1 单位劳动所创造的价值仍然为 1，② 但令生产过程 2 的 1 单位劳动所创造的价值由它的净产出比区间（2，3）决定并位于该区间之内，例如为 2.45。于是，相应的价值体系为：

$$5L_1 + 1 = 6L_1 + L_2 \tag{6}$$
$$10L_2 + 2.45 = 3L_1 + 12L_2 \tag{7}$$

解之可得 $L_1 = 0.45$、$L_2 = 0.55$，即所有商品的价值均为正数。

容易验证，生产过程 2 的 1 单位劳动所创造的价值如果被定得小于 2，则商品 1 的价值将为负数（但商品 2 的价值为正数）；如果被定得大于 3，则商品 2 的价值将为负数（但商品 1 的价值为正数）。此外，如果令它等于 2，则商品 1 的价值为 0（商品 2 的价值为 1）；如果令它等于 3，则商品 2 的价值为 0（商品 1 的价值为 1）。这就表明，斯蒂德曼的负价值是违背社会必要劳动时间决定商品价值量原理（即让生产过程 2 的价值比率位于净产出比区间之外）的结果。

当 $L_1 = 0.45$、$L_2 = 0.55$ 时，相应的社会总产值、总不变资本、总可变资本和总剩余价值分别为：

$$W = 9L_1 + 13L_2 = 9 \times 0.45 + 13 \times 0.55 = 11.2$$

---

① 实际上，社会必要劳动时间决定商品价值量的原理可以用来进一步确定 λ 的具体数值。关于这个问题，或者更一般的，关于联合生产中的价值决定问题，我们将另文专论。

② 生产过程 1 的劳动所创造的价值可以任意给定，只要大于 0 即可。不过，如果给定的不是 1 而是其他数字，则生产过程 2 的劳动所创造的价值以及所有商品的价值都会发生同比例的变化。

$$C = 5L_1 + 10L_2 = 5 \times 0.45 + 10 \times 0.55 = 7.75$$

$$V = 2\left(\frac{3}{6}L_1 + \frac{5}{6}L_2\right) = 2\left(\frac{3}{6} \times 0.45 + \frac{5}{6} \times 0.55\right) = \frac{41}{30}$$

$$S = W - C - V = 11.2 - 7.75 - \frac{41}{30} = \frac{25}{12}$$

由此可见，同样是在联合生产的情况下，只要按照社会必要劳动时间决定商品价值量的原理来确定劳动所创造的价值，即令价值比率位于相应的净产出比区间之内，则不仅所有商品的价值必然为正数，而且，剩余价值也必然为正数。

在上面的讨论中，我们是通过令 $\lambda = 2.45$ 而得到所有价值和剩余价值都大于零的结果的。但如前所说，在这种情况下，令 λ 为任何大于 2 而小于 3 的数，都能得到同样的结果。

例如，我们解如下的价值体系：

$$5L_1 + 1 = 6L_1 + L_2$$
$$10L_2 + \lambda = 3L_1 + 12L_2$$

得到 $L_1 = \lambda - 2$、$L_2 = 3 - \lambda$。这意味着，当 $2 < \lambda < 3$ 时，一定有 $L_1 > 0$ 且 $L_2 > 0$，即两种商品的价值均为正。如果 $\lambda > 3$，则商品 2 的价值为负；如果 $\lambda < 2$，则商品 1 的价值为负——这就是前面讨论过的斯蒂德曼价值体系中的情况。

由 $L_1 = \lambda - 2$、$L_2 = 3 - \lambda$ 来计算社会总产值、总不变资本、总可变资本和总剩余价值的结果为：

$$W = 9(\lambda - 2) + 13(3 - \lambda) = 21 - 4\lambda$$
$$C = 5(\lambda - 2) + 10(3 - \lambda) = 20 - 5\lambda$$
$$V = 2\left[\frac{3}{6}(\lambda - 2) + \frac{5}{6}(3 - \lambda)\right] = -\frac{2}{3}\lambda + 3$$
$$S = 21 - 4\lambda - (20 - 5\lambda) - \left(-\frac{2}{3}\lambda + 3\right) = \frac{5}{3}\lambda - 2$$

因此，若要剩余价值大于零，只需要 $\lambda > 6/5$。由此可见，当 $2 < \lambda < 3$ 时，不仅所有商品的价值均为正，而且，剩余价值也为正。从这里可以看到，使剩余价值为正的条件要比使价值为正的条件更加宽松一些，因为 $2 < \lambda < 3$ 意味着 $\lambda > 6/5$，但反之则不然。

值得再次强调的是：我们的价值体系（6）和（7）与斯蒂德曼的错误的价值体系（1）和（2）的区别仅仅在于，我们把第二个方程等号左边的第二项由原来不符合马克思劳动价值论要求的 1 改成了符合马克思劳动价值论要求的位于相应净产出比区间（2，3）之中的 2.45。正是由于这一小小的改动，使得负价值和负剩余价值的幽灵不再出现。因此，与斯蒂德曼所说的正好相反，负的价值和负的剩余价值不是"按照马克思计算价值的方法"得到的，而是违背它的结果。因此，在斯蒂德曼之谜中陷入困境的不是马克思，而是斯蒂德曼自己。

2. 其他类型的联合生产

以上所有的讨论都是围绕着斯蒂德曼模型即表 1 展开的。但表 1 给出的只是一个特殊的联合生产例子。在这个例子中，与生产过程 1 相比，生产过程 2 的劳动在两种商品上都有较高的效率，但效率高出的程度并不一样，即它的两个净产出比都大于 1 但不完全相同。然而，除此之外，还有两种不同的联合生产情况也需要讨论。第一种情况是：生产过程 2 的劳动仅仅在一种商品上有较高的效率，而在另一种商品上有较低的效率，即它的单位劳动的净产出比在某一商品上大于 1，但在另一商品上却小于 1。第二种情况是：生产过程 2 的劳动在两种商品上都有较高（或较低）的效率，但效率高出（或低出）的程度完全一样，即它的单位劳动的净产出比在两种商品上都大（小）于 1 且完全相同。通过对这两种情况的讨论可以进一步看到，负的价值和剩余价值以及负剩余价值与正利润并存的现象，不仅在斯蒂德曼的联合生产中不可能存在，而且在其他类型的联合生产中也不可能存在。

首先来看第一种情况。为明确起见，假定生产过程 2 的劳动在商品 2 上有较高的效率，但在商品 1 上有较低的效率。参见表 3。

表3 　　　　　　　　　联合生产（相反的净产出比）

生产过程	投入			产出	
	商品 1	商品 2	劳动	商品 1	商品 2
生产过程 1	3	0	1	6	1
生产过程 2	0	10	1	2	12

根据表 3 可建立如下方程组：

$$3L_1 + 1 = 6L_1 + L_2$$
$$10L_2 + \lambda = 2L_1 + 12L_2$$

这里，生产过程 1 的 1 单位劳动所创造的价值仍然假定为 1，生产过程 2 的 1 单位劳动所创造的价值则假定为 λ。从中解得：

$$L_1 = \frac{2 - \lambda}{4}, L_2 = \frac{3\lambda - 2}{4}$$

于是，使商品价值均为正数的条件为 $2/3 < \lambda < 2$。

为什么是这个条件呢？因为由表3可知，与生产过程1相比，生产过程2的单位劳动的净产出比在商品1上为 $2/(6-3) = 2/3$，在商品2上为 $(12-10)/1 = 2$，即净产出比区间为 $(2/3, 2)$，从而，生产过程2的价值比率 $\lambda \in (2/3, 2)$。这就是不等式 $2/3 < \lambda < 2$ 的含义。

其次来看第二种情况。例如，假定生产过程2的劳动在两种商品上都有较高的效率，但效率高出的程度完全一样。换句话说，它的两个净产出比完全相同，于是，净产出比区间"退化"为一个点。参见表4。与表1相比，表4只对生产过程2的产出数字稍稍做了改动：与以前一样，生产过程2使用了10个单位的商品2和1个单位的劳动，但却只生产出2个单位的商品1和12个单位的商品2。通过这一改动，生产过程2的单位劳动的净产出分别为2个单位的商品1和 $12 - 10 = 2$ 个单位的商品2，正好都是生产过程1的单位劳动净产出的2倍。在这种情况下，等量劳动在生产过程2中创造的价值自然是生产过程1的2倍。因此，如果假定生产过程1的1单位劳动创造的价值为1，则生产过程2的1单位劳动所创造的价值就是2。于是得到如下的方程组：

$$5L_1 + 1 = 6L_1 + L_2$$
$$10L_2 + 2 = 2L_1 + 12L_2$$

但是，该方程组其实就是一个方程，即 $1 = L_1 + L_2$。这个方程意味着，1单位劳动的净产出是1单位的商品1加上1单位的商品2。

表4　　　　　　　　　联合生产（相等的净产出比）

生产过程	投入			产出	
	商品1	商品2	劳动	商品1	商品2
生产过程1	5	0	1	6	1
生产过程2	0	10	1	2	12

现在的问题是：在这种情况下，商品的价值有可能出现负数吗？回答仍然是否定的。尽管从方程 $1 = L_1 + L_2$ 本身暂时还看不出这一点，但却可以借助于求"极限"的过程来寻找结果。方法如下：先稍微改动一下表4中的数字，使得相对于生产过程1而言，生产过程2的两个净产出比不再

完全一致。例如，令生产过程2生产的商品2不是12个单位，而是12.1个单位。这样，它的净产出比区间就为（2，2.1）。再令生产过程2的价值比率 λ 在净产出比区间（2，2.1）中取某个值，例如取中间值2.05（取任何其他值都一样）。于是得到方程组：

$$5L_1 + 1 = 6L_1 + L_2$$
$$10L_2 + 2.05 = 2L_1 + 12.1L_2$$

容易解出相应的价值为 $L_1 = L_2 = 0.5$。[①]

继续改动表4中的数字，让净产出比区间进一步缩小。例如，令生产过程2生产的商品2从12.1减少到12.01，即使净产出比区间缩小到（2，2.01），再让 λ 取该区间的中间值即2.005，于是方程组为：

$$5L_1 + 1 = 6L_1 + L_2$$
$$10L_2 + 2.005 = 2L_1 + 12.01L_2$$

它的解仍然为 $L_1 = L_2 = 0.5$。

由此可以想到，如果按照上述方法一直进行下去，即使得净产出比区间的长度趋向于0，同时让 λ 总是位于净产出比区间的中点，则一直都会有 $L_1 = L_2 = 0.5$ 的结果。这样，我们便可以做出推论：即使两种生产过程的劳动的效率差别程度完全一致，商品的价值也不可能变为负数。

一个有趣的事实是，在表4给出的例子中，生产过程2的1单位劳动所创造的价值必须是2，即必须是生产过程1的劳动所创造的价值的2倍，否则，方程组就无解。例如，令生产过程2中1单位劳动所创造的价值为 λ，则方程组变为：

$$5L_1 + 1 = 6L_1 + L_2$$
$$10L_2 + \lambda = 2L_1 + 12L_2$$

由第一个方程可解得 $L_1 = 1 - L_2$，代入第二个方程后只能得到 $\lambda = 2$。

3. 一般形式的联合生产

以上讨论可以进一步推广到更加一般的联合生产中去。参见表5。假定生产过程1使用 a_1 个单位的商品1、b_1 个单位的商品2和 x_1 个单位的劳动，生产出 c_1 个单位的商品1和 d_1 个单位的商品2，生产过程2使用 a_2 个单位的商品1、b_2 个单位的商品2和 x_2 个单位的劳动，生产出 c_2 个单位的

---

① 由 $1 = L_1 + L_2$ 的对称性质容易猜想到有 $L_1 = L_2 = 0.5$。实际上，也可以严格地证明这个结果。

商品 1 和 d_2 个单位的商品 2。相应的单位劳动的净产出则如表 6 所示。

表 5 联合生产（一般模型）

生产过程	投入			产出	
	商品 1	商品 2	劳动	商品 1	商品 2
生产过程 1	a_1	b_1	x_1	c_1	d_1
生产过程 2	a_2	b_2	x_2	c_2	d_2

表 6 单位劳动的净产出（一般模型）

生产过程	单位劳动投入	单位劳动的净产出	
		商品 1	商品 2
生产过程 1	1	a_{11}	a_{12}
生产过程 2	1	a_{21}	a_{22}

这里，单位劳动的净产出（矩阵）为：

$$\begin{pmatrix} a_{11} & a_{12} \\ a_{21} & a_{22} \end{pmatrix} = \begin{pmatrix} \dfrac{c_1 - a_1}{x_1} & \dfrac{d_1 - b_1}{x_1} \\ \dfrac{c_2 - a_2}{x_2} & \dfrac{d_2 - b_2}{x_2} \end{pmatrix}$$

为简单起见，假定所有的净产出都不为零，即 $a_{ij} \neq 0, i, j = 1, 2$，以及 $a_{22}/a_{12} \neq a_{21}/a_{11}$，即生产过程 2 在两种商品上的净产出比不完全相同。

由表 6 可知，相对于生产过程 1 来说，生产过程 2 的单位劳动的净产出比在商品 1 上为 a_{21}/a_{11}，在商品 2 上为 a_{22}/a_{12}，从而，净产出比区间为 $(a_{22}/a_{12}, a_{21}/a_{11})$（假定 $a_{22}/a_{12} < a_{21}/a_{11}$），进而，生产过程 2 在两种商品上的综合的净产出比或价值比率 $\lambda \in (a_{22}/a_{12}, a_{21}/a_{11})$。因此，若令生产过程 1 的单位劳动所形成的价值为 1，则生产过程 2 的单位劳动所形成的价值就为 λ。

与表 6 相应的价值体系是：

$$1 = a_{11}L_1 + a_{12}L_2$$
$$\lambda = a_{21}L_1 + a_{22}L_2$$

其解为：

$$L_1 = \frac{\lambda a_{12} - a_{22}}{a_{12}a_{21} - a_{11}a_{22}}, L_2 = \frac{a_{21} - \lambda a_{11}}{a_{12}a_{21} - a_{11}a_{22}}$$

这意味着，只要

$$\frac{a_{22}}{a_{12}} < \lambda < \frac{a_{21}}{a_{11}}$$

即让 λ 在净产出比区间内取值，则两种商品的价值都必为正数；进而可知，总的剩余价值也必为正数。

利用上述方式（亦即斯蒂德曼所说的"马克思计算价值的方式"）来确定联合生产中劳动所形成的价值，并建立相应的价值体系，即可保证所得到的商品价值和剩余价值都是正数。由此可见，按照社会必要劳动时间决定商品价值量的原理，即使是在联合生产的情形下，也不会产生负的价值和剩余价值，从而，也不可能有负的剩余价值和正的利润并存的奇怪现象。换句话说，如果斯蒂德曼真的"按照马克思的价值计算方法"，就不会推导出负剩余价值以及负剩余价值与正利润并存这么一个怪胎。

四 结论

从以上分析可以看到，在斯蒂德曼的联合生产模型和价值体系之间，存在一个深刻的矛盾：一方面，在他的联合生产模型中，本质上属于同一行业的不同生产过程的单位劳动具有不同的净产出，即具有不同的效率，另一方面，在他的价值体系中，这些具有不同效率的单位劳动却创造出同样数量的价值。这就从根本上违背了马克思的劳动价值论，特别是违背了社会必要劳动时间决定商品价值量的原理。正是这一矛盾，导致斯蒂德曼的价值体系出现所谓负的价值和剩余价值，导致出现负剩余价值和正利润并存的奇怪现象。尽管斯蒂德曼一再声称，他是按照"马克思所定义的商品价值和剩余价值"和"马克思的价值 = C + V + S 的计算方法"得出自己的结论的，但我们从他的价值体系中看到的事实却正好相反：他既没有正确地理解马克思的价值定义，也没有正确地运用马克思的计算方法。实际上，一旦我们真正运用马克思的劳动价值论来分析斯蒂德曼的联合生产，并完全按照社会必要劳动时间决定商品价值量的原理来确定不同生产过程中单位劳动的价值比率，那些神秘的负价值和负剩余价值就会统统消失，而负剩余价值与正利润并存的怪事也将不复存在。换句话说，即使是在联合生产的情况下，价值和剩余价值也不可能为负数，从而更谈不上负剩余价值与正利润的并存。

（原载《中国人民大学学报》2011 年第 5 期）

科学发展观视域中的绿色发展

刘思华

科学发展观作为发展着的科学理论，它的理论内涵，不仅涵盖了建设生态文明的思想观念，而且涵盖了发展绿色经济的思想观念。如果说生态文明与和谐发展是科学发展观和中国特色社会主义的应有之义与重要内涵，那么完全可以说绿色经济与绿色发展也是科学发展观和中国特色社会主义的应有之义与重要内涵。然而，时至今日，包括科学发展观的绿色内涵在内的以胡锦涛为总书记的中央领导集体绿色经济与绿色发展思想，没有引起我国学术界和理论界的高度重视与认真研究，故写本文。

一 绿色经济与绿色发展是科学发展观的重要内涵

笔者在 2006 年由人民出版社出版的《生态马克思主义经济学原理》一书中，对以胡锦涛为总书记的党中央提出的科学发展观进行了生态马克思主义经济学的新诠释，提出三点重要论断：第一，科学发展观是一种建立在科学价值判断基础上的马克思主义发展观，建立在唯物史观和辩证法自然观相统一的坚实理论基础上，把以人为本作为根本价值取向，就意味着也是把以生态为本作为根本价值取向，是以人为本和以生态为本的价值取向的双重统一。也就是说，科学发展观也彰显以生态为本的发展理念，是以人为本和以生态为本的内在统一。第二，以生态为本是以人为本的生态学表述。以人为本的经济学哲学表述，显示了以人为本为经济社会发展观；以人为本的生态学表述，显示了以生态为本的生态自然观。因此，科学发展观，是以人为本的经济社会发展观和以生态为本的生态自然发展观的内在统一，理所当然是经济社会发展观和生态自然观的有机统一观。第三，科学发展观的主旨是限制不合理的非科学发展，追求合理的科学发展。这集中表现为追求生态自然和经济社会双赢的和谐协调可持续发展。因此，科学发展观统领的中国特色社会主义的科学发展道路，其本质与精华是生态自然发展和经济社会发展双赢的科学发展道路。它既要表现在经济社会又好又快地发展，又表现在生态经济社会有机整体和谐协调可持续发展，这是科学发展观的绿色实质之所在。因此，生态文明的绿色与和谐发展，是科学发展的集中体现，是科学发展观的核心内容之一。

上述对科学发展观的生态马克思主义经济学分析，充分反映了科学发展观的生态经济意蕴、绿色经济属性和绿色发展特征。正是从这个新视角，我们再次阐明了科学发展观是发展中国特色社会主义的根本指导方针和重大战略思想具有划时代意义的重大转型，甚至可以说重大飞跃。其中一个重要标志，就是在科学发展观统领下，发展绿色经济、低碳经济、走绿色、低碳发展之路，推进中国特色社会主义发展与经济发展的绿色低碳转型与绿色低碳崛起。正如胡锦涛所说的："绿色发展，就是要发展环境友好型产业，降低能耗和物耗，保护和修复生态环境、发展循环经济和低碳技术，使经济社会发展与自然相协调。"① 有的学者还认为"科学发展观引导我们变黑色发展和崛起为绿色发展和崛起"②。这是由科学发展观的绿色特质要求和绿色价值取向所决定的。对此，下面还要作进一步论述。

第一，科学发展观以唯物辩证法为活的灵魂，提出"全面协调可持续发展"的基本要求，旨在使中国特色社会主义实施全面协调可持续发展的科学发展战略；旨在追求经济、社会、人口、资源、环境、生态相和谐的全面协调可持续发展，只有这样的全面协调可持续发展才是真正的科学发展。因此，"坚持走科学发展的道路"、"坚持建设生态文明"、"按照以人为本、全面协调可持续的要求，培育壮大绿色经济，着力推动绿色发展"。③ 尤其是科学发展观把统筹人和自然的发展关系提到战略地位，把促进人与自然的和谐的协调发展提升到建设生态文明的新高度，即是中国特色社会主义的发展目标和重要特征。人与自然的和谐协调发展，是生态文明的核心理念与根本标志，也是自然生态发展观的核心理念。21世纪是建

---

① 胡锦涛：《在中国科学院第十五次院士大会、中国工程院第十六次院士大会上的讲话》，《光明日报》2010年6月8日。

② 陈学明：《生态文明论》，重庆出版社2008年版，第22页。

③ 李克强：《推动绿色发展促进世界经济健康复苏和可持续发展》，《光明日报》2010年5月10日。

设生态文明的世纪，是发展绿色经济的世纪。无论是全面发展，还是协调发展，尤其是可持续发展，都是与自然生态环境和谐的良性循环须臾分离不可的发展；离开了人与自然和谐统一的生态发展即绿色发展，就没有全面、协调、可持续发展可言；当然，也没有科学发展可言。由此，我们必然得出一个合乎逻辑的结论：科学发展是以绿色发展为核心内容的全面协调可持续发展。这集中体现了科学发展观的绿色发展属性和特征。

第二，科学发展观是以人为本和以生态为本的内在统一的新思想，这是发展内涵的全面性规定的本质和要害。只有在此基础上，才能阐明科学发展观是经济社会发展观和生态自然发展观有机统一的新理论。只有把科学发展观界定为经济社会发展观和生态自然发展观的有机统一观，才能理解和把握科学发展观所规定的发展内涵的全面性；也只有这样，才能理解和把握科学发展观的发展内涵全面性规定包含着生态经济特质、绿色经济属性和绿色发展特征。因此，我们必须进一步地从现代人类文明发展的客观规律的高度来认识与把握全面协调可持续发展是科学发展观的基本要求。科学发展观拓宽了对发展内涵的认识，抓住了现代人类文明发展的内在规律，揭示了包括中国特色社会主义在内的现代人类社会的全面发展规律、协调发展规律和可持续发展规律，这是生态文明发展即绿色文明发展的三大规律，是科学发展观在经济社会发展观和生态自然发展观有机统一的表现。它体现了社会主义物质文明、政治文明、精神文明和生态文明的统一，体现了经济建设、政治建设、文化建设、社会建设以及生态建设的统一，体现了经济发展、政治发展、文化发展、社会发展和生态发展的统一，体现了经济社会发展、人的发展、自然资源环境发展的统一，体现了过去发展、现在发展、未来发展和永续发展的统一，总之，体现了一种具有时代特征和符合中国国情的绿色发展观。按照科学发展观的绿色路标，现代人类文明发展，从根本上说，它应当是一个国家或人类社会从传统的农业文明社会转变为工业文明社会，再进而向生态文明社会变迁的历史过程。前一个发展转型是从黄色文明向黑色文明的转型，后一个发展转型是从黑色文明向绿色文明的转型。党的十七大以来，我们把科学发展观贯穿到发展中国特色社会主义的整个过程，尤其是加强建设生态文明、建设资源节约型、环境友好型社会、大力发展绿色经济，积极发展低碳经济、认真发展循环经济，推进工业文明向生态文明的经济社会转型，中国特色社会主义发展与经济发展便进入绿色文明发展的科学发展轨道。

第三，以胡锦涛为总书记的中央领导集体，依据中国特色社会主义发展的历史方位和现实需要，站在历史和时代的高度，深刻地揭示了中国特色社会主义的发展道路、发展模式、发展战略、发展目标及发展手段的规律和特点，这些都无不深深地打上了绿色印记，具有明显的绿色经济的本质属性和绿色发展的基本特征。正如习近平同志所说的，"绿色发展和可持续发展的核心就是科学发展"，"科学发展，就是把握发展规律、创新发展理念、转变发展方式、破解发展难题，提高发展质量和效益，实现又好又快发展；就是实现以人为本、全面协调可持续发展；就是实现既通过维护世界和平发展自己，又通过自身发展维护世界和平的和平发展"①。比如，以人为本发展、以生态为本发展、和谐发展、文明发展、低成本低代价发展，它们都是生态文明和绿色发展的基本内容。我们就以和谐发展为例来说吧，和谐发展尤其是人与自然的和谐发展是生态文明的核心，既是在社会意义上的经济社会和谐发展，又是在自然意义上的生态环境和谐发展，两者的内在统一，就是绿色发展。又如，转变经济发展方式，加快形成符合科学发展观要求的发展方式，这是实现科学发展的关键问题，因此，科学发展观强调节约发展、清洁发展、安全发展，实现可持续发展。充分认识节约资源能源的极端重要性，走节约型发展之路，建设节约型经济社会，推行全面节约战略，构建节约型发展模式，这是实现科学发展和绿色发展的一条根本原则；清洁发展本质上是环境友好型的发展，中国经济又好又快发展，必须要坚定走清洁发展之路，全面推行清洁生产，形成清洁型发展方式，是低碳发展的必由之路；推动科学发展，构建和谐社会，必须要坚定走安全发展之路，把维护和确保劳动者和消费者身心健康和生命安全放在优先发展的战略地位，着力解决好包括生产安全、生活及食品安全、生态安全、公共卫生安全等在内的生态经济社会系统健康安全问题，保障人的可持续生存与全面发展，这是科学发展观的核心和灵魂，也是科学发展的实质。总之，节约发展、清洁发展、安全发展三大战略决策，是全面落实科学发展观的必然选择，是构建和谐生态经济社会的战略保障，形成绿色发展的三大特征。

综上所述，以胡锦涛为总书记的中央领导集体绿色经济与绿色发展的新思想、新观点、新论点，丰富和发展了科学发展的绿色内涵。我们把它

---

① 习近平：《携手推进亚洲绿色发展和可持续发展》，《光明日报》2010 年 4 月 11 日。

概括为胡锦涛绿色经济发展观，这是科学发展观的新发展。科学发展观在新的历史起点上开辟了中国特色社会主义的新篇章，其中重要的篇章，就是开创了中国特色社会主义发展与经济发展的绿色、低碳转型新局面。因此，胡锦涛绿色经济发展观，是中国特色社会主义发展与经济发展的理论与实践的双重创新。

二 胡锦涛绿色发展思想的主要内容

以胡锦涛为总书记的中央领导集体，提出了绿色经济与绿色发展的一系列重要思想观点和论断，其绿色发展观的主要内容大致有四个方面。

1. 绿色和谐发展论

绿色和谐发展论是促进人与自然相和谐的绿色发展思想，是科学发展的核心理念。党的第三代中央领导集体多次强调："要促进人和自然的协调与和谐，使人们在优美的生态环境中工作和生活"，① 并在十六大报告中把"促进人与自然的和谐"作为全面建设小康社会四大目标之一的重要内容。以胡锦涛为总书记的中央领导集体继承和发展了马克思主义关于人与自然和谐发展的生态文明思想，把它提升到发展中国特色社会主义的战略地位，这是胡锦涛自然生态观和科学发展战略思想的核心理念，是绿色发展的精髓。我们可以从以下三个方面来认识：

第一，从中国特色社会主义的横向发展来看，胡锦涛同志认为，要把人与自然的和谐发展贯穿于中国特色社会主义发展的整个过程。他指出："我们要更好地坚持全面发展、协调发展、可持续发展的发展观，更加自觉地坚持推动社会主义物质文明、政治文明和精神文明协调发展，坚持在经济社会发展的基础上促进人的全面发展，坚持促进人与自然的和谐。"② 其后，他在论述把科学发展观贯穿于发展的整个过程时指出："实施可持续发展战略，促进人与自然的和谐，实现经济发展和人口、资源、环境相协调。"③ 这是贯彻落实科学发展观的重要实践。

第二，从中国特色社会主义的纵向发展来看，胡锦涛认为，要把人与

① 《江泽民文选》（第3卷），人民出版社2006年版，第295页。
② 中共中央文献研究室：《科学发展重要论述摘编》，中央文献出版社2008年版，第32页。
③ 同上书，第38页。

自然的和谐发展贯穿于中国特色社会主义的整个历史过程。他指出，我们要构建的社会主义和谐社会，"是人与人、人与社会、人与自然整体和谐的社会，要贯穿于建设中国特色社会主义的整个历史过程"。① 在这里，胡锦涛同志强调"自然、人、社会"有机整体的绿色和谐发展，它包括人与自然的和谐、人与人的和谐、人与社会的和谐。理论和实践表明，人与自然的和谐，是人与人的和谐、人与社会的和谐的基础，并构成整个社会文明体系的基础。因此，努力构建人与自然和谐相处的生态和谐关系，追求人的发展和自然发展相和谐的绿色发展，才能准确体现中国特色社会主义的本质要求，才能全面反映中国特色社会主义的基本特征。

第三，实现人与自然和谐相处的绿色发展，是科学发展的基本条件和构建社会主义和谐社会的一个总要求。胡锦涛同志指出："要牢固树立人与自然相和谐的观念。自然界是包括人类在内的一切生物的摇篮，是人类赖以生存和发展的基本条件。"② 自然界也是中华民族的摇篮，是中华文明发展的基本条件，尤其是作为人口大国、资源小国、生态弱国的社会主义大国；又是依靠"环境透支"、"生态赤字"等维持经济社会发展，人与自然的不和谐、不协调，是影响和制约科学发展的突出问题，这就是重建人与自然的和谐统一，更加成为以绿色发展为核心内容的科学发展的基本条件。因此，以胡锦涛为总书记的中央领导集体，在构建社会主义和谐社会的决定中，把"人与自然和谐相处"规定为构建社会主义和谐的指导思想和总要求。这就把我国社会主义和谐社会发展纳入科学发展的绿色道路。

2. 国策战略绿色论

国策战略绿色论是指不断赋予环境保护的基本国策和可持续发展战略的生态内涵，把保护生态环境和推进可持续发展切实转入绿色发展的轨道。改革开放以来，我们党、国家和政府高度重视生态环境保护与建设，把环境保护作为一项基本国策，把可持续发展作为一个重大战略。尤其是党的十六大以后，以胡锦涛为总书记的中央领导集体反复强调："全面落实科学发展，坚持保护环境的基本国策，深入实施可持续发展战略。"③ 因

---

① 中共中央文献研究室：《科学发展重要论述摘编》，中央文献出版社 2008 年版，第 37 页。

② 同上。

③ 温家宝：《全面落实科学发展观加快建设环境友好型社会》，《光明日报》2006 年 4 月 24 日。

此，以胡锦涛为总书记的党中央和国务院，"切实把环境保护放在更加重要的战略位置"，切实把推动可持续发展放在更加重要的战略位置，并把环境保护作为生态文明建设的重大任务和可持续发展作为科学发展观的一个基本要求。

第一，把人与自然和谐发展的生态发展思想，作为保护环境的基本国策和实施可持续战略的重要理念。胡锦涛指出："实施可持续发展战略，促进人与自然的和谐"，"坚持科学发展观，贯彻节约资源和保护环境的基本国策，把人与自然和谐发展作为重要理念，促进经济发展与人口资源环境相协调"。① 温家宝也指出："贯彻落实科学发展观促进人与自然和谐发展，必须加强环境保护"，并强调要"以对国家、对民族、对子孙后代高度负责的精神，切实做好环境保护工作，推动经济社会全面协调可持续发展"。② 其后，李克强在中国环境与发展国际合作委员会 2009 年年会上提出："中国将继续把环境保护作为生态文明建设和资源节约型、环境友好型社会建设的重大任务。""以环境的可持续发展促进经济的可持续发展。"③

第二，把实现好、维护好、发展好广大人民的根本利益（包括生态利益），把坚持人的发展与全面发展和经济社会全面协调可持续发展融为一体，使经济发展、政治发展、文化发展、社会发展和生态发展即人与自然相和谐的绿色发展有机统一起来，实现传统（即黑色）发展观的历史性超越。正如胡锦涛所指出的，"坚持在经济发展的基础上促进社会全面进步和人的全面发展，坚持在开发利用自然中实现人与自然的和谐相处，实现经济社会的可持续发展。这样的发展观符合社会发展的客观规律"④。因此，他多次强调，生态环境保护和建设，要集中力量先后解决危害人民群众健康的突出问题。温家宝指出："我们必须把保护环境这件事关人民群众切身利益的大事抓紧做好，让人们喝上干净的水，呼吸清新的空气，吃上放心的食品，有一个良好的生产生活环境。"⑤ 李克强进一步指出："坚持环境为民，优先解决危害群众健康的突出环境问题，进一步加强水、空

---

① 中共中央文献研究室：《科学发展重要论述摘编》，中央文献出版社 2008 年版，第 43 页。
② 温家宝：《全面落实科学发展观加快建设环境友好型社会》，《光明日报》2006 年 4 月 24 日。
③ 《光明日报》2009 年第 3 期。
④ 中共中央文献研究室：《科学发展重要论述摘编》，中央文献出版社 2008 年版，第 1 页。
⑤ 温家宝：《全面落实科学发展观加快建设环境友好型社会》，《光明日报》2006 年 4 月 24 日。

气、土壤污染防治、积极有效防范突发环境事件，使天更蓝、水更清、地更绿，为广大群众创造宜居环境。"①

第三，把生态环境保护和可持续发展摆在更加重要的战略位置，是实现可持续的科学发展的根本举措，是构建社会主义和谐社会的战略保障。国务院关于落实科学发展加强环境保护的决定中明确规定，"在发展中落实保护，在保护中促进发展，坚持节约发展、安全发展、清洁发展，实现可持续的科学发展"②。这就是科学发展观统领下的绿色发展。其后，在中共中央关于构建社会主义和谐社会若干重大问题的决定中，把这一规定升华为构建社会主义和谐社会的一项重要原则："必须坚持科学发展"，"推进节约发展、清洁发展、安全发展，实现经济社会全面协调可持续发展。"③

第四，保护生态环境，实现可持续发展，推进以牺牲生态环境为代价的黑色增长向以人与自然相和谐的绿色增长转变。胡锦涛同志指出："良好的生态环境是社会生产力持续发展和人们生存质量不断提高的重要基础。要彻底改变以牺牲环境、破坏资源为代价的粗放型增长方式，不能以牺牲环境为代价去换取一时的经济增长。"④ 他还提出："我们要正确处理好和快的关系，坚持好字优先，加快形成符合科学发展观要求的发展方式。"⑤ 理论和实践表明，这种符合科学发展观要求的经济增长与发展方式，就是绿色经济增长与发展方式。正如温家宝同志所指出的："保护生态环境，治理环境污染，实现以生态环境为代价的增长向人与自然和谐相处的增长转变，促进经济社会全面、协调、可持续发展。"⑥

3. 绿色文明发展道路论

以胡锦涛为总书记的中央领导集体把建设生态文明写在中国特色社会主义的伟大旗帜上，开辟了探索中国特色社会主义生态文明即绿色文明发展新道路。党的十七大不仅提出了生态文明的科学命题与发展理念，而且明确了建设生态文明的目标，任务和要求。这表明以胡锦涛为总书记的中央领导集

---

① 《光明日报》2009 年第 3 期。

② 《国务院关于落实科学发展观加强环境保护的决定》，《光明日报》2006 年 2 月 15 日。

③ 《中共中央关于构建社会主义和谐社会若干重大问题的决定》，《光明日报》2006 年 10 月 19 日。

④ 中共中央文献研究室：《科学发展重要论述摘编》，中央文献出版社 2008 年版，第 37 页。

⑤ 同上书，第 25 页。

⑥ 温家宝：《在国家科学技术奖励大会上的讲话》，《光明日报》2006 年 3 月 29 日。

体鲜明地把建设生态文明写在中国特色社会主义的伟大旗帜上，开拓了社会主义文明理念和马克思主义文明观尤其是自然生态发展观的新境界，是我们党对中国特色社会主义发展问题尤其是自然生态发展问题的新认识，从而进一步深化了我们党对社会主义本质的生态内涵的认识。因此，建设生态文明是科学发展观和发展中国特色社会主义的重要内涵，集中表现了科学发展和发展中国特色社会主义的绿色经济本质和绿色发展特征。正是在这个意义上说，以胡锦涛为总书记的中央领导集体建设生态文明思想，是一种新型的绿色经济发展思想，是当代马克思主义绿色经济发展观。

第一，胡锦涛为总书记的中央领导集体的生态文明观，指明了中国特色社会主义经济社会发展生态化即绿化的发展方向。生态文明的核心和灵魂是实现人与自然相和谐的自然生态发展。因此，建设生态文明，首先是要树立人与自然和谐相处的自然生态发展观。践行这种新的生态文明发展观的首要目标，就是"建立和维护人与自然相对平衡的关系"①。保持自然生态的可持续性，其主题与要义是按照自然生态规律的要求绿化经济社会发展，实现经济社会生态化即绿化。正如胡锦涛所指出那样："在开发利用自然中实现人与自然的和谐相处，实现经济社会的可持续发展"，② "保护自然就是保护人类，建设自然就是造福人类。要加倍爱护和保护自然，尊重自然规律"③。这就告诉我们，建设生态文明，必须强调遵循自然生态规律，在与自然和谐相处，共生共繁、协调发展过程中实现经济增长与发展。这样的增长与发展，才是绿色增长与绿色发展。在此，还要指出，当代马克思主义生态文明观认为，生态文明作为一种后工业文明，是社会形态和经济形态内在统一的最高的、全新的文明形态。从文明形态对人与自然发展关系的影响而言：工业文明是人与自然分裂与冲突的极不和谐发展的文明，可以称之为"黑色文明"，生态文明是人与自然和谐发展绿色文明；工业文明的经济形态，是"黑色经济"，生态文明的经济形态是绿色经济。所以，我们完全可以说，党的十七大首次把建设生态文明的发展理论写入党代会报告，谱写了发展绿色经济与中华文明绿色发展的新篇章。

第二，建设生态文明的基本取向，就是走出一条有中国特色社会主义

---

① 中共中央文献研究室：《科学发展重要论述摘编》，中央文献出版社 2008 年版，第 38 页。
② 同上书，第 1 页。
③ 同上书，第 37 页。

生态文明即绿色文明发展道路。党的十七大以来，以胡锦涛为总书记的党中央反复强调，用科学发展观统领经济社会发展全局，建设生态文明，坚持生产发展、生活富裕、生态良好的文明发展道路，发展循环经济和低碳经济，建设"两型"经济社会，促进经济发展与人口、资源、环境相协调；并把它们都作为发展中国特色社会主义的战略任务，是走科学发展道路的最主要的基本点。胡锦涛同志指出："党的十七大强调要建设生态文明，这是我们党第一次把它作为一项战略任务明确提出来"，加快建设"两型"社会，"是我国建设生态文明必须着力抓好的战略任务"等。[①] 贾庆林同志在首届曹妃甸论坛发表题为《发展可持续，世界更美好》的主旨演讲中指出，"大力推进生态文明建设，走可持续发展道路"，要"把推进绿色增长作为政府调控经济的基本取向，通过各种可行的调控手段，大力推动绿色产业发展，促进绿色城市建设，把经济发展进一步引向绿色增长的发展道路"。[②] 这就是绿色经济发展道路。因此，中国特色社会主义生态文明即绿色文明发展道路，是中国特色社会主义道路不可缺少的重要组成部分。

第三，建设生态文明，形成绿色经济发展方式与发展模式。党的十七大提出建设生态文明的战略任务和总体要求时明确指出："建设生态文明，基本形成节约资源和保护生态环境的产业结构、增长方式、消费模式。"[③] 这个马克思主义的论断，明确告诉我们，在中国特色社会主义的伟大旗帜上彰显建设社会主义生态文明的发展理论，就是要在中国特色社会主义经济实践中形成与生态文明发展相适应的产业结构、增长方式、消费模式，这是一种生态化的、可持续的经济发展模式。它的现实形态和形象概括就是绿色经济模式。为此，李克强同志 2009 年在节能宣传周活动讲话时指出，"从生产、流通、消费各个环节加以引导，逐步构建绿色的产业结构、增长方式和消费模式，拓展新的发展空间，实现节约发展、清洁发展、高效发展"[④]。可见，建设生态文明，构建绿色经济发展模式，主要抓好三个方面：一是调整产业结构，形成绿色产业结构；二是转变增长方式，形成绿色增长方式；三是改变消费方式，形成绿色消费模式。

一般而言，经济发展模式是解决经济发展问题的基本途径和基本方

---

① 中共中央文献研究室：《科学发展重要论述摘编》，中央文献出版社 2008 年版，第 45—46 页。

② 《光明日报》2009 年第 3 期。

③ 中共中央文献研究室：《科学发展重要论述摘编》，中央文献出版社 2008 年版，第 102 页。

④ 《光明日报》2009 年第 2 期。

式。理论和实践证明，建设生态文明，推进工业文明向生态文明的文明形态转型，关键在于转变经济发展方式，推进工业文明的黑色经济发展方式向生态文明的绿色经济发展方式的转型。它的基本内容，就是变革和创新工业文明的生产方式和生活方式，形成生态化的、可持续的生产方式和生活方式，即绿色生产方式和绿色生活方式。而绿色生活方式的核心是绿色消费方式，这是一种以"绿色、自然、和谐与健康"的文明消费。正如胡锦涛同志所说的，它是"绿色消费"，是一种"现代消费方式"。

4. 国际绿色合作论

国际绿色合作论是指对外倡导绿色合作，努力实现与世界各国的和平发展、共同发展、和谐发展。我国在国际环境保护合作的基础上，提出"绿色合作"的新的理念、追求、主张与原则，突出表现在我国和美国签署了关于加强气候变化，能源和环境合作的谅解备忘录。中美双方认为，"十年合作框架下的绿色合作伙伴计划所具有的重要性，并承诺加强该计划"，"双方承诺实施承诺十年合作框架下所有现有的五个行动计划，包括清洁电力、清洁高效交通、清洁水、清洁大气、森林和湿地保护"。① 当前国际绿色合作的重点，"应该大力推动国际新兴产业合作尤其是节能减排、环保、新能源等领域合作，积极培养世界经济的新增长点"，②"拓展高新科技、节能环保、绿色经济等新的合作领域"③。在加强绿色合作方面，应该"降低人为技术转让壁垒，缩小发展中成员同发达成员的技术差距特别是绿色技术差距，避免形成新的'绿色鸿沟'"④。2009 年胡锦涛主席在新加坡会见新加坡国务资政吴作栋时提出中新 3 个领域深化合作就有 2 个领域是绿色领域：一是加强两国在可持续发展方面的合作，共同搞好天津生态城建设；二是同中国地方开展合作，发展绿色经济，探索新的合作模式。⑤ 由此可见，加强国际绿色合作，探索绿色发展的合作模式，走国际环境保护绿色合作的和平发展、和谐发展的绿色发展道路。

（原载《当代经济研究》2011 年第 5 期）

---

① 《光明日报》2009 年第 4 期。
② 胡锦涛：《全力促进增长推动平衡发展》，《光明日报》2009 年 9 月 26 日。
③ 《光明日报》2009 年 11 月 20 日。
④ 胡锦涛：《坚定合作信心振兴世界经济》，《光明日报》2009 年 11 月 14 日。
⑤ 《光明日报》2009 年第 11 期。

劳动生产率与商品价值量关系的思考

张　衔

劳动生产率提高以后，商品价值量是反向变动（成反比）还是正向变动（成正比）从 20 世纪 50 年代以来形成了不少争论文献。[①] 这些争论形成了两种不同观点：一种观点认为，商品价值量随劳动生产力的提高而成反向变动，即商品价值量与劳动生产率成反比；另一种观点认为，商品价值量随劳动生产率的提高而增加，即与劳动生产率成正比。持这种观点的文献又可以分这两类：一类文献认为单位商品价值量与劳动生产率成正比，[②] 另一类文献深入研究了劳动生产率的不同决定因素，认为如果劳动生产率的主观因素发生变化，则商品价值量与劳动生产率成正比，[③] 或者单位商品价值量与劳动生产率仍然成反比，但商品价值总量与劳动生产率成正比，[④][⑤][⑥] 从而解释了"价值总量之谜"。本文试图对这个问题做一些思考，基本结论是：无论从单个商品来看，还是从商品价值总量来看，商品价值量都是随着劳动生产率的提高而反向变动，即"成反比"。考察劳动生产率与劳动复杂程度同时提高发现，商品价值量与劳动生产率仍然"成反比"，而与劳动复杂程度"成正比"。商品价值总量的增加只能用社

---

① 孟捷：《劳动生产率与单位时间创造的价值量成正比：一个简史》，《经济学动态》2011年第 6 期。

② 蔡继明：《从狭义价值论到广义价值论》，格致出版社 2001 年版。

③ 马艳、程恩富：《马克思"商品价值量与劳动生产率变动规律"新探》，《财经研究》2002 年第 12 期。

④ 孟捷：《技术创新与超额利润的来源：基于劳动价值论的各种解释》，《中国社会科学》2005 年第 5 期。

⑤ 孟捷：《产品创新：一个马克思主义经济学的解释》，《当代经济研究》2001 年第 3 期。

⑥ 张忠任：《劳动生产率与价值量关系的微观法则和宏观特征》，《政治经济学评论》2011年第 2 期。

会分工的发展来解释，这正是被众多文献所忽视的。[①]

为便于分析，我们把由劳动的客观条件的变化引起的劳动生产率的变化定义为劳动生产率的第 1 类变化；把由劳动的主观条件的变化引起的劳动生产率的变化定义为劳动生产率的第 2 类变化。

一　劳动生产率的第 1 类变化与商品价值量

商品价值量与劳动生产率"成反比"是一个由商品价值的性质和劳动二重性决定的客观规律。因为，由商品价值的性质，价值只是凝结的一定量的抽象一般劳动时间，但由劳动二重性，在同一时间内，具体劳动的生产率可以不同：劳动生产率越高，单位商品凝结的劳动时间就越少、单位商品的价值量就越低，反之则反是。

"成反比"规律是通过个别劳动耗费（t_i）与社会必要劳动耗费（t_s）的矛盾展开并具体发挥作用的。这种矛盾也就是"成反比"规律的作用机制。由于商品生产者的任何个别劳动耗费都要依一定比例（α）转化为社会必要劳动耗费，即

$$\alpha t_i = t_s，若 t_i > t_s，则 \alpha < 1；若 t_i < t_s，则 \alpha > 1$$

并且，由于生产商品的实际耗费始终是生产者"个人"的，而补偿商品生产耗费的标准又只能是社会的。因此，商品生产者的个别劳动耗费能否得到社会承认即劳动耗费能否得到补偿，就取决于个别劳动耗费与社会必要劳动耗费之间的关系。这种关系可以用一个简单的微分方程来描述：

$$\frac{\Delta R(t)}{\Delta t} = \eta(t_s - t_i)$$

其中 ΔR 是用来表示两者关系的超额收益。如果个别劳动耗费等于社会必要劳动耗费，$\Delta R = 0$，生产者的劳动耗费得到完全补偿；如果个别劳动耗费低于社会必要劳动耗费，生产者的劳动会在完全补偿的同时获得超额收益 $\Delta R > 0$，反之，如果个别劳动耗费高于社会必要劳动耗费，生产者就会有亏损 $\Delta R < 0$，即

$$t_i = t_s，\frac{\Delta R(t)}{\Delta t} = 0；t_i < t_s，\frac{\Delta R(t)}{\Delta t} > 0；t_i > t_s，\frac{\Delta R(t)}{\Delta t} < 0$$

[①]　但孟捷教授注意到了这个问题，见孟捷《产品创新：一个马克思主义经济学的解释》，《当代经济研究》2001 年第 3 期。

这会促使生产者改进技术，即改进劳动的客观条件，提高劳动生产率以降低个别耗费，并在个别耗费与社会必要耗费之间选择一个有竞争力的出清价格以获得超额收益。当劳动生产率普遍提高以后，有竞争力的出清价格与个别耗费之间的差额会越来越小，社会必要劳动时间的决定条件随之变化，社会必要劳动时间下降到新的水平，超额收益消失。在这种情况下要能够取得超额收益，就必须进一步改进技术提高劳动生产率，使个别耗费低于新标准的社会必要耗费。这是一个具有持续性的动态过程，它推动着资本主义的技术进步和组织变革，使创新成为资本主义经济的一个重要特征，同时也使商品价格低廉化成为资本主义经济的一种趋势，而竞争通常是通过商品价格的低廉化展开的。这也说明，超额收益不是效率高的个别生产者创造的，而由社会承认的，否则不成为超额收益，也不会发生随着劳动生产率普遍提高而使超额收益消失、社会必要劳动时间降低的现象。

"成反比"规律在马克思经济学中起着十分重要的作用，运用这一规律，马克思分析了相对剩余价值生产的形成机制，回答了"魁奈悖论"，揭示了决定资本积累量的规律，解释了利润率趋向下降的同时，利润量可以增加的现象。

"成反比"规律一方面促使生产者为超额收益而竞争，从而推动技术进步；另一方面又会促成生产者分化。因为，如果 $t_i > t_s$，则 $\Delta R_i < 0$，生产者的耗费得不到完全补偿，最终会走向破产。顺便指出，瓦尔拉斯通过拍卖者可以使市场普遍出清的一般均衡体系没有生产者分化机制，是脱离现实的。

持单位商品价值量与劳动生产率成正比观点的学者认为，如果单位商品价值量与劳动生产率成反比，改进技术提高劳动生产率的生产者就会失去因改进技术提高劳动生产率而产生的全部利益。[①] 但实际上，如果单位商品价值量与劳动生产率"成正比"，即单位商品价值量随着劳动生产率的提高而增加，恰恰会使效率高的生产者处于不利地位。证明如下：假定商品价值 w 等于价格 p

$$w = p$$

生产率 l 提高且"成正比"成立，即

---

① 蔡继明：《从狭义价值论到广义价值论》，格致出版社 2001 年版。

$$\frac{\mathrm{d}w}{\mathrm{d}l} > 0$$

为简化分析，假定时期 t 产品 Q 只有两个生产者 A 和 B 生产，劳动生产率分别为 l_A 和 l_B 且 $l_A = l_B$，总产量为 $Q_t = q_{A,t} + q_{B,t}$，$q_A = q_B$，价格为 p_t，供给等于需求 $S_t = D_t$，市场出清。假定生产者 A 在时期 $t+1$ 提高劳动生产率使 $l_A > l_B$，有 $q_{A,t+1} > q_{A,t} = q_{B,t+1}$，$Q_{t+1} > Q_t$，$w_{A,t+1} > w_{B,t+1}$，因而

$$p_{A,t+1} > p_{B,t+1}$$

根据需求定律，对生产者 A 的产品需求会下降

$$\frac{\mathrm{d}D_{A,t+1}}{\mathrm{d}t} < 0，从而 \Delta R_{A,t+1} < 0$$

或者，由 $S_{A,t+1} > D_{A,t+1}$ 可知生产者 A 的价格会下降

$$\frac{\mathrm{d}p_{A,t+1}}{\mathrm{d}t} < 0，p_{A,t+1} < w_{A,t+1}，从而 \Delta R_{A,t+1} < 0.$$

可见，如果单位商品价值量与劳动生产率"成正比"成立，则生产者 A 改进技术提高劳动生产率的结果反而不利。容易证明，上述分析在同一时期也是成立的。

现代管理经济学从经验事实得出的规模经济、范围经济、学习曲线效应等，实际上不仅是对马克思生产力（率）函数（也可以看作是生产函数）的某种重述，也是对"成反比"规律的现代重述与经验证明：规模经济与范围经济的根本作用是降低生产成本，形成成本优势以降低产品价格；学习曲线效应表明，随着产量的增加，成本会以固定比例下降。

在产业部门中，汽车、电子信息、计算机、钢铁、石化等，都具有明显的规模经济、范围经济和学习曲线效应。据统计，微电子行业集成电路产能加倍以后，以不变价计算的平均单价下降约 28%。[①]

容易证明，商品价值量与劳动生产率"成反比"会通过"价格效应"扩大需求规模，即

$$l_{i,t+1} > l_{i,t} \Rightarrow p_{i,t+1} < p_{i,t} \Rightarrow d_{i,t+1} > d_{i,t}$$
$$d_{i,t} = nq_i，d_{i,t+1} = n(1+r)q_i$$

劳动生产率提高以前和提高以后的商品价值总量分别为

---

① 沙伦·奥斯特：《现代竞争分析》，中国人民大学出版社 2004 年版。

$$W_{i,t} = nw_i = n\frac{\alpha t}{Q_t} \text{ 和 } W_{i,t+1} = n(1+r)\frac{\alpha t}{\beta Q_t}, \beta > 1$$

只要

$$n(1+r) > n\beta$$

就有

$$\frac{W_{i,t+1}}{W_{i,t}} > 1 \text{ 或 } W_g = \frac{\Delta W_i}{W_{i,t}}$$

假定商品价格等于价值，上述结果表明，随着劳动生产率的提高，一方面单位商品价值量下降；另一方面，商品价值总量增加。这似乎证实了"价值总量之谜"的存在，即商品价值总量与劳动生产率正相关（成正比）。但是，确定商品价值总量与劳动生产率的关系，应当在方法上将商品总量作为一个商品集，然后比较劳动生产率提高前与提高后同一商品集所耗费的社会必要劳动时间的大小，这样才能确定商品价值总量与劳动生产率的变化关系，而不能用劳动生产率提高以后的商品总量包含的价值量与劳动生产率提高以前的商品总量包含的价值量进行比较，因为这是两个不同的商品集。因此，令劳动生产率提高后的商品总量为商品集 W，如果劳动生产率不变，则生产该商品集所耗费的劳动时间为

$$n(1+r)\frac{\alpha t}{Q_t}$$

劳动生产率提高以后同一商品集耗费的劳动时间为

$$n(1+r)\frac{\alpha t}{\beta Q_t}$$

显然

$$n(1+r)\frac{\alpha t}{Q_t} > n(1+r)\frac{\alpha t}{\beta Q_t}$$

$n(1+r)\frac{\alpha t}{Q_t} - n(1+r)\frac{\alpha t}{\beta Q_t} > 0$ 就是劳动生产率提高后，生产同一商品集所节约的劳动时间。

可见，无论在单个商品上还是在商品总量上，商品价值量与劳动生产率（力）都是反向变动的，即"成反比"都是成立的。

二　劳动生产率的第 2 类变化与商品价值量

现在考察劳动生产率的第 2 类变化与商品价值量的关系，讨论劳动复

杂程度随着提高劳动生产率的新技术的采用而提高，即劳动的主观因素的变化是否会使商品价值量与劳动生产率"成正比"。需要说明的是，劳动强度虽然是劳动的主观条件，但劳动强度的提高在本质上与延长工作日没有区别，因此，不能算作劳动生产率的第 2 类变化的决定因素，不需要在这里讨论。

假定改进技术提高劳动生产率会同时要求更新知识，提高劳动的知识含量，从而使劳动变得更加复杂。这样，劳动生产率的提高与劳动复杂程度的提高就会同时存在。通常情况下，这种假定是成立的。令 r 为劳动复杂程度的提高速度且 $r > 1$，g 为劳动生产率的提高速度且 $g > 1$。在两者并存的情况下，r 和 g 可以有如下三种组合：劳动复杂程度的提高速度大于劳动生产率的提高速度 $r > g$、劳动复杂程度的提高速度等于劳动生产率的提高速度 $r = g$ 和劳动复杂程度的提高速度小于劳动生产率的提高速度 $r < g$。

这里只讨论 $r > g$ 这种最为典型的情况。为分析方便，我们假定劳动生产率变化前的劳动为简单劳动（记为 H），单位商品价值量在期初 t 的初始状态可以表示为：

$$w_{i,t} = \frac{H}{Q}$$

在时期 $t + 1$，劳动的复杂程度提高。根据假定，劳动复杂程度的提高速度大于劳动生产率的提高速度 $r > g$，这时有单位商品价值量

$$w_{i,t+1} = \frac{rH}{gQ} \text{ 且 } w_{i,t+1} > w_{i,t}$$

按照劳动生产率的变动是由劳动的主观条件引起的逻辑，有劳动生产率的变动与商品价值量的变动正相关，即 $\frac{dw}{dl} > 0$（严格说这是把由劳动复杂程度的变化与劳动生产率的变化同时发生作用的结果归结为劳动的复杂程度的变化，因此，如下文所说是不正确的，也是不成立的。只是为了与持这一看法的文献讨论，我们假定它可以成立）。

但是，这种 $r > g$ 的技术生产者是绝对不会采用的，否则生产者将面临亏损而在竞争中处于不利地位。证明如下：

假定商品价值等于商品价格 $w = p$，生产者 A 采用 $r > g$ 的技术，且

$$\frac{dw}{dl} > 0$$

在时期 t 产品 Q 只有两个生产者 A 和 B 生产，$Q_t = q_{A,t} + q_{B,t}$，$q_A = q_B$，价格为 p_t，且 $S_t = D_t$，市场出清。若生产者 A 在时期 $t+1$ 采用 $r > g$ 的技术提高劳动生产率，使 $l_A > l_B$，且 $rH > H$；由 $g > 1$ 有 $q_{A,t+1} > q_{A,t} = q_{B,t+1}$，$Q_{t+1} > Q_t$，因此 $w_{A,t+1} > w_{B,t+1}$，从而有商品价格

$$p_{A,t+1} > p_{B,t+1}$$

根据需求定律，在时期 $t+1$ 社会对生产者 A 的产品的需求会下降

$$\frac{dD_{A,t+1}}{dt} < 0，从而 \Delta R_{A,t+1} < 0$$

或者，由 $S_{A,t+1} > D_{A,t+1}$ 可知生产者 A 必须降低其商品的价格，使商品价格低于商品价值，即

$$\frac{dp_{A,t+1}}{dt} < 0，p_{A,t+1} < w_{A,t+1}，从而 \Delta R_{A,t+1} < 0$$

显然，采用这种技术将导致生产者亏损。如果是在同一时期，上述分析也成立。

另一方面，根据"价格效应"，产出增加必须扩大市场规模，而扩大市场规模必须降低商品的价格。但对于 A 来说，降低商品价格不仅无法获得超额收益，而且必然无法补偿其劳动耗费。

显然，生产者只能采用 $r < g$ 的技术。采用这种技术虽然因劳动复杂程度的提高而使单位时间的产出价值增加，但由于 $r < g$，仍然可以使单位商品的价值量下降，即

$$w_{i,t_i} = \frac{rH}{gQ}，w_{i,t_i} < w_{i,t_s}，s.t.\quad r < g$$

因而可以在商品的社会价值 t_s 与个别价值 t_i 之间确定一个有竞争力的出清价格，并获得超额收益。这种情况表明，在资本主义经济中，不是任何可以提高劳动生产率的技术都可以无条件地被生产者所采用的。

采用 $r < g$ 的技术在"价格效应"的作用下，只要生产规模超过一定点，生产者生产的商品总量实现的价值总量就会大于技术进步之前商品总量实现的价值总量，这是生产者采用先进技术的动力。从总量看，商品价值总量与劳动生产率正相关（成正比），似乎存在"价值总量之谜"。但是，如果按同一商品集比较，商品价值总量与劳动生产率仍然成反比。证明如下：

在劳动生产率提高以前，商品的价值总量为

$$W_{i,t} = nw_i = n\frac{H}{Q_t}$$

劳动生产率提高以后商品的价值总量为

$$W_{i,t+1} = n(1+\tau)w_{i,t+1} = n(1+\tau)\frac{rH}{gQ_t}$$

当 $\tau > \frac{g}{r} - 1$ ，或者 $n(1+\tau)r > ng$ ，有 $W_{i,t+1} > W_{i,t}$ ，即劳动生产率提高以后的商品价值总量大于劳动生产率提高以前的商品价值总量。取同一商品集 $W_{i,t+1}$ ，若没有发生技术进步，劳动复杂程度不变，则生产该商品集的劳动耗费为

$$n(1+\tau)\frac{H}{Q_t}$$

显然

$$n(1+\tau)\frac{H}{Q_t} > n(1+\tau)\frac{rH}{gQ_t}$$

$n(1+\tau)\frac{H}{Q_t} - n(1+\tau)\frac{rH}{gQ_t} > 0$ 即为技术进步、劳动复杂程度提高而节约的总劳动时间。可见，商品价值总量与技术进步、劳动复杂程度的提高而引起的劳动生产率的提高仍然成反比。因此，"价值总量之谜"并不存在。

事实上，由技术进步引起的劳动生产率和劳动复杂程度的同时提高有着完全不同的作用：劳动复杂程度提高的作用是使单位时间的产出价值增加,[①] 而劳动生产率提高的作用则是使单位商品的价值量下降。即使假定劳动生产率的提高是由劳动复杂程度的提高引起的（更合理的假定应当是提高劳动生产率的新技术引起劳动复杂程度的提高），也不会改变这两者的不同作用。因此，商品价值量不是与劳动生产率成正比，而是与劳动的复杂程度成正比。不能把劳动复杂程度提高产生的结果（单位时间的产出价值增加）看作是劳动生产率提高的结果，因而，变化关系 $\frac{dw}{dl} > 0$ 是不能成立的。这正是"商品的价值量与体现在商品中的劳动的量成正比，与这一劳动的生产力成反比"[②] 这一规律的体现。

---

① 孟捷：《劳动与资本在价值创造中的正和关系研究》，《经济研究》2011 年第 4 期。

② 马克思：《资本论》（第 1 卷），人民出版社 1975 年版，第 53—54 页。

三 结论

以上分析表明，无论引起劳动生产率变化的原因是劳动的客观条件的变化（劳动生产率的第 1 类变化），还是劳动的主观条件的变化（劳动生产率的第 2 类变化），都不改变商品价值量与劳动生产率反相变动（成反比）的规律，这一规律对单位商品是成立的，对商品总量也是成立的。因此，不存在"价值总量之谜"。

认为单位商品价值量与劳动生产率成正比的文献，实际上指的是个别生产者的劳动生产率高于社会水平而使个别耗费低于社会耗费但可以按社会耗费决定商品价值的现象，而回避了个别耗费与社会耗费之间差额形成的超额收益，回避了生产者可以利用这种差额进行价格竞争而仍然可以获得超额收益的经验事实；也回避了一旦劳动生产率普遍提高，商品的社会价值会随之下降，超额收益消失、商品价格普遍下降的经验事实。如果生产率高的生产者的商品价值完全是由该类生产者创造的，就必须得到全额补偿，从而个别耗费与社会必要耗费之间的差额就不存在，利用这种差额进行价格竞争的现象就不存在；并且，一旦劳动生产率普遍提高，商品的社会价值将不会发生任何变化，商品也不会因劳动生产率的提高而变得便宜。这样一来，资本主义经济中普遍存在的价格竞争现象就不可能存在了。事实上，在某种组合下，劳动生产率的普遍提高不仅会使单位商品价值量下，也会使商品总量包含的价值总量下降。例如，在劳动生产率的第 1 类变化中，如果 $n(1 + r) < n\beta$，就会出现这种情况。

认为商品价值总量与劳动生产率成正比的文献，正确区分了引起劳动生产率变化的不同因素，但没有注意到应当使用同一商品集来比较劳动生产率与商品价值总量的关系，也没有区别劳动复杂程度与劳动生产率的不同作用，反而把由劳动复杂程度提高导致的单位时间产出价值的增加看成是劳动生产率作用的结果，并由此得出"成正比"的判断。

从经验事实看，主张商品价值量与劳动生产率成正比的文献无法解释商品随劳动生产率的提高而不断便宜和以商品价格便宜为基础的价格竞争现象，也不能在商品价格下降趋势、价格竞争、需求约束与劳动生产率的提高这些看来相互冲突的经验事实之间建立起统一的理论解释，无论劳动生产率的提高属于何种类型。

需要指出的是，到目前为止的讨论实际上仅限于对既定分工下，同一商品生产因劳动生产率的变化而对商品价值量产生的影响问题。如前所述，在这个前提下并不存在"价值总量之谜"。但是，资本主义经济具有持续创新的特征，价值生产的分工规模和范围有不断扩大的趋势。[①] 也许正是这个在讨论中被忽视的因素使商品价值总量不断增加。限于篇幅，本文没有讨论个问题。出于同样的原因，本文也没有深入讨论商品价值量与劳动生产率成反比的作用机制。

（原载《教学与研究》2011 年第 7 期）

---

① 孟捷：《产品创新：一个马克思主义经济学的解释》，《当代经济研究》2001 年第 3 期。

马克思关于供求决定价格规律的
假意识性质的交叉科学诠释

王今朝　龙　斧

　　马克思曾经指出供求决定价格作为一个规律的假意识性质："供求关系并不说明市场价值，而是相反，市场价值说明供求的变动。"[①] 然而，对于马克思的这个高度抽象高度概括的观点，一般学者由于缺乏足够的辩证法知识无法理解，或者对它束之高阁，或者认为马克思也是主张供求价值论。虽然许多西方经济学者，包括诺贝尔奖得主，都对马克思的这个观点客观上做出了一定程度的诠释，比如，米德（1992，第2—3页）说，"西方职业经济学家都十分清楚，让供求自由发挥作用来决定一切，也不会导致资源的充分有效利用，在许多情况下，实行社会化以及集中的公共管理，可能是更好的办法"（也请参见巴泽尔，1997，第139页），但这些真正科学的观点似乎对今天的中国影响不大，本身也并不彻底。即使个别学者（如杨继国，2003；王冰等，2007）注意到这一问题，虽然结论是维护了马克思的观点，但论证过程还因缺少交叉科学研究的手段而留下了进一步研究的余地。在西方发生金融危机、中国也面临众多价格难题的情况下，重新理解马克思的这一观点对世界各国都攸关重要。本文交叉运用辩证法、新制度经济学、政治经济学、数学观点和方法，对马克思的这个观点加以现代性诠释，以求在价格理论上进行正本清源。

一　价格配置资源功能的有限性和局限性

　　新古典经济学理论认为，价格是配置资源的最有效机制，甚至是唯一

---

① 《马克思恩格斯全集》（第25卷），人民出版社1985年版，第203—206页。

的主导性机制，并且，"在价格足以有效配置资源的瓦尔拉模型中，制度是多余的"（巴泽尔，1997，第 11 页）。实际不然。首先，新古典经济学的"资源配置"具有特定的含义，它是在给定收入下，消费的最优组合；给定成本下，最优的投入组合。对于收入可变的情况，它最多不过是假设人们的收入按照边际生产力规律获得。这种特殊的"资源配置"本身已经包含了诸多的限定性。比如，如果工人在"边际生产力"规律支配之下只得到微薄的工资，则他们无论如何优化消费，都只能是仅仅维持自身生存，谈不上什么发展。再比如，如果工人根本没有什么剩余，从而也就根本不能如资产拥有者那样存在生产上的资源配置优化问题。因此，相对新古典经济学所关心的这种资源配置，马克思所关心的"工资—利润"关系是更为根本的"资源配置"。前者或许依赖于价格的调节，后者则根本不是一个简单的价格功能的发挥问题。由此，新制度经济学关于"价格本身作为资源配置的功能是有限度的"（巴泽尔，1997，第 35 页）的观点也就不难理解了。

其次，即使对于新古典经济学所关心的资源配置，价格也并不是主导性机制，更不是唯一性机制，同时价格也并不总是积极性的资源配置机制。1）人们的许多私人消费的组合是受习俗决定的。比如，中国今天社会中的饮食需求以及住房需求就无法用新古典经济学的理性来加以解释。实际上，如果理性在支配着社会，社会就不可能存在不合理性。习俗导致了消费和生产的刚性，使消费和行为不受价格变动的影响。2）在现代市场经济中，新制度经济学指出，由于交易的复杂性，除了价格之外，还有数量、质量以及其他许多可供调整的维度（巴泽尔，1997，第 35 页）。特别是，企业作为对市场的替代，也就是一种层级组织对自由的价格机制的替代，使得价格本身根本无法独立发挥资源配置机制的作用。3）投机行为的存在导致现代社会普遍出现了"吉芬商品"现象。所谓吉芬商品（Giffen goods），即购买量随价格上升而上升。投机行为的一个典型特征就是，当价格上升时购买更多，当价格下降时购买反而减少。也就是说，价格本身作为一个信号，可能导致市场的不稳定。

再次，不能孤立地看待价格，而必须把它与其他重要变量联系起来。价格本身没有任何的独立性，它依赖于制度、习俗等社会性、政治性因素，离开后者，就无法确定价格，也无法理解价格。关于这一点，详见下面的分析。

最后，新古典经济学的供求决定价格观念给予了供给和需求以确定性的数学形式，仿佛价格的确定是一件轻而易举的事情。马克思主义对新古典经济学的价格理论引进主观效用的作法进行的批判今天看似是老生常谈。可是，新制度经济学的研究发现，"估价一种要素对产出的贡献代价很高，因此不能指望这种估价是完全准确的"。实际上，准确估计一种产品的价格是一件不可能的事情。把主观效用引进到价格决定的理论之中，不过是增添了价格决定的不确定性。从这点上看，新制度经济学重新发现了马克思主义对新古典经济学用主观效用解释价格的批判。

二 为什么说供求不决定价格

以上分析否定了新古典经济学关于价格作为资源配置功能的主导性、唯一性。这里，我们还可以对它的供求决定价格的假意识性质加以严谨的数学表述。这种表述就使得马克思关于"供求不决定价格，至多告诉我们价格是上升还是下降"的论断有了一个现代的准确形式。

这里，我们不再对供给曲线和需求曲线的存在性进行讨论，而是假设其存在。虽然从垄断角度看，与完全竞争下平行意义上的供给曲线并不存在（垄断厂商的边际成本曲线并不是其供给曲线），需求曲线也不易得到，但从集值映射的角度看，这个假设是可以成立的。下面，我们假设供求理论成立，通过推出它的不成立揭示这一理论的内在矛盾。结果，这种试图替代马克思理论的模式的非科学性也就不存在了。

（一）"供求决定价格"命题的不严谨性

无论是基于微观经济学还是基于宏观经济学，"供求决定价格"这一规律性命题都可以写成以下一般性公式：

$$D(P,A) = S(P,B)$$

其中，D,S,P 分别表示需求、供给和价格，A,B 分别表示影响需求和供给的收入、天气、预期或者收入分配等非价格向量。所谓一般性，指公式只是涉及变量之间的映射关系，我们并没有要求需求、供给作为价格的函数。公式中如果涉及的是函数关系，并且函数性质良好，在 A,B 固定的情况下，它就是供求决定价格的含义。这个时候，公式可以写成如下形式：

$$D(P) = S(P)$$

公式是产生供求决定价格假意识的根源。这一公式把许多本来可以变化的变量都看成是静止不变的，把许多本来影响供给和需求的变量看成是与它们不相关的因素，因此就是一种经济理论上的形而上学。形而上学是产生假意识的方法论根源。① 这种方法论上的探讨在许多人看来简直就是空洞的说教，因此，我们需要对它作进一步分析，以明确它切实的内涵。

如果我们抛开过分简单化的公式而回到虽然简单但对于本文目的而言具有足够一般性的公式，把它改写成以下形式：

$$P = P(A, B)$$

对公式，我们可以讨论以下可能性，从中就可以发现供求决定价格规律的假意识性质。

情况 1：公式定义了一个从 A, B 到 P 的集值映射（correspondence）而不是函数。在这种情况下，同一个 A, B 的值对应不同的价格，因此，所谓供求决定价格不会产生一个单一的价格值。对于这一点，新古典经济理论并没有加以考虑。如果这点非常重要，不考虑它就会导致错误的结果。在现实中，没有人能够排除集值映射这种情况，而且，没有人能够保证任何一个 A, B 的具体值的映射是一个"面积"为 0 的集合。也就是说，供求决定价格规律下，价格是一个不确定的东西。它可能是两个、三个甚至更多个价格，而这些价格之间的距离（用范数表示）并不是无限小或者足够小（不同的价格体系至少代表了不同的社会福利分配）。

情况 1 有时可能是这样一种情况的表象，即 A, B 只是包含了部分而不是所有影响供求的变量。在这种情况下，公式表现出的集值映射的性质，当考虑到影响供求的其他变量后，可能就不复存在，公式本身可能成为一个函数。这就转变为下面要考虑的情况。

情况 2：公式定义了一个从 A, B 到 P 的函数。我们假设这里 A, B 包含了一切应该包含的影响供求的变量。这种情况下，公式表明，供求根本不构成直接影响价格的变量。实际上，供求均衡没有告诉人们真实的价格是什么，而只是说明，价格与非价格变量 A, B 之间存在一个对应关系，那些非价格变量 A, B 才决定了价格，供求均衡只是规定了一个对应关系而已。也就是说，任何一个给定的价格是否是现实的取决于一系列非价格（客观和主观）变量

---

① 在哲学上，形而上学的根源则是唯心主义。

是否"适当"。反过来，所谓供求决定价格实际上就是一系列非价格变量决定价格。① 这就说明，供求决定价格的新古典经济学观点是错误的。这些非价格变量与供求之间具有根本的差异性，根本不能混为一谈。

情况3：按照西方理论，与价格管理更直接相关的是宏观供求。即使我们假设微观个体的需求函数存在，得到一个宏观的加总需求函数也是一个复杂过程。宏观加总需求函数并不一定具有微观个体需求函数的性质。比如，为了使收入分配对总需求不产生影响，就需要所有个体的财富效应必须一致，而这是一个极强的要求，不可能得到满足。② 这就表明，宏观需求是一个远比微观需求复杂的函数。在没有研究清楚这些函数的性质的情况下，就笼统地说总供给决定总需求，必然遗漏大量宏观经济问题。

情况4：在资本主义社会，即使可以识别出所有影响供求的变量，供求的真正相等也不可能实现。因此，公式中还包括一个随机误差项，并且我们并不知道这个随机误差项的概率分布，更无从知道它的期望和方差的确切值（这个值本身可能都是一个随机变量，也就是说，它是一个条件期望）。这种不确定性就是奈特所说的那种真正的不确定性。也就是说，公式应该写成如下公式：

$$D(P,A) = S(P,B) + \varepsilon$$

这里，随机误差既可能来自供给方面，也可能来自需求方面。我们为了简单，没有作出这样的区分。

这就说明，即使供求均衡所建立的那种对应在经济处于常态下也是勉强的。而如果考虑到资本主义发生经济衰退、经济危机的可能性，供求决定价格的说法就更不准确了。供求对价格的影响只能这样表达：在其他情况一样时，对于绝大多数商品，供给上升将使价格有下降的趋势，需求上升将使价格有上升的趋势，反之则相反。或者，简单来说，就是，绝大多数商品都是非吉芬商品。除此之外，这一规律没有告诉我们任何有价值的东西。③

（二）制度为因，价格为果

以上分析着重提出了 A,B 这样的非价格变量的存在性。那么，A,B 究

---

① 隐函数定理描述的就是其中一种情况。
② 参见 Mas - Colell, Whinston, and Green , 1995, pp. 106 - 109。
③ 其实，就此而言，它也首先需要判断什么是吉芬商品。而这是同义反复。

竟应该包含什么变量呢？从社会发展角度看，新古典经济学在提出公式时，根本无视社会的基本制度和发展阶段（Ins, Ds）对价格产生影响的事实是致命的。基本制度的变化确实是存在的，而且是可以控制的（如苏联东欧解体）。相对收入、天气或者预期之类，社会基本制度对价格的影响要显著得多，影响普遍性要大得多，甚至也是其他所有社会科学变量的最根本决定、影响因素。因为制度具有以下三大功效：1）界定独立的经济行为者在现状中的选择领域；2）界定个体间的关系；3）指明谁对谁能干什么（布罗姆利，1996，第61页）。如果社会主义和资本主义作为基本制度在如上三个方面存在差异，分别记为 soc, cap，于是，ins $\in$ $\{soc, cap\} \subset \{A, B\}$。于是，如果抛开新古典经济学所提出的那些非价格变量（对于本文目的而言，这是可以的），公式变为：

$$P = P(\text{Ins}, DS, \cdot)$$

公式表明，抛开基本制度和发展阶段，无法决定价格，无法对价格的合理性进行判断。均衡价格的水平受制于基本制度和发展阶段。这说明，均衡价格本身没有说明任何东西，它只是反映社会的基本制度和发展阶段。如果社会的基本制度是不公平、不平等和非正义的，那么，价格水平，无论均衡与否，都可能是不平等、不公平和非正义的。如果基本制度和发展阶段是可变的，价格就是任意的。对资本主义社会而言，资本统治就是它的基本制度。对于社会主义国家而言，人民当家做主、彻底否定资本的私人占有就是其基本制度。这两种制度下的价格（相对价格和总体价格水平）当然不会相同。这就可以看出，价格配置资源的社会主义市场经济即使存在，它与资本主义市场经济也是有本质区别的。这种区别是来自于社会主义和资本主义根本制度上的区别，而不是市场经济本身的区别。

以上分析表明，供求决定价格是一个似是而非的错误说法，它只不过规定了一个价格与非价格变量之间的映射，并不能从中推出任何确定性的价格量（远远不是价格决定的多重均衡问题）。同时，公式表明，价格是基本制度和社会发展阶段的结果，后者才是根本性原因。二者之间的因果关系表明，不能把价格作为与基本制度相同层面的变量看待。价格变量，无论微观还是宏观，相较于基本制度都是次级变量。没有基本制度的确立，就没有价格的根本性决定。只有在基本制度确立之后，研究其他变量对价格的次级性影响才有意义。

（三）理论结果的应用——对一些理论命题的讨论

1. 怎样理解新制度经济学批判新古典经济学没有制度分析？新制度经济学批判新古典经济学缺少制度分析，人们通常以为，所谓制度分析就是产权分析（即私有产权分析）。但本文分析给出一种解释，即新古典经济学通过假设"其他情况保持不变"这种看似科学的手法有意无意地忽略了社会主义这种基本制度作为影响价格的根本性变量的事实。新制度经济学批判新古典经济学没有制度分析正是从这种意义上才能与中国的实际相切合。新古典经济学的根本性问题不单单是缺乏新制度经济学意想中的制度分析，而是根本排斥了马克思主义意想中的公有制的极端抽象空想私有制分析。所以，新制度经济学对新古典经济学没有制度分析的批判不仅是不彻底的，而且是南辕北辙的。从中国经验看，根据龙斧、王今朝（2011）的分析，一个社会的所有制结构等基本制度（如政府的功能定位、行为特征以及运行效率效益）对于需求和供给都能产生影响（比如，如果社会主义不允许如资本主义那样的利用资金囤积居奇就会对供求产生影响）。考虑到这些函数可能性之后，价格就不再是一个孤立的调整机制。

2. 怎样理解价格与效率的关系？供求决定价格的假意识认为，只要价格由市场自发地决定，就一定带来效率的提高。我们的分析则与布罗姆利的如下观点一致。他（1996，第94—95页）说，即使市场过程是判断效率的标准，但如果制度安排确定了市场过程的范围和意义（成本和收益的数量和程度是占主导地位的制度结构的产物），那么，就是制度决定了什么是有效率的。很显然，布罗姆利是从更为根本的决定变量的角度来看待制度对效率的决定的。按照同样方法，巴泽尔（1997，第73、119页）说："约束的存在意味着资源并非仅仅根据价格进行配置"，"对产权施加约束，实际上就是绕过价格机制而分配资源"。这里，巴泽尔把约束与价格对立起来，而且，很显然是在制度的意义上谈论约束。他们对效率与制度、价格之间的关系的看法与马克思主义的基本观点显然是一致的。

3. 供求决定价格能否还成为中国价格制度设计的指导性理论？由以上分析可知，价格由首先取决于基本制度的选择。选择资本主义制度和选择社会主义制度所产生的价格体系是根本不同的。[①] 也就是说，应该制度选择在先，而价格决定在后。反过来，如果中国价格制度设计受到供求决定价格的假意识支配，那么，中国将经历两个阶段：一是类似自由竞争资本主义阶段。[②] 自由竞争资本主义的价格体系相对社会主义制度下的价格体系没有什么优点可言，因为它是以资本残酷压榨雇用劳动为特征的。二是类似垄断资本主义阶段。这一阶段是以私人垄断定价为特征。自由竞争发展到垄断的必然性使得中国在采用供求决定价格的制度后一定会经历这样两个阶段。这就是倒果为因的逻辑错置所必然导致的结果（参见龙斧、王今朝，2011，第 18 章）。这也说明，本文开始所引述的米德（1992）的观点对于新古典经济学缺陷的批判虽然正确，但又是不彻底的。

三　结论

今天，许多学者把一般均衡理论作为新古典经济学的最高形态（超越局部均衡理论），试图从一般均衡理论的不现实性去分析新古典经济学的基本缺陷。本文则认为，一般均衡必然以局部均衡为前提，局部均衡必然反映一般均衡的根本特性。因此，本文从新古典经济学的最基本概念对其加以彻底的剖析。

本文分析首先表明，从辩证法角度看，新古典经济学把价格作为社会资源配置的主导性机制甚至是唯一性机制的观点是错误的。它是基于一种特定的并且是次要的资源配置所提出的局限性命题。不能把这种局限性命题看做是社会发展层面的根本性命题。因为，社会主义国家私人利润接近于零所产生的资源配置根本不同于资本主义私人利润极大化所产生的资源配置。

其次，正如马克思所说，供求决定价格根本不是一个规律，而是一个似是而非的错误命题。供求均衡概念的学术价值只是在价格与非价格变量

---

① 这里并不否定两种制度也可能具有一些共性。比如，无论在哪种制度下，由于交易的复杂性以及度量和监督其属性的成本很高，都不可能对全部属性进行定价。化工厂使用煤炭等同时生产出化工产品和粉煤灰（尽管是作为副产品）。这里，煤炭就具有多种属性。因为粉煤灰可以用于制砖，它如何定价将会影响煤炭定价。按照制度经济学的交易成本理论，由于很难确定属性，粉煤灰将具有公共产品的性质。

② 注意，这里只是借助描述资本主义发展阶段的一些术语，因此，加了"类似"这样的形容词。中国不可能重走西方走过的道路，一定会具有自己的"特色"。

之间建立了一种对应关系，即不同的非价格变量值对应不同的价格值。

本文的分析最后表明，社会基本制度是对价格产生最根本影响的一个非价格变量（更准确地说，是一个向量）。对于一个处于社会巨大变动期的国家而言，基本制度可能发生重大变化，如何防止基本制度出现重大的偏差乃是保证价格水平处于可控、优化性、可接受性范围的最根本保障。反过来，从反作用角度看，一旦价格体系出现重大扭曲（即导致工资—私人利润比例的下降），则社会基本制度也就发生巨大变化。

由此，本文的总结论就是，供求决定价格虽然在局部空间、局部时间中可能成立（其实，供求变化只是导致了价格变化），运用实证主义方法或许会表现为一定的经验符合，但放在一个动态变化的社会中，它就是一种假意识。马克思在一百多年前就这个问题提出的这个观点至今仍然是正确的，它能够经受交叉科学的检验。对于任何社会而言，把那种假意识作为支配社会生活中微观和宏观的价格管理政策的基础显然并非社会之福。

参考文献

［1］Mas-Colell, A., M. D. Whinston, and J. R. Green, *Microeconomic Theory*, NY: Oxford University Press, 1995.

［2］丹尼尔·W. 布罗姆利：《经济利益与经济制度——公共政策的基础》，上海三联书店、上海人民出版社1996年版。

［3］龙斧、王今朝：《社会和谐决定论——中国社会与经济发展的重大理论探讨》，社会科学文献出版社2011年版。

［4］王冰、薛才琳、陈刚：《马克思关于价格的相关理论及其市场经济意义》，《经济评论》2007年第4期。

［5］Y·巴泽尔：《产权的经济分析》，上海三联书店、上海人民出版社1997年版。

［6］杨继国：《用现代方法破解市场价值决定的难题——对所谓"供求价值论"之我见》，《财经研究》2003年第4期。

［7］詹姆斯·E·米德：《效率、公平与产权》，北京经济学院出版社1992年版。

（原载《经济经纬》2011年第4期）

论马克思的自然力思想

王朝科

自然力作为一个经济范畴在古典政治经济学家——如萨伊、斯密、李嘉图、李斯特等的著作中就被广泛使用，但是由于历史和阶级的局限性，他们都没有形成系统的自然力思想，仅仅认识到自然力对于财富生产的意义。马克思不仅仅看到了自然力对生产力的作用，而且看到了自然力与使用价值、与价值创造、与剩余价值、与超额剩余价值、与利润率变化趋势等的关系，特别是在他的劳动价值理论、剩余价值理论、工资理论、价格和利润理论、地租理论等理论建构和理论证明中广泛使用自然力范畴，由此形成了马克思关于自然力的思想。这里我们仅就马克思经济学著作（以《资本论》及其经济学手稿为主要线索）中关于自然力的思想进行梳理和总结，将马克思的自然力思想概括为六个方面，供进一步研究时参考，当然这仅仅代表个人的学习体会，不一定准确。

一　自然力的经济学含义

在马克思的著作中，我们并没有发现他给自然力一个明确的定义，但是我们也很容易发现马克思使用的自然力定义至少有以下三种不同的含义。
（1）社会劳动的自然力，也就是由分工和协作产生的自然力。正如马克思指出的那样："通过简单协作和分工来提高生产力，资本家是不费分文的。它们是资本统治下所具有的一定形式的社会劳动的无偿自然力。应用机器，不仅仅是使与单独个人的劳动不同的社会劳动的生产力发挥作用，而且把单纯的自然力——如水、风、蒸汽、电等——变成社会劳动的力量。"[1] 在

---

[1] 《马克思恩格斯全集》（第32卷），人民出版社1998年版，第366页。

这里，自然力的含义是指能够无偿地发挥作用的力，这是相对于生产而言的，相对于人类为了某种目的进行的生产劳动而言的。因为这种力给人类带来了现实的收益和好处，但是又无须人们支付任何成本，所以是自然力。马克思进一步分析说："我们已经知道，由协作和分工产生的生产力，不费资本分文。这是社会劳动的自然力。用于生产过程的自然力，如蒸汽、水等等，也不费分文。可是，正象人呼吸需要肺一样，人要在生产上消费自然力，就需要一种'人的手的创造物'。要利用水的动力，就要有水车，要利用蒸汽的压力，就要有蒸汽机。利用自然力是如此，利用科学也是如此。电流作用范围内的磁针偏离规律，或电流绕铁通过而使铁磁化的规律一经发现，就不费分文了。"① 在资本主义生产方式下，由于资本家支付成本的是单个劳动者的劳动力，而众多的个体通过一定的组织方式结合在一起产生的合力，这种合力形成的生产力是无须资本家支付报酬的，因此这种因为协作产生的合力就被马克思称为自然力———一种社会劳动的自然力。"我们把协作看作是一种社会劳动的自然力，因为单个工人的劳动通过协作能达到他作为孤立的个人所不能达到的生产率。"② 社会劳动的自然力体现了系统论中狭义的涌现原理，即 $1+1>2$ 的原理，这种思想在当代依然有着十分重要的理论价值，尤其是在人类面对严重的生态压力、资源短缺压力、环境危机压力的今天，通过提高社会劳动的自然力以提高生产力显得尤其重要；（2）人类自身的自然力或劳动的自然力，也就是人自身作为与自然物质相对的自然力，即由人的四肢、五官等组合而自然生发的力量。"劳动首先是人和自然之间的过程，是人以自身的活动来引起、调整和控制人和自然之间的物质变换的过程。人自身作为一种自然力与自然物质相对立。为了在对自身生活有用的形式上占有自然物质，人就使他身上的自然力———臂和腿、头和手运动起来。当他通过这种运动作用于他身外的自然并改变自然时，也就同时改变他自身的自然。他使自身的自然中沉睡着的潜力发挥出来，并且使这种力的活动受他自己控制。"③ 人类自身的自然力一方面表现为人口增长，因为在马克思看来，人口增长使分工和协作成为可能，因而"人口的增长是无须给付报酬的劳动的自然力"④；另一方面劳

---

① 马克思：《资本论》（第 1 卷），人民出版社 2004 年版，第 443—444 页。

② 《马克思恩格斯全集》（第 47 卷），人民出版社 1979 年版，第 293 页。

③ 马克思：《资本论》（第 1 卷），人民出版社 2004 年版，第 207—208 页。

④ 《马克思恩格斯全集》（第 47 卷），人民出版社 1979 年版，第 552 页。

动的自然力表现为保存物化在劳动过程中的劳动，从而将交换价值也保存下来。劳动具有一种特殊的性质，这种性质就在于，通过对已经物化的劳动追加新劳动量来保存前者作为物化劳动的质。劳动的这种性质既不会给劳动带来报酬，也不会使工人花费分文，因为它是劳动的自然性质。如马克思所说："劳动的富有活力的自然力的表现就在于，它利用、消耗材料和工具时，以某种形式把它们保存下来，从而把物化在其中的劳动，它们的交换价值也保存下来；正象不是过去劳动的产物或不是要重复进行的过去劳动的产物的劳动的一切自然力或社会力一样，劳动的这种自然力（例如工人的历史发展等）是资本的力量，而不是劳动的力量。因此，资本是不给它报酬的，正象资本并不因工人会思考而付给他报酬一样。"[1]（3）纯粹的自然力或天赋自然力，是指与社会劳动的自然力、劳动的自然力相对立的、广泛存在于自然界的各种已知和未知的资源及资源组合所发挥的功能，这些资源和资源组合所发挥的功能没有加入任何人类的劳动、不借助任何人工的介质自然生发的，比如土地、河流、湖泊、高山、森林、生物多样性、矿藏、大气、洋流等。马克思在他的著作中涉及的纯粹自然力主要是指人类已知的、能够借助人工介质转化为生产力的自然力，很少论及人类未知的自然力，而且还没有把纯粹自然力作为一个整体来看待。马克思说："因此，如果说大工业把巨大的自然力和自然科学并入生产过程，必然大大提高劳动生产率，这一点是一目了然的。"[2] 很明显，这个巨大的自然力是纯粹的自然力，是人类已知的、可借助大工业这个介质进行利用的自然力，而不是包含已知和未知、可利用和不可利用在内的自然力整体。"社会地控制自然力，从而节约地利用自然力，用人力兴建大规模的工程占有或驯服自然力，——这种必要性在产业史上起着最有决定性的作用。"[3] 这里的自然力也是指纯粹的自然力，但指的是已知的、可利用的自然力。马克思还进一步把纯粹的自然力从经济上分为两大类，"生活资料的自然富源，例如土壤的肥力、鱼产丰富的水域等等；劳动资料的自然富源，如奔腾的瀑布、可以航行的河流、森林、金属、煤炭等等。在文化初期，第一类自然富源具有决定性的意义；在较高的发展阶段，第二类自然富源具有决定性的意

---

① 《马克思恩格斯全集》（第 47 卷），人民出版社 1979 年版，第 514—515 页。

② 马克思：《资本论》（第 1 卷），人民出版社 2004 年版，第 444 页。

③ 同上书，第 587—588 页。

义"①。很明显，马克思即使在讨论纯粹自然力（人周围的自然）时，也主要是从可知性、可利用性、经济性的视角展开的，还没有充分地认识到自然力作为一个整体与人类社会的对抗性。

二　自然力的基本性质

尽管马克思本人具有渊博的自然科学知识，但是他不是从自然科学本身去研究自然力，而是从政治经济学更明确地说是从他建立的生产力理论、劳动价值理论、剩余价值理论以及地租理论等方面去阐释自然力的经济作用，这就决定了马克思的自然力范畴具有以下基本性质：（1）自然力是能够对生产力进行无偿服务的力，无论是社会劳动的自然力还是劳动者的自然力抑或纯粹的自然力都是如此。马克思反复强调自然力之于生产力的无偿性质，他说："我们已经知道，由协作和分工产生的生产力，不费资本分文。这是社会劳动的自然力。用于生产过程的自然力，如蒸汽、水等等，也不费分文。"② 自然力在生产中的作用大小与是否需要进行补偿无关，"撇开自然物质不说，各种不费分文的自然力，也可以作为要素，以或大或小的效能并入生产过程。它们发挥效能的程度，取决于不花费资本家分文的各种方法和科学进步"③。"作为要素加入生产但无须付代价的自然要素，不论在生产中起什么作用，都不是作为资本的组成部分加入生产，而是作为资本的无偿的自然力，也就是，作为劳动的无偿的自然生产力加入生产的。"④（2）自然力一经进入生产过程就取得社会的属性，执行社会的职能。这一性质应该是针对纯粹自然力而言的，因为社会劳动的自然力和劳动的自然力本身就是具有社会属性的，而纯粹自然力在没有进入生产过程、没有被有意识地利用之前只具有自然的性质和自然属性。自然力一旦取得社会属性的性质以后，它就行使着社会的职能。自然力的资本主义应用，使劳动者的作用被机器掩盖起来，从而使资本主义剥削剩余价值的秘密被掩盖起来。马克思说："因为机器本身减轻劳动，而它的资本主义应用提高劳动强度；因为机器本身是人对自然力的胜利，而它的资

---

① 马克思：《资本论》（第 1 卷），人民出版社 2004 年版，第 586 页。
② 同上书，第 443—444 页。
③ 马克思：《资本论》（第 2 卷），人民出版社 2004 年版，第 394 页。
④ 马克思：《资本论》（第 3 卷），人民出版社 2004 年版，第 843 页。

本主义应用使人受自然力奴役；因为机器本身增加生产者的财富，而它的资本主义应用使生产者变成需要救济的贫民，如此等等，所以资产阶级经济学家就简单地宣称，对机器本身的考察确切地证明，所有这些显而易见的矛盾都不过是平凡现实的假象，而就这些矛盾本身来说，因而从理论上来说，都是根本不存在的。于是，他们就用不着再动脑筋了，并且还指责他们的反对者愚蠢，说这些人不是反对机器的资本主义应用，而是反对机器本身。"① 自然力在没有被人类认识其特定作用和未加以有目的、有意识地利用之前，它自发地、自然地执行自身的职能、一种自然界的职能。只有当人类认识到它的作用，并掌握了他的运动规律和利用该自然力的方式方法和手段并实际加以运用的时候，自然力才执行着一种社会的职能，但这并不妨碍它继续履行自然的职能。例如，人类可以利用风能发电，正是在这种特定条件下，风这种自然力执行的是一种生产电这种产品的职能，但这不影响风作为自然力的功能。所以自然力获得社会属性、执行社会的职能是指已经被利用的自然力。(3) 自然力是没有价值的。马克思是从劳动价值论出发研究自然力的，所以，"自然力不是人类劳动的产品，因此没有交换价值，它们加入劳动过程，不加入价值形成过程"②。"可见，资本之所以占有自然力本身，并不是因为它们提高商品价值，而是因为它们降低商品价值，因为它们进入劳动过程，而并不进入价值形成过程。只有在大规模地应用机器，从而工人相应地集结，以及这些受资本支配的工人相应地实行协作的地方，才有可能大规模地应用自然力。"③ "自然力不费分文；它们进入劳动过程，但是不进入价值形成过程。"④ (4) 在资本主义生产方式下，自然力最终表现为剥削劳动的手段，因而最终表现为资本和劳动的对立。马克思分析指出："而事实上，以社会劳动为基础的所有这些对科学、自然力和大量劳动产品的应用本身，只表现为剥削劳动的手段，表现为占有剩余劳动的手段，因而，表现为属于资本而同劳动对立的力量。"⑤ "工人的劳动的社会性质作为从某种意义上说资本化的东西同工人相对立（例如，在机器生产部门，劳动的可见产品表现为劳动的统治

---

① 马克思：《资本论》（第 1 卷），人民出版社 2004 年版，第 508 页。
② 《马克思恩格斯全集》（第 48 卷），人民出版社 1985 年版，第 77 页。
③ 《马克思恩格斯全集》（第 47 卷），人民出版社 1979 年版，第 569—570 页。
④ 同上书，第 513 页。
⑤ 《马克思恩格斯全集》（第 48 卷），人民出版社 1985 年版，第 38—39 页。

者），在这个过程中，各种自然力和科学——历史发展总过程的产物，它抽象地表现了这一发展总过程的精华——自然也发生同样的情况：它们作为资本的力量同工人相对立。"①　（5）自然力应用于生产过程与人类对自然的认识能力（深度和广度）具有高度的一致性。自然力成为生产力的必要条件是科学和技术的发明和使用。自然力是一个变量而不是一个常量，它与人类的认知能力正相关，随着人类的认知能力增强，自然力向经济系统输入的力就越大。另一方面，自然力随着科学和技术的进步而不断地增大。同时还必须注意到，有些自然力同时也会随着人类对自然力利用的广度、深度、强度的增大而降低，如不可再生资源的减少，人类经济活动产生的大量非产品产出造成环境质量退化，动摇了人类生存的基础，使自然力对人类社会的承载力下降，这一点，马克思囿于当时的历史和现实可能没有引起足够的重视。在人类历史发展的早期，由于生产力水平极其低下，人类的认识能力非常有限，人类适应自然力变化的能力很低，人类既不了解也不掌握自然力的运动变化的规律，所以在面对千变万化的自然力时，人类充满了恐惧，对自然力也充满了敬畏。这种对自然力的图腾，至今还完整地保存在很多民族的文化中。还有一种对自然力的敬畏方式就是通过宗教的形式表达出来，通过一种神话自然力的方式来表达。

三　自然力成为生产力及其条件

自然力直接就是生产力，这几乎是一个无须证明的公理化的命题，对这个命题提出一点质疑或许有些离经叛道。支持这个命题的理由大概源于马克思的几个著名论断，我们不妨在这里重温一下。论断之一，马克思最早在1857—1858年经济学手稿中提出"劳动并不是它所生产的使用价值即物质财富的惟一源泉"②　的著名论断的，后来（1875年）在《德国工人党纲领批注》一文中针对"劳动是一切财富和一切文化的源泉"的论点，进一步发挥了他的观点，他说："劳动不是一切财富的源泉。自然界和劳动一样也是使用价值（而物质财富就是由使用价值构成的！）的源泉，劳

---

① 《马克思恩格斯全集》（第49卷），人民出版社1982年版，第117页。
② 马克思：《资本论》（第1卷），人民出版社2004年版，第56页。

动本身不过是一种自然力即人的劳动力的表现。"① 论断之二,"劳动生产力是由多种情况决定的,其中包括:工人的平均熟练程度,科学的发展水平和它在工艺上应用的程度,生产过程的社会结合,生产资料的规模和效能,以及自然条件"②。论断之三,"劳动的社会力量的日益改进,这种改进是由以下各种因素引起的,即大规模的生产,资本的集中,劳动的联合,分工,机器,生产方法的改良,化学及其他自然因素的应用,靠利用交通和运输工具而达到的时间和空间的缩短,以及其他各种发明,科学就是靠这些发明来驱使自然力为劳动服务,并且劳动的社会性质或协作性质也是由于这些发明而得以发展起来"③。论断之四,"生产过程中劳动的分工和结合,是不费资本家分文的机构。资本家支付报酬的,只是单个的劳动力,而不是他们的结合,不是劳动的社会力。科学的力量也是不费资本家分文的另一种生产力。其次,人口的增长,也是这种不费资本家分文的生产力。但只是由于占有资本,——尤其是机器体系形式上的资本——,资本家才能攫取这些无偿的生产力:未开发的自然资源和自然力,以及随着人口的增长和社会的历史发展而发展起来的劳动的全部社会力"④。上述四个论断经常被学者们引用,一方面作为证明"自然力直接就是生产力"是马克思的思想的证据,另一方面又被一些人作为批判流行生产力定义——征服自然、改造自然的能力——的证据。在学术界流行的生产力定义固然有曲解马克思生产力理论的嫌疑,但是把"自然力直接就是生产力"归结为马克思的思想或者把马克思的生产力定义简单归结为"人的力量和自然的力量的统一"也未必准确,也未必一定能解决"人与自然对立"这一当今世界性难题。

实际上,从上面引证的几段马克思关于自然力与生产力关系的精辟论述中以及从马克思关于自然力的其他论述中,我们似乎找不到"自然力直接就是生产力"的证据,也得不出"自然力直接就是生产力"是马克思的思想的结论。马克思关于自然力与生产力的思想可以概括为这样几个基本的命题:

命题Ⅰ,自然力是生产力(社会劳动生产力)的自然基础。无论是社

① 《马克思恩格斯选集》(第3卷),人民出版社1995年版,第298页。
② 马克思:《资本论》(第1卷),人民出版社2004年版,第53页。
③ 《马克思恩格斯全集》(第16卷),人民出版社1964年版,第140页。
④ 《马克思恩格斯全集》(第47卷),人民出版社1979年版,第553页。

会劳动的自然力（分工与协作），还是劳动的自然力（劳动保存价值的属性）抑或是纯粹的自然力都是生产力存在的自然基础。支持这个命题的证据有：（1）"劳动首先是人和自然之间的过程，是人以自身的活动来引起、调整和控制人和自然之间的物质变换的过程。人自身作为一种自然力与自然物质相对立。"① 这是指纯粹自然力对于劳动以及劳动生产力的承载性，离开纯粹自然力的支撑，任何劳动都无从谈起。（2）只有社会的劳动才是有意义的劳动，正如马克思所说："'劳动只有作为社会的劳动'，或者换个说法，'只有在社会中和通过社会'，'才能成为财富和文化的源泉'。这个论点无疑是正确的，因为孤立的劳动（假定它的物质条件是具备的）即使能创造使用价值，也既不能创造财富，又不能创造文化。"② 鲁滨逊式的劳动显然要以纯粹自然力为基础，但是不存在社会劳动的自然力（分工与协作）和劳动的自然力（劳动保存价值的属性）；只有社会的劳动，马克思完整意义的自然力才能充分体现出来，这一点是毫无疑问的。（3）马克思在分析超额剩余价值的来源时曾非常明确地提出自然力是劳动生产力的自然基础的命题，他说："自然力不是超额利润的源泉，而只是超额利润的一种自然基础，因为它是特别高的劳动生产力的自然基础。这就象使用价值总是交换价值的承担者，但不是它的原因一样。"③

命题Ⅱ，已知和可用的纯粹自然力是生产力的构成要素之一或者说是生产力的决定因素之一。自然力是生产力的决定因素之一与自然力直接就是生产力，这是完全不同的，是不能直接画等号的。纯粹自然力是一个外延很广、内涵十分丰富的概念，是一个由已知和未知的要素及其相互作用构成的集合，能够成为生产力构成要素和决定因素的纯粹自然力只是这个集合中的一部分或者说很少的一部分，简单地说纯粹自然力是生产力的构成要素或者说自然力构成生产力的物质内容，都是不准确的。这个命题可以用图1表示如下：

如果把图1转译成数学语言就是：设 NP 表示纯粹自然力的集合，即由全部已知和未知的纯粹自然要素（未加入任何人类劳动）及其相互作用构成的，SP 表示由社会力决定可知自然力的集合（可知的未必都是可用或

---

① 马克思：《资本论》（第 1 卷），人民出版社 2004 年版，第 207—208 页。
② 《马克思恩格斯选集》（第 3 卷），人民出版社 1995 年版，第 300 页。
③ 马克思：《资本论》（第 3 卷），人民出版社 2004 年版，第 728 页。

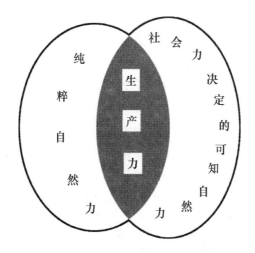

图1 纯粹自然力与生产力的关系

能够利用的），即由人类的认识能力、科学技术、工艺过程等社会力量所能认知的自然力，那么，构成生产力要素的自然力（PP）实际上是 NP 和 SP 的交集，即

$$PP = NP \cap SP$$

关于这一点，除了"劳动生产力是由多种情况决定的，其中包括：工人的平均熟练程度，科学的发展水平和它在工艺上应用的程度，生产过程的社会结合，生产资料的规模和效能，以及自然条件"这个著名论断外，马克思在很多地方都非常明确地阐释了这一观点，他说："大生产——应用机器的大规模协作——第一次使自然力，即风、水、蒸汽、电大规模地从属于直接的生产过程，使自然力变成社会劳动的因素。（在农业中，在其资本主义前的形式中，人类劳动只不过是它所不能控制的自然过程的助手。）这些自然力本身没有价值。它们不是人类劳动的产物。但是，只有借助机器才能占有自然力，而机器是有价值的，它本身是过去劳动的产物。因此，自然力作为劳动过程的因素，只有借助机器才能占有，并且只有机器的主人才能占有。"① 也就是说纯粹自然力成为社会劳动生产力的要素是有条件的。

---

① 《马克思恩格斯全集》（第47卷），人民出版社1979年版，第569页。

命题Ⅲ，纯粹自然力成为社会劳动生产力的要素是有条件的。[①] 纯粹自然力是全部没有凝结人和人类劳动而又客观存在，并已经被人类认识到其有用性的资源的集合。实际上，自然力还包括尚未被人类认知的自然资源和作用的集合。纯粹自然力成为社会劳动生产力的条件是：（1）人类自身认识力所能达到的边界决定纯粹自然力这个集合中成为生产力构成要素的总量和结构，构成生产力要素的纯粹自然力这个集合与人类的认识能力正相关，人类认识能力的边界越是向自然界的未知领域延伸，这个集合的总量越大、结构就越复杂。（2）科学和技术的发展是纯粹自然力成为生产力的必要条件。马克思特别重视科学技术在社会发展中的作用。早在1857—1858年手稿中，他已经指出科学转变为直接生产力的趋势，在1861—1863年手稿中对这一原理又作了详细的论述。马克思指出：只有应用机器的大规模协作才第一次使自然力即风、蒸汽、电大规模地从属于直接的生产过程，使自然力变成社会劳动的因素，而自然力的应用是同科学作为生产过程的独立因素的发展相一致的，生产过程成了科学的应用，而科学反过来成了生产过程的因素，每一项发现都成了新的发明或生产方法的新的改进的基础。马克思同时指出："劳动资料取得机器这种物质存在方式，要求以自然力来代替人力，以自觉应用自然科学来代替从经验中得出的成规。"[②] "撇开自然物质不说，各种不费分文的自然力，也可以作为要素，以或大或小的效能并入生产过程。它们发挥效能的程度，取决于不花费资本家分文的各种方法和科学进步。"[③]

---

① 马克思在《哲学的贫困》中曾经辛辣地批判过蒲鲁东的下述论点——"最初，普罗米修斯从自然的怀抱中走出来，感到生活在一种愉快的悠闲中……于是，普罗米修斯就开始劳动，从第一天（第二次创世的第一天）起，他的产品，即他的财富，他的幸福等于十。第二天普罗米修斯实行分工，他的产品增加到一百。从第三天起，普罗米修斯每天发明机器，发现物体的新的效用，新的自然力……他的劳动活动步步进展，他的生产数字也就随着上升，这表明他的幸福也在增进。最后，因为对他来说消费就是生产，因此每天的消费只是消耗前一天的产品，它还为第二天留下剩余产品。"对此，马克思讽刺地说："蒲鲁东先生的这个普罗米修斯真是怪物！他无论在逻辑上或政治经济学上都是软弱无力的。如果普罗米修斯只是教训我们说：分工、使用机器以及利用自然力和科学的力量可以增加人的生产力，并且能比孤立的劳动提供剩余产品，那末这位新的普罗米修斯的不幸就是出世太晚。"引自《马克思恩格斯全集》（第4卷），人民出版社1965年版，第134页。马克思这里批判蒲鲁东先生的观点在于提醒大家，自然力转化为生产力是有条件的，不能不顾条件一味强调自然力可以增加人的生产力。蒲鲁东正是忽视了这个条件。

② 马克思：《资本论》（第1卷），人民出版社2004年版，第443页。

③ 马克思：《资本论》（第2卷），人民出版社2004年版，第394页。

四 自然力与剩余价值的秘密

马克思的自然力思想对他的劳动价值理论和剩余价值理论的形成和发展具有深远的影响。马克思主义剩余价值理论的产生并形成完整的科学体系，是从深刻分析资本主义社会生产与流通、从商品生产的矛盾开始的，进而剖析了生产商品的劳动力的二重性，具体劳动创造了使用价值，使用价值是商品价值的物质承担者。抽象劳动则创造了商品的价值和剩余价值，剩余价值被资本家无偿占有。创造使用价值的物质源泉是自然力，是对劳动力创造价值所花费的劳动时间的相对延长和绝对延长。因此，可以说劳动的二重性是发现剩余价值秘密的关键，对自然力的科学论述，则是催化劳动力二重性理论形成与发现资本主义剥削秘密的重要前提。马克思在分析绝对剩余价值和相对剩余价值的生产时曾说："假定劳动力按其价值支付，那么，我们就会面临这样的抉择：如果劳动生产力和劳动的正常强度已定，剩余价值率就只有通过工作日的绝对延长才能提高；另一方面，如果工作日的界限已定，剩余价值率就只有通过工作日两个组成部分即必要劳动和剩余劳动的相对量的变化才能提高，而这种变化在工资不降低到劳动力价值以下的情况下，又以劳动生产率或劳动强度的变化为前提。"① 而"作为资本关系的基础和起点的现有的劳动生产率，不是自然的恩赐，而是几十万年历史的恩赐"② 这一结论实际上已经清楚地回答了剩余价值的秘密，但是，马克思同时又指出："撇开社会生产的形态的发展程度不说，劳动生产率是同自然条件相联系的。这些自然条件都可以归结为人本身的自然（如人种等）和人的周围的自然。"③ 这又清楚地告诉人们剩余价值的秘密与自然力有着千丝万缕的联系。这个联系是什么呢？首先，自然力不仅是人类生存自始至终必须依赖的最基本自然基础，而且是社会生产不可或缺的自然基础。马克思认为，劳动力是最活跃的首要生产力，始终是和可利用的自然力条件结合在一起的。所有自然力不是人类劳动的产物，本身是没有价值的，它们只进入生产过程，而不进入价值形成

---

① 马克思：《资本论》（第1卷），人民出版社2004年版，第584—585页。

② 同上书，第586页。

③ 同上。

过程。它们使劳动具有更高的生产力，但不增加商品的价值，相反却减少单个商品的价值。其次，自然力因为节约了必要劳动时间从而提供了剩余劳动时间，进而为创造剩余价值提供了可能性。马克思以土壤自然肥力为例分析指出："绝对必需满足的自然需要的数量越少，土壤自然肥力越大，气候越好，维持和再生产生产者所必要的劳动时间就越少。因而，生产者在为自己从事的劳动之外来为别人提供的剩余劳动就可以越多。"① 关于自然力节约劳动时间的观点，李嘉图也有过类似的看法，马克思在批判蒲鲁东的观点时曾引用李嘉图的观点，"我们使生产越来越方便，因而以前生产的某些商品的价值就不断降低，虽然我们用这种方法不仅增加国民财富，而且还扩大将来的生产能力……一旦我们利用机器或自然科学知识使自然力从事以前人做的工作，这种工作的交换价值也就随着降低。如果推动一个面粉磨要用十个人的劳动，后来发现可以利用风力或水力节省下这十个人的劳动，那时磨子生产的面粉的价值就会随节省的劳动量成比例地下降；而社会将因获得这十个人的劳动生产物的价值而更为富裕，因为维持他们生活的基金丝毫不会减少"② 李嘉图看到了自然力进入生产过程后节省活劳动的作用，即劳动生产率提高了，但是李嘉图从来没有看到剩余价值的起源，他把剩余价值视为资本主义生产方式的固有的特性，他看不到劳动的二重性，因而发现不了剩余价值的秘密。再次，从最一般的意义来说，剩余价值也有一个自然基础，但是正如马克思所说："良好的自然条件始终只是提供剩余劳动的可能性，从而只提供剩余价值或剩余产品的可能性，而绝不能提供它的现实性。"③ 最后，自然力决定的是提供剩余劳动的起点而不是直接提供剩余价值，这个起点在不同的自然力条件下和在不同的产业发展水平条件下是不断变化的。"劳动的不同的自然条件使同一劳动量在不同的国家可以满足不同的需要量，因而在其他条件相似的情况下，使得必要劳动时间各不相同，这些自然条件只作为自然界限对剩余劳动发生影响，就是说，它们只确定开始为别人劳动的起点。产业越进步，这一自然界限就越退缩。"④ 说到底，从马克思的劳动价值论出发，自然力本身不是劳动的产物，本身没有价值，只是价值创造和价值形成的自

① 马克思：《资本论》（第 1 卷），人民出版社 2004 年版，第 586 页。
② 转引自《马克思恩格斯全集》（第 4 卷），人民出版社 1965 年版，第 132 页。
③ 马克思：《资本论》（第 1 卷），人民出版社 2004 年版，第 588 页。
④ 同上书，第 588—589 页。

然基础，而不参与价值创造，但自然力的应用可以节约必要劳动时间，改变提供剩余劳动的自然界限，因而自然力虽然不直接提供剩余价值，但却是剩余价值产生的自然基础。

五　垄断的自然力与超额利润的来源

可以垄断的自然力是马克思的地租理论中十分重要的一个范畴，是超额利润的来源。萨伊曾经把自然力划分为专有自然力和非专有自然力，马克思的垄断的自然力与萨伊的专有自然力类似。所谓垄断的自然力意指对某种自然力拥有排他性的占有权、排他性的使用权、排他性的收益权。垄断的自然力具有以下几个显著的特征：（1）垄断的自然力首先是一种自然力，是没有凝结人类任何劳动的可用资源。（2）垄断自然力具有不可复制性。"这种自然条件在自然界只存在于某些地方。在它不存在的地方，它不能由一定的投资创造出来的。"① "但这种自然力不像蒸汽的压力那样，在同一生产部门可供一切资本自由支配，所以并不是凡有资本投入这个部门，这种自然力的利用就会成为不言而喻的事情。"② （3）垄断自然力与土地具有不可分性。垄断自然力"不是同能够由劳动创造出来的产品如机器、煤炭等等结合在一起，而是同一部分土地的一定自然条件结合在一起。……能够这样被人垄断的这种自然力，总是和土地分不开的"③。（4）垄断的自然力具有排他性。既然是垄断的，当然也是排他的，是不允许非占有者使用的，如马克思所言："占有瀑布的那一部分工厂主，不允许不占有瀑布的那一部分工厂主利用这种自然力，因为土地是有限的，而有水力资源的土地更是有限的。"④ （5）垄断的自然力是保证所投资本具有较高生产力的条件，这种条件是不能由资本本身的生产过程创造的，"这样的自然力，既不是相关生产部门的一般条件，也不是该生产部门一般都能创造的条件"⑤。它是一种特殊的生产力条件。

垄断的自然力形成超额利润，这是毫无疑问的。马克思指出："在当

① 马克思：《资本论》（第3卷），人民出版社2004年版，第726页。

② 同上。

③ 同上书，第727页。

④ 同上。

⑤ 同上。

前考察的场合，工厂主能够取得超额利润，即由一般利润率来调节的生产价格对他个人提供的余额，应该归功于什么呢？首先应该归功于一种自然力，瀑布的推动力。"① 不过需要特别注意的是，马克思区分了两种不同的自然力，一种是被资本垄断的自然力，一种是可以垄断的自然力。被资本垄断的自然力可以增加代表剩余价值的劳动产品部分，而相对减少转化为工资的劳动产品部分，它就会提高一般利润率，但是不创造超额利润。马克思说："利用蒸汽机进行生产的工厂主，也利用那些不费他分文就会增加劳动生产率的自然力，只要这样会使工人必需的生活资料的生产变便宜，这些自然力就会增加剩余价值，从而增加利润；因此，这些自然力，和由协作、分工等引起的劳动的社会的自然力完全一样，是被资本垄断的。……对自然力的这种垄断，也就是对这种由自然力促成的劳动生产力的提高实行的垄断，是一切用蒸汽机进行生产的资本的共同特点。"② 对自然力的单纯利用因其会影响生产必要生活资料所需的劳动量，所以会影响一般利润率，但是不会造成同一般利润率的偏离。可以垄断的自然力不仅影响一般利润率，而且会造成个别利润率同一般利润率的偏离，即形成超额利润。通常意义上的超额利润都是由特殊商品的个别生产价格和一般生产价格之间的差额决定的，是个别利润超过平均利润的余额。但是，由垄断的自然力形成的超额利润却不是这样，它来自和一种自然力的利用结合在一起的劳动的较大的自然生产力。马克思指出："他所用劳动的已经提高的生产力，既不是来自资本和劳动本身，也不是来自一种不同于资本和劳动，但已并入资本的自然力的单纯利用。它来自和一种自然力的利用结合在一起的劳动的较大的自然生产力，但这种自然力不象蒸汽的压力那样，在同一生产部门可供让一切资本自由支配，所以并不是凡有资本投入这个部门，这种自然力的利用就会成为不言而喻的事情。这种自然力是一种可以垄断的自然力，就象瀑布那样，只有那些支配着特殊地段及其附属物的人能够支配它。但要象每个资本都能把水变成蒸汽那样，创造出这种使劳动有较大生产力的自然条件，就完全不取决于资本了。"③

由可以垄断的自然力产生的超额利润不是产生于资本，而是产生于资

---

① 马克思：《资本论》（第3卷），人民出版社2004年版，第724页。
② 同上书，第724—725页。
③ 同上书，第726页。

本对一种能够被人垄断并且已经被人垄断的自然力的利用，产生于支配一种可以和资本相分离、数量有限的自然力，因而这个超额利润最终转化为地租。如前所述，可垄断的自然力与土地具有不可分性，但是土地所有权与由可垄断的自然力产生的超额利润没有任何关系，而只与这种可垄断的自然力有关，因为无论土地所有权存在与否，可垄断自然力作为特别高的劳动生产力的自然基础都是客观存在的。"所以，土地所有权并不创造那个转化为超额利润的价值部分，……它不是使这个超额利润创造出来的原因，而是使它转化为地租形式的原因，也就是使这一部分利润或这一部分商品价格被土地或瀑布的所有者占有的原因。"① 推而广之，"凡是自然力能被垄断并保证使用它的产业家得到超额利润的地方（不论是瀑布，是富饶的矿山，是盛产鱼类的水域，还是位置有利的建筑地段），那些因对一部分土地享有权利而成为这种自然物所有者的人，就会以地租形式，从执行职能的资本那里把这种超额利润夺走"②。

所以马克思最后得出结论说："自然力不是超额利润的源泉，而只是超额利润的一种自然基础，因为它是特别高的劳动生产力的自然基础。"③

六 大工业对自然力的破坏

马克思虽然没有系统研究资本主义生产方式、机器大工业的社会化生产方式对自然力的广泛影响，他或许也没有预见到在他逝世一百多年以后，人类会面临如此不堪重负的环境危机和自然力对生产力、对国家乃至世界经济力的影响，但是他还是看到了大工业对自然力特别是对土地自然力的严重破坏。马克思精辟地分析了土地价格这个土地私有权的形式和结果在两种土地经营模式（小农业和大农业）、两种土地所有权制度（小土地所有制和大土地所有制）条件下，土地这种人类赖以生存发展或者说一切生命基础的自然力是如何被破坏的。土地价格在小农业经营模式下，表现为对生产本身的限制，而在大农业和以资本主义生产方式基础的大地产经营模式下，土地价格也是一种限制，限制租地农场主对土地的长期投

---

① 马克思：《资本论》（第3卷），人民出版社2004年版，第729页。
② 同上书，第874页。
③ 同上书，第728页。

资，即租地农场主认为他对土地进行的投资最终不是对他自己有利而是对土地所有者有利。在这两种形式上，"对地力的榨取和滥用代替了对土地这个人类世世代代共同的永久的财产，即他们不能出让的生存条件和再生产条件所进行的自觉的合理的经营。在小所有制的场合，发生这种情况是由于缺乏应用社会劳动生产力的手段和科学。在大所有制场合，却是由于这些手段被用来尽快增加租地农场主和土地所有者的财富"①。在小土地所有制条件下，人口的大多数生活在农村，占统治地位的是分散的、孤立的劳动，而不是社会的劳动，因而财富和再生产的发展，无论是再生产的物质条件和精神条件的发展都是不可能的，因而不可能对土地进行合理耕种和可持续利用，不具备合理耕作的条件，这也表现为对土地自然力的破坏，但是破坏的程度显然比大土地所有制模式下轻。而大土地所有制使农业人口不断减少，与之对立的是不断增长的城市人口和工业人口，"由此产生了各种条件，这些条件在社会的以及由生活的自然规律所决定的物质变换的联系中造成了一个无法弥补的裂缝，于是造成地力浪费，并且这种浪费通过商业而远及国外"②。显然，马克思已经注意到了工业化和城市化对土地自然力的巨大破坏和破坏的国际化趋势，这一预见不幸被当今的经济发展实践所证实。马克思最后分析指出："如果说小土地所有制创造出了一个半处于社会之外未开化的阶级，它兼有原始社会形式的一切粗野性和文明国家的一切贫困痛苦，那么，大土地所有制则在劳动力的天然能力借以逃身的最后领域，在劳动力作为更新民族生活力的后备力量借以积蓄的最后领域，即在农村本身中，破坏了劳动力。大工业和按工业方式经营的大农业共同发生作用。如果说它们原来的区别在于，前者更多地滥用和破坏劳动力，即人类的自然力，而后者更直接地滥用和破坏土地的自然力，那么，在以后的发展进程中，二者会携手并进，因为产业制度在农村也使劳动者精力衰竭，而工业和商业则为农业提供使土地日益贫瘠各种手段。"③

遗憾的是，马克思没有在更广泛的范围内讨论工业化、城市化、资本主义生产方式对其他自然力的破坏性，以至于现代人对他本人产生了诸多

---

① 马克思：《资本论》（第3卷），人民出版社2004年版，第918页。
② 同上书，第919页。
③ 同上。

误解，其实马克思还是以土地自然力为例为后来人敲响了警钟。

综上所述，马克思的自然力思想非常丰富，回到马克思的方法论去深刻理解其深刻的思想内涵具有十分重要的现实意义。对自然力的征服其实是指人类可利用的自然资源越来越多，利用的方式越来越多，而不是人类对整个自然力的征服，不是指人类可以凌驾于自然之上，不是可以任意调节和控制自然的运行。既然是自然力，也就是自然发生的力量，有其自身的运动规律，这些规律有些已被人类认识到，并把握了这种运动规律从而能为我所用，大量的自然力运动规律是人类还没有认识到的。如果人类已经穷尽了自然力运动的一切规律，那么也就不会从20世纪70年代以后的世界性环境危机开始，世界各国在可持续发展道路上的艰难探索，或者说今天我们面对的一切环境问题根本就不会发生。但是，今天的人类实实在在地感受到了来自自然力运动的压力，人类不应该再那么自负，对自然力保持必要的尊重和敬畏，赋予自然力以人格化的权利，是实现可持续发展的必要条件。人类所理解的自然力运动规律实际上非常肤浅，征服自然力、控制自然力等这类不符合客观规律的谬论，只会使整个人类社会发展在环境危机、生态危机、资源危机、气候危机，说到底是人类在生存危机的泥沼中越陷越深而不能自拔。

参考文献

[1] 马克思：《资本论》（第1卷），人民出版社2004年版。

[2] 马克思：《资本论》（第2卷），人民出版社2004年版。

[3] 马克思：《资本论》（第3卷），人民出版社2004年版。

[4]《马克思恩格斯选集》（第3卷），人民出版社1995年版。

[5]《马克思恩格斯全集》（第4卷），人民出版社1965年版。

[6]《马克思恩格斯全集》（第32卷），人民出版社1998年版。

[7]《马克思恩格斯全集》（第47卷），人民出版社1979年版。

[8]《马克思恩格斯全集》（第48卷），人民出版社1985年版。

[9]《马克思恩格斯全集》（第49卷），人民出版社1982年版。

[10]《马克思恩格斯全集》（第16卷），人民出版社1964年版。

（原载《教学与研究》2011年第6期）

当代社会主义经济研究

公有制是社会主义初级阶段基本经济制度的基石

——坚持社会主义基本经济制度，既不能搞私有化，也不能搞单一公有制

刘国光

中国共产党成立 90 周年了。90 年来，党带领中国人民推翻"三座大山"，完成了新民主主义革命的任务，取得了社会主义革命和建设的伟大胜利。在中国实现共产主义，一直是共产党人追求的最高理想和为之奋斗的最终目标。马克思主义创始人和世界各国共产党人都对未来的社会主义经济制度和当前的实现步骤，进行了艰辛的理论和实践的探索，为我们今天建设社会主义经济制度提供了宝贵的思想财富，也为社会主义初级阶段基本经济制度奠定了理论基础。

一　社会主义初级阶段的理论渊源

社会主义初级阶段理论来源于马克思主义。马克思恩格斯将共产主义社会分为两个阶段，社会主义是共产主义的初级阶段。列宁有新经济政策过渡的实践，相当于社会主义初级阶段的试验。毛泽东把社会主义划分为"不发达阶段"和"发达阶段"，不发达阶段就是社会主义初级阶段。社会主义初级阶段包含两个理论命题：第一，在一定条件下，经济文化较不发达国家可以不经过资本主义的充分发展而进入社会主义；第二，在任何条件下，生产力的发展阶段都是不可逾越的。社会主义初级阶段论的形成是对马克思主义不断革命论和革命发展阶段论的具体运用。马、恩、列、毛的有关论述，为我们党在十一届三中全会以后提出社会主义初级阶段的科学论断提供了重要的理论根据。

新中国的前三十年，曾经进行了大规模的公有制经济的建设实践。在毛泽东时代，农村集体经济、城市国营企业在国民经济中占绝对主体地位。客观地分析，当时的公有制经济既有十分成功的，也有一些失败的。在农村，既有大寨、刘庄、华西村等这样的优秀典型，也有小岗村这样因私有观念牢固而被公有制束缚了当地生产力的典型农村。

与农村情况类似，当时的公有制经济中，石油有大庆、工业有鞍钢、国防有两弹一星，涌现了一大批以陈永贵、王进喜、钱学森等为代表的有高度觉悟的社会主义建设者，但也有相当一些国营企业管理不严、效率低下、人浮于事，影响了生产力的发展。应该说，以上这两种现象在当时都是客观存在的，用其中一种倾向去否定另一种倾向就容易犯"左"或右的错误。

毛泽东曾费尽千辛万苦想消灭中国人的私有观念和剥削阶级观念，达到"六亿神州尽舜尧"的理想境界，但最终没有成功。这充分证明，在社会主义初级阶段，由于社会主义社会机制的不成熟，旧社会遗留仍将继续存在。建立社会主义初级阶段的基本经济制度，必须考虑这一现实。

社会主义初级阶段理论正式形成的过程，首先是1981年十一届六中全会通过的《关于建国以来党的若干历史问题的决议》，第一次提出我国社会主义制度还处于初级的阶段。然后是1987年中共十三大，社会主义初级阶段理论确立。邓小平在十三大召开前指出："党的十三大要阐述中国社会主义是处在一个什么阶段，就是处在初级阶段，就是初级阶段的社会主义。社会主义本身是共产主义的初级阶段，而我们中国又处在社会主义的初级阶段，就是不发达的阶段。一切都要从这个实际出发，根据这个实际来制定规划。"到了1997年9月，党的十五大制定了党在社会主义初级阶段的基本纲领，精辟地回答了什么是社会主义初级阶段中国特色社会主义的经济、政治和文化，以及怎样建设这样的经济、政治和文化。

我们可以看到，中国特色社会主义理论是在充分借鉴毛泽东时代历史经验和教训的基础上提出的。一方面，是坚持和继承马列主义毛泽东思想所提出的社会主义基本的政治、经济、文化原则。比如，在政治上，坚持共产党的领导地位，坚持无产阶级专政，加强党的建设，保持共产党的先进性；在经济上，以公有制经济为主体经济，抓大放小，集中力量搞好大型国有企业，加强国企领导班子的思想觉悟工作；在分配上以按劳分配为主体，抑制剥削，防止两极分化；在文化上，坚持社会主义核心价值观的主导作用。另一方面，根据生产力落后、私有制旧社会所遗留的传统思想观念难以短时期消除的现实状况，大力引导私营经济的适当发展，从而促进了生产力的大发展大提高。

二 社会主义初级阶段基本经济制度的形成

在社会主义初级阶段，我国应该建立怎样的所有制结构，确立什么样的基本经济制度，党的认识也经过了一个逐步深化的过程。1981 年 7 月国务院颁布了对城镇非农业个体经济若干政策性规定。1982 年党的十二大指出社会主义国营经济在整个国民经济中占主导地位，首次在代表大会文件中明确提出鼓励个体经济发展并且扩展到农村地区。1987 年 1 月，中央发布《把农村改革引向深入》的文件，提出对私营经济"应当允许存在，加强管理，兴利抑弊，逐步引导"。

1987 年十三大报告第一次公开明确承认私营经济的合法存在和发展。报告认为私营经济"是公有制经济必要的和有益的补充"。1992 年，党的十四大报告中讲："以公有制包括全民所有制和集体所有制经济为主体，个体经济、私营经济、外资经济为补充，多种经济成分长期共同发展。"

正式提出初级阶段基本经济制度概念的是 1997 年的十五大报告。报告提出："公有制为主体，多种所有制共同发展，是我国社会主义初级阶段的一项基本经济制度。"报告同时承认"非公有制经济是我国社会主义市场经济的重要组成部分"。至此，社会主义初级阶段基本经济制度正式确立。

2002 年党的十六大提出了两个"毫不动摇"的方针。2007 年党的十七大再次重申"要坚持和完善以公有制为主体、多种所有制经济共同发展的基本经济制度"。2010 年党的十七届五中全会提出坚持社会主义基本经济制度，既不能搞私有化，也不能搞单一公有制。这是针对残存的单一公有制传统观念，特别是主要针对近年来出现的私有化倾向而提出来的，十分重要，应该引起注意。

三 非公有制经济在初级阶要有一定历史地位

基本经济制度决定社会的性质和社会的发展方向。判断社会的性质和发展方向的唯一标准就是看生产资料归谁所有。我国之所以要实行以公有制为主体多种所有制经济共同发展的基本经济制度，是因为我国是社会主义国家，必须以公有制作为社会主义经济制度的基础。我国宪法规定："中华人民共和国的社会主义经济制度的基础是生产资料的社会主义公有制，即全民所有制和劳动群众集体所有制。"宪法接下来又讲："国家在社会主义初级阶段，坚持公有制为主体、多种所有制经济共同发展的基本经济制度。"因此，要把"社会主义经济制度"同"社会主义初级阶段的基本经济制度"这两个概念区别开来。"社会主义经济制度"是"社会主义初级阶段基本经济制度"的核心。前者不包括非公有制经济，只有公有制是其基础；而初级阶段的基本经济制度中，包括非公有制经济，但公有制必须占主体地位。"社会主义经济制度"存在于社会主义初级阶段和以后的其他阶段，是不断成熟和发展的过程；而社会主义初级阶段的基本经济制度，只反映初级阶段的特点。

可以设想，初级阶段结束，非公有制经济不会立即被公有制所取代。进入中级阶段，随着生产力的进一步发展和人们思想觉悟的进一步提高，将是公有制经济进一步发展壮大，所占比重不断提高的过程，而非公有制经济逐渐减退，所占比重减少的过程。到社会主义高级阶段，社会主义经济趋于成熟，剥削制度和生产资料私有制经济将最终退出历史舞台。

初级阶段基本经济制度中之所以允许发展非公有制经济，是由我国生产力发展水平还不高的国情决定的。解放和发展生产力是我国社会主义的根本任务。因此，只要符合"三个有利于"标准的经济成分就允许其存在和鼓励其发展。

我国还处于社会主义初级阶段，这是实行社会主义基本经济制度的理论和现实依据。但我们必须清楚地认识到，社会主义初级阶段也应当有一个时间限期。邓小平在1992年初视察南方时说："社会主义初级阶段的基本路线要管一百年，动摇不得。"这是在当前的社会主义现代化建设过程中要遵循的重要的时间界限。但随着我国生产力的发展、科学技术的进步，一百年的初级阶段的期限是有可能缩短的。提出这一点就是为了提醒当代的共产党领导人，不仅要埋头赶路，而且要抬头望远，时刻不要忘记了社会主义和共产主义远景目标。

四 公有制的主体地位不能动摇

社会主义公有制是社会主义制度的基础。公有制为主体也是初级阶段基本经济制度的前提和基础。坚持基本经济制度，首先要巩固公有制为主体这个前提和基础。

"公有制的主体地位主要体现在：公有资产在社会总资产中占优势。公有资产占优势，要有量的优势，更要注意质的提高。"现在有不少人对公有制是否还是主体有疑虑，主要是对公有制所占的比重即量的方面有疑虑。目前，根据国家统计局的数据，我国国有经济在国民经济中的比重不断下降，宏观上并不存在所谓的"国进民退"；微观上国有经济"有进有退"，但更多的是"国退民进"；个别案例中的所谓"国进民退"，多半属于资源优化重组，并非没有道理。我们党一贯强调，"公有制比重的减少也是有限制有前提的，那就是不能影响公有制的主体地位"。解除人们疑虑的办法之一，就是用统计数字来说明，坚定人们对社会主义初级阶段基本经济制度的信心。

公有资产占优势，更重要的表现为质的优势，即关键性的涉及经济命脉、战略全局和国民经济发展方向的生产资料占优势，先进的具有导向性控制性的生产资料占优势，并且不断提高进步发展壮大。这样它才能控制经济命脉，对国民经济起主导作用，有强大的控制力、决定力、示范力和促进力。

要从"以人为本"的高度去看待"公有制占主体"、"公有资产占优势"。要重视有多大比例的工人阶级在公有制经济中劳动。如果中国大部分工人阶级（包括农民工）受私营企业主雇佣、在私有制经济中劳动，那么很难说公有制还占主体地位。这样，工人阶级必然收入低下，没有享受到社会主义的优越性，很难说他们是社会主人还是私营企业主是社会主人。而中国必然两极分化，中国也很难说是一个社会主义国家。

所以，初级阶段基本制度不但要求公有制经济占主体地位，而且要求国有经济对国民经济起主导作用。国家应控制国民经济命脉，国有经济的控制力、影响力和竞争力得到增强，要使中国共产党的执政基础——工人阶级和农民阶级都能享受到国有经济的好处。在社会主义经济中，国有经济不是像在资本主义制度下那样，主要补充私人企业和市场机制的不足，而是为了实现国民经济的持续稳定协调发展，巩固和完善社会主义制度。为了实现国民经济的持续稳定协调发展，国有经济应主要集中于能源、交通、通信、金融等基础设施和支柱产业中。这些都是关系国民经济命脉的重要行业和关键领域。在这些行业和领域，国有经济应该有"绝对的控制力"、"较强的控制力"，"国有资本要保持独资或绝对控股"或"有条件的相对控股"。这些都是中央文件所规定和强调的。国有经济对这些部门保持控制力，是为了对国民经济有计划地调控，以利于它持续稳定协调发展。

五　社会主义初级阶段国有经济的作用远大于资本主义国家的"国有经济"

关于国有经济控制力应包括的范围，有一种意见是值得注意和研究的。这种意见把国有经济的社会责任分为两种，一是帮助政府调控经济，一是保证社会正义和公平的经济基础。前一个作用普遍适用于社会主义国家和现代资本市场经济国家，而后一个作用则是社会主义国家独有的。社会正义和公平，"是高度私有化的经济和以私有化为主的混合经济解决不了的老大难问题"。"在中国坚持社会主义市场经济的改革方向中，增强国有资本的控制力，发挥其主导作用，理应包括保障、实现和发展社会公平的内容和标准。那些对于政府调控经济不重要但是对于保障社会正义和公平非常重要的竞争性领域的国有资产，也应该认为是'重要'的国有资产，要力争搞好，防止出现国资大量流失那种改革失控，随意实行大规模'转让'的偏向。"

基于国有经济负有保证社会正义和公平的经济基础的社会责任，国家要保障在公益服务、基础设施、重要产业的有效投资，并不排除为解决就业问题在劳动密集领域进行多种形式的投资和运营。在保障垄断性领域国有企业健康发展的同时，还要保障在竞争性领域国有企业的发展，发挥他们在稳定和增加就业、保障社会福利和提供公共服务上的作用，增强再分配和转移支付的经济实力。中央对竞争性领域的国有经济一向坚持"有进有退"，发挥其竞争力的政策，而绝不是"完全退出"竞争性领域的政策。我国这样一个社会主义大国，国有经济的数量底线，不能以资本主义国家私有化的"国际经验"为依据。确定国有经济的比重，理应包括保障、实现和发展社会公平和社会稳定的内容，所以国家对国有经济控制力的范围，有进一步研究的必要。

六　正确认识私有经济的两面性

谈基本经济制度，不能不谈私有经济。私有经济是非公有制经济的一部分。非公有经济在促进我国经济发展，增加就业、增加财政收入和满足社会需要方面，不仅在当前而且在整个社会主义初级阶段的历史时期内，都有不可缺少的重要积极作用。所以，党和政府对非公有制包括私有制经济非常重视，对它们的评价，从十三大、十四大的"公有制经济的补充"，到九届人大二次会议称为"社会主义市场经济的重要组成部分"，十六大党还提出了"两个毫不动摇"，足见中央充分肯定非公有制包括私有制经济的重要作用。

但我们应该把私有经济的性质与作用分开来讲。只要是私人占有生产资料，雇用和剥削劳动者，它的性质就不是社会主义的。至于它的作用，要放到具体历史条件下考察。当它处于社会主义初级阶段，适合生产力发展的需要时，它还起积极作用，以至构成社会主义市场经济的一个重要组成部分。但由于它不具有社会主义的性质，不能说它也是社会主义经济的组成部分。某些理论家则把非公有经济是"社会主义市场经济的重要组成部分"，偷换为"社会主义经济的重要组成部分"，认为"民营经济"（私营经济）"已经成为"或者"应当成为"社会主义经济的主体，以取代公有制经济的主体地位。这明显地越过了宪法关于基本经济制度规定的界线。

对私有经济，我们要继续毫不动摇地发展它，发挥其机制灵活，有利于促进社会生产力的正面作用，克服其剥削性产生的不利于社会经济发展的负面作用。如有些私营企业主贿赂政府官员，偷逃税收，压低工资和劳动条件，制造假冒伪劣产品，破坏自然资源环境，借机侵害国有资产，以及其他欺诈行为，都要通过教育监督和法制，克服清除。

在鼓励、支持私有经济发展的同时，还要正确引导其发展方向，规定能发展什么，不能发展什么。比如竞争性领域，要允许私有经济自由进入，尽量撤除限制其进入的藩篱。特别是允许外资进入的，也应当开放内资进入。而对关系国民经济命脉的重要部门和关键领域，就不能允许私有经济自由进入，只能有条件、有限制地进入，不能让其操纵这些部门和行业，影响国有经济的控制力。私有经济在竞争性领域有广大的投资天地，在关系国民经济命脉的一些重要部门现在也可以参股投资，分享丰厚的盈利，他们应当知足了。作为"社会主义建设者"群体和"新社会阶层"，私营企业主大概不会觊觎社会主义经济的"主体地位"。但是确有某些自由主义精英明里暗里把他们往这方面推。要教育他们不要跟着这些精英跑。

七　社会主义初级阶段的经济仍然要坚持
　有计划按比例发展

　　马克思主义认为，在以公有制为基础的社会生产中，国民经济要实行有计划按比例地发展。"有计划按比例"并不等于传统的行政指令性的计划经济。改革开放以来，我们革除传统计划经济的弊病，相应于社会主义初级阶段的基本经济制度，建立了社会主义市场经济体制。与多数资本主义市场经济国家零星的计划或完全没有计划有所不同，我们社会主义国家宏观调控下的市场经济的基础基本经济制度是以公有制为主体，因而还有计划性这个特点，还有国家计划的指导。我们作为以公有制经济为主体的社会主义大国，有必要也有可能在宏观调控中运用计划手段，指导国民经济有计划按比例发展。这符合马克思主义有计划按比例发展的原理，也是社会主义市场经济的优越性所在。宏观调控有几项手段，最重要的是计划、财政、货币三者，党的十四大报告特别指出"国家计划是宏观调控的重要手段"。这里没有说到财政政策、货币政策，不是说财政政策、货币政策不重要，而是财政政策、货币政策是由国家宏观计划来导向的。所以，国家计划与宏观调控不可分，是宏观调控的主心骨。宏观调控下的市场经济也可以称为国家宏观计划调控下的市场经济。这就是社会主义市场经济不同于资本主义市场经济的地方。

　　十七大重新强调国家计划在宏观调控中的导向作用，并不是如某些人所歪曲的那样，"要回到传统计划经济模式"。因为：第一，现在的国家计划不是既管宏观又管微观、无所不包的计划，而是只管宏观，微观的事情主要由市场去管。第二，现在资源配置的基础性手段是市场，计划是弥补市场缺陷的必要手段。第三，现在的计划主要不再是行政指令性的，而是指导性的、战略性的、预测性的计划，同时必须有导向作用和必要的约束、问责功能。由计划经济向市场经济过渡，再到重新强调国家计划在宏观调控中的导向作用，这合乎辩证法的正—反—合规律。这不是回到过去传统的计划经济的旧模式，而是计划与市场关系在改革新阶段更高层次上的综合。

八　防止两极分化要靠公有制经济的强大

　　改革开放30多年，我国人民生活水平普遍提高，但收入分配中贫富两极分化趋势也越来越严重。现在谈到贫富差距扩大的原因时，人们首先会想到城乡差距扩大、地区不平衡加剧、行业垄断、腐败、公共产品供应不均和再分配调节滞后等。这些都有道理，也必须一一应对。但这不是最主要的。造成收入分配不公的最根本原因被忽略了。

收入分配不公源于初次分配。初次分配中影响最大的核心问题是劳动与资本的关系。这就涉及社会的基本生产关系或财产关系问题了。按照马克思主义观点，所有制决定分配制；财产关系决定分配关系。财产占有上的差别，才是收入差别最大的影响因素。萨缪尔森也承认，"收入差别最主要的是由拥有财富多寡造成的"。30多年来，我国贫富差距的扩大和两极分化趋势的形成，除了前述原因外，所有制结构上和财产关系中的"公"降"私"升和化公为私，财富积累迅速集中于少数私人，才是最根本的。

我国社会主义初级阶段经济结构，在改革开放伊始时还是比较清一色的公有制经济。随着让一部分人先富起来和效率优先政策取向的执行，以私有制为主的非公经济的发展必然超过公有制经济，从而形成了多种所有制经济共同发展的局面。这是有利于整个经济的发展的。但这种私有经济超前发展的势头一直延续下去，"到一定的时候问题就会出来"，"两极分化自然出现"。随着所有制结构的公降私升，在分配关系上按劳分配的比重就要缩小，按要素分配的比重就要增加。有人分析，我国现在国民收入分配已经由按劳分配为主转向按要素分配为主。我们从资本积累规律和市场经济发展的一般进程可以知道，这一分配方式所带来的后果，就是随着私人产权的相对扩大，资本财产的收入份额也会相对扩大，劳动的收入份额则相对缩小，从而扩大贫富差距，促进两极分化趋势。我国国民收入中劳动与资本份额变化的统计，证实了上述理论分析。

在调整收入分配关系，缩小贫富差距时，人们往往从分配领域本身着手，特别是从财政税收、转移支付等再分配领域着手，完善社会保障公共福利，改善低收入者的民生状况。这些措施是完全必要的，我们现在也开始这样做了。但是，我们做得还远远不够，还要加大力度。仅仅就分配谈分配，仅仅从分配再分配领域着手，还是远远不够的，不能从根本上扭转贫富收入差距扩大的问题。还需要从所有制结构，从财产制度上直面这一问题，需要从基本生产关系，从基本经济制度来接触这个问题；需要从强化公有制为主体地位来解决这个问题，才能最终地阻止贫富差距扩大，实现共同富裕。因此，分配上的状况改善是以所有制上公有制经济的壮大为前提条件的。所有制发展上要扭转"公"降"私"升的趋势，阻止化公为私的所有制结构转换过程。只有这样，才能最终避免贫富的两极分化。小平同志强调："只要我国经济中公有制占主体地位，就可以避免两极分化。"这是非常深刻的论断。这指明社会主义初级阶段容许私人产权的发展，容许非劳动要素（主要是资本）参加分配，但这一切都要以公有制为主体和按劳分配为主为前提，不能让私有制代替公有制为主体，也应该扭转按资分配代替按劳分配为主的趋势。那种让私人资本向高利行业渗透（关系国民经济命脉的重要部门和关键领域），那种盲目地、有违社情地鼓励增加"财产性收入"之类的政策，只能促使收入差距和财富差距进一步扩大，都应该调整。

改革收入分配制度，扭转贫富差距扩大趋势，要放在坚持共和国根本大法的角度下考虑，采取必要的政策措施，保证公有制为主体、按劳分配为主的"两个为主"的宪法原则的真正落实。只要保持这两个主体，贫富差距就不会恶性发展到两极分化的程度，可以控制在合理的限度以内，最终向共同富裕的目标前进。否则，两极分化、社会分裂是不可避免的。

（原载《国企》2011 年第 7 期）

对"国进民退"争论的深入思考

项启源

自 2009 年年中至今，学术界、经济界、政界和舆论界围绕"国进民退"展开了热烈的讨论。本文认为这场讨论背后的思潮碰撞，无论在理论上还是在改革的实践上都会带来重要影响。因此，有深入思考以澄清是非的必要。

一 "国进民退"是个伪命题

2009 年上半年发生了山西省煤矿企业兼并重组、山东钢铁集团收购日照钢铁公司、中国粮油食品进出口（集团）有限公司入股蒙牛乳业有限公司等几件事。尤其是山西省煤企重组牵涉面广，还触动了某些私人资本的利益，有些人又是上书，又是聘请律师团，引起了社会上的广泛关注。主张新自由主义的人借此制造"国进民退、改革倒退"的舆论。有论者说，"国进民退"已经不是个别现象，而是形成了一股汹涌的潮流，是一场新的国有化运动。还有论者说，"国进民退"带来的不仅仅是经济领域中所有权的转换，最关键的是，它将给中国经济的未来发展造成不可挽回的损失。有一所民办的研究所，还专门就"国进民退"问题召开了研讨会。会上有学者说，"国进民退"已不是个别企业、个别产业的独有现象，而是已经成为各级国有企业的共同行为，正在从自然垄断行业向竞争性行业扩张。这已不是单纯的企业行为和市场行为，而是在政府介入的大力支持下进行的。

针对这类观点也有不少反对的声音。有论者指出，"国进民退"不过是危言耸听，与真实情况相去甚远。至于对"国进民退"带来的后果的种种揣测，更是主观臆断，无论在理论上还是在实践上都是没有根据的。论者对国民经济的相关发展情况进行了分析，2004—2008 年，国有经济在国民经济中的比重持续下降。例如，据国家统计局第二次全国经济普查数据，2004—2008 年，国有企业由 17.9 万户减少到 14.3 万户，减少了 3.6 万户，减幅为 20%；与此同时，私营企业由 198.2 万户增加到 359.6 万户，增加了 161.4 万户，增幅为 81.4%。2008 年与 2004 年相比，我国企业资产中，国有企业资产所占的比重下降了 8.1 个百分点，私营企业所占比重则增加了 3.3 个百分点。这一变动在其他方面也有表现。

因此，国家统计局局长马建堂表示，统计数据不支持从总体上存在"国进民退"现象。[①] 这一表示从一定意义上也可以看作是官方对"国进民退"之说的回应。同时，著名企业家鲁冠球 2010 年 3 月 12 日在《环球时报》上发表了《"国进民退"其实并不存在》一文。文章的中心思想是强调国有企业也好、民营企业也好，其进退的关键在于企业的经济实力和市场竞争力。他说，民营企业这些年来发展很快，已从国民经济有益的补充转化为半壁江山。但民营企业自生自灭者多，做大做强者少，原因是大部分民营企业起点低、资本小、重眼前、轻长远，缺乏利益共生的价值观。人们不难发现，如果真的存在"国进民退"的话，那么退的一定是弱小的、唯利的、畏避责任的民营企业。相反，只要民营企业是苦练内功具有实力的、利他的、有责任感的，就不但不会退，反而会进。鲁冠球以其本人主持经营的万向集团为例：这些年来，万向健康发展，快速做大做强，新能源城的建设还得到了国家开发银行 300 亿元的政策贷款。

本文认为，判断我国当前是否存在"国进民退"需要从三个方面来考察。其一，要从国民经济整体来看，是否出现了全局性的"国进民退"，而不能因为某些地区、某些行业国有企业增多一些，民营企业减少一些，就认为出现了"国进民退"的潮流。其二，要从几年来的发展状况来看，是否出现了"国进民退"的趋势。当前国内外形势复杂多变，由于某种原因而采取的应对措施，也不能作为"国进民退"已成为潮流的依据。例如，2009 年国务院实施两年内新增四万亿元的投资计划。在重点振兴的九大产业中，除纺织行业和轻工行业外，其他七个行业中国有企业比重较高。但这是为了应对来势凶猛的金融危机而采取的措施，着眼点在于保证国民经济平稳较快发展，与"国进民退"无关。其三，要从党中央国务院

---

① 《统计局长称我国总体上不存在国进民退》，《证券时报》2009 年 11 月 23 日。

对我国所有制结构在战略部署上来看，是否出现了"国进民退"的重大变化。事实上，从党的十五大提出以公有制为主体、多种所有制经济共同发展的基本经济制度以来，党中央始终坚持这一制度至今未改变。从以上三方面来看，"国进民退"已成为潮流的说法是有些人为了坚持错误的改革方向而蓄意制造出来的伪命题。

二　山西省煤炭企业兼并重组和若干产业淘汰落后产能并非"国进民退"而是"优进劣退"

在"国进民退"的呼声中受批评最多、最引人注目的是山西省的煤企兼并重组。那么山西的做法是不是"国进民退"的一个例子呢？

众所周知，山西是我国煤炭资源最丰富的省份。山西煤炭产量约占全国总产量的1/4，国内70%以上的外运煤、近50%的全球煤炭交易额来自山西，焦炭市场交易量占全国的2/3以上。但是采矿企业有3000多户，矿难屡发不止，据不完全统计，近年来发生矿难700余起，死亡1700多人。煤炭资源浪费严重，环境污染已经到了无法承受的程度。最重要的原因是存在"多、小、散、乱"的开采格局，年产30万吨的小煤矿占煤矿事故的70%，而从煤炭开采率看，小矿仅能回采15%，3/4的资源被丢弃，估计浪费10亿吨左右，相当于全国总产量的近40%。[①]

2009年山西省委、省政府下决心清除多年积弊，采取坚决有力的措施，实行煤矿企业的兼并重组，并报中央批准。在全省各级干部齐心协力和人民群众的大力支持下，仅用了半年多的时间就取得了显著的成效。整合重组后的矿井数由2600座减少到1053座，70%的矿井规模达到年产70万吨以上，年产30万吨以下的小煤矿全部淘汰。到2010年将形成四个年产超过亿吨的特大型煤炭集团和三个年产超过五千万吨的大型煤炭集团。2009年第四季度全省月均产量6000万吨以上，达到历史最高水平，全行业上缴税金同比增长6.42%。[②]

那么，为什么说山西省的煤矿兼并重组不是"国进民退"而是"优进

---

① 杨承训：《站在新高度优化基本经济制度——澄清"国进民退等于倒退"的论调》，《思想理论教育导刊》2010年第3期。

② 林郑宏：《山西30万吨以下小煤矿全部淘汰》，《上海商报》2010年1月6日。

劣退"呢? 首先, 在兼并重组的 1053 个矿井中, 国有企业占 19%, 民营企业占 28%, 混合所有制企业占 53%。私人资本办矿的企业仍占 1/3。①其次, 小煤矿退出了, 有一定规模的民营煤矿不但未退出, 反而有所扩大。例如, 民营企业山西联盛能源投资有限公司, 原有的总产能超过年产 550 万吨, 矿井采煤全部实行机械化。在这次兼并重组中, 这个公司又重组整合了 13 对矿井, 年产能扩大到 750 万吨。又如产煤大县柳林八个整合主体中有七个是民营企业。再次, 兼并重组为山西省煤炭企业更好地利用先进科学技术创造了条件。例如, 2009 年 8 月成立的中煤集团山西金海洋能源有限公司, 集煤炭生产、洗选加工、发运销售、矸石发电于一体, 形成了现代循环经济的发展格局。又如, 由香港华润电力公司与山西国新能源发展集团、阳煤集团三家投资兴建的宁武 2×30 千瓦煤矸石电厂, 开创了山西省煤电联手的先河。

山西省煤企兼并重组的经验得到有关部门的肯定, 有些省的煤炭行业也开始进行整顿。如河南省自 2010 年 3 月参照山西省经验, 从本省实际出发, 也开始进行煤企的兼并重组。钢铁行业根据工业和信息化部颁发的《现有钢铁企业生产经营准入条件及管理办法》, 提高了市场准入门槛。2010 年 4 月 6 日国务院公布了《关于进一步加强淘汰落后产能工作的通知》, 涉及九大行业并规定了淘汰落后产能的具体时间。例如, 至 2010 年年底, 电力行业将淘汰小火电机组 5000 万千瓦以上, 煤炭行业将关闭小煤矿 8000 处, 淘汰产能 2 亿吨; 2011 年年底前, 钢铁行业将淘汰 400 立方米及以下炼铁高炉和 30 吨及以下炼钢转炉、电炉。这些措施都可能涉及民营企业, 但在指导思想上并非"国进民退"而是"优进劣退"。

三 "国进民退, 改革倒退"论是两种改革观的又一次交锋

1987 年邓小平指出: "我们干四个现代化, 人们都说好。但有些人脑子里的四化同我们脑子里的四化不同。我们脑子里的四化是社会主义的四化。他们只讲四化, 不讲社会主义。这就忘记了事物的本质, 也就离开了中国的发展道路。这样, 关系就大了。在这个问题上我们不能让步。这个

---

① 王东京:《"国进民退"不过是危言耸听》,《中国经济时报》2009 年 12 月 7 日。

斗争将贯穿在实现四化的整个过程中。不仅本世纪内要进行，下个世纪还要继续进行。"① 邓小平的这个警示很重要。事实上，从改革开放之初到现在，坚持社会主义发展方向的改革观同坚持走资本主义道路的改革观之间的斗争时起时伏，从来没有停止过。2010 年年中以来，有些人炒作"国进民退，改革倒退"，把本来不存在的问题闹得沸沸扬扬，就是资本主义改革观的又一次进攻。有论者说，我国经济体制改革的总趋势是缩小国有企业控制的行业和领域，为民营经济发展开拓空间，实现产权多元化，完善市场经济体制，因而"国退民进"是改革的大趋势。而目前出现的"国进民退"是逆革命趋向而行，因而是一种倒退。还有论者说，"国进民退"的国有化运动将形成一个权钱结合的权力资本集团，操纵国家经济命脉，侵夺人民利益，造成普遍的社会腐败。坚持社会主义改革方向的学者对此进行了批驳：动辄把问题升高到耸人听闻的"捍卫改革""反对回潮"的层面，徒乱人意，对解决实际问题有害无益。② 在网络上更有大量批评所谓"改革倒退"的议论。有人提出，"国进民退"不是倒退，是公有制的回归，是进步，发展社会主义经济就是要壮大公有制，巩固公有制的主体地位。

在这场两种改革观的交锋中，笔者特别注意到杜光在《炎黄春秋》2010 年第 3 期发表的《"国进民退"的危害和根源》一文（以下简称杜文），因为此文在坚持资本主义改革观上的自我表露非常直白，对四项基本原则的否定非常露骨，很有代表性。杜文列举了"国进民退"的五项危害：第一，它是由政府主导的政治权力介入的结果，破坏了公平竞争，损害了市场机制。第二，它削弱了民营经济，也就削弱了经济体制改革的成果。因为我国经济体制改革的得失成败，在很大的程度上是以民营经济的盛衰荣枯为标志的。第三，从理论层面来说，国有经济的垄断性同市场经济的自由竞争是不相容的。第四，"国进民退"给我国经济埋下隐患，潜伏着更深刻的社会危机。第五，"国进民退"符合权贵资产阶级的利益。对以上五条不准备——辩驳，因为本文的前两部分已经证明"国进民退"是个伪命题，事实既然并不存在，何谈危害。

---

① 《邓小平文选》（第 3 卷），人民出版社 1993 年版，第 204 页。

② 岳振：《慎用改革倒退大棒问罪"国进民退"——就当前煤炭行业重组争论之若干问题专访中国人民大学发展中国家经济研究中心主任彭刚》，《中国经济时报》2009 年 11 月 16 日。

单从杜文提出的"国进民退"现象的理论根源来看，他认为主要原因在于指导思想上存在着坚持以公有制为主体的错误方针，即把国有制和集体所有制等同于公有制，要求维护它们的主体地位。这个理论始于列宁和斯大林，而中国共产党完全承接了这个错误理论。改革开放是因为国民经济已到了崩溃的边缘而不得不改弦易辙。但指导思想上并未放弃斯大林主义，仍然把国有经济和集体经济当做公有制来坚持，他列举了从党的十二大到十七大一贯坚持以公有制为主体作为证明。那么什么才是杜文所说的公有制呢？他认为，这只能是马克思所说的"重新建立劳动者个人所有制"。他一方面歪曲了马克思的本意，说在这样的个人所有制条件下，每个人不仅占有消费资料而且有权占有一定的生产资料；另一方面又说，私有制还有旺盛的生命力，人类要经过漫长的路程才能到达公有制。杜文由此得出结论：现阶段就提出以公有制为主体实在是历史的误会。

本文认为，杜文的上述一系列错误观点，大都是过去在两种改革观的争论中早已有人宣扬过，也早已被批驳过的。但他在几个重大问题上比他的同道们走得更远，因此仍有加以澄清的必要。

其一，我国的国有经济和集体经济并不具有公有制性质吗？凡是多少读过马克思主义经典著作的人都知道，马克思、恩格斯在《共产党宣言》中早就说过："无产阶级将利用自己的政治统治，一步一步地夺取资产阶级的全部资本，把一切生产工具集中在国家即组织成为统治阶级的无产阶级手里，并且尽可能快地增加生产力的总量。"① 后来，恩格斯在《反杜林论》中也说过："无产阶级将取得国家政权，并且首先把生产资料变为国家财产。"② 关于集体所有制，马克思早就注意到在资本主义制度下出现的工人合作工厂，他说："工人自己的合作工厂，是在旧形式内对旧形式打开的第一个缺口，……资本和劳动之间的对立在这种工厂内已经被扬弃，虽然起初只是在下述形式上被扬弃，即工人作为联合体是他们自己的资本家，也就是说，他们利用生产资料来使他们自己的劳动增殖。"③ 恩格斯也说过："至于在向完全的共产主义经济过渡时，我们必须大规模地采用合作生产作为中间环节，这一点马克思和我从来没有怀疑过。"④ 经典著作俱

---

① 《马克思恩格斯选集》（第 1 卷），人民出版社 1995 年版，第 293 页。

② 《马克思恩格斯选集》（第 3 卷），人民出版社 1995 年版。

③ 《马克思恩格斯全集》（第 25 卷），人民出版社 1974 年版，第 498 页。

④ 《马克思恩格斯选集》（第 4 卷），人民出版社 1995 年版，第 675 页。

在，怎么能说我国的国有经济、集体经济来自斯大林主义因而不具有公有制性质呢？

其二，马克思所说的"重新建立劳动者的个人所有制"是把公有的生产资料分拆给个人吗？马克思在《资本论》第一卷第三十二章写道："同资本主义生产方式相适应的资本主义占有，是这种仅仅作为独立的个体劳动的必然结果的私有制的第一个否定。但是，资本主义生产本身由于自然变化的必然性造成了对自身的否定。这是否定的否定。这种否定不是重新建立劳动者的私有制，而是在资本主义时代的成就的基础上，在协作和共同占有包括土地在内的一切生产资料的基础上，重新建立劳动者的个人所有制。"① 20 世纪 80—90 年代，我国学术界曾围绕"重新建立劳动者个人所有制"论题展开热烈的讨论，有一些纯属学术上的不同见解，但也有一些反映出两种改革观的对立。对立的焦点在于"重建个人所有制"是指个人拥有消费品，还是把社会集中起来的生产资料也重新分拆为个人所有。坚持资本主义改革观的学者认为，既然是重建个人所有制就应该重新把共同占有的生产资料全部或一部分分解到个人。至于如何分解又有多种多样的方式，有人甚至提出类似苏联瓦解前将全部国有资产量化分到每个人的方式。坚持社会主义改革观的学者则坚决反对把集中于社会、为全体劳动者共同占有的生产资料重新分解为个人所有，认为这是对重建个人所有制的曲解。杜文在这个交锋点上走得更远，不但认为个人所有应该包括生产资料，而且特别强调在未来新社会中，"人人都是有产者，甚至包括原来的资产者也不例外"，"在公有制条件下的人人有产，包括原来的有产者，即资本家"。这就直白地告诉人们，人类还要经历漫长道路才能到达的这个公有制新社会，原来竟是资本家可以带着靠剥削积累起来的生产资料财富合理合法地进入的社会。这种社会同马克思说的经过否定之否定建立起来的公有制社会完全是两回事，而杜文却把他编造的这个所谓公有制说成是人类社会发展的远景。由于中国离这个目标还差得很远很远，因而"现阶段就提出'以公有制为主体'实在是历史的误会"。其实，对于如何理解"重新建立劳动者个人所有制"，恩格斯在《反杜林论》中已经解释得很清楚，他说："靠剥夺剥夺者而建立起来的状态，被称为以土地和靠劳动本身生产的生产资料的社会所有制为基础的个人所有制的恢复，对任何

---

① 《资本论》（第 1 卷），中国社会科学出版社 1983 年版，第 826 页。

一个懂德语的人来说，这也就是说，社会所有制涉及土地和其他生产资料，个人所有制涉及产品，那就是涉及消费品。"①

其三，以公有制为主体同市场是互不相容的吗？杜文再三指责公有制妨碍了市场经济的发展。他说："以公有制为主体是市场经济完善和发展的主要妨碍"，"国有经济的垄断性同市场经济的自由竞争是不相容的。垄断排斥竞争，损害市场经济"，"坚持以公有制为主体和以国有经济为主导的指导方针，发展垄断经济是同完善市场经济的指导方针相抵触的"。杜文讲了这么多次市场经济却没有一个字提到我们在社会主义初级阶段要建立和完善的是社会主义市场经济。看来划分清楚社会主义市场经济同别的什么市场经济的原则区别，也是一个关系改革方向的大是大非问题。

我国社会主义初级阶段要建立健全社会主义市场经济体制是党的十四大正式决定的。此后不久就有一位名人公开宣称市场经济就是市场经济，根本不存在社会主义性质的市场经济与资本主义性质的市场经济，这个说法影响较广。一些新自由主义的信奉者追随其后，不再提社会主义市场经济了，只讲市场化改革，把改革目标说成是成熟的市场经济、发达的市场经济，实际上就是指发达资本主义国家的市场经济。既然改革的目标实际上已被篡改，那么以公有经济为主体，国有经济为主导当然与资本主义市场格格不入了。其实，市场经济就是市场经济的观点无论从理论上看还是从商品经济的发展历史看，都是站不住脚的。

自从人类社会出现了商品生产和商品交换，商品经济的一般规律如供求规律、竞争规律、价值规律等就开始发生作用，这是所有存在商品经济的社会所共有的。但是在不同的社会形态中，由于占主导地位的生产资料所有制的性质不同，作为交换关系的商品经济也必然有各自的特点。我国社会主义初级阶段，由于在以公有制为主体的条件下共同发展多种所有制经济，商品经济的一般规律、社会主义市场经济的特殊规律、资本主义市场经济的特殊规律都在发生作用。尽管这三类规律同时起作用，但公有制的主体地位决定了起主导作用的是社会主义市场经济的特殊规律。社会主义市场经济的主要特点，一是人民性，二是计划性。人民性系指，市场经济运作的最终目的是广大人民群众的共同富裕。计划性系指，用计划弥补

① 《马克思恩格斯选集》（第 3 卷），人民出版社 1995 年版，第 473 页。

市场经济的缺陷，避免经济动荡，同时保证人民性的实现。① 在社会主义建设的实践中，计划性通常是通过国家宏观调控实现的。有些人把计划与市场对立起来，认为市场是万能的，国家的作用仅限于为市场的平滑运行提供服务。这是市场原教旨主义的观点，与社会主义市场经济格格不入。社会主义市场经济的开创者邓小平，把计划和市场都视为手段，强调两种手段都要用，有时这一手重一些，有时另一手重一些，但从来没有把两者对立起来。当我们在思考如何更好地发挥社会主义市场经济的特点和优点时，必须牢记，以公有制为主体、国有经济为主导是社会主义市场经济存在与发展的根基。邓小平在1993年曾用最简括的语言指明了社会主义市场经济的特质："社会主义市场经济优越性在哪里？就在四个坚持。"② 这就是说，社会主义市场经济是同社会主义的经济基础和上层建筑紧紧结合在一起的，而社会主义经济基础的核心就是生产资料公有制。杜文再三把以公有制为主体说成是建立市场经济体制的最大障碍，再三把我国的国有经济诬称为与市场竞争不相容的"垄断经济"，这正说明他要用资本主义市场经济取代社会主义市场经济，篡改我国经济体制改革的方向，这是资产阶级自由化的典型表现。

行文至此，我们不能不想到一个问题，就是如何增强我国宪法的权威性，制止各种违宪言行的滋生蔓延。我国宪法是一部保卫社会主义制度的宪法。③ 以公有制为主体，见于宪法第六条："国家在社会主义初级阶段，坚持公有制为主体、多种所有制经济共同发展的基本经济制度，坚持按劳分配为主体、多种分配方式并存的分配制度。"关于我国国有经济的性质和作用，见于宪法第七条："国有经济，即社会主义全民所有制经济，是国民经济的主导力量。国家保障国有经济的巩固与发展。"而杜文既否定以公有制为主体，又否定国有经济的社会主义公有制性质。那么，社会主义初级阶段的经济基础是什么呢？按照杜文的主张就只剩下实质上属于生产资料私有制的非公经济了。试问这样的社会还是初级阶段的社会主义吗？这就从根本上违背了宪法。在"国进民退"的喧嚣中，笔者看到这样一篇文章。作者说，"国进民退"是一件大事，他很重视，因此对宪法进

---

① 刘国光：《有计划，是社会主义市场经济的强板》，《光明日报》2009年3月17日。

② 《邓小平年谱》（下），中央文献出版社2004年版，第1363页。

③ 中华人民共和国中央政府网（http://www.gov.cn）。

行了反复研究。他发现根据宪法第一条、第六条、第七条、第九条、第十二条、第十三条的规定，"国进民退"完全可以从宪法中找到根据。他由此得出结论，现行宪法已成为改革的阻力，他号召人们齐心协力，推动宪法变革。① 宪法是国家的根本大法，每个公民都有遵守的义务。虽然每个公民也可以提出修改的意见，但是宪法的修改要经过严格的法定程序，宪法第六十四条规定："宪法的修改，由全国人民代表大会常务委员会或者五分之一以上的全国人民代表大会代表提议，并由全国人民代表大会以全体代表的三分之二以上的多数通过。"当然，在未作修改前现行宪法仍必须遵守。

胡锦涛同志曾多次倡导全体党员和各级党的干部要正确认识和自觉运用人类社会发展规律、社会主义建设规律和共产党执政的规律。2005 年 1 月他在《新时期保持共产党员先进性专题报告会上的讲话》中指出："共产党员必须努力学习和自觉运用辩证唯物主义和历史唯物主义的强大思想武器，把理想信念建立在科学分析的理性基础之上。既要正确认识目前资本主义经济、科技发展的现实，更要正确认识资本主义社会的基本矛盾及其发展的历史趋势；既要正确认识社会主义发展过程中出现的曲折和反复，更要正确认识人类社会向前发展的必然规律；既要正确认识社会主义事业的长期性、艰巨性、复杂性，更要正确认识社会主义制度的强大生命力和巨大优越性。就是说，要从人类社会发展规律的高度来认识当今世界的变化及其趋势，不断坚定自己的理想信念。"②

胡锦涛同志的讲话是就世界范围而言的。20 世纪 30 年代爆发的资本主义世界经济大危机过去还不到一百年，自 2008 年始，由美国金融危机引起的世界经济危机又一次爆发了，至今尚未过去。无数事实证明，资本主义制度正处于加速衰落之中，社会主义终将取代资本主义，这是人类社会发展规律作用的必然结果。我国的社会主义初级阶段还将存在五十年或者更长一些时间，但初级阶段终将前进到更加成熟、更加高级的阶段。唯物辩证法告诉我们，任何事物都处在从量变到质变的过程中，量变积累到一定程度将会引发局部质变，而经过若干次局部质变终将导致根本质变。我们所预期的社会主义更高阶段并不会有朝一日从天上掉下来。因此，在

---

①　刘军宁：《"国进民退"的宪法基础》，《凤凰周刊》2009 年，第 33 期。

②　《十六大以来重要文献选编》（中），中央文献出版社 2006 年版，第 621—622 页。

社会主义初级阶段就要因时度势渐进式地为更高阶段的到来准备条件。随着世界范围的社会生产力的高速发展，社会主义生产关系的优越性将越来越明显，生产社会化与生产资料资本主义占有之间的矛盾将越来越尖锐，社会主义公有制终将取代资本主义私有制。这是人类社会发展的规律，是任何人也阻挡不了的。

（原载《当代经济研究》2011 年第 1 期）

不能以反垄断为借口反对国有企业

丁　冰

　　吴邦国委员长在刚刚闭幕的全国人大第十一届四次会议上从法律体系建立的角度把中国特色社会主义制度的本质特征和内容高度概括为"八个确立"①。其中在经济方面就是"确立了公有制为主体、多种所有制经济共同发展的基本经济制度和按劳分配为主体、多种分配方式并存的分配制度";同时还郑重声明,从中国国情出发"我们不搞私有化"等"五个不搞"②的方针。这在当前可以说是掷地有声之言,具有特别重要的意义,受到全国人民衷心的拥护。然而要使这些大政方针完全得到贯彻落实,还必须经过艰苦的努力和斗争。

　　据国家统计局 2009 年 12 月 25 日公布的材料,在全国第二、三产业中,从资产的实力来看,公有经济大约只占 1/3,就从业人员来说,公有经济 1/3 都不到,③ 其中国有企业从 2002 年的 15 万多个减至 2008 年的 11 万个,年均减少 8000 家以上。这就是说,公有经济的主体地位近些年来已被严重削弱或取代,私有化的倾向已很明显,特别是作为公有经济最重要组成部分的国有经济被大量的侵吞或私有化,着实令人担忧。

----

　　① "八个确立"是:确立了国家的根本制度和根本任务;确立了中国共产党的领导地位;确立了马克思列宁主义、毛泽东思想、邓小平理论和"三个代表"重要思想的指导地位;确立了工人阶级领导的、以工农联盟为基础的人民民主专政的国体;确立了人民代表大会制度的政体;确立了国家一切权力属于人民,公民依法享有广泛的权利和自由;确立了中国共产党领导的多党合作和政治协商制度、民族区域自治制度以及基层群众自治制度;确立了公有制为主体、多种所有制经济共同发展的基本经济制度和按劳分配为主体、多种分配方式并存的分配制度。(见《经济日报》2011 年 3 月 19 日第 2 版,吴邦国:《全国人大常委会工作报告》)

　　② "五个不搞"是指:不搞多党轮流执政、不搞指导思想多元化、不搞三权鼎立和两院制、不搞联邦制、不搞私有化。(见《经济日报》2011 年 3 月 19 日第 2 版,吴邦国:《全国人大常委会工作报告》)

　　③ 全国第二次经济普查资料,《经济日报》2009 年 12 月 26 日第 6 版。

但是，面对此严峻形势，新自由主义者还在对国有企业横加指责，百般挑剔，必欲除之而后快。过去说它产权不明晰、效率低下，现在这两条已站不住脚了，又说它是垄断企业。笔者认为这是在鸡蛋里挑骨头，是完全没有道理的。他们指责国企垄断的"罪名"主要有如下 4 条。

一　国企垄断妨碍了市场自由竞争和现代化的实现

新自由主义者说什么"世界上还没有一个国家依靠国有垄断而实现了现代化的"①。其实，所谓企业垄断，依其作用所涉及的对象领域之不同，可区分为两种情况：一是企业对经营行为的垄断，包括企业经营交易过程中的任意抬价、压价等垄断行为，这是除垄断企业以外的人们所一致反对的；二是企业对经济资源占有的垄断，这却不是人为地反对就能阻止得了的。资本主义市场经济发展的规律是自由竞争必然走向资本集中与垄断，并由私人垄断走向国家垄断，直至今日的跨国垄断。尽管在 1890 年美国就出台了《谢尔曼反托拉斯法》，以后还不断修订完善，厉行反对垄断，实际只反对企业经营行为的垄断（有时这也是明反暗不反），而从不反对企业对经济资源占有的垄断，从不反对把企业做大做强。原因在于作为帝国主义国家政权基础的垄断资本，包括国家垄断资本主义和国有企业垄断，当然会受到该政权的维护和支持。因此，从一定意义上讲，国有企业垄断乃是现代化的西方资本主义国家的经济特征之一，怎么能说国企就妨碍了现代化的实现呢？

西方国家尚且如此，作为需要以公有制经济为基础的社会主义国家自然更需要建立和发展国有企业和国有垄断经济，特别是面对当今经济全球化和技术突飞猛进、竞争日益激烈的形势，国有垄断企业因其具有独特的优势，更有可能担负起提高我国国际竞争力的重任。如在 2008 年我国进入世界 500 强的企业有 22 家，几乎全部是国有企业；2010 年进入 500 强的已增至 54 家，也绝大部分是国有企业，其中列入前 100 名的有 5 家，列入前 10 名的有 3 家，全部都是国有企业。因此，为了提高我国经济的国

---

① 胡星斗：《建议"两会"审议和制止"国进民退"》，载"胡星斗中国问题学、弱势群体经济学"网站（http//www. huxingdou. com. cn）。

际竞争力，也有必要发展国有垄断企业。

二　国企垄断妨碍了"公平正义"

新自由主义者认为："要推进公平正义……就必须驯服垄断企业，必须用法律的力量强制纠偏……即必须解除其政治经济全部特权，并且是在完全开放的市场上与其他类型的企业的平等竞争。"①

马克思主义认为，在阶级社会里，所谓公平、正义、国家等上层建筑范畴，在一定的经济基础上，无不打上一定的阶级烙印。现代资产阶级国家要维护作为自己经济基础的国家垄断资本主义经济；同样，社会主义国家也要维护作为自己经济基础的国有企业——所谓"垄断国企"，乃是天经地义之事。新自由主义者提出的所谓要"驯服国企"，要"纠偏"，不过是企图否定国家对国有企业所应负的扶持的责任而已。何况我国的实际情况是，过去对外资企业长期实行"免二减三"的超国民待遇的优惠政策，至今也未完全取消其优惠；② 同时又一再想方设法压缩国企、贱卖国企，鼓励"三驾马车"参与国企改制，自去年以来还接连出台挤压、削弱已为数不多的国企，鼓励发展私企、外企的条例措施。③ 因此，如果说需要国家"纠偏"的话，纠偏的对象主要应该是外企、私企，而不是国企。现在私企老板及其代理人到处抱怨"玻璃门"、"弹簧门"，不过是玩弄倒打一耙的伎俩，其目的有二：一是掩盖自己大肆捞取好处之实，二是猖狂攻击国企，并最终搞垮国企。

三　垄断国企是"豪门经济"

新自由主义者认为，"这是老百姓的血汗养了一个豪门经济成为国企

---

① 笑蜀：《我们需要一场跟特殊利益集团的硬仗》，《南方周末》2010 年 3 月 18 日。

② 2010 年 4 月 13 日国发 ［2010］9 号文件，《国务院关于进一步做好利用外资工作的若干意见》规定："对用地集约的国家鼓励外商投资项目优先供应土地，在确定土地出让底价时可按不低于所在地土地等别相对应《全国工业用地出让最低价标准》的 70% 执行"；"对符合规定条件的外资研发中心确需进口的开发用品免征进口关税和进口环节的增值税、消费税"。

③ 2010 年 5 月 7 日《国务院关于鼓励和引导民间投资健康发展的若干意见》规定，要鼓励私企参与国企改制，要"降低国有控股企业中国有资本的比例"，"国有资本……在一般竞争性领域要为民间资本营造更广阔的市场空间"。

高管贪污腐败的资财"①。这里说的"豪门经济"无非是说国企高管与政府官员相互勾结侵吞国家资财的贪污腐败行为。对于这种腐败行为当然应予以严惩，而且还应加大惩治力度和出台更有效的反腐措施。但是从法理上讲，国企管理者无论怎样腐败，也不能公开声明企业是他自己或某小集团所有的，贪财的行为也只能偷偷摸摸地进行，一旦被抓住就要坐牢、被杀头，何况目前也并非所有垄断国企都已完全腐败，成为所谓的"豪门经济"，除非党和国家政权改旗易帜。因此，我们也就没有理由因反腐败而把垄断国企取消，正如泼洗澡水不能把孩子一起泼掉一样。

不仅如此，列宁在十月革命前夕谈到资产阶级国家的国家垄断资本主义时说："国家垄断资本主义是社会主义最完备的物质基础，是社会主义的入口。"② 即认为尽管是资产阶级的国有企业也不应该把它拆散或转变为私人所有的企业，只要无产阶级夺取了政权，那资产阶级的国家垄断资本主义企业就会成为社会主义的"物质基础"。遵循同样的逻辑，我们现在为了反对垄断国企中的腐败现象，就更没有理由把垄断国企也取消或私有化。

四 垄断国企或国有企业是我国当前收入分配不公的主要原因

新自由主义者说什么"中国社会当前严峻的两极分化，垄断国企要负很大的责任"③。因此，"解决贫富悬殊之策，首当破除垄断"④。

我们承认，垄断国企或国有企业的职工收入一般要高于其他企业，但这绝不是造成当前"严峻的两极分化"的主要原因。

首先，从垄断国企的类型来看，大体可分为两种情况：一种是处于自然垄断行业中的垄断国企，另一种是处于非自然垄断行业中的国企。前者如处于水、电、燃油、航运、通信、金融等自然垄断部门形成的国有垄断

① 马立诚：《豪门经济权力太强势》，《新京报》2010 年 3 月 6 日 B05 版《应大声疾呼真正的改革》。

② 《列宁全集》（第 25 卷），人民出版社 1958 年版，第 349 页。

③ 笑蜀：《我们需要一场跟特殊利益集团的硬仗》，《南方周末》2010 年 3 月 18 日。

④ 叶建平：《把收入分配提高到改革成败的高度》，《经济参考》2010 年 5 月 21 日，转引自《报刊文摘》2010 年 5 月 31 日。

性企业和行业。这种行业往往具有生产公共产品或掌握国民经济命脉的性质，因而易于形成垄断。如果国企不进入垄断，私企、外企同样也会进入垄断。权衡利弊，与其让私企、外企进入垄断还不如让国企进入垄断，因为从法理上讲毕竟是全民所有制的企业，人民还有民主监督的权利，收益也归全民所有；而在私企、外企中人民连一点民主监督的权利也没有，更无权分享其垄断利润。当然，这种垄断行业的收入要高于非垄断行业，有的甚至高得不合理，但也不是无限高，具体问题还需具体分析。例如，根据国家统计的数据，我国典型的垄断行业电力、热力供应业 2009 年职工平均工资为 39204 元，同年非垄断行业中收入最低的餐饮业的职工平均工资为 18416 元。二者相差 1. 13 倍；同年收入最高的金融业职工平均工资为 61841 元，与餐饮业职工平均工资相比，也只差 2. 36 倍。① 这对促成目前基尼系数达 0. 496 的水平所起的作用，显然微乎其微。

另一种情况是，处于非自然垄断行业（如汽车、纺织等行业）的国有垄断企业与同行业的其他非垄断企业的职工收入相比，自然一般较高，但由于没有自然垄断的有利因素，其差距对促成全社会贫富悬殊所起的作用必然更小。

其次，从全社会国有企业与私营企业的职工收入水平来看，一般前者会高于后者。据国家统计资料显示：2003 年全国私营企业职工平均工资为 8033 元，只及国企职工平均工资的 55. 1%；② 到 2009 年全国城镇私营企业职工年人均工资为 18199 元。只相当于同年全国城镇其他非私企单位（包括国有企业）职工平均工资的 55. 6%。③ 这就是说，自 2003 年以来，国企职工收入平均要比私企职工高出约 45%。这种差距大大小于上述垄断行业与非垄断行业的差距，因而对促成社会贫富悬殊的作用更小；而且这种差距形成的原因主要不在于国企是否垄断，因为私企中也有形成垄断的，而主要是由于私企与国企的经济关系不同。私营企业的职工是雇佣劳动者，其工资收入乃是其出卖劳动力商品的价值或价格，在当前存在大量失业的严峻形势下，工资往往被压低到劳动力价值以下；因国有企业的职工是企业的主人，基本上能以按劳取酬的原则获得工资收入，因而随着企

---

① 《中国经济年鉴》，中国统计出版社 2009 年版，第 149—150 页。
② 见喻全域《值得大家议论的几张工资表》，《中华魂》2005 年第 9 期。
③ 国家统计局 2010 年 7 月 16 日公布资料，见《北京晨报》2010 年 7 月 16 日第 A04 版。

业的发展能取得较高的工资，甚至还有较高的福利收入。可见，国企职工收入高于私企职工收入不仅是正常的、必然的，而且正是社会主义国企优于私企的表现之一。奇怪的是，有论者却把国企的这个优越性视作国企的"特权"或"腐败"予以指责。

以上说明，国企垄断和国有企业的存在虽然对社会居民收入差别有一定影响，但并不是贫富差距悬殊的主要原因。那么，当前社会贫富差距愈益悬殊主要或根本原因何在？马克思说："消费资料的任何一种分配，都不过是生产条件本身分配的结果。"[1] 照此思路，答案就不难找到。如前述全国二次普查资料所显示的，目前在第二、三产业的企业资产中，非公有经济占 67.2%，其中主要是私营企业和外资企业，在这种企业中，由于广大工人所创造的全部剩余价值被企业主（资本家）所无偿占有。除资本家外，极少数资本家代理人或企业高管也能通过高额年薪等方式分享一部分。因此，企业主和高管与一般职工之间的收入必然存在明显差距，这种差距甚至很悬殊。中国平安保险 CEO 马明哲 2007 年的薪酬是 6616.1 万元，其他 7 位高管薪酬都超过 1000 万元[2]。而在 2008 年全国城镇平均工资为 2.9 万元，与马明哲年薪相差 2280 倍，按目前全国贫困线标准为年收入 15600 元计算，与马明哲年收入相差 4240 倍。受此影响，并在新自由主义者鼓吹与国际"接轨"的氛围下，国企高管也纷纷效仿，加之国家有关部门监管不严、制度缺失，形成社会主义经济中分配环节上一定程度的异化现象，有的甚至已异化到近乎陷入所谓权贵利益集团之中。如工商银行董事长、行长年薪分别为 130 万元和 125 万元，中国银行董事长和行长年薪分别为 152.377 万元、152.8657 万元。[3]

以上说明，造成收入差距悬殊的根源在于私有制，而且因为私企、外企在国民经济中的比重很大（2/3 以上），自然就成为造成全社会贫富悬殊最主要的因素。据专家计算，影响我国收入分配最主要的 4 个因素是：私营企业、行业垄断、城乡差别、区域差别，其各自所占百分比分别为46.5%、2.37%、32.94%、18.15%。[4] 即私企影响最大，行业垄断影响

① 《马克思恩格斯全集》（第 19 卷），人民出版社 1963 年版，第 23 页。

② 《北京晨报》2008 年 4 月 1 日。

③ 孙大龙：《"高管千万年薪"与"百姓的残酷负年利率"》，见乌有之乡网站，2008 年 3 月 31 日。

④ 杨承训：《"深化收入分配制改革"的经济学解析》，《经济学动态》2008 年第 1 期。

最小，国企根本不在影响因素之列。总之，"精英"们指责和企图削弱甚至取消国有企业和国企垄断的种种理由在根本上是不能成立的。恰恰相反，为了坚持走中国特色社会主义道路在坚持公有经济主体地位的同时，巩固和发展国有经济（包括国有垄断经济）还是当前刻不容缓的一项重要任务。

（原载《管理学刊》2011 年第 5 期）

中国需要国有经济

今日中国面临的许多紧迫问题，都说明有必要在中国大力发展国有企业、国有经济。中国需要国有经济和国有企业，而且需要的是那种严格执行规章制度和内部纪律的国有企业。没有这样的国有企业不行，而且这样的国有经济少了也不行。

中国之所以需要大量的国有经济，首先是因为中国的经济发展需要专门的机构来引导技术进步，需要有许多规模巨大的大企业作支柱；更重要的是，由于中国千年以来积存的文化特征，中国的私营企业难以摆脱家族主义的束缚，不同家族的人互不信任，私营部门无法有效地学习和开发现代化的生产技术，也无力发展私营大企业，使得技术进步和大企业的发展必须借助国有经济。

文化与伦理因素对现代经济的意义

欧洲产业革命的历史表明，现代工业化经济的最主要支柱其实是使用自动化机器的现代科学技术，以及来自不同家族的许多人在同一个企业中工作的现代大企业。要经营这样庞大的现代企业，需要有大批高水平的企业管理人员和巨额的资本金。这成为现代经济发展工业化面临的两个巨大的障碍。

经典的资本主义私有制经济无法破除这两大障碍。在欧洲，意大利是真正接近经典资本主义私有制的国家。意大利虽出现了欧洲最早的"资本主义萌芽"，但是意大利既没有首先开始产业革命，工业化水平也并不十分领先。

在发展现代工业化经济上起过表率作用的那些国家，如荷兰、英国、美国，之所以能够突破经典资本主义私有制的束缚，最主要是由于这些国家特殊的社会文化和伦理习俗导致人民具有一种相互真诚、信任并结成团体合作的精神，这种相互的真诚和信任超出了单个家族的范围之外。

美籍日本人弗朗西斯·福山把相互真诚、信任并结成团体合作的精神简称作"信任"，认为它是对高度发达的现代经济最重要的一种"社会资本"。他认为，一个国家有了这样的"人力资本"，才可能成功地建立和经营现代的大公司，才会以现代式的广泛分工来进行生产。

依据一个国家的人民内部相互信任程度的高低，福山区别了两类国家两类文化：一种以德国和日本为代表，社会内部具有高度的相互信任，没有亲属关系的人们能够相互信任、相互合作。这样的国家就很容易从民间自发地发展起巨型的企业和生产上的广泛分工，因而在 20 世纪成为经济实力最强的国家。另一种则以中国文化为代表。在这种文化中信任度低，人们普遍地不信任与自己没有亲属关系的人，因而民间的私营部门很难发展起强有力的巨型企业，这种国家在发展现代的工业化经济上势必落后。福山把拉丁语族的欧洲国家——法国和意大利都算做与中国一样的低信任度国家，把英国和美国的盎格鲁—撒克逊文化算做中间类型，美国比较接近德日类型，英国则更接近意大利类型。福山的这种假说可以对经济发展的历史作出极为令人信服的解释。

低信任度国家的两难处境

被福山归入"低信任度"一类的国家，都在发展现代的工业化经济上碰到了极大的困难。对自己亲属以外的人不真诚、不信任、不自愿进行有组织的合作，使这些国家的私营部门无法集聚足够的资金和技术人才来发展现代科学技术，更无法建立和经营需要大量资金和管理人才的巨型企业。资本主义私有制在这些国家越发达，发展现代工业化经济的这些障碍反倒显得越严重。

低信任度国家在发展现代工业化经济上的困难，首先导致了它们在单纯依赖私营经济时现代工业化经济发展缓慢。18 世纪末，法国的经济实力和工业都居欧美第二位。而在此后的产业革命和工业化时代，法国的经济增长远远慢于美国、德国和英国，以至到 20 世纪初经济实力已经落到欧美国家中的第四位。另一个例子是文化上类似于法国的拉丁美洲各国。同样实行自由放任的经济政策，但是英美成了世界第一流的发达国家，而拉丁美洲各国则落入第三世界的行列而不能自拔。

为了克服在发展现代工业化经济上所遇到的困难，并保持民族独立，低信任度的国家就走上了发展国营经济特别是国有企业的道路，并且把自己的国有经济融入实行指导性计划的有系统的产业政策之中。法国在二战后大力发展国有经济，最终使国有企业占到整个 GDP 的 20%，并且 20 世纪 50—60 年代取得了高于英美等国的经济增长速度。福山指出，"法国政府之所以一直在干预经济，原因就是法国的私营经济一直没有活力，缺乏创造性和创业精神"。与法国类似，二战后意大利政府制定了有系统的指导性计划，组建了大批巨型国有企业，出现了二战后的经济奇迹，真正实现了工业化。

在法、意和拉丁美洲国家的对比中，我们可以认识到，社会低信任度国家只有两条路可走：要么单纯依赖私营企业而永远处于不发达的状态，要么以国有经济、国有企业带动经济发展而变为发达国家。

中国的文化环境：香港与台湾的事实

福山认为中国是社会内信任度低的典型，经济生活中充满了家族主义。在这样的社会文化和伦理习俗下，只有发展国有经济和国有企业，以政府的力量集聚技术人才和资金，学习、研究、开发和应用先进技术，才能建立和经营大企业。

二战后，香港和台湾曾经实现了高速的经济增长，从它们的发展特点中可以得到许多启示。

香港经济的崛起，得益于在中国大陆与西方经济往来中的垄断性中介地位，而不是资本主义私有制。在东亚，香港是唯一真正坚持自由市场经济和资本主义私有制的。自由放任式资本主义私有制对香港经济的进一步发展形成了严重的阻碍。几十年的经济繁荣和高速发展几乎没有在香港打造出值得一提的私营制造业和商业大企业，社会内部的信任度低，对没有亲属关系的人不真诚、不信任、不自愿合作的文化心态导致经理人员腐败行为盛行，资本家实行家族式管理，把企业规模保持在家族小企业的水平上，无法促进技术进步。香港经济制造业技术水平的落后已经到了与其人均收入极不相称的程度。人均收入达两万美元的香港，出口产品的技术含量只相当人均收入仅几千美元的马来西亚的水平。在垄断性中介地位逐渐丧失的背景下，香港的科技水平无力维持人均两万美元的高收入，经济发展面临困境。

台湾也因社会内部信任度低很难形成私营的巨型企业。但由于台湾当局强有力的经济干预，台湾出现了高速的经济增长并接近经济发达的边缘。台湾的经济是一种"计划指导的市场经济"，"行政市场体制"。台湾当局制定指导性的经济计划，并以政策手段促其完成，以弥补私营企业的不足。台湾当局的经济政策，形成了"台积电"和"台电联"这样的巨型集成电路制造厂商。靠着成熟的产业升级政策，台湾发展起了极具国际竞争力的半导体产业，使半导体产业成了台湾经济的最新增长点。

台湾和香港的经验事实都从正反两方面证明，在中国式的文化环境中，要想取得足够的技术进步和企业规模，取得真正的发展，是不能依赖私有经济的。

中国大陆更需要国有经济

中国大陆与香港和台湾社会文化和伦理习俗相似，在经济发展上也存在私营企业无力成为社会所必需的巨型企业的问题。这一内在原因促使百年来的中国政府都通过兴办国有经济甚至国有企业来促进经济发展。

中国在发展现代工业化经济上的困境，从一千年前的宋代就开始了。早期的"资本主义萌芽"始终没能导致中国自主地发展起现代的工业化经济。甲午战争之后，中国私营企业在技术和筹资上的先天困难日益暴露。由于当时绅商地主之间的信任度非常低，清末著名实业家张謇等人在筹资扩大企业时遇到了巨大的困难。任人唯亲的心态使私营企业做大非常困难，更无法产生真正的现代股份制企业。以铁路投资为例，清末民间资本要求"商办"铁路，却难以解决资金问题，进展缓慢。1911 年清政府鉴于多省商办铁路毫无成效，宣布实行铁路国有。虽然清政府的铁路国有政策激起了民间的"保路运动"，但必须清楚的是，其矛盾的双方是中国民族资本与外资，"川人之极端反对者，不在路归国有，而在名则国有，实则为外国所有"。历史的结局是，辛亥革命以后在中国兴建和经营的铁路，如果不归外国所有几乎一开始就为国有。中国的私营企业一直没有能力为铁路这样大的投资项目进行筹资和经营管理。

中华人民共和国成立以后，政府在30年中推行公有化政策，依靠国有经济和国有企业有计划地推行工业化政策，使中国能在半个多世纪中一直保持着比印度高得多的经济增长率。1978年中国实行改革开放的经济政策之后，保持了年均9%的高速经济增长。普遍的论调是认为这来源于私营企业的发展，特别是来源于外商投资企业。这其实是误解。这些年中国的国有经济和国有企业取得了显著发展，甚至外商投资企业和私营企业的迅猛发展也在很大程度上得益于中国的国有经济。外商在中国投资的企业大量使用了中国国有部门提供的技术人才甚至管理人才，否则外商投资企业绝不可能在中国取得那样多的利润，中国也绝不可能吸引那么多的外商投资。

改革开放后中国经济增长最强劲的地区中，只有浙江省是真正靠当地的私营企业取得了快速的经济增长。而广东的珠江三角洲和江苏的苏南地区，除了外商投资所起的作用外，主要是靠集体所有的乡镇企业甚至国有企业带动了工业和整个经济的增长。这两个地方乡镇企业的发展，在很大程度上是靠利用国有企业溢出的技术（通过聘请技术人员和其他方式），同时也靠当地国有银行的信贷支持。

中国的私营企业也依赖于国有经济

浙江的私营企业以温州的家族小企业和台州等地的规模较大的私营企业为代表。浙江私营企业的高速发展，离不开国有部门的技术溢出。

小型的私营家族企业一直是温州经济的主体。20世纪80年代，温州经济增长的支柱是发展日用品的制造和电器开关的制造；90年代，产品的技术含量有所升高，标志性的"拳头产品"已经变为低档的鞋和一美元一个的一次性打火机。这些产品的制造技术基本来自国营企业甚至是集体乡镇企业，或者是外商投资企业，但都是比较简单的技术。靠着私营家族小企业克勤克俭、艰苦经营，温州人有了较高的人均收入并积累了巨额资金。据可靠的估算，温州的民间资金有3000亿元。可进入21世纪，温州的经济增长率一度降为浙江全省最低，投资不振。温州人的大量资金流向全国各地的房地产市场，还有许多投向山西煤矿。温州人投资方向的转变，暴露出温州的家族私有制根深蒂固的弱点。社会文化和伦理习俗必然导致他们自发地抵制英美式的现代股份制企业，而一直以家族为单位经营和运作资金，找不到私人投入足够资金进行技术研发的途径。

温州发展目前面临的问题是对私营企业的迷信造成的。没有国有的技术研发、不搞国有经济使温州经济丧失了发展后劲。如果由温州政府主导技术研发，开发温州产业升级的必要技术，并向私营企业扩散，则会带动温州经济走上产业升级的健康发展之路。

浙江的另一个新兴的工业化地区——台州，更显示出国有部门的技术溢出对私营企业发展的重要性。台州的私营企业规模比温州大得多，生产的产品也更重型化。台州最有名的产品是缝纫机和摩托车。有名的"飞跃缝纫机"最初源自上海的国有企业。私营摩托车企业也不例外。摩托车制造技术从国有企业"重庆嘉陵"开始，扩散到重庆的私营摩托车制造厂，再扩散到浙江台州的私营企业。

不仅浙江的私营企业依靠国有经济向其"溢出"技术、提供技术人才，全国的私营企业也都显示出这样的依赖关系。在东北，国有经济和国有企业不仅是当地经济支柱，甚至也是东北城市中的私营企业赖以生存的支柱。据介绍，沈阳从事真空技术行业的从业人员已经有近万人，几乎全都在私营企业中就业。这些私营企业的技术骨干几乎全都来自原来的国有企业和研究所，有些私营企业还由真空研究所的在职员工经营。显然，国有企业和研究单位成了私营企业技术知识和技术力量的来源。但尴尬的是，如此多的私营真空技术企业竟然不能培养出合格的新一代技术工人。没有了国有企业，中国人的"人力资本"面临着不能增加反而减少的威胁！

最近几十年的事实证明，中国的私营企业并没有克服它与生俱来的老毛病——无力研究、开发甚至率先引进现代的先进技术，无法有效地聚集足够的资金来经营为整个社会所必要的巨型企业。要实现中国的经济发展，必须依靠国有经济和国有企业。

许多人认为发展国有经济和国有企业会降低经济效率，这是完全错误的偏见。这个偏见主要是将"利润低"与"效率低"混为一谈。许多国有企业的人均利润远低于私营企业，但人均产出并不一定低于私营企业。其原因在于国有企业净产值的内部分配比私营企业更偏向于企业员工。这种单纯由于净产值内部分配不同所造成的低利润，并不能算做国有企业的无效率。即使只考虑对企业经营者的激励，设计了适当激励机制的国有企业也不一定比主要资金不是由经营者投入的那种私营企业利润率低。

许多人相信国有企业没有效率，是因为他们看到了 20 世纪 90 年代 60% 多的国有企业亏损的现象。但是这并不能证明国有企业没有效率。全国工商联的研究报告显示，中国民营企业的平均寿命不到 3 年，有 60% 在 5 年内破产，85% 在 10 年内消亡。从这个角度看，20 世纪 90 年代中期，那时的国有企业绝大部分运营了 20 年以上，而只有 60% 多的亏损率足以说明国有企业比私营企业有效率。

近 30 多年的国有企业中，则存在许许多多经营状况在很长时期中一直良好的国有企业。这些国有企业既有属于垄断行业的，也有属于竞争性行业的。例如，钢铁行业中的宝钢、鞍钢和首钢，新兴的家用电器制造业中的安阳彩玻、大连华录，以及谋求 MBO 之前的四川长虹，等等。

根据前边的一般分析，通常在企业经营所需的资金不能由一个人提供的领域内，国有企业的经营效率不低于私营企业。而在经营者一个人就能够提供企业经营所需的资金的领域内，私营企业的经营效率应当高于国有企业。可是在中小企业有效率的典型行业——商业零售行业内，也有不少经营很有效率的国有企业。像北京市"万方"集团下的"福绥源"小副食店，还有大连的玉华商场和民勇商店。它们同为国有，同样相当兴旺。这些曾经欣欣向荣的小型国有商业企业展现了企业的经营管理水平和企业下级员工的积极性的重要性。

当然，要搞好国有企业，使国有企业真正发挥积极作用，政府就必须对国有企业实行有效的监管，使国有企业的经营者们真正按照规则行事。当前特别要加强对国有企业经营者的监督，严格清查和惩处一切盗窃和侵占国有财产的腐败犯罪行为，清除目前国有企业经营者中普遍存在的腐败甚至侵占国有财产的行为。

根据上述论述，可以明确地得出结论：要在中国式的文化环境中发展真正的现代工业化经济，就必须依靠国有经济和国有企业的拉动来取得足够的技术进步和企业规模。中国需要的不是"国退"，而是"国进"。我们需要在战略产业、高新技术产业、需要巨额资本的产业中进一步兴办和扩大国有企业；中国不应当实行"国有企业从竞争领域退出"的政策，而是应当"国有企业进入竞争领域"，在所有的战略产业、高新技术产业和需要巨额资本的产业中建立并发展强大的国有企业。

国有经济和国有企业的首要功能在于带动整个国家的技术进步和产业升级，它应当主要集中在那些需要大量资本投入和巨型企业的行业中，集中在先进技术的研发和率先引进上。中国需要国有企业，需要有严格管理和按照规则行事的国有企业，这就是本文所得出的结论。

（原载《国企》2011 年第 8 期）

私有化与国有化：理论与现实

朱安东

自从英国撒切尔政府开始推行私有化政策以来，在20世纪后20年里，发生了世界经济史上最大的私有化浪潮。世界银行一篇工作论文曾这样描述，"遍及世界所有大陆的一百多个国家，在几乎所有可能进行私有化的经济部门……都已经将一部分或大部分国有企业私有化了……差不多每个国家都在进行私有化"。[①] 世界银行估计，从1978年到1991年，国有企业增加值占全球国内生产总值的比重从9%下降到了6%。[②] 但许多国家私有化后都出现了各种各样的严重问题，之后，有些国家又实施了国有化。而本轮全球金融和经济危机发生后，国有化更是成为各国政府救市的重要手段。国内也发生了关于"国进民退"的争论，在这个背景下，来梳理一下相关的理论和事实恐怕也是不无益处的吧。

一　国有企业一定是低效率的吗？

支持私有化的是这样一种论断，即国有企业天生就是低效率的。由于效率低下，国有企业往往亏损严重，给各国政府财政带来了压力，增加了财政赤字以及由此而来的通货膨胀的压力，给各国宏观经济的稳定运行带来了不利影响，从而影响了经济增长。

但是，这个在世界各国影响颇大的论断在学界并未达成一致意见，至

---

① Nellis, John, Time to Rethink Privatization in Transition Economies, Discussion, International Finance Corporation, the World Bank, Washington, D. C, 1999, p. 38.

② World Bank, Bureaucrats in Business——the Economics and Politics of Government Ownership, the World Bank, Washington, D. C. , 1995.

今仍然争论不休。其争论的焦点是国有企业是否天生就比私营企业或者私有化后的企业效率低。根据新制度学派的产权理论，由于产权不明晰，所有者不到位或者没有足够的动机或能力去监督经理层，国有企业必然比私有企业效率低和利润低。① 然而，产权不明晰并非国有企业独有的特点。事实上，任何真正现代的大型企业，其所有制结构都不可能是"产权明晰"的。斯蒂格利茨认为，"从普遍意义上来说，缺乏明晰规范的产权到底是不是问题的核心是值得推敲的"。②

即便如此，有学者认为国有企业的委托—代理问题还是比私有企业严重，主要是因为缺乏资本市场的纪律约束③、软预算约束④等问题。但是也有不少学者认为资本市场在监督企业管理层方面作用有限⑤、软预算约束问题在私有企业当中同样存在⑥等。

除此之外，有一批学者从公共选择学派的理论出发，认定政府官员们也是"经济人"，他们追求的也是自身的或者是对他们施加压力较大的那些利益集团的利益，而非公共利益。因此国有企业会受到许多外在的干扰而很难对市场作出正常反应，故其效率必定低下。更为严重的是，施加压力的集团之间的利益往往是不一致的，而他们的利益本身以及他们的力量平衡等都是变化的，所有这些导致国有企业的目

---

① Alchian, Armen A, *Some Economics of Property Rights*, Politico 30, Dec. 1965; de Alessi, Louis. The Economics of Property Rights: A Review of the Evidence, In Richard O. Zerbe, Ed. ; Research in Law and Economics: A Research Annual, Volume 2. Greenwich, CT: Jai Press, 1980, pp. 816 – 829.

② Stiglitz, Joseph E. *Whither Socialism?*, Cambridge, MA: The MIT Press, 1994, p. 12

③ 相关讨论参见 Manne, Henry G. , "Mergers and the Market for Corporate Control", *The Journal of Political Economy*, Apr. 1965, pp. 110 – 120; Fama, Eugene, "Agency Problems and the Theory of the Firm", *The Journal of Political Economy*, Vol. 88 (2), pp. 288 – 307, Apr. 1980; Vickers, J. , and G. Yarrow, *Privatization: An Economic Analysis*. MIT Press, Cambridge, Massachusetts, 1988, Shleifer, Andrei State versus Private Ownership, *The Journal of Economic Perspectives*, 1988, Vol. 12, No. 4, pp. 133 – 150。

④ Kornai J. *The Economics of Shortage*, North – Holland, Amsterdam, 1980; Kornai J. , " The Soft Budget Constraint", KYKLOS, 1986, 39 (1) .

⑤ Singh, A. , *Takeovers: Their Reference to the Stock Market and the Theory of the Firm*, Cambridge, Cambridge University Press, 1971; Singh, A. , Takeovers, Economic Natural Selection and the Theory of the Firm: Evidence from the post – war U. K. Experience, *Economic Journal*, Vol. 85, Sept. 1975.

⑥ Chang, Ha – Joon and Ajit Singh, " Public Enterprises in Eeveloping Countries and Economic Efficiency: a Critical Examination of Analytical, Empirical and Policy Issues", *UNCTAD Review*, 1992, No. 3.

标的多重性和多变性，这使得对其经理层的监督更为困难，其效率必然低下。[1]

然而，并非所有的学者都同意这些论断，关于这些争论，斯蒂格利茨在其《社会主义向何处去》[2] 中有比较中肯的评述。他在该书中指出，公有制企业所面临的代理人问题与大型私人企业所面临的代理人问题并无本质性差异。而包括一些私有化的支持者在内的学者也都承认私人部门管理层的寻租行为可以达到十分严重的地步。[3]

更进一步说，所有这些主张国有企业天生效率低于私有企业的研究都基于人性自私的所谓"经济人"假设。但若干影响广泛的心理学研究表明，现实生活中的个人往往不是按照主流经济学家所想象的那样"理性"行事。人们的行为不仅不符合标准经济理论的预测，而且研究表明这种不"理性"的行为是经常的、系统的。[4] 近年的实验经济学的研究更进一步表明，人并不是天生自私的。人们的偏好主要是在特定社会中内生形成的（也就是说，人们所追求的目标，取决于个人所处的社会环境和社会关系）。即使在美国这样标准的资本主义国家中，人们的相当一部分行为也不是自私的。[5]

① 相关讨论请参阅 Estrin, Saul, and Perotin, Virginie, "Does Ownership Always Matter?", International Journal of Industrial Organization, Vol. 9, 1971, pp. 55 – 72, March 1991; Levy, Brian, "A Theory of Public Enterprise Behavior", *Journal of Economic Behavior & Organization*, Vol. 8 (1), pp. 75 – 96, March 1987; Niskanen, William, "Bureaucrats, and Politicians", *Journal of Law and Economics*, Vol. 18 (3), pp. 617 – 643, Dec. 1975。

② Stiglitz, Joseph E. *Whither Socialism?*, Cambridge, MA: The MIT Press, 1994.

③ Edlin, Aaron S and Stiglitz, Joseph E, Discouraging Rivals: Managerial Rent – Seeking and Economic Inefficiencies, *American Economic Review*, 1995, Vol. 85 (5), pp. 1301 – 1312; Shleifer, Andrei, and Robert W. Vishny, Management Entrenchment: The Case of Manager – Specific Investments. *Journal of Financial Economics*, Vol. 25 (1) 1989, pp. 123 – 139.

④ Kahneman, D. and M. Riepe, "Aspects of Investor Psychology", *Journal of Portfolio Management*, 1998, Vol. 24; Kahneman, D. and A. Tversky, "On the Psychology of Prediction", *Psychological Review*, 1973, Vol. 80.

⑤ Bowles, Samuel, and Herbert Gintis, The Evolution of Strong Reciprocity: Cooperation in Heterogeneous Populations, in *Theoretical Population Biology*, 2003; Gintis, Herbert, Samuel Bowles, Robert Boyd and Ernst Fehr, Explaining Altruistic Behavior in Humnas, Evolution and Human Behavior, Vol. 24, 2003, pp. 153 – 172; Henrich, Joseph Robert Boyd, Samuel Bowles, Colin Camerer, Ernst Fehr, Herbert Gintis, Richard McElreath, Michael Alvard, Abigail Barr, Jean Ensminger, Kim Hill, Francisco Gil – White, Michael Gurven, Frank Marlowe, John Q. Patton, Natalie Smith, and David Tracer, Cooperation, Reciprocity and Punishment in Fifteen Small – Scale Societies, *American Economic Review*, Vol. 91 (2), May2001, pp. 73 – 78.

很多经济学家更进一步指出，要真正认识管理者和劳动者的行为，必须超越狭隘的经济动机。企业要实现成功，其前提是企业成员能够认同企业的目标。[①] 西蒙指出："虽然经济报酬对于确保组织目标和管理权威的实现是一种重要手段，但它们的作用是有限的。如果经济报酬是激励人们的唯一手段或主要手段，企业组织的表现将比它们的实际表现差得多。事实上，对组织内部行为的观察表明，存在着其他强有力的激励机制，引导雇员接受组织的目标和权威并将其作为他们自己行为的基础，而这些机制中最重要的，就是组织认同。"[②] 而在这方面，国有企业与私有企业相比即便不处于优势的话，至少并不处于劣势。

综上所述，国有企业低效论在理论上是缺乏说服力的。为了尝试解决理论上的争论，学者们还做了许多关于公有制和私有制的效率比较的经验研究，其中绝大部分研究关注于企业微观层面的经济效率（往往用利润指标来衡量效率）。[③] 在这方面虽然有了大量研究成果，但并没有形成一致的结论。嘎拉尔等人曾经这样评论这些研究成果，"这方面研究的最突出的特点，就是令人忍俊不禁的多种多样的结果"[④]。尽管如此，有一些研究发现，在一定条件下，国有企业的效率要比私人企业或私有化后的企业更高或者至少不比后者差。[⑤]

在宏观方面，到目前为止，相关研究还是太少。在国外，有学者研究

① Akerlof, George A. Procrastination and Obedience. *American Economic Review*, 1991 (81); Akerlof, George A. and Rachel E. Kranton, "Economics and Identity", *Quarterly Journal of Economics*, 2000, CXV: 3.

② Simon, Herbert, "*Organizations and Markets*", *Journal of Economic Perspectives*, 1991, 5 (Spring). 转引自 Chang, Ha - Joon (ed.) The Rebel Within: Joseph Stiglitz and the World Bank, Anthem Press, February 2002.

③ 关于这方面研究的综述，请参阅 Megginson, William L. and Jeffry M. Netter, From State to Market: a Survey of Empirical Studies on Privatization, *Journal of Economic Literature*, 2001, Vol. 39 (2), pp. 321 - 389. Galal, Ahmed, Leroy Jones, Pankaj Tandon, and Ingo Vogelsang, *Welfare Consequences of Selling Public Enterprises: An Empirical Analysis*, New York: Oxford University Press: London, 1994. Kikeri, Sunita, John Nellis, and Mary Shirley, Privatization: The Lessons of Experience. World Bank. Washington, D. C, 1992. Vickers, J., and G. Yarrow, *Privatization: An Economic Analysis*, MIT Press, Cambridge, Massachusetts, 1998。

④ Galal, Ahmed, Leroy Jones, Pankaj Tandon, and Ingo Vogelsang, *Welfare Consequences of Selling Public Enterprises: An Empirical Analysis*, New York: Oxford University Press, 1994.

⑤ Boardman, Anthony E., and Aidan R. Vining, "Ownership and Performance in Competitive Environments: a Comparison of the Performance of Private, Mixed, and State - Owned Enterprises", *Journal of Law and Economics*, 1989, Vol. 32.

了国有企业与经济增长之间的关系。① 在国内，刘元春从市场社会主义理论和后发展理论出发，提出了国有企业在宏观上有效率的论断，并运用实证数据证明了中国的国有企业在宏观方面的效率。② 针对这篇文章，杨天宇则从理论和实证材料方面提出了不同的意见。③ 本文试图从一个更为广阔的视野去研究在全球范围的国有企业宏观表现问题。

为了研究世界各国国有企业的相关情况，笔者收集整理了一个包括近60个国家并跨越了近40年的数据库。④ 下面，我们将以该数据库为基础，对混合经济国家的国有企业的财务相关情况进行分析以考查其宏观表现。限于篇幅，我们只讨论其盈利情况。

在进行分析之前，有必要指出，用财务指标衡量国有企业的效率是不公平的。从世界范围来看，虽然有些国有企业处于垄断地位，但它们往往会受到政府的价格管制。而与此同时，国有企业往往面临着许多不利于提高利润的因素。一方面，各国的国有企业都或多或少地承担着一些社会职能，比如说免费或者低价给当地社区提供医疗、教育、交通等服务；另一方面，和私人企业不同，盈利并非国有企业的唯一或者主要目的。除了社会职能之外，国有企业还承担着各种非营利性的经济职能，比如说稳定宏观经济运行、提供就业保障、促进科技发展以及维护国家经济安全等。此外，由于上述的因素，国有企业主要集中在采矿、交通通信、电力、天然气以及给排水等资本密集但利润率低的行业，这也限制了国有企业部门的利润。诚然，并非在所有的国家和所有的时期这些产业的回报率都很低。比如说，石油和一些采矿业在一些特定的历史时期的利润率都很高。但是，平均而言，这些行业的平均回报率是比较低的，而且往往低于其他行业。⑤

表1报告了所有数据可得的国家在1978—1996年期间国有企业部门的

---

① Kirkpatrick, C, The World Bank's View on State Owned Enterprises in Less Developed Countries: A Critical Comment, Rivista Internazionale di Scienze Economiche e Commerciali, Vol. 33, pp. 6 – 7, 1986; Doamekpor, Francois K, Contributions of State – owned Enterprises to the Growth of Total Output. *International Economic Journal*, Vol. 12, No. 4, pp. 65 – 77.

② 刘元春：《国有企业宏观效率论——理论及其验证》，《中国社会科学》2001年第5期。

③ 杨天宇：《"国有企业宏观效率论"辨析——与刘元春先生商榷》，《中国社会科学》2002年第6期。

④ 根据笔者的了解，这是到目前为止最全面的一个关于各国国有企业部门的数据库。在本文中我们主要用到了1970—1996年的数据。此外，该数据库没有涵盖转型经济国家。

⑤ Duménil, G. and D. Lévy, "The real and financial components of profitability (United States, 1952 – 2000)", *Review of Radical Political Economics*, 2004, Vol. 36.

运营利润占其国内生产总值的情况。① 从表中我们可以看到，所有这些国家国有企业在此期间的运营利润占国内生产总值的加权平均为 3.88%。在把这些国家分为不同的国家组之后，我们发现没有一组国家的加权平均为负值。也就是说，平均而言，国有企业部门都是盈利的而不是亏损的。当然，这并不是说所有国家的国有企业部门都是盈利的。根据国家和年份的不同情况也有较大的差异。在所有的 614 个观测值当中，有 115 个是负值，这意味着这些国家的国有企业部门在这些年份里总体是亏损的。其中最差的是圭亚那（1981—1985 年，国有企业部门的亏损平均占当年国内生产总值的 7.36%）和多米尼加（1978—1980 年，相应的指标为 –3.6%）。但是，即便是在这两个国家，国有企业部门的表现也不是一直这么差。圭亚那的国有企业部门在 1978—1980 年期间都是盈利的，而且利润额很大，占到了其国内生产总值的 10.87%；而多米尼加的国有企业部门在 1985 年之后也一直是盈利的。更进一步，我们看到，绝大多数国家在绝大多数年份里，国有企业部门都是盈利的，其中在有些国家盈利还非常多。如，委内瑞拉国有企业部门的盈利占其国内生产总值的比值在这整个时期平均达到了 18.54%；在毛里坦利亚，这一指标 1978—1985 年的平均值也达到了 18.5%。虽然由于没有国有企业的总资产的数据，我们无从知道国有企业的资本回报率的情况，但是已有的数据完全可以说明，一般而言，那种认为国有企业总是亏损的论断是没有事实根据的。国有企业低效论在宏观上并没有得到相关数据的支持。

表1　　　1978—1966 年国有企业运营利润占国内生产总值比重（%）

	1978—1980	1981—1985	1986—1990	1991—1996	1978—1996
所有国家	3.15	4	4.43	3.94	3.88
中等收入国家	3.03	3.68	4.35	3.71	3.69
低收入国家	5.75	5.2	4.75	5.41	5.28
拉丁美洲与加纳比亚国家	3.84	3.91	4.7	4.86	4.33
非洲（包括中东地区）	6.64	5.97	6.2	0.58 *	4.85
亚洲（不包括中东地区）	2.14	3.95	4.14	3.85	3.52

注：表中数据均为以现价美元计量的国内生产总值为权重的加权平均值。

＊ 只包括博茨瓦纳和纳米比亚两个国家的数据

资料来源：World Bank（1995）and WDI CD 1999。

———————————

① 在我们收集的数据中，只有储蓄—投资差额和投资的数据，这里的运营利润的数据是通过把这两者相加所得。

二 私有化的宏观后果

私有化理论的说服力是很有限的，那么一个国家如果大面积采纳了私有化政策会有什么样的后果呢？有意思的是，我们发现，正是在私有化席卷全球的时代，世界经济状况却每况愈下。世界实际 GDP 的年平均增长率从 1951—1980 年的 4.5% 下降到了 1981—1998 年的 2.9%，人均 GDP 年平均增长率从 2.6% 下降到了 1.3%。① 根据赫斯顿（Heston）等人的资料，1981—2000 年，有资料的 118 个国家中的 32 个国家人民平均生活水平绝对下降，而只有 13 个国家其经济增长表现不差于 1960—1980 年。② 与此同时，在此期间各国内部贫富分化不断加剧也是一个公认的事实。

在这方面最为典型的恐怕要算前苏联和东欧各国了，在进行了迅速的和大规模的私有化以后，各项社会和经济指标全面崩溃。表 2 说明了所谓"转型经济"在大规模私有化时代的经济表现。我们看到，在大萧条时期，各主要资本主义国家产出连续下降的年份平均为三年，而在大规模私有化时代，中东欧各国和波罗的海沿岸各国产出连续下降平均达到三年零十个月，前苏联各国产出连续下降平均更达到六年半之久。在大萧条时期，各主要资本主义国家产出累计下降的平均幅度为 15%，而在大规模私有化时代，中东欧各国和波罗的海沿岸各国产出累计下降的幅度平均达到了22.6%，前苏联各国产出平均累计下降了一半之多。迟至 2007 年，在所谓"转型经济"中，仍然有包括乌克兰、格鲁吉亚等在内的 5 个国家的实际 GDP 尚未达到各自 1990 年的水平，而俄罗斯也是直到这一年经济总量才首次超过其 1990 年的水平，达到了后者的 105.8%。而它能取得这个成绩，恐怕与普京上台后的国有化政策也不无关系。

在苏东国家中，收入和财富分配的不平等也随着私有化上升到了空前的水平。在私有化以后，大部分国家财产落入少数政治和经济寡头手中，数以亿计的人民沦为赤贫。表 3 说明了这些国家收入分配变化的情况。在转型以前，原社会主义国家在收入分配方面比世界上大多数国家都更为平

---

① Maddison, Angus, The World Economy – A Millennial Perspective, Paris：OECD, 2001.

② 参见 Heston, Alan, Robert Summers, and Bettina Aten, Center for International Comparisons at the University of Pennsylvania（CICUP）, Penn World Table Version 6.1, October 2002。

等，基尼系数通常小于0.3。在转型以后，有超过半数的国家基尼系数超过了0.4，加入了世界上最不平等国家的行列。

表2   转型经济的经济表现

国家	产出连续下降年份	产出下降幅度（%）	GDP 指数，2000 （1990 = 100）
中东欧各国	3.8	22.6	106.5
阿尔巴尼亚	3	33	110
保加利亚	4	16	81
克罗地亚	4	36	87
捷克共和国	3	12	99
爱莎尼亚	5	35	85
匈牙利	4	15	109
拉脱维亚	6	51	61
立陶宛	5	44	67
波兰	2	6	144
罗马尼亚	3	21	82
斯洛伐克共和国	4	23	105
斯洛文尼亚	3	14	120
前苏联各国*	6.5	50.5	62.7
亚美尼亚	4	63	67
阿塞拜疆	6	60	55
白俄罗斯	6	35	88
格鲁吉亚	5	78	29
哈萨克斯坦	6	41	90
吉尔吉斯共和国	6	50	66
摩尔多瓦	7	63	35
俄罗斯联邦	7	40	64
塔吉克斯坦	7	50	48
土库曼斯坦	8	48	76
乌克兰	10	59	43
乌兹别克斯坦	6	18	95
大萧条时期的产出下降，1930—1934			
法国	3	11	
德国	3	16	
英国	2	6	
美国	4	27	

　*不含波罗的海沿岸三国。

　资料来源：World Bank（2002：5）。

表3　　　　　　　　　　　转型经济的收入分配

国家	居民个人收入分配基尼系数		
	1987—1990 年	1993—1994 年	1996—1998 年
中东欧各国	0.23	0.29	0.33
保加利亚	0.23	0.38	0.41
克罗地亚	0.36	—	0.35
捷克共和国	0.19	0.23	0.25
爱莎尼亚	0.24	0.35	0.37
匈牙利	0.21	0.23	0.25
拉脱维亚	0.24	0.31	0.32
立陶宛	0.23	0.37	0.34
波兰	0.28	0.28	0.33
罗马尼亚	0.23	0.29	0.3
斯洛伐克共和国	0.22	0.25	0.3
前苏联各国 *	0.28	0.36	0.46
亚美尼亚	0.27	—	0.61
白俄罗斯	0.23	0.28	0.26
格鲁吉亚	0.29	—	0.43
哈萨克斯坦	0.3	0.33	0.35
吉尔吉斯共和国	0.31	0.55	0.47
摩尔多瓦	0.27	—	0.42
俄罗斯联邦	0.26	0.48	0.47
塔吉克斯坦	0.28	—	0.47
土库曼斯坦	0.28	0.36	0.45
乌克兰	0.24	—	0.47

＊不含波罗的海沿岸三国。

资料来源：World Bank (2002：5)。

　　由于经济停滞、贫富分化、失业以及生活成本的上升，许多人陷入了贫困之中。这又严重影响了人们的身心健康和人口的发展。有数据的 21 个苏东国家中，至少有 6 个国家出现了男性人均预期寿命减少的情况，其中又以俄罗斯最为严重，从 1989 年的 64.2 岁下降到了 2005 年的 58.9 岁（下降了 5.3 岁），其次为白俄罗斯和乌克兰，分别下降了 3.9 岁和 3.8 岁。这在人类现代史上，大概只有两次世界大战可以和它相提并论了。不仅如此，东欧国家在此期间的人口灾难还表现在其人口总数的变化上，在有数据的 24 个国家当中，有 16 个出现了人口减少的情况，其中以乌克兰和俄罗斯最为严重，1989—2005 年期间分别减少了 470 万和 427 万。而在这 16 个出现了人口减少的国家里，人口总共减少了 1691 万，相当于每个国家的人口减少了5.5个百分点。①

三　世界范围的国有化浪潮

这次全球金融和经济危机爆发以来，一个非常引人注目的现象就是以美国为首的西方国家抛弃了私有化的教条，根据实际情况的需要，对若干大型金融机构实施了国有化。为了防止这些金融机构破产对整个金融系统的冲击，美国政府先后国有化了房利美、房贷美、美国国际集团以及花旗银行，成为这些机构的最大股东。在英国、德国，同样的事情也在不断发生，以致《经济学家》杂志2008年11月预言，随着英国、美国和欧洲国家相继大量注资银行，"到2008年底，政府将成为大部分发达国家金融业的最大股东，这彻底扭转了过去20年国家退出金融业的趋势"②。此后，鲁比尼（Roubini）等学者更是公开鼓吹国有化那些有问题的银行。③ 伦敦大学亚非学院的拉帕伟查斯（Costas Lapavitsas）更是从经济社会更为健康的角度出发要求国有化私有银行，无论它们是否存在生存压力。④

其实，这一轮的国有化浪潮早在这次危机爆发之前就开始了。在英国，铁路在1994年至1997年的私有化及其后果已经成为著名的私有化失败的案例，在1997—2002年短短5年中，总共发生严重事故13起，其中重大伤亡事故7起，几十人死亡，几百人受伤，以致英国民众纷纷改乘其他交通工具出行。而且政府对铁路的补贴不减反增，引起国内民众的极大不满。在这种情况下，英国政府决定由有政府背景的"铁路网"公司（Network Rail）收回所有铁路的维护权。在俄罗斯，自从普京上台后，面对着私有化等"休克疗法"带来的内忧外患，采用了各种方法进行了国有化，通过司法诉讼、市场并购等各种手段国有化了大量关系国计民生的企业，并在2004年专门签署了《关于确定国有战略企业和战略股份公司名单》的命令。这批企业共包括514家国有战略企业和549家战略股份公

---

① TransMONEE 2007 database, UNICEF Innocenti Research Centre, Florence.

② Bailing Out Banks，英国《经济学家》杂志网站2008年11月20日（http://www.economist.com/opinion/displaystory.cfm? story_ id = 12636991）。

③ A Conversation with Nouriel Roubini（http://www.charlierose.com/view/interview/9310）.

④ Lapavitsas, "Costas Systemic Failure of Private Banking: A Case for Public Banks," Discussion Paper No. 13, *Research on Money and Finance*, August, 2009.

司。根据总统令，政府无权对它们实行私有化，只有总统特批才能出售。在委内瑞拉，在 1998 年当选总统后，查韦斯逐渐对能源行业进行了国有化，把能源企业带来的利润用于各种民生政策。同时，他还利用财政收入大力支持建立国有企业等公有制企业。在玻利维亚，由于吃够了私有化带来的苦头，民众不断掀起要求把石油、淡水等相关企业"收归国有"的抗议活动，导致几任总统下台。在莫拉莱斯当选总统后，他响应民意，逐步把能源等战略性产业收归国有。①

总之，由于私有化给各国人民普遍带来的恶果，国有化的呼声不断加强，上述这些国家政府或者是响应民意，或者是根据所遇到的具体情况，纷纷实行了国有化，这恐怕也从另外一个角度反映了私有化的局限性。

四　结论

当然，我们也并不认为单靠国有化本身就能解决所有问题。要让国有企业能够更好地起到应有的作用，必须对每个国有企业有清晰的定位，让其管理层有清晰的目标。更为重要的是，国有企业是公有制企业，民主管理应该是公有制企业的内在要求，应该充分发挥企业各利益相关群体的积极性，让工人、企业所在地居民、产品购买者以及管理层等都参与企业的决策和管理过程，恐怕是长期保证其公有性质和效率所必需的。

最后，我们不妨重温一下罗马俱乐部的《私有化的局限》一书的最后一节"结论：谨防极端"中的警告：

"私有化本身不是一个终点。私有化应被看做是提高效率的手段而不是削减或破坏政府地位的途径……：

●不要对公共部门仍可以做的领域进行私有化。

●决不要出于意识形态上的原因进行私有化。

●确保对监管体制的民主控制，并使政府能够在私有化遭到重大失败时撤销私有化。"②

（原载《教学与研究》2011 年第 1 期）

---

① 本段资料主要引自刘振发表于 2007 年第 11 期《中国财富》的《世界性的新国有化浪潮》一文。

② 魏伯乐等编：《私有化的局限》，上海人民出版社 2006 年版。

关于国富、民富和共同富裕问题的一些思考

刘国光

2010 年底到 2011 年初，"十二五"规划制定讨论期间，一个很热烈讨论的话题，是"国富"和"民富"的问题。有人说，过去我们长期实行的是"国富优先"而不是"民富优先"的政策导向，这造成现在我国"国富民穷"或"国富民不富"的现象。有人说，"国富优先"的政策导向，使国家生产力大大快于民众消费的增加，导致总需求不足。因此要从"十二五"起，把"国富优先"的政策导向转变为"民富优先"。

在研究制定"十二五"规划建议的时候，虽然有国家发改委个别官员讲，"十二五"规划与前面十一个五年规划的"本质差别是由追求国富转为追求民富"，但"十二五"规划好像并没有明确提出"国富转民富"的方针和字样。笔者认为有些学者和媒体把"国富"与"民富"并立和对立起来的提法，并不确切。就"国富"来说，经过改革开放，我国的经济实力也就是"国富"确实大大增强了，经济总量已超过日本，排到世界前两位。但是人均国民总收入仍列世界第 121 位，[①] 所以不能说国家已经很富。就"民富"来说，也不能简单地讲现在是"民不富"或"民穷"。我国人民生活水平总体上比过去有很大提高，部分人群已经很富很富，甚至富得冒油，堪比世界富豪。有报告显示，2010 年我国内地资产在百万美元以上的富人总数已达 53.5 万；[②] 2011 年我国内地资产超十亿美元的富翁有 146 人。[③] 但是大部分国民确实富得不够，甚至很穷。所以一方面内需不足，消费率低；一方面奢侈品市场热销，位居世界第二。一方面"朱门酒肉

---

① 参见《中国统计年鉴 2011》附录 2—13。

② 参见 http://news. cntv. cn/20110626/101326. shtml。

③ 参见 http://finance. people. com. cn/money/GB/15625212. html。

臭"，一方面在菜市场、超市旁边可以见到拣拾菜帮子过日子的群众。所以说，国民有富有穷，不能一概而论，说什么"民穷"或"民不富"。

再说消费率低和内需不足的原因。这不是什么"国富优先"、"民富滞后"的结果。而是"让一部分人先富起来"，而多数群众未能跟着走上"后富"，反而陷于相对贫困甚至绝对贫困的结果。按照联合国标准，每日收入一美元以下为绝对贫困，二美元以下为低收入，都属穷人之列。2010年中国估计有 1.5 亿人口的每日收入不足一美元，① 属于绝对贫困。这些人群收入低，买不起东西，才是消费率低和内需不足的主要群体。而居民之中另一部分特别富裕人士，他们之中有人可以花 400 万元买只藏獒，再用 30 辆奔驰车去机场接这个宠物；有人可花数百万元买一辆宾利豪华敞篷车，或者花更多的钱置办私人飞机。看来他们不是提高消费率和扩大内需的对象。

再说政策导向。究竟我国过去有没有所谓"国富优先"的政策导向？笔者的印象，过去从来没有明确宣布过或者实行过什么"国富优先"的政策，倒是明确宣布过并实行了"让一部分人先富起来"的政策。如果说这也算是"民富优先"，那也只是让一部分人优先富起来的政策。这一部分人主要是私人经营者和有机遇、有能力、有办法、有手段积累财富的人群。应当说，这一政策实行得非常成功。它导致中国经济结构发生了巨大变化，宏观经济上国退民进、公退私进的结果，使得民营经济在 GDP 中的比重，由改革开放前的近乎零，上升到 2005 年的 65%。民营经济的增长大大超过国有、公有经济的事实，证明了我们这些年实际上实行的，不是什么"国富优先"，而是"民富（当然是一部分'民'）优先"的政策。在社会主义初级阶段，需要放开一些个体、私营经济，以促进生产力的发展。这种借助让一部分人先富起来以推动经济发展的政策，本来也可以说得过去，是可以尝试的。当初宣布实行这一政策的时候，就曾提出"先富带后富，实现共同富裕"的口号。但是多年的实践证明，"让一部分人先富"的目标虽然在很短的历史时期中迅速完成，但"先富带后富，实现共同富裕"，却迟迟不能够自动实现。在市场化的大浪淘沙下，这也不大可能实现。相反地，随着市场化的发展，贫富差距越来越大，两极分化趋势"自然出现"。反映贫富差距的基尼系数向着高危方向发展，我国已成为两

---

① 参见 http://news.qq.com/a/20100818/000255.htm。

极分化比较严重的国家之一。

为什么我们在实行让一部分人先富起来的同时，长时间地不能解决先富带后富实现共同富裕呢？光用"先做大蛋糕后分好蛋糕要有一个时间过程"来解释，是不足以充分说明的。邓小平早就指出，先由贫富差距的扩大，再到贫富差距缩小的问题，要在 21 世纪之初基本达到小康的时候，就应该着手解决。中国经济发展的实际进程表明，由于中国资本原始积累过程中财富来源路径的特殊性，中国富豪积累财富时间超短。从事财富研究的胡润曾说，在国外，挣一个亿的财富要 15 年，把一个亿的财富变成十个亿要 10 年时间，而中国只要 3 年，比外国短了很多。在中国，成功地完成一部分人先富起来的任务所花的时间极短，而先富带后富，实现共同富裕的任务却遥遥无期。一些为财富为资本辩护的精英们常常以分配问题复杂为借口，预言需要等待很长很长的时间才能解决分配的公平问题，要大家忍耐再忍耐，这真是奇怪的逻辑。要知道这是连邓小平也不能容忍的，因为他早就多次要求适时解决贫富差距扩大的问题，并警告说两极分化趋势将导致改革失败的危险后果。

为什么社会主义的中国会发生一部分人先富起来很容易，实现社会公平克服两极分化反而非常困难？笔者认为主要原因之一，在于我们集中精力进行以经济建设为中心的伟大事业以来，把主要的注意力放在效率优先做大 GDP 规模上面，而把社会公平和分配好社会产品的问题放在"兼顾"的次要地位，以至于一些同志逐渐把马克思主义关于社会经济发展规律的一些基本常识也模糊淡忘了。比如说社会主义初级阶段，对于个体、私营经济是应该允许发展的，但不能忘了列宁指出的小生产时刻不断产生资本主义的规律；又比如说，私人资本是应该允许存在的，但不能忘了马克思早已指出的资本积累必然引起两极分化的规律；又比如说，私营企业主对社会经济发展的贡献是应当承认的，但不能忘了他们作为资产阶级的两面性，特别是其嗜利逐利的本性，这一本性迫使他们不断为占有更多的剩余价值而奋斗，推动社会走向两极分化。"两极分化自然产生"，这是邓小平的又一个至理名言。但我们的一部分同志却竭力回避"两极分化"的字眼。党内一部分有影响的同志淡忘了上述一系列马克思主义关于社会经济发展规律的 ABC，所以在改革开放后实行让一部分人先富起来政策的时候，对于私人资本经济往往偏于片面支持刺激鼓励其发展社会生产力的积极方面，而不注意节制和限制其剥削和导致两极分化后果的消极方面，即与社会主义本质不相容的东西。先富带后富和共同富裕长期难以实现，贫富差距的扩大和两极分化趋势的形成，根本原因就在这里。

目前我国收入分配领域最核心的问题，是贫富差距急剧扩大，两极分化趋势明显。中心的问题不是什么"国富"与"民富"的矛盾，而是一部分国民先富、暴富与大部分国民不富或贫穷的矛盾。要克服和扭转贫富差距扩大和两极分化的趋势，需要的是政策转向，不是什么"国富优先"转变为"民富优先"，而是明确宣布"让一部分人先富起来"的政策已经完成任务，今后要把这一政策转变为逐步"实现共同富裕"的政策，完成"先富"向"共富"的过渡。

再说，把"国富"与"民富"对立并提，是缺乏科学依据的。"国富"和"民富"是一双相对的概念，二者之间并非完全互相排斥，而是矛盾统一的关系，在一定意义上也可以水乳交融。什么叫"国富"？严复最早翻译亚当·斯密"The Wealth of Nation"一书，中文译名为《国富论》。但斯密在这本书里不但讨论了君主或政府（相当于国家）的收入和财富问题，也讨论了工、农、商子民（相当于国民）的收入和财富问题。后来郭大力、王亚南重译此书，书名改称《国民财富的性质和原因的研究》，这样"国富"的含义就扩展为"国民的财富"了。但是书里面并没有删掉政府或国家的收入和财富问题，可见"The Wealth of Nation"的含义，可以是国家的财富，也可以是国民的财富。国富和民富并不完全是非此即彼的东西。

现在我国流行语汇中的"国富"，是什么含义呢？大体上是指政府直接掌握和可分配的收入，相当于斯密书中的第五篇所说君主或国家的收入。斯密讨论了各类名目繁多的税负的利弊，其目的在于试图说明，君主（政府）的收入和国民的收入并非一直是矛盾。交给国家的收入多了，并不意味着国民的收入就减少了。因为君主和国家需要必要的费用，以保护和增加国民财富。《国富论》用大量篇幅论证了国家的三项基本职能，即保护社会、保护社会里的每一个人、建设公共事业和公共福利设施。如果我们把国家和政府所代表的统治阶级利益和官员的挥霍浪费暂时存而不论，可以说这大体上也是现代国家与国民、政府与人民之间财富与收入关系的写照。

现代国家政府可支配收入转化为居民可直接支配的收入，只是其用于民生支出中的一部分（如补贴、救济、社保等）。其用于公共福利（教育、文化、卫生等）、基础设施、经济建设、安全保卫、行政管理等费用，其效益虽然是全民共享，但不直接由居民支配而由政府支配。政府可支配收入与居民可支配收入毕竟不是一码事。有些同志把居民可支配收入占国民收入之比与政府可支配收入占比的升降，作为"国富"与"民富"对比的评价标志。这一对比有它本身的分析意义，但不能反映收入分配关系的根本问题，即贫富差距和两极分化问题。如前所述，"居民收入"是一个混合概念，居民中包括富民与贫民。从居民收入占比和政府收入占比的对比中，完全看不出贫富差距。贫富差距和两极分化，首先要在居民内部，划分为劳动报酬（劳动力要素所有者的收入）和非劳动报酬（其他非劳动要素特别是资本要素所有者的收入）的对比中表现出来。这才是当今社会分配的核心问题。

若干年来，随着所有制结构的公降私升，随着市场化大潮中"拥抱资本、疏远劳动"的风气盛行，宪法中规定的"按劳分配为主"，事实上逐渐被"按资本分配为主"所代替。因此劳动者报酬占比不断下降，而资本所得占比不断上升。由于劳动者报酬在居民收入中占最大份额，劳动者报酬在 GDP 中占比的下降，就决定了居民可支配收入在 GDP 中占比的下降。居民可支配收入占比的下降，主要是由劳动者报酬占比下降和企业利润所得占比上升造成的，主要不是由政府收入上升所造成的。所以，要扭转居民收入占比的下降趋势，核心问题在于提高劳动者报酬和中低收入者的收入等：落实科学发展观与转变经济发展方式关键在于调整劳动收入与资本所得的比重，而不在于调整政府收入的比重。

政府收入在 GDP 中所占比重，或者所谓"宏观税负"问题，曾是"国富"与"民富"争议中热议的话题。目前我国宏观税负水平是不是过高，肯定的意见和否定的都有。现在以既包括纳入一般预算管理的公共财政收入，又包括政府基金收入、国有资本经营预算收入、社会保险基金收入等宽口径的政府收入来说，财政部业务部门按我国全口径财政收入计算，政府收入占 GDP 比重 2007 年为 27.6%，2008 年为 27.9%，2009 年为 30.0%。中国社会科学院财贸所也按 IMF《政府财政统计手册》标准，计算了中国全口径政府收入占 GDP 之比，2007 年为 31.5%，2008 年为 30.9%，2009 年为 32.2%，比财政部的数字稍高。按 IMF《政府财政统计年鉴》对 2007 年 53 个国家宏观税负的计算，这些国家实际宏观税负平均为 39.9%，其中 24 个工业化国家实际宏观税负平均为 45.3%，29 个发展中国家实际平均税负为 35.5%。同这些实际数字比较，我国平均宏观税负即使用社科院 2009 年 32.2% 的较高数字，也大大低于工业化发达国家的平均水平，与发展中国家相比也不过高。根据国际经验，随着生产力向发达水平发展，政府承担的社会民生、公共福利和收入再分配等任务越来越重，我国政府收入占比或所谓宏观税负水平，还有继续提升的必要和空间。

所以，目前我国宏观税负问题，主要并不在于政府收入比重高低，而在于财政收支结构是否合理，是否能够通过政府收支的运作，一方面实现"国富"与"民富"的良性交融，一方面推动"民富"中"先富"向"共富"的转化。目前我国国家财政收支结构上的主要问题，在于财政收入的负担偏重由中低收入者或劳动阶层来承担，而在财政支出的使用上，用于社会民生和公共福利方面的开支偏低。

我国现行税制的格局是以间接税为主，其在税收总额中占七成以上。间接税包括增值税、营业税等税额，隐藏在商品和服务的价格之内，最终由消费者买单。即使消费者因收入低而免于交纳所得税，他也不能摆脱生活所需的米、油、盐、服装、餐馆用餐、水电煤气等价格与付费中内含的间接税负担。由于低收入者需要将可支配收入的很大部分用于基本生活开支，因此他们承担的间接税负与其收入之比，要比高收入者为基本生活所承担的税负与其收入之比大得多。个人所得税收入结构也存在明显的不合理。个税征收对象主要是工薪阶层的劳动收入，而对股息、红利、财产租赁等资本所得征收甚少，占有大量财富的富人只负担了少量税收份额；没有被统计到城镇居民收入中的数额巨大的隐性收入，主要发生在高收入富户，这也严重影响了税负公平。在我国财政支出结构上，一方面行政管理开支过高，占国家整个财政支出的比重，远高于英、日、美等发达国家，每年公车、公款吃喝、公费出国即"三公"费用惊人；另一方面用于教育、医疗和社会保障的公共服务支出占财政总支出的比重，明显低于人均GDP 超过 3000 美元的国家。

以上情况表明，如果像一些人士所说，我国宏观税负过高，那也只是对中低收入的劳动阶层负担偏重，而他们应当得到的补偿或该分享的社会福利却感到不足；以资本和财产所得为主的富裕阶层的财富的收入，则大都游离于国家财政税收调节的国民收入再分配过程之外。这种逆向调节的机制，只能助长贫富差距的扩大，迫切需要扭转。对此一些学者专家都有共识，主张改弦易辙。在财政收入方面，提高直接税收的比重，降低间接税收的比重；在直接税方面，提高资本财产与非劳动所得的税负，考虑家庭负担，降低中低收入者的所得税负；开征遗产税、赠与税等财产税种。在财政支出方面，厉行节约，大力减少行政费用占比，增大社会民生、公共福利、再分配转移支付占比，等等。这些主张集中起来就是要国家财政重回"调节收入分配、促进社会公平"这方面的职责，问题在于决策决心和实施步骤，需要抓紧进行。

应当指出，缩小贫富差距，扭转两极分化趋势，不能单纯靠国家财政调节手段。贫富差距扩大的原因甚多，如城乡差距、地区不平衡、行业垄断、腐败、公共产品供应不均、再分配调节滞后等，必须一一应对。但这不是最主要的，按照马克思主义观点，所有制决定分配制，财产关系决定分配关系。财产占有上的差别，才是收入差别最大的影响因素。30 多年来我国贫富差距的扩大和两极分化趋势的形成，除了前述原因外，所有制结构上和财产关系中的"公"降"私"升和化公为私，财富积累迅速集中于少数私人，才是最根本的。

我国社会主义初级阶段的经济结构，随着让一部分人先富起来和效率优先政策的执行，非公有经济的增长必然超过公有经济和国有经济，从而形成了多种所有制经济共同发展的局面。这是有利于整个经济发展的。但这种非公有经济超前发展和公降私升、"国"降"民"升的势头一直延续下去，"到一定的时候问题就会出来"，"两极分化自然出现"。[①] 随着私人产权的相对扩大，资本财产的收入份额会相对扩大，劳动的收入份额则相对缩小，从而扩大贫富差距，促成两极分化趋势。

在调整收入分配关系，缩小贫富差距时，人们往往从分配领域本身着手，特别是从财政税收、转移支付等再分配领域着手，完善社会保障公共福利，改善低收入者的民生状况。这些措施是完全必要的，我们现在也开始这样做了，还要加大力度。但是，仅仅就分配谈分配，仅仅从分配和再分配领域着手，还是远远不够的，不能从根本上扭转贫富差距扩大的问题。还需要从所有制结构上直面这一问题，需要从强化公有经济为主体，国有经济为主导着手，扭转生产资料所有制"公"降"私"升和"国"退"民"进的趋势，阻止化公为私的所有制结构转换过程。这也是调整

---

① 《邓小平年谱 1975—1997》（下），中央文献出版社 2004 年版，第 1364 页。

"国富"同"民富"关系的一个重要方面。邓小平同志强调："只要我国经济中公有制占主体地位，就可以避免两极分化。"① 又说，"基本生产资料归国家所有，归集体所有，就是坚持归公有"，就"不会产生新资产阶级"。② 这是非常深刻的论断。这表明，社会主义初级阶段容许私人产权的发展，容许非劳动要素（主要是资本）参加分配，但这一切都要以公有制为主体和以按劳分配为主为前提。那种让私人资本向高利行业渗透（关系国民经济命脉的重要部门和关键领域），那种盲目地鼓励增加"财产性收入"之类的政策，只能促使收入差距和财富差距进一步扩大，都应该调整。只要保持公有制和按劳分配为主体，贫富差距就不会恶性发展到两极分化的程度，可以控制在合理的限度以内，最终向共同富裕的目标前进。否则，两极分化、社会分裂是不可避免的。

（原载《经济研究》2011 年第 10 期）

---

① 《邓小平文选》（第 3 卷），人民出版社 1993 年版，第 149 页。
② 同上书，第 91 页。

注重社会公平　探索共富途径

李炳炎

我们可以看到，近来不少部门和地区出台的成套民生工程举措，都围绕着一个中心——注重社会公平。为了实现社会公平，就必须着力解决许多棘手的民生问题。

党的十六届五中全会为何要将原先由十四届三中全会提出的"效率优先，兼顾公平"的提法，改为"更加注重社会公平"这一新的提法，作为我国今后改革与发展的指导方针？这里涉及深刻的理论问题。

效率和公平问题，是以市场经济为研究对象的现代经济学中的一个重要论题。社会经济发展的目标是多维的，如果把诸多的目标进行抽象地考察，最终可以归结为两个目标：效率和公平。可以这样认为，如果从1978年中国的经济体制改革开始算起，中国的发展观可以按照对发展的认识分为二代发展战略。第一代发展战略是1978年党的十一届三中全会之后首先由邓小平同志提出来的，主题是加快发展，不平衡发展，倡导先富论。改革的目的是解放生产力，发展生产力，实施加快沿海地区发展战略。而第二代发展战略即科学的发展观是协调发展、全面发展、可持续发展；倡导共同发展、共同分享的共同富裕论。改革的目的是人的自由全面发展，发展人的能力；实施五大协调发展战略。我们按照这种理解，从第一代发展战略到第二代发展战略具有非常大的转折意义。从公平和效率关系这个角度来讲，第一代发展观更多的是关注效率问题，反映在分配制度则是效率优先，兼顾公平。而第二代发展战略由于改革的时间和空间背景都产生了重大的变化，由原来的注重效率转到更注重公平问题。为什么产生如此重大的转折变化？从经济改革的大背景下来分析，中国以社会主义市场经济为方向的改革已经到了这样一个阶段：如果要继续深化经济体制改革，国民经济要做到协调、可持续的发展，必须深入研究解决公平问题，如果不从公平角度去考虑经济改革，改革将会难以推进，社会主义市场经济体制也难以进一步完善。

一　关于更加注重社会公平的理论分析

（一）正确理解效率与公平的辩证关系

效率与公平的关系是个重要却十分复杂的问题，为了反映对此问题的最新观点，以下采用有关专家的观点。

沈立人先生认为：当前出现贫富分化并且差距不断扩大的趋向，不仅使低收入群体陷入相对贫困甚至绝对贫困的境遇，也引起党和政府以及很多社会人士包括经济和社会学界的高度关注。究其缘由，除了现阶段的历史背景和现实条件外，人们不能不联想到现行分配体制、机制是否科学和合理。焦点在于怎样理解和掌握效率与公平的关系。以下分别评述各种观点。

第一，对"效率优先，兼顾公平"的分配原则或既定方针如何评价？应当肯定，在改革进程中作出这样的选择，旨在拨乱反正，突破和扭转长期以来的计划体制在分配上标榜公平而实际上是以平均主义和普遍贫穷为结果的弊病，是完全必要的。但是这种提法，有其阶段性特征，不该奉为长远之计，更不是普遍的、永恒的规范。效率与公平孰为优先，必须因时、因地、因事而异。在漠视效率、偏好公平的情况下，强调效率优先是正确的；相反，在强调效率、忽视公平并已出现贫富差距过大的今天，就要适时地改弦易辙。几位专家建议调整为"效率与公平并重"，很有道理。

第二，效率与公平的相互关系，是相互抵触的，还是应当和能够统一的？曾经流行一种说法："效率与公平互为成本。"换一句话，讲效率要牺牲公平，讲公平要损害利益，只能在两者之间寻找结合点和平衡点，无法求得两全和双赢。这是只知其一，不知其二，把两者的矛盾绝对化了。实际情况不尽如此。发挥效率有利于把蛋糕做大，为公平分配提供基础；实施公平有利于调动各方面积极性，为提高效率增添动力。相辅相成，互联互动，才是其内在本质。这里要指出，公平不是平均或平等，先是机会和过程的公平，然后是结果的公平，都不以影响效率为代价即成本。也就是说，两者互为契机，成本是同一的。

第三，效率与公平的顺序，是否初次分配强调效率，到再分配才有公平？这似乎已属定论，不容置疑了。正视现实，也不尽然。当前的不公平，其实形成于初次分配，与所有制密切相关，除了权力的介入外，表现在工农和城乡之间、不同产业和部门之间以及地区之间，等等。更明显的是在企业之间甚至一个企业内部，经营者和一般员工，过去规定不超过三五倍，现在演变到十几倍、几十倍甚至上百倍，有的老总年薪以数十万元到上百万元计。故不论这是否讲效率所致，但是显然，在既成事实面前，希望仅靠再分配来体现公平，则是鞭长莫及了。所以，在初次分配时也必须先顾及公平。同样，在再分配时还要顾及效率。

第四，效率与公平运行及其后果，是市场经济的必然吗？较多人士认为，当前收入差距的扩大，顺应了市场取向的改革；市场经济是竞争经济，优胜劣败导致贫富差距甚至两极分化，无可厚非。这在先富起来的一部分人中，似乎更是持之有理。但是，他们中的一些人，真的全靠市场的公平竞争才致富甚至暴富的吗？应当承认，市场改革尚在中途，远远没有成熟和规范，既有促进效率的一面，又有抹杀公平的另一面，西化派学者公然提出要对巨富赦其"原罪"，一批列入"富人榜"前列的知名人物相继落马，都揭穿了内在秘密，值得反思。

第五，效率与公平的维护，前者靠市场，后者靠政府，有这样的分工吗？这样说法，有一定依据，但是不够全面。在市场经济体制下，市场法则有其权威；但是完全让其主宰，政府不干预、不调控，就是新自由主义之言，其后果是以强凌弱，不足为训。社会主义市场经济与新自由主义不在一股道上，政府不是主导，也有引导，即曾说过的"政府引导市场"，包括了"补市场之不足"，特别是保证正当竞争、制止不正当竞争，促使市场在运行中体现必要的公平。可见，两者是能够渗透和结合的。否则，放手让市场自由，导致不公平、不正当竞争后，再由政府出来主持公平，必然是大局已坏，难以挽回经济损失了。

第六，效率与公平的分属，前者在经济领域，后者在社会领域，有这样的双重政策吗？显然，把两者截然分开是错误的。经济发展与社会发展不是两大板块，而是一个铜板的两面，或是一纽一扣，相互衔接。所以，无论经济政策或社会政策，都要相互照顾、密切配合，才能相得益彰。经济上，分配政策必须是效率与公平并重，不能把后一个皮球踢给社会政策去补救；同样，社会政策也不是仅着眼于社会公平，却把社会效率置之度外。科学发展观的要点之一是经济与社会发展的统筹协调，反映在分配上正是如此，合则两全，分则两失。

第七，对效率与公平，当前要兼顾，不要去限富，只要去扶贫就行，对吗？这种呼声，振振有词，其实也有偏颇。因为社会财富是一个常数，社会分配不能超出这个总量，所以要从宏观着眼、着手，落实到微观才能有理、有利、有节。一部分人多拿、一部分人少拿并不错，但是要有一个度，要讲基尼系数。特别是如果一部分人巧取豪夺，包括贪污、盗窃、欺诈，损害另一部分人，损害大众，就是一种超经济的剥削，对广大人民是不公平的。因此，还是应当强调合法经营致富，才不影响诚实劳动也能致富，当然还要合理调控按劳分配和按生产要素分配之间的比例关系，坚持按劳分配为主。

第八，对当前贫富差距的扩大，在分配关系上还有一种说法，认为我国劳动力资源过于丰富，而资本、技术相对稀缺，供求失调，导致两者的价格不能不有越来越大的剪刀差。这也不能一概而论，要作具体分析。资本短缺是事实，但是浪费严重，从无效投资、重复建设到奢侈浪费以及外流，事例不胜枚举；技术短缺也是事实，但是用人不当，闲置不用，同样比比皆是，徒呼奈何。另一方面，劳动力供应似乎无限，一度推行"减员增效"，基本上已见效；当前则有别情，不少企业是低工资，却又加班加点成了习惯，5 个人的活由 3 个人来干（不一定是 3 个人拿 5 个人的钱）。看来，制定工资法令，维护职工权益，实现劳资两利，还有很多工作该做未做或有了规定尚待完善和实施。

贫富分化，涉及分配，不仅要讲辩证法，要全面理解和正确掌握效率与公平的关系，还要从总体上处理好积累和分配以及政府、企业、个人之间的关系。较长期来，年年的投资增长快于经济增长和质效增长，经济增长快于收入增长和消费增长，造成投资效率越来越高、消费率越来越低（目前在国民收入分配上大致是平分秋色）。近几年来，财政收入增长也快于经济增长和分配增长，这在一定时期是合理的（包括争取真正做到依法、依率计征），而长此以往，拉弗曲线可能偏斜过度，就不一定恰当、合理、可行了。这是大前提，先摆正了，再摆正分配中的效率与公平的关系，才能防止走向两极分化。否则，照邓小平的话："改革就算失败了"，能不警戒吗！？

最后，归纳到社会主义是什么。说是共同富裕，稍嫌远些；就近而言，社会主义就是公平。因为离开公平，走不到共同富裕。①

著名经济学家、中国社会科学院原副院长刘国光先生，2005 年 10 月 13 日在中国社会科学院"经济形势分析与预测"会议上作了一个十分精辟的讲话，题目为《把"效率优先"放到该讲的地方去》。就效率与公平的关系问题，他这样说：中共十六届五中全会文件有许多新的精神。其中一项是强调更加注重社会公平，而不再提"效率优先，兼顾公平"。其实如果我们注意，在十六届四中全会的文件中，已经不再出现这一提法。这次会议继续淡出此题，表明了中央贯彻科学的发展观，重视构建和谐社会的决心。这一举措深受广大群众的欢迎。经济理论界和媒体的一些同志，由于学习体会中央精神不够，囿于习惯，仍不时有宣传"效率优先，兼顾公平"的论述出现。为了深入领会中央关于收入分配问题的指导精神，有必要理清"效率优先，兼顾公平"并不符合当前形势要求的理由，并把"效率优先"这个提法，放到该讲的地方去讲。笔者认为，比较重要的理由有以下几点：

1. "效率优先，兼顾公平"意味着把经济效率放在第一位，把社会公平放在第二位，兼顾一下。这怎么也同"更加重视社会公平"搭不上界。这个提法只适用于社会主义初级阶段的一段时期，不适用于初级阶段整个时期。

2. 邓小平同志讲"在本世纪末（即 2000 年）达到小康水平的时候就要突出地提出和解决这个（贫富差距）问题"。如"公平"放在兼顾即第二位的地位，就不可能突出地提出和解决社会公平问题。这与邓小平同志的指示相悖。

3. 现在收入分配差距过大，社会不公平造成许多矛盾紧张与社会不和谐现象，潜伏隐患，不时爆发。如继续把社会公平放在"兼顾"的第二位，与我党构建和谐社会的宗旨不符。

4. 按国际公认分配公平指标，中国基尼系数已达 0.45 以上，超过国际警戒线；超过资本发达国家如英、美、法（基尼系数 0.3—0.4）和资本福利国家如挪、瑞（基尼系数 0.2—0.3），我国收入分配差距不仅远大于资本主义国家，而且是中国历史上贫富差距空前大的时期。如果再拖下去，把公平放在"兼顾"的第二位，如何与"社会主义国家"的称号相匹配？

5. "效率优先"不是不可以讲，但应放到应该讲的地方去讲，而不是

① 沈立人：《收入分配中效率与公平的辩证关系》（打字稿）。

放在收入分配领域。效率、效益、质量一系列概念是与速度、投入、数量一系列概念相对应的。我党转变增长方式（即发展方式）的方针要求把质量、效益、效率作为经济增长（发展）的最主要因素，而把投入、数量和速度放在适当重要地位。对生产领导来说，可以讲"效率优先"、"兼顾速度"，把质量、效益放在第一位，而不能主要靠拼投入、增数量来实现经济增长。这符合正确的"发展是硬道理"的大道理。因为不是任何发展都是大道理。不讲效益、不讲质量的发展就不是大道理，而且照这样粗放地发展下去，其后果很令人担忧。邓小平同志说"只要是讲效益，讲质量，就没有什么可以担心的"。所以，把"效率优先"放在发展生产的领域去讲，非常合适。这是它永远的存身之地。

6. 而在分配领域，效率与公平原先人们设想的是 trade off（交易）的关系，即在一定范围内扩大收入分配差距有利于提高效率，缩小收入分配差距不利于提高效率，所以有优先兼顾之说。但是后来大家研究，两者之间不单是 trade off 的关系，而且应当是辩证的矛盾统一的关系，这是马克思主义的观点。收入分配差距过大和过小都不利于提高效率。所以就不存在哪个优先、哪个兼顾的问题，要辩证统一地考虑。

7. 有人说，初次分配可以讲"效率优先"，再分配再讲注重公平。难道初次分配社会公平问题就不重要？垄断行业和非垄断行业的畸高畸低的个人收入，不是初次分配问题？有些部门、企业高管人员与普通职工的畸高畸低收入，不是初次分配问题？一些外资、内资工厂，把工人（特别是民工）工资压得那么低，而且多年不怎么涨，过量剥削剩余价值，不是初次分配的问题？还有说不清道不明的许多不合理、不合法、不规范的黑色收入和灰色收入，不是初次分配中产生的？初次分配秩序混乱，初次分配中的社会不公问题难道不需要重视、处理、解决？还要等到财税等再分配杠杆来调节，这在中国是远远不够的，是解决不了分配不公问题的。

所以，在收入分配领域不用再提"效率优先，兼顾公平"，也不要再提"初步分配注重效率，再分配注重公平"，而要强调更加注重社会公平，正如这次五中全会文件所强调的。这符合改革的大势所趋和人心所向，也有利于调动大多数人的改革积极性。

（二）怎样理解"更加注重社会公平"

党的十六届五中全会通过的《中共中央关于制定国民经济和社会发展

第十一个五年规划的建议》（简称《建议》）有一系列的重要观点。其中，什么是"人民群众最关心、最直接、最现实的利益问题"呢？从大处说，应当是"以人为本"，科学发展观和构建和谐社会，并落实到全面建设小康社会；从小处看，无疑是"注重社会公平"这个"十五"计划以来经济社会发展进程中人们最居安思危、最期待解决的一个"长期积累的突出矛盾和问题"。

沈立人认为，对《建议》"注重社会公平"的这个提法，短短六个字，"三农"专家温铁军用"一锤定音"来表达他对《建议》的无限肯定。也正是他，早就指出10多年来，城乡居民的人均收入翻了一番，但是一般职工特别是打工者的月工资一直停留在几百元和千元上下，与物价指数相比，实际生活水平是下降了。从政府到研究单位和社会人士先后被动或主动地承认或惊呼基尼系数已经突破了世界公认的警戒线的严峻形势下，少数经济学家如刘国光提出分配原则必须从片面强调效率转换到效率与公平并重，却遭到有些理论权威的反驳，认为强调公平是倒退。现在，中央肯定要"注重社会公平"，如洪钟大吕，足以振聋发聩。

什么是公平？在经济学和社会学上有多种解释。过去误认为分配的平均主义，导致严重后果。改革以来，独辟蹊径地揭示"效率优先"，扭转偏颇，无可厚非。到了阶层分化、差距扩大，应当回归到寻求效率与公平的结合或平衡。科学发展观的确定，要求五个统筹协调，体现了这个精神，进而成为统领"十一五"规划的指导思想，与"注重社会公平"是顺理成章的。

公平的通俗解读，无非是公正与平等的意思。又分为过程的公平和结果的公平两个层面，或者再加一个起点的公平。所谓过程和起点的公平，是指机会的公平、竞争的公平；所谓结果的公平，是指把利益差距控制在合理的幅度内，基尼系数是一道防线。差距过大，是不是达到了两极分化，邓小平同志早有警示。发达国家也有警惕，只是真正做到，并不容易。某些国家发生的社会骚乱，出乎人们预料和防范之外，究其根源，来自差距扩大、公平丧失，特别与失业者增多有关。

起点的不公平，首先表现在就业机会的不公平，即所谓"就业歧视"。传统的户籍制度，城乡分割，"一国两策"，使二元结构固定起来，对占人口多数的农民是最大的歧视。就业歧视除城乡差别外，还有多种，如性别歧视等，可笑又荒唐。在开放劳动力市场和人才市场前，就业和用人靠出身、关系、人情，违反公平原则，导致能人被斥、庸人充塞，不仅使人力资源的配置恶化，而且使政府和企业的职能绩效恶化，影响是十分广泛和严重的。

就业的歧视和不公平，从学历或真实的知识、能力看，又来自教育的不公平。当前的历史局限，没有条件实行高等教育的普及化，而其底线是九年义务制教育，同样未能完全实现。农村与城市、发达地区和欠发达地区，受教育待遇的不公平，从义务教育开始，直到高级中学、大专院校，越来越使有钱人家的子女能够得益，而贫困生越到高等教育，收费越多，他们的淘汰率越高。以此延伸，就业偏爱学历和能力，实际上是向既得利益者倾斜，从另一极形成贫困的代际传递，其上升渠道受阻。结论是："教育的不公平是最大的不公平。"

过程的不公平，其次表现在竞争的不公平。传统的计划经济体制，一切取决于国家计划，取消或绕过市场，杜绝市场机制和市场运行，无所谓竞争，逆反优胜劣汰，当然无公平可言。经过市场取向的改革，这方面有变化，给人们以压力并转化为动力，整个社会活力盎然，是里程碑式的进步。但是仍要看到，市场制度只是初具框架，市场机制只是初显身手，远远没有规范化、法制化。当前的市场竞争是不充分的，时时、处处和事事常受到市场因素特别是权力的干扰，也就在不同程度上丧失了市场竞争的公平性和公平度。

最后进入结果的不公平，表现在收入分配、财富拥有、消费水平、生活质量。如果过程公平，结果也会公平；过程不公平，结果不会公平。我们的分配原则，过去只有按劳分配，后来增加按生产要素分配，分配关系越来越错综复杂。按劳分配的"劳"，理论上是劳动创造的价值，实际上受到其他要素的制约，同样的劳动会形成不同的价值。按要素分配，讲的是各种要素的不同贡献，具体量化也很曲折。于是，检测其公平与否，不能不直视其差别。如原来规定，公有企业负责人的工资相当于一般职工平均数的若干倍，双方能接受就算合理。后来，经营者上不封顶，打工者仅设下限（最低工资标准）而难以兑现，差距就以十倍、十几倍甚至百余倍计，也就难以认为是合理了。部门、地区之间，同样有这样一个差别的衡量尺度问题。

差别过大，怎么办？一是通过再分配，如实行累进的个人所得税和遗产税、赠与税。我国当前，个人所得税大头在工薪阶层，其他收入的富裕阶层难以实征，而遗产税等又不具备可行条件。二是通过社会保障，这对富人是无所谓的，而对穷人则性命攸关。但在当前，未富先保，面上不易全覆盖，水平更不易提到应有程度。此外，有人提出社会救助，作为又一次再分配，呼吁富人慷慨解囊，学学比尔·盖茨和李嘉诚，虽有响应，未成氛围。这些都与社会公平有相当距离。

《建议》提出"注重社会公平"，有其现实性、针对性、紧迫性和艰巨性、长期性。从大目标谈到"千方百计扩大就业"、"加快完善社会保障体系"和"合理调节收入分配"等系统环节，并有成套的政策和措施，如促进区域协调发展和教育、卫生，都体现了这个精神和要求。人们有理由相信，只要大家注重社会公平，上下合力，共同努力，经过"十一五"规划的实施，这些长期积累的不公平或不够公平的矛盾和问题，经过持之以恒的长期努力，一定能够得到认真的逐步解决。

社会公平，归根结底就是把发展的成果惠及全民。社会主义是什么？邓小平同志归结到共同富裕，那是一个终极目标。从现阶段看，在一部分人先富起来后，注重社会公平，让最广大人民分享发展成果，是应当力争和能够做到的。这也才有利于更好地调动大家的积极性和创造性，促进经济社会的更快、更好发展和全面建设小康社会，形成一个良性循环。在这个意义上，社会主义区别于其他，其特征和优越，归纳为两个字就是：公平。否则，也不可能最终实现共同富裕。[①]

（三）树立科学的经济公平观

1. 深刻理解市场条件下的经济公平观的科学内涵。经济公平是公平问题的核心，一般而论，经济公平是指在社会经济生活中不同利益主体，按各方可接受的条件处理相互关系——主要是竞争中的关系，合理分配经济利益。经济公平的主要内容和规则包括：第一，基本权利的保证，亦即保证的原则。这是保证社会经济正常运转确立起来的必要条件。每一个国家按照经济发展水平的不同有不同的基本权利，不宜以现代社会的标准来衡量每一个国家的基本权利的实现程度。但是生存权、就业权、受教育权以及社会保障权是发展中国家的每一个社会成员所必须拥有的，而且这几项权利的重要意义要明显超过发达国家相应权利的意义。第二，机会平等，亦即事前规则。机会直接影响着未来的分配状况，机会的不同将导致未来

---

① 沈立人：《话说"注重社会公平"》，《现代经济探讨》2006年第1期。

发展可能结果的不同。相对于同样才能的"经济人"来讲，机会的多少和优劣将决定未来成就的大小、社会地位的高低，所以机会平等对实现结果公平具有非常重要的意义。第三，按照贡献进行分配，亦即事后规则。按照每一个社会成员的具体贡献分配实际上就是按照社会成员所提供的劳动和生产要素的数量与质量分配，由于投入的劳动和要素的数量与质量每一个社会成员是不可能相同的，因此按贡献参与分配实际上承认有差别的分配结果是公平的。平均主义并不等于公平，因为它使懒惰者剥削勤劳者付出的劳动，它难以激发劳动者的积极性，从而使整个社会失去效率。我们可以把机会平等和按照贡献分配合在一起称为过程公平。第四，社会调剂的规则。这实际指的是结果公平。当社会收入差距，超过整个社会的心理承受能力时，国家有义务对国民收入初次分配的结果进行一定程度的削峰填谷，保障弱者的生存权和一定的发展权，以推动社会的整体发展。程序公平和分配公平都会影响组织成员的行为，而程序公平与组织成员行为之间的关系比分配公平更密切。社会成员关注机会和规则的公平胜过结果公平，只要程序公平，人们能够容忍更大的收入差距；程序公平决定结果公平，当程序不公平，哪怕分配结果差距不大，人们也会感受不公平。

2. 树立科学的经济公平观。根据科学发展观的精神实质，必须建立起相应的公平理念，从而来推进市场经济体制改革的深化和完善。

第一，必须树立起公平至上，人人共享发展成果的理念。过去提效率至上，兼顾公平，实际上混淆了两者手段和目的之间的关系。效率从来就是手段而不是目的，发展经济提高效率是为了保障人类更有尊严的生存和发展，满足人民生存和发展的需要。一个社会一定要以公正公平为本，否则社会发展就会失去方向，经济再发达也毫无意义，一个弱肉强食的丛林世界从来就不值得留恋。公正和公平是人类社会具有永恒价值的基本理念和基本行为准则。正如罗尔斯所说：正义是社会制度的首要价值，正像真理是思想体系的首要价值一样。公平至上，人人共享发展成果对我国经济体制改革具有重大的现实意义，它可以进一步赢得广大人民的支持，打破既得利益集团的阻挠和反对，使错综复杂胶着的改革获得动力，使市场经济体制的改革继续深化。现在之所以改革难以深入进行，一个很大问题就在于改革缺乏公平理念和公平机制。如国有企业的改革，集中的问题就是对国有企业的老职工的公平补偿问题。其次，公平也是社会实现安全运行的必要条件。只有遵循公平的规则，社会的各个阶层才能实现良性互动，才能形成有效的持续的整合与合作。对于一个社会而言，最大的潜在动荡因素是来自社会内部各个阶层之间的隔阂、不信任、抵触和冲突。一个社会只要提升公正、公平的程度，那么社会问题出现的种类和强度均会减小或减少，同时社会也可以增强解决已经出现的社会问题力度。再次，公平可以保证社会的健康发展，落实科学发展观以人为本的要求。

第二，必须树立公平和效率相统一的理念。"效率优先，兼顾公平"是中国特殊时期的提法，这一提法形成于20世纪80年代中期，流行于90年代。应当承认，这一提法对于冲破和消解平均主义、绝对的平等观起到了很好的作用。但是随着市场经济改革的不断深入，人们的公平理念发生了很大的变化时，恐怕现在很少有人认为公平就是平均主义，坚持这种提法恐怕会抹杀理论本身的真伪。需要指出的是西方的经济学家从来就没有提出过公平和效率相矛盾的观点，西方经济学认为平等和效率之间是相互替代的关系，平等与公平显然是两个不同的概念。一个市场经济社会中公平占有优先的地位。只有公平竞争，市场才有效率。公平从来就是一个市场经济的天然温床，在市场经济条件下，竞争、理性选择、公正对待以及决策的分散化成为社会的重要准则。公平大致可以分为程序公平和结果公平。程序公平包括机会公平和过程公平，表现为规则公平，它和效率是促进关系；从结果公平和效率之间的关系来考察，好像两者呈矛盾关系，其实不然，如果结果不公平，收入分配的差距过大和过于平均，从长远来看都会引起社会的动荡和贫困化，扼杀所谓的效率。只有结果公平，收入差距适度符合社会一般心理，效率才能够提高。如果我们还是坚持"效率优先，兼顾公平"这种提法，会给中国社会的正常运转和健康发展造成一系列实际的负面影响。腐败有利和腐败有理论、"中国的改革要牺牲掉一批人"的观点、应该对身负原罪的中国富人实行一揽子赦免的"零点方案"等实际上都是这种提法的反映，对中国建立法治、规范的市场经济相当不利。如果任其发展，中国可能会被长期锁定在缺乏制度约束、腐败盛行的低效的权贵市场经济之中。

第三，在社会主义初级阶段，必须确立公平的具体规则的整体性和公平具体规则之间的优先次序的相互统一。公平是由保证原则、事前原则、事后原则和调剂原则构成的一个有机整体，缺少其中的任何一项具体规则，公平便不具备完整的意义，便会陷入某种偏颇的境地，公平便成为一种片面的公平。如果缺少保证的原则，那么公平缺少一种最基本的底线；

如果缺少事前原则，那么就会使社会缺少一种基本平等竞争机制而使社会失掉活力，并在一定的程度上使得事后的原则无章可循。如果缺少事后的原则，那么有可能使社会分配陷入某种平均主义的倾向，如果缺少调剂原则，那么会使社会阶层、社会群体之间出现抵触和冲突，进而引发社会的不稳定。我国在经济体制改革过程必须把握公平具体规则的整体性问题，把显失公平的环节、地区和领域补上，即把公平的木桶的短板补上。要重视公平具体规则之间的优先次序，由原来优先重点关注结果公平更多地转向起点公正，规则公平。由于中国的市场经济秩序全面失范，缺乏公正、公平的规则体系引发了分配不平等，假冒伪劣严重，信用极度恶化。如何建立比较完善的市场经济竞争规则体系显然是到了时候。同时为了促进效率，政府应对公平的保证原则加以充分重视，重视人民的生存权、教育权和就业权，从而促进效率的提高。

第四，必须处理好市场公平和社会公平之间的关系。这实际上要处理好实现公平的主体之间的关系，政府和企业要各司其职，从而建立效率和公平相统一的体制。重新定位政府职能，使政府成为维护和保证社会公平的主体。一般说来，在现代市场经济条件下，政府通过以下三个基本环节，使之成为维护和保证社会公平与公正的主体：其一，通过制定无差别、无歧视的法律法规实现所有经济活动主体在竞争机会与规则上的公平。其二，通过提供非营利的公共服务尤其是公正司法来维持公平竞争的经济秩序，以实现经济活动过程的公平与公正。政府机构的职能应该主要是维护社会公平的效率，而非纯粹经济效率或效益。其三，通过建立覆盖全社会的国民收入再分配的社会福利体系，实现经济活动结果的相对公平，缩小因市场机制导致的收入两极分化，只有在以上三个环节上政府都能有效作为时，社会公平才能有实现的可能。

社会主义市场经济条件下政府应履行的基本职能主要有四个方面：一是经济调节和规划；二是市场监管；三是社会管理；四是公共服务。政府应成为廉洁高效的责任政府。

二　遏制居民贫富分化趋势，探索实现共同富裕的基本途径

缩小三大差距，推进共同富裕进程，这是党中央早就要求做的事，但

并无谁去真正落实。

《中共中央关于加强党的执政能力建设的决定》指出，构建社会主义和谐社会，要"妥善协调各方面的利益关系"，"和谐社会"应是各方面的利益关系都能得到协调的社会。社会的核心价值理念是公平与公正，维护公平、公正是社会和谐的基础与前提。新形势下的我国人民内部矛盾主要是人民内部不同群体之间利益关系的矛盾。如今的社会冲突集中表现为"利益的冲突"，大都是由于政府不能很好地协调各个阶层、各个群体的利益引起的。当前存在的收入差距扩大的现象，是不利于构建和谐社会的，收入差距的扩大，会影响经济增长，会加剧经济秩序和社会秩序的混乱，甚至会威胁社会政治稳定，还有可能会危害到民族团结和国土安全，已成为中国社会一个严重的社会问题。所以，作为执政者，就要能很好地处理各个不同阶层、各个不同利益集团之间的关系，当前特别是不能以牺牲弱势群体的利益来维护强势群体的利益，即"劫穷济富"，使社会财富向少数人大量聚集。这种利益流向的不平衡，会引发普通劳动者阶层和弱势群体的不满，会扭曲小康社会的目标。因为，全面建设小康社会目标的重要内容是要"惠及十几亿人口"，而不仅仅是"惠及"少数人。这就是为什么党中央特别强调"妥善协调各方面的利益关系"之所在。因此，应采取积极措施，防止居民收入差距的继续扩大。从当前来看，积极扩大就业，努力完善社会保障体系，逐步理顺分配关系，加快社会事业发展，是维护群众利益、促进社会公平、构建社会主义和谐社会的重要任务。

（一）注重尽快调整所有制结构，保持公有制经济的主体地位

公有制为主体，多种所有制经济共同发展，是党中央规定的受我国宪法保护的我国社会主义初级阶段基本经济制度。是否坚持公有制为主体，关系到我国党和国家、全体人民的前途和命运。只有坚持公有制为主体，才能实现共同富裕。可是，前一段时间在所有制经济调整中出现偏差。公有制主体地位受到削弱，据一些地区调查，公有制经济成分只占20%以下，出现了私有制经济占主体地位。这是造成贫富两极分化的最主要的原因。因为根据马克思主义经济学原理，收入分配是由生产条件的分配所决定的。分配关系是生产关系的背面，生产关系决定了分配关系。

当前应按照基本经济制度规定着力抓紧调整所有制结构。应当在"十二五"规划期间，使全国平均来看的所有制结构，其中公有制成分占60%

以上，处于主体地位。公有制经济包括：国有经济、集体经济、国有和集体控股的股份经济、股份合作经济、社会基金所有制经济等。应大力提倡职工持大股的股份经济，大力提倡发展农村股份合作经济，在农村重建集体经济组织。只有注重从所有制结构上作正确的调整，才能有效地合理地调节收入分配，保持社会公平。

（二）实施就业优先的发展战略，构建就业结构的和谐

扩大就业是缩小我国居民收入差距的根本途径。解决好就业问题，通过大力发展教育变人口大国为人力资源大国，是保持经济高速成长推动力的重要环节。党的十六大和其他会议上多次强调："就业是民生之本。"在当代社会中，就业不仅是谋生的必要手段，还是人们参与社会的主要渠道。作为"民生之本"的就业与"和谐社会"的联系是不言而喻的，即使是勉强得到温饱，但长期处于失业状态无所事事也肯定是与"和谐"背道而驰的。坚持在发展中解决就业问题是坚持以人为本与构建和谐社会的一项重要任务。党的十六届四中全会提出"最广泛最充分地调动一切积极因素"，在以人为本的科学发展观指导下，进一步增强凝聚力和向心力。要团结和带领广大职工群众投身到改革和建设的伟大事业中，积极扩大就业是调动群众积极性和维护群众利益的一项重要任务。要坚持在发展中解决就业问题，逐步确立有利于扩大就业的经济结构和增长模式，千方百计增加就业岗位，加快发展就业容量大的第三产业、中小企业和劳动密集型产业，形成更多的就业增长点。要特别注重推进城市化的进程和减少农业从业人员比重的问题，争取在未来 15 年再转移出 1 亿多农业剩余劳动力；要不断开阔思路，把不断完善和创新失业保险制度与解决就业问题有机联系起来，在发展中和动态中解决就业问题。要高度重视大学毕业生就业，认真解决就业困难人群的就业问题，进一步维护农民工合法权益，努力创造更加公平公正的就业环境。

（三）深化收入分配制度改革

合理调整国民收入分配格局，逐步解决地区之间和部分社会成员收入差距过大问题，是构建和谐社会的重要内容。理顺分配关系、整顿和规范收入分配秩序是当前我们工作中的重中之重。在经济转型过程中收入拉开差距具有一定的必然性，但同时一定要处理好已经发生的严重的

社会不公等问题。应坚持更加注重社会公平的原则，实行按劳分配为主体，多种分配方式并存的制度，把按劳分配同按生产要素分配结合起来，以按劳分配为主，尊重劳动和劳动者。要建立健全收入分配的激励机制和约束机制、规范社会分配秩序，加强对垄断行业收入的监督和管理，改革和完善税收制度，强化税收调节收入分配的功能。要通过改革税收制度、增加公共支出、加大转移支付力度等措施，支持和扶助欠发达地区和困难群众。要进一步完善个人所得税制度，改变目前所得税征收与家庭消费脱钩的状况，建立普遍的个人所得税年度申报制度。扩大资源税征收范围；征收遗产税、赠与税、高消费税等财产占有税，调节过高收入。要通过加大对弱势群体、弱势行业、弱势地区的财政转移支付力度，缩小社会贫富差距。

（四）进一步完善社会保障体系

市场经济的竞争性，要求政府在社会保障制度的建立上承担重大的责任。社会保障制度的建立健全与否，在某种程度上制约着国民经济和社会的健康发展，也在很大程度上影响着贫困阶层的正常生活。因此，在缩小贫富差距的过程中，不能不考虑完善社会保障制度问题。完善社会保障制度是构建和谐社会的一个基石。建立一个能够覆盖全国的社会安全网是保证社会居民和谐相处的最基本条件。社会安全网是指政府、社会对弱势群体实施最低生活保障的一项社会网络。建立和完善社会保障体系，涉及的是亿万人民群众的基本权益和基本生活，关系到他们日子过得是否安心，能否做到安居乐业、幼有所教、老有所养、病有所医，关系到亿万家庭以至整个社会的稳定。为尽快消除贫富分化，必须加快社会保障体系的建设。社会保障体系是再分配的重要机制，是社会稳定的"安全阀"，是切实保障困难群众基本生活的安全网。我国人口众多，国家财力并不充裕，社会保障水平和保障方式要同经济发展水平相适应。我们要进一步清醒地认识到完善社会保障体系关系到最广大人民的根本利益，只能做好，不能有半点马虎。从实际出发，既要逐步扩大保障的覆盖面，又要合理确定保障水平，实现社会保障的可持续性。要进一步扩大基本养老、基本医疗和失业保险的覆盖面，进一步完善城市居民最低生活保障制度。要高度重视解决农村贫困人口的生活困难问题，继续推进新型农村合作医疗改革试点，尽可能地建立农村最低生活保障制度。

（五）努力增加农民收入，缩小城乡居民收入差距

我国构建和谐社会的重点在农村，最大的难点也是在农村。我们要把解决"三农"问题作为和谐社会建设的重要任务，切实保护广大农民的利益，加快统筹城乡发展的步伐。当前，农业滞后、农民增收困难、部分农村的生态环境恶化，已经成为困扰我国经济社会全面发展的难题。解决"三农"问题，就要加快在农村建立和谐有序的市场经济，鼓励农户自主经营，增加收入。加快推进工业化、城镇化和农业产业化，靠工业化让农民致富，靠城镇化减少农业人口，要靠产业化提高农业效益。彻底打破城乡二元经济结构，创造平等竞争的社会环境，逐步缩小城乡差距，使土地制度、城市化和农民利益三方面统筹和谐起来。历史证明，农民是社会建设的重要力量，只有善待农民，中国的发展才能和谐繁荣。从经济增长的角度看，增加农民收入是当前经济工作的重中之重。为此，应推进城市化，使农民向城市转移，从根本上解决农民收入问题。（1）积极推进户籍制度改革，减少农民进城的身份障碍。政府要有切合实际的举措，逐步解除户籍制，给农民自由迁移的权利。要允许广大农民根据自己的意愿和能力在全国各地自由选择自己的居住和工作地点，实行国际上通行的以身份证管理为核心的人口流动制度，及以居住地划分城镇人口和农村人口、以职业划分农业人口和非农业人口的户籍登记制度，使全体公民在户口身份上完全平等。（2）加快劳动就业制度改革，消除农民进城的就业障碍。要树立"城市是全国人民的城市，不是城市人的城市"的观念，提高城市劳动力市场的发育程度，实现用人单位与劳动者双向选择的就业制度。这是破除城乡劳动力市场分割的必然要求。（3）深化土地制度改革，消除农民进城的产权障碍。一方面要开发城镇商品房市场，不论人们是否具有城镇户口，均可购买与转让；另一方面，要探索市场化的农村土地使用权有偿流转制度。特别是要探索农村集体土地使用权作股参与小城镇建设的方法，对乡镇企业的建设用地实行有偿使用和有偿转让。（4）建立农村社会保障的基础框架。以住房、医疗、养老、劳保、就业、教育等为主要内容的城乡二元福利保障制度，是城乡分割体制的内核。二元福利保障制度是城市化的重大障碍。健全的社会保障制度应覆盖全体公民，要在完善城镇社会保障制度的基础上，同时整合现有的农村贫困救助制度、"五保"制度、农村合作医疗制度，建立起农村"低水平、广覆盖"的社会保障体制

基础框架；配合联合国的千年发展目标，实行新的减贫计划，争取农村目前按照国际标准计算的约1亿多贫困人口在未来15年中有较大幅度的减少，构建城乡社会的和谐机制。

（六）加强法制建设，整治非法收入

和谐的另一面是冲突，在加剧了的利益冲突面前，要形成能够对利益冲突各方进行有效仲裁的制度，而不是使制度安排仅仅有利于冲突中的某些方面。"法治"在中国已不再是一个沉重的话题，但要真正做到"依法治国、建设法治国家"，还有很长的路要走。以往，虽然有关法律和规定、制度制定了不少，但落实起来却效果不佳。因此，必须真正落实法治，让法治切实能够起到维护公民权利和利益的作用，使弱势群体在合法权益受到侵犯的时候，能够有效得到法律的保护。其题中应有之义，是要对权力和财富的力量，从制度上作出制约。当前，由经济违法及腐败造成的贫富悬殊性质恶劣，已引起人们的不满，对此进行依法治理已刻不容缓。

要加强市场监督和管理，严厉打击走私贩私、假冒伪劣等违规、违法经营行为。要强化对权力的约束，增加执行公务的透明度，制止各种乱收费、乱摊派现象。要严惩贪污腐败、整治非法收入。要通过立法规定公务员个人财产申报制度，增强公务人员办事过程的公开性、透明性和程序性，完善权力的制约机制。完善税法，加强征管，逐步消除非法收入形成的条件与环境。对乱定价、乱提价、乱涨价等现象严加治理。打击腐败和权力寻租，消除制度的真空、加强对国家行政部门的监督，是消除权力寻租的关键。要紧紧围绕权力行使问题，在容易发生权力滥用和腐败问题的重要权力部门、重要岗位、重要环节上建立健全权力监督和约束制度。以《行政许可法》的实施为契机，加快政府改革，减少审批项目，不断减少政府对经济活动的干预，降低因"寻租"和"共谋"等滥用权力的行为而使"权力精英"和"经济精英"获得不当利益而引发的贫富差距。

（七）加强对垄断行业的监管

目前，中国垄断行业的高利润和高收入，纯粹是体制性和政策性的。这些行业本身自然有一定责任，但更多的责任在各级政府。首先，垄断行业本身垄断程度过高，行业内部缺乏或没有必要的竞争机制。其次，产品或服务价格的形成机制不合理，政府和行业本身仍然起着决定的作用，作

为立法机构的人民代表大会（及其常委会）和作为消费者的居民缺乏参与和决定的权力。再次，各级政府都存在通过行政性垄断取得更多财政收入的偏好，只要有利于财政收入的增长，对垄断行业就会听之任之，甚至加以保护。当前，政府对垄断行业高收入的调节，只限于个人所得税，这既不会取消大大高于平均利润的垄断利润，也不会对居民的高收入发生较大的影响。为了解决这个问题，必须借鉴成熟的市场经济国家的经验，以法律和规则的形式，对政府垄断的范围和垄断价格等加以限制。按照国际惯例提高一些垄断行业的市场准入程度，引入竞争机制，缩小国家垄断性行业的范围，努力缩小垄断行业与非垄断行业之间的收入差距。对少数必须由国家垄断经营的行业，要加强对其收入分配的控制和管理，防止这些行业与其他行业收入差距过大。

（八）加快西部开发和中部崛起战略步伐

重庆提出要在近几年内打造成西部地区又快又好地崛起的标杆，对加快西部开发作出示范。

缩小区域经济差距，中西部地区经济增长只有快于东部地区，缩小中西部地区与东部地区收入差距才有可能。中国的区域之间的发展和收入差距之大，也是一种特殊国情。国家应加大对西部地区的转移支付，加强中西部地区基础设施建设，鼓励外地投资者到中西部投资，努力将东部的资金、技术、人才引入中西部；通过各种形式增强中西部地区的经济实力，加快中西部地区的经济发展；以经济发展带动中西部居民收入的增长，缩小与东部发达地区居民收入的差距。为了尽快实现中部崛起，应拓宽中部政策空间，明确中部发展的战略定位。尤其是在发展定位上，中部地区应在原有定位，如国家基础产业的重点建设区域、东部产业梯度推移的承接基地、西部大开发的桥梁与中转站等的基础上，更加突出自主发展、蓄势待发的起飞前"蛰伏"区域这一新的定位。实施中部崛起战略，必须从"主要服务于东部"的定位转向"内挖潜力、自强兴区"的目标，通过自身努力，实现中部社会经济的振兴。只有将中部崛起与西部开发的战略统筹考虑，才能更好地实现邓小平同志的战略构想。通过对欠发达地区在税收返还和转移支付上的倾斜，逐步扭转区域差距继续扩大的趋势，构建区域共同发展、共同富裕的新格局。

参考文献

［1］李炳炎：《共同富裕经济学》，经济科学出版社 2006 年版。

［2］李炳炎：《利益分享经济学》，山西经济出版社 2009 年版。

［3］刘国光：《经济学新论》，中国社会科学出版社 2010 年版。

［4］周季钢：《公平和效率是辩证统一的》，《重庆日报》2011 年 7 月 22 日。

［5］李炳炎、袁灏：《当前我国业已出现两极分化问题的实证分析》，《探索》2010 年第 5 期。

（原载《探索》2011 年第 5 期）

中国走向贸易强国的新战略

——马克思国际价值理论中国化探索

杨圣明

一　贸易强国：新战略目标

经过改革开放 30 年的奋斗，中国已经成为贸易大国，2010 年进出口总额达到 2.9 万亿美元，仅次于美国，居世界第二位，其中出口超过美国，居世界第一位。今后 30 年的主要任务是如何从贸易大国走向贸易强国。这就是说，实现贸易强国是我们今后努力奋斗的新战略目标。

何谓贸易强国？我国学术理论界近几年已有一些研究成果。例如：商务部研究院李钢研究员总执笔的《后危机时代中国外贸发展战略研究》课题研究报告从数量指标与质量指标相结合的高度界定了贸易强国。[①] 数量指标有：（1）保持并巩固出口货物贸易规模居世界第一的地位，增长速度不仅高于世界贸易发展的平均水平，而且将可能与我国 GDP 保持同向增长，也可能高于 GDP 若干个百分点；（2）在规模份额上，保持国际市场份额稳步提高，中国占世界货物贸易出口的比重从目前的 9% 提高到 2020年的 12% 以上，进口货物的比重从目前的 9% 达到 2020 年的 11%；（3）在服务贸易方面，将中国服务贸易在世界中的位次提升至前三位之内。质量指标有：（1）拥有若干世界顶级的跨国公司和一大批中小型跨国公司，到 2020 年之前，争取有 8—10 家跨国公司进入世界 100 强，25—30 家进入发展中国家 100 强；（2）拥有一批世界级品牌；（3）逐步占据国际标准高地，2020 年国家标准采用国际标准的采用率达到 85%；（4）逐步把握

---

① 李钢等：《后危机时代中国外贸发展战略研究》，《国际商报》2010 年 4 月 21 日；《国际贸易》2010 年第 1、2 期。

规则主导权,在多边贸易规则中掌握主动权;(5)力争战略性资源产品定价主导权;(6)推进贸易自由化、市场化、国际化进程。有的文章提出,所谓贸易强国一般应包括6个方面:必须是经济高度发达的国家;积极参与国际分工,竞争优势非常明显;对外投资规模大;货物贸易规模大,服务贸易尤其发达;对外开放度大,对外贸易依存度高;国内贸易规模大,有大量进口。① 也有的同志设计出了"贸易强国评价指标体系"。这个体系把美国、德国和日本三国在10个一级指标和26个二级指标上得分的算术平均数作为贸易强国的标准。目前,中国与上述三国的差距还很大,争取到2015年,使这个差距缩小1/4,到2020年缩小1/2,到2030年各项指标与贸易强国基本相等。这就是说,2030年我国基本上实现贸易强国之梦。② 对贸易强国的内涵与外延的上述几种界定,各自都有一定的道理和可取之处,但也有不足、不完善的地方。总的来说,条条框框太多,主次难分;标准难以把握,可操作性不够强。本文认为,贸易强国的主要标准可归纳为:

1. 世界贸易中进入前五位

国家强弱是相对的、相互比较而言的,随着时间变化而不断变换。昔日的强国,今天变为弱国;相反,昔日的弱国,今天或明天成为强国。为了界定贸易强国的内涵与外延,让我们先看一看历史上英、美等贸易强国演变的历史轨迹。

表1　　　　　　主要国家的商品货物贸易占世界贸易的比重　　　　单位:%

年份	世界	英国	法国	德国	美国	日本	中国
1820	101*	27	9	11	6	—	—
1840	101*	25	11	8	7	—	—
1860	99*	25	11	9	9	—	—
1870	101*	25	10	10	8	—	—
1880	101*	23	11	10	10	—	—
1901—1905	100	16	7	12	11	—	—
1913	101*	16	7	12	11	—	—

① 洪涛:《由贸易大国向强国跨越》,《国际贸易》2010年第12期。

② 张钰梅:《距离世界贸易强国我们有多远?》,《国际商报》2010年4月29日。文中所说的10个一级指标是:市场份额占有率、人均贸易额、产品竞争力、国际收支状况、贸易多元化、经济规模及人均GDP、产业结构、汇率稳定性、贸易条件、跨国投资。

续表

年份	世界	英国	法国	德国	美国	日本	中国
1928	101 *	14	6	9	14	—	—
1937	100	14	5	8	12	—	—
1958	100	9	5	8	14	2.7	—
1963	100	8	5	9	11	3.9	—
1971	100	7	6	10	13	6.2	—
1980	100	6	7	10	13	7.0	2.0
1990	100	6	6	11	13	7.5	1.7
2000	100	5	5	8	16	6.5	3.4
2009	100	3	4	8	11	4.5	8.8

注：带 * 号数据为四舍五入之结果。

资料来源：1971 年以前的数据源自［日］宫崎犀一等编著《近代国际经济要览（16 世纪以来）》，陈小洪等译，中国财政经济出版社 1990 年版，第 22—23 页。1980 年以后的资料是作者根据国家统计局编《国际统计年鉴》有关年份的数据计算的。

　　表 1 的数据表明：（1）近 200 年来先后出现的英、法、德、美、日五大贸易强国占世界贸易总额的最高比重分别是 27%、11%、12%、16% 和 7.5%。同它们相比，中国在世界贸易总额中所占比重目前仅超过了最高时的日本，距其他四大贸易强国的最高比重还有一定的距离。（2）就目前（2009 年）的现状而论，中国在世界贸易中所占的比重（8.8%）已超过英国（3%）、法国（4%）、德国（8%）和日本（4.5%），仅次于美国（11%），居世界第二位，可以说，中国已跻身贸易大国之列。（3）近 200 年来，随着世界经济和贸易的发展，尤其进入21 世纪后，世界贸易的格局发生了巨大变化。1820 年，英、法、德、美四国的贸易额占世界总贸易额的比重高达 53%，而到 2009 年仅有26%，减少了 27 个百分点。与此相反，中国、印度、巴西、俄罗斯、南非、印度尼西亚等大批发展中国家和新兴市场经济国家先后崛起，它们的对外贸易的迅速发展，使它们在世界贸易总额中的比重明显上升。（4）在贸易比重这个问题上，中国的贸易强国目标定在何处？看来，已不能盲目攀比英、美曾经达到的历史最高峰（27%、16%），若定在13%—15% 可能比较适宜。

　　除上述的商品货物贸易外，还有服务贸易的强国目标问题。让我们先看一下中国同目前世界上的几个服务贸易强国的差距还有多大。

表2　　　　　　　　　　主要国家的服务贸易占世界服务贸易的比重　　　　　　　单位:%

年份	世界	美国	德国	英国	法国	日本	中国
2005	100	13.5	7.2	7.0	4.5	5.1	3.5
2006	100	13.0	7.1	7.4	4.1	5.0	3.6
2007	100	12.5	7.0	7.2	4.0	4.6	4.0
2008	100	12.3	7.2	6.7	4.0	4.3	4.2
2009	100	12.5	7.3	6.2	4.1	4.2	4.5

资料来源:根据中华人民共和国商务部编《中国服务贸易发展报告》(2006—2010年)的有关数据计算得出的。

　　表2的资料表明:(1)时间虽然只有短短5年,美国仍然居世界第一位,但世界服务贸易格局已出现了明显变化。除德国维持不变,美国、英国、法国和日本四个发达国家的相对地位都有所下降,而中国的地位则明显上升。(2)仅就2009年的状况而言,中国虽然已超过法国和日本,位居世界第四位,同英国、德国相比,还有一定的差距;同美国相比,更是高低悬殊,不可同日而语。如果进一步从服务贸易结构上看,更显中国落后。中国的服务贸易中仅运输、旅游这两个传统项目的比重就高达50%以上,像金融、电信等现代服务项目的比重甚低,而发达国家则与此相反,其优势则是现代服务业基础上的现代服务贸易。(3)在5年间,最大的5个发达国家服务贸易的比重由37.3%降至34.3%,降低3个百分点。除中国上升1个百分点外,其余2个百分点则由印度、巴西等新兴国家的比重上升相抵消。这反映了南北经济结构正在调整与完善。

　　从上述中国的商品货物贸易和服务贸易在世界贸易中所占比重看,已经位居第二位和第四位,都进入前五位,可称为贸易大国了。但是仍然不是贸易强国,为什么?主要原因有两条:其一,贸易品的科技含量少。在商品货物贸易方面,仍然以劳动密集和资源密集的贸易品为主,高科技贸易品还较少;在服务贸易方面,运输、旅游等传统服务的比重很高,而金融、电信、文化等现代服务的比重则很低。这就是说,从服务贸易的结构上看,中国仍然不够贸易强国的资格。其二,贸易经营主体小。西方发达国家的国际贸易大多是大型跨国公司经营的,而中国则由千千万万分散的小外贸公司经营。为使中国成为名副其实的贸易强国,还要在上述两方面努力。

2. 贸易品的科技含量高

（1）在商品货物贸易品中，以国际通用标准计量的高新科技产品进出口的比重达60%以上。各国对于所谓高新科技产品的界定尚无统一标准。目前中国按国情和科技水平规定了自己的标准，这个标准低于发达国家的标准。它涵盖电子信息、生物医药、新能源、新材料、装备制造、光机电一体化等六大领域。商务部同科技部分三批共同认定了科技兴贸新基地，大力推进新的进出口基地建设。近十年来，这方面的投资年均增长21%。从2009年起，中国已进入世界技术专利国家的前列，预计2011年将超过美国成为科技论文最多的国家。虽然美国的大学仍处于世界领先的地位，但其学生成绩则很差。通过对65个发展中国家和发达国家的比较，中国占第一位，而美国在第23—24位之间摇摆。① 中国的高新技术产品的出口在1985—2008年间年均增长33.5%，这种速度是相当高的。按这种速度，中国很快将达到贸易强国的标准。如上所述，高新技术产品的标准，随着科学技术水平的提高是上升的，如果把目前我国的标准再提高一步，或依国际上一般通用标准衡量，我国面临的任务仍很艰巨。

（2）现代服务贸易占世界的比重进入前五位。从国际服务贸易结构上考察，我国传统服务贸易的比重高，而科技含量高的现代服务贸易的比重则相当低，同美、德、英等发达国家相比还有不小的差距，尤其金融服务和通信服务相差悬殊。仅以中美两国的金融服务贸易而论，美国占全球的21.5%，而中国仅有0.3%，相差太大了。

3. 跨国公司成为贸易经营的基本主体

目前，我国的对外贸易还仅限于为中国企业的进出口服务，满足中国自身的要求。严格说来，这还不是国际贸易，更不是世界贸易，还仅仅是对外贸易。由对外贸易升至国际贸易以至世界贸易，还有很长的路要走，必须再上一个大台阶，所谓国际贸易是指主要由跨国公司经营，买入世界各国的产品，卖出世界各国的产品，为世界各国服务。像美国的沃尔玛公司、日本的伊藤忠株式会社等是真正意义上的跨国公司，所经营的是真正意义的国际贸易甚至世界贸易。目前，放眼世界看，跨国公司是经营国际贸易的基本主体。它们的经营额占全球的70%左右。中国要成为贸易强

---

① ［委内瑞拉］阿尔弗雷多·托罗·阿迪：《中国对阵美国：争当世界技术领袖》，《参考消息》2011年3月7日。

国，非出现几个世界顶级的巨型跨国公司、若干大型跨国公司和一批中小型跨国公司不可。① 这些跨国公司将成为中国这个贸易强国的基本经营主体和主要特征之一。

二　互利共赢开放战略

互利共赢开放战略是 21 世纪中国对外开放的总体战略。它涵盖政治、经济、科技、文化等各个领域、方位和层次的对外开放。这里仅从经济学，特别是国际贸易学的视角探讨这个战略的内涵、理论基础、基本要求及其重大的现实意义。

1. 互利共赢开放战略的理论基础

在经济全球化、市场全球化和贸易全球化的国际环境里，国家之间的经济关系本质上不过是商品（包括服务）交换关系。所谓国际经济秩序不过是国际交换秩序、市场竞争秩序。而这种商品交换关系或市场竞争秩序应该建立在什么样的基础之上？采用何种模式？如何建立？中国政府提出的总战略、基本原则和基本政策过去称为平等互利，目前称为互利共赢，国内学术理论界则取名等价交换。这些称谓并没有从理论上进一步说透、说彻底。在理论上，应当说，互利共赢开放战略是马克思国际价值理论中国化的新成果、新应用。换言之，马克思国际价值理论是中国互利共赢开放战略的理论基础。在国际市场上，各国的商品千差万别、形态各异，为什么能够相互比较和交换？比较的科学标准是什么？交换的合理依据在哪里？交换是平等互利的、双赢的，还是一方剥削另一方？对这些问题，马克思国际价值理论都给出了科学回答。

价值规律是商品经济（市场经济）的基本规律，不论在何国，或国际社会里，均是如此。在国际范围内，在国际市场上交换双方要按照国际价值量进行等价交换，各自获取应得的利益。不论何时何地的商品及其主人——商品生产经营者，在国际价值规律面前一律平等。或者说，国际价值是双方交换的依据，是平等的尺度，是合理的标准。遵循国际价值规律的这个基本要求，那就是维护和发展商品等价交换的正常关系和秩序；否

---

① 据《2009 年世界投资报告》显示，在 2008 年世界非金融类跨国公司 100 强（根据国外资产排名）中，中国仅有中信集团公司一家；在发展中国家 100 强中，中国有 11 家公司。

则，就是破坏正常的国际交换关系和秩序。中国倡导的国际经济新秩序不是别的，恰恰就是在国际价值规律基础上的正常的国际商品等价交换秩序。中国政府过去坚持平等互利，目前提倡"双赢"、"多赢"、"共赢"，都是基于国际价值规律的基础上，是符合这个规律要求的，因而获得了国际社会的普遍赞赏。但是，有些发达国家并不遵守国际价值规律的要求，不按国际价值这个标准判断是非，而是采取双重标准或多重标准，搅乱国际经济关系和世界市场秩序，从中渔利。

2. 国际价值规律的特点：等价交换掩盖着剥削

同国内市场经济中的价值规律相比，国际市场经济中的国际价值规律至少具有以下三个特点：

（1）同一劳动时间内，不同国家的劳动创造不同量的国际价值。马克思写道："一个国家的资本主义生产越发达，那里的国民劳动强度和生产率，就越超过国际水平。因此，不同国家在同一劳动时间内所生产的同种商品的不同量，有不同的国际价值。"① 由此可知：生产率和劳动强度较低的新兴国家和发展中国家在世界市场上显然处于不利地位，成为国际社会的弱势群体。

（2）不同劳动时间内，不同国家创造相同数量的国际价值。马克思指出："在一个国家内，亏损和盈利是平衡的。在不同国家的相互关系中，情况就不是这样。""一个国家的三个工作日也可能同另一个国家的一个工作日交换。价值规律在这里有了重大变化。""在这种情况下，比较富有的国家剥削比较贫穷的国家。"② 当前，新兴国家和发展中国家基本上是以三个劳动日同发达国家的一个劳动日进行交换，其中的剥削不言而喻。

（3）双赢与剥削并存。既然新兴国家和发展中国家在国际上处于受剥削的地位，为什么还要进入世界市场进行商品交换呢？对此，马克思明确指出，暂时落后的国家，在国际交换中，"所付出的实物形式的物化劳动多于它所得到的，但是它由此得到的商品比它自己所能生产的更便宜"。③ 简言之，落后国家在国际贸易的出口方面吃亏，而在进口方面获利。正如

---

① 《马克思恩格斯全集》（第 23 卷），人民出版社 1972 年版，第 614 页。
② 《马克思恩格斯全集》（第 26 卷）（Ⅲ），人民出版社 1974 年版，第 112 页。
③ 《马克思恩格斯全集》（第 25 卷），人民出版社 1972 年版，第 265 页。

马克思所说，"两个国家可以根据利润规律进行交换。两国都获利，但是一国总是吃亏"。① 既获利，又受剥削，这是当代新兴国家和发展中国家在世界市场上的真实情况的写照。

如上所述，国际价值是各国商品生产经营者进行等价交换的基础、尺度和平等的客观标准。这里所说的"等价"、"平等"就在于以同一个尺度——国际价值来衡量和判断。但是，各个国家经济发展程度不同，科技水平不同，劳动生产率不同。因而，创造同量的国际价值则要花费很不相同的劳动时间，在发达国家可能仅用一个劳动日，而在新兴国家和发展中国家则可能耗费三个劳动日。这样，就出现了马克思所指出的三个劳动日同一个劳动日相交换的问题。这个问题一旦出现，平等将转化为不平等，等价交换将转化为不等价交换，产生剥削行为，"价值转移"必然发生。这就是商品经济（市场经济）中的二律背反，不以人们的意志为转移。有的人不理解这一点，主张保留等价交换，而同时消灭剥削、不平等、不等价等不合理、不公平的问题。这是无论如何都办不到的。问题的根源在于市场经济。国际市场经济中的基本规律即国际价值规律决定了一切国际法权都是表面的平等而事实上的不平等，表面的等价交换而事实上的剥削。既获利、又受剥削，这是市场经济的本质和规律所决定的。要摆脱这种矛盾环境，消灭剥削，只有离开市场经济，否定国际价值及其运行规律。这在目前是绝对不可能的。只有进入新的更高级的社会——共产主义社会，商品、货币、市场、价值规律等消亡之后，事实上的真正平等，无剥削的极乐世界，才会降临人间！当前的唯一办法就是艰苦奋斗、自力更生、实施"科教兴国"战略，不断提高社会劳动生产率，建设现代化的强国，争取早日消灭商品经济。

3. 国际价值理论是走向贸易强国的指路明灯

（1）三个劳动日交换一个劳动日的现实

我国按贸易规模而言，已经成为仅次于美国的贸易大国，但仍然不能称为贸易强国，主要原因在于，外贸仍是粗放增长方式，出口商品真正拥有自主知识产权者甚少；资本和技术密集型者少，而劳动、资源、能源密集型者多。据有关部门计算，我国出口 8 亿件衬衫换回的外汇，才能购买一架空客 380 的飞机。类似的情况还不少。它们说明我国同欧

① 《马克思恩格斯全集》（第46卷）（下），人民出版社 1980 年版，第 402 页。

美发达国家的国际贸易正处于以我们的三个劳动日同他们的一个劳动日相交换的阶段。这种交换，既发挥了欧美国家的科技优势，又发挥了我国的劳动力优势，双方都获利，即达到"双赢"，同时又含有不等价的剥削成分。这是当前条件下国际价值规律铁面无私的公平裁判，谁能奈何之？

（2）一个劳动日交换一个劳动日的目标

按国际价值这个标准进行衡量，当前我国的三个劳动日在交换中可能等于欧美国家的一个劳动日。如果经过专家研究和计算，实际情况的确如此，那么我国为制造向欧美出口商品而消耗的劳动将有大约 2/3 是无效劳动。换言之，如果我国达到欧美发达国家的科技水平和劳动生产率水平，完成现在的出口贸易额，仅有 1/3 的劳动消耗就够了。这说明，我国劳动数量潜力和质量潜力是多么巨大啊！我们决不能停留在以三个劳动日交换欧美一个劳动日的阶段。但是，我们又不可能一步登天，不可能在短时间内解决同发达国家的差距问题。可否分三步走，划分三个阶段：目前处于 3:1 阶段，走完这个阶段至少还要 20 年时间；2:1 阶段，这个阶段也需要 20 年时间，由中等发达国家迈向更高水平的发达国家，加速提高我国的科技水平和劳动生产率水平；最后是 1:1 阶段，届时我国的科技水平和劳动生产率水平将与欧美持平，商品生产劳动消耗大体一致，中国真正进入发达国家的行列。事实将证明，3:1 转化为 1:1 的过程就是我国走向贸易强国的必由之路。

（3）如何完成 3:1 向 1:1 的过渡

3:1 向 1:1 的过渡，实际上是我国对外贸易由粗放式增长转变为集约式增长，由贸易大国转变为贸易强国。完成这些质量型转变或过渡的关键在于，能否在科技水平提高的基础上，迅速提高我国的社会劳动生产率。列宁曾说，社会劳动生产率是社会主义战胜资本主义的最根本最重要的条件。在这里可以说，社会劳动生产率归根到底是实现贸易强国的最根本条件。只有达到发达国家的社会劳动生产率的水平，才能以同样的劳动时间创造出同他们一样的国际价值量，进而达到真正的等价交换。在提高社会劳动生产率时，不能单纯依靠增加劳动时间和劳动强度，必须主要依靠科学技术和管理水平的提高。在外贸方面，要真正落实"科技兴贸"战略，提高我国出口商品的科技含量。

三 "五外"和谐新战略

所谓"五外"是指外贸、外资、外汇、外债和外援。我国的对外开放是全方位、多层次、宽领域的开放，而"五外"的开放就是其中的重要组成部分。早在20世纪末，笔者就根据1997年爆发的东亚金融危机的经验教训，初步总结出这"五外"应如何协调的几点建议。[①] 10年以后，又依据2008年以美国的"次贷危机"为导火索的全球金融危机的新教训新经验进一步提出了努力开创"五外"新格局的问题。[②] 根据科学发展观的要求，应把"五外"的关系再进一步提升到中国对外开放战略的高度。故本文将它们定位为"五外"和谐新战略。下面将阐明这个新战略的基本要点。

1. 外贸与外资关系的和谐问题

外贸与外资的关系可能要经历三个阶段，目前是外贸为主、外向投资为辅阶段；中期是二者大体相当阶段；后期是外向投资为主、外贸为辅阶段。现在中国尚处于第一个阶段。如何走好第一阶段，并为走好第二、三阶段做准备，将是我们研究的重大问题之一。

从历史上考察，西方主要发达国家都是依靠外贸与外资（商品输出与资本输出）这两条腿走向世界的。列宁在《帝国主义是资本主义的最高阶段》一文中揭示了这条路径。他写道："自由竞争占完全统治地位的旧资本主义的特征是商品输出。垄断占统治地位的最新资本主义的特征是资本输出。""资本输出成了鼓励商品输出的手段。"这就是说，在资本主义自由竞争时期，商品输出为主，而资本输出为辅；在垄断时期，则以资本输出为主，而以商品输出为辅。现在看来，社会主义国家走向世界也主要依靠这两条腿。当然，这两条腿在不同历史条件下各自的性质不同，作用方式和后果不同；但二者必须相互协调、密切配合、相互促进、共同发展，则是相同的。

在当前国际条件下，外贸与外资既有互补互利的方面，又有相互制约的地方。"三资"企业的进出口在我国外贸进出口总额中所占的比重早已

---

① 参见杨圣明《"五外"惹出新机制》，《改革月报》1999年第9期。
② 参见杨圣明《努力开创"五外"和谐新格局》，《财贸经济》2010年第12期。

超过 50% 以上，占据半壁江山。可见，外资对外贸多么重要。外资结构合理与否，也会影响外贸平衡、外汇平衡的能力。当外资大量流入不创汇项目时，虽然可以弥补经常项目的逆差，但也会形成外汇供大于求的局面，迫使本币升值，形成本币高估，恶化贸易条件。在外贸与外资的关系方面，我国目前存在的问题主要有：外贸是"长腿"，而外向投资是短"腿"的问题；外贸中重出口轻进口的问题；外资中重引进外资轻向外投资问题；对外投资中重资本市场上的投资而轻直接投资（绿地投资）问题等。下面将逐一分析这些问题。

在外贸与外资的关系中，最突出的问题是外贸"长腿"与对外投资"短腿"的问题。2010 年我国外贸进出口总额已达 2.9 万亿美元，而向外直接投资仅 3000 亿美元左右，二者大约是 10∶1，相差悬殊。出现如此严重的问题，原因并不是没有钱对外投资，而是对外投资结构严重失衡，把大量资本投向美国的国债和企业债券，仅把很少的资本用于海外直接投资（绿地投资）。因此，我国走向世界只能主要（甚至唯一）依靠对外贸易，使外贸依存度畸高。由于对外出口规模大，增长速度高，占据了较多的国际市场份额，招致了一些国家的对华反倾销、反补贴。2008 年爆发的危机，虽然"冠名"金融危机，但对中国金融业的冲击并不大，更严重的冲击是对中国的对外贸易，其原因之一就是中国的外贸依存度过高。如果中国的外向性投资多一些，在国外设立更多的企业，在当地生产和销售，不经过外贸出口这个环节，那就可能避免上述问题的发生。可见，加快中国的外向性投资，在当地生产和销售，绕开外贸出口这个环节，将更有利于中国企业"走出去"。目前，西方发达国家走向世界主要依靠外向投资，辅之对外出口，它们的海外公司销售额相当于其出口额的 3—5 倍。例如，美国 1995 年在海外的分公司销售额为 1.8 万亿美元，而同年美国的出口额不足 6000 亿美元。[①] 那里的今天将是中国的明天。今天的中国必须加快外向性投资步伐，力争使外贸与对外投资这两条腿平衡、协调起来。

在外贸出口与进口的关系方面，也存在重出口轻进口的不和谐问题。从 1994 年起至 2010 年止，连续 17 年我国都是出口大于进口，出现了年年顺差，累计顺差已达 1.5 万亿美元。这分明是中国亿万劳动者辛勤劳动的

---

① 参见《不仅仅看出口》，转引自新华社编《参考资料》1998 年 9 月 15 日。

成果，但却成了美欧国家一些议员攻击和诬蔑中国的口实，甚至被贬为重商主义的"证据"。这个问题也是某些国家进行对华反补贴、反倾销的借口，不利于我国外贸的发展。从理论上说，长时期大量顺差或逆差都是不正常的，对国内外经济都是不利的。只有出口与进口基本平衡才是最佳的。重视出口、轻视进口，是计划经济时期遗留下来的一种倾向。那时，由于国家缺少外汇，一直把出口创汇放在外贸的首位，格外注重出口，而轻视进口。进入市场经济时期，这个问题并没有解决反而延续了下来，实际上仍然把出口和创汇置于第一位。然而，今天的情况发生了巨大变化，国家不仅不缺少外汇，而且外汇储备已达 2.9 万亿美元，居世界第一位，如果再把出口创汇放在首位，那就太不合时宜了。根据上述情况，党中央在"十二五"规划的建议中明确指出，要充分认识"进口对宏观经济平衡和结构调整的重要作用"，根本改变过去重出口、轻进口的问题，坚决实行出口与进口并重（并举）的方针。这是我国外贸上的一次重要的战略性转变，必然会加快我国走向贸易强国的步伐。

在直接投资方面，"请进来"与"走出去"，也存在着突出的不和谐问题，即重视"请进来"，而轻视"走出去"。改革开放 30 年间，我国实行"请进来"的方针，成功地吸收了大量外资，截至 2010 年年底累计已超过1.2 万亿美元，成为吸引外资最多的发展中国家。而"走出去"则相形见绌，2010 年年底累计不超过 3000 亿美元，仅相当于前者的 1/4，二者很不相称。对外直接投资少的弊端已在上面分析过了，这里仅强调指出其原因所在。其一，起步晚。向外投资问题并没有在改革开放之初就提上日程，而是在 1997 年东南亚金融危机重创中国对外贸易致使其第一次下降后才起步的，晚了大约 20 年。这可能是一种战略失误。其二，对外部世界不了解。过去长时期封闭，不了解国际投资问题，缺乏信息和人才，举步维艰。其三，国际环境复杂，风险大。不用说过去的那个时代，即使目前中国在海外的投资也常常遭受重大损失。且不说在美国收购屡屡失败，仅在沙特阿拉伯的一次铁路投资就损失达 40 多亿人民币。对利比亚的石油投资，由于美法英发动对利比亚的战争，中国的损失何止几百亿！总之，作为一个后起的新兴国家的中国要"走出去"是很难的。然而，在经济全球化、市场全球化和国际贸易全球化的今天，闭关锁国绝不是出路，只是死路。对于决心走向贸易强国的中国来说，必须排除万难，走向世界舞台，演出威武雄壮的戏剧来。正因如此，党中央在"十二五"规划的建议中第一次提出，要把吸收外资为主转向吸收外资与对外投资并重（并举）。这个指示揭示了我国以往 30 多年走向世界时外贸"长腿"与对外投资"短腿"以及吸收外资与对外投资不协调的根源及其解决的途径。这不能不说是中国在国际投资问题上的一次重要战略转变，将会有力促进贸易强国的兴起。

在对外投资中，还要正确处理直接投资（绿地投资）与资本市场投资（债券、股票、期货等）的关系。这种关系是实体经济与虚拟经济关系派生出来的一种关系。资本市场是双刃剑，既能有助于筹措资本，发展经济，又能给投机者提供机会使其暴富，或成为乞丐，分裂社会。买空卖空的资本市场，尤其金融衍生品市场是投机家的"乐园"。2008 年的全球金融危机充分证明了这一点。尽管企业破产、工人失业，但华尔街大亨还有丰厚收入，穷奢极欲。如上文所述，我国在相当长的时间里轻视向国外的直接投资，而却格外注重在国外资本市场上的投资，尤其在美国资本市场的投资，且投资数额巨大，仅购买美国国债和企业债券一项就高达上万亿美元。这不能不使我们在这次金融危机期间提心吊胆，多次提醒美国政府要保护我国投资的安全，而他们则置若罔闻。不仅如此，美国还再三推行所谓"量化宽松"货币政策，大量发行美元，使美元大幅贬值。由于美国国债是以美元计价的，美元的贬值基本上等于美国国债的贬值。为避免或减少这种贬值给我国造成的损失，有的人提议尽快抛售我国手中的美国国债。这也行不通。如果大量抛售，其价格将迅速下跌，造成更快贬值。的确，上贼船容易，下贼船难。只好再交学费，记取教训了。

2. 外贸、外资与外汇关系的和谐问题

我国的外汇问题，包括外汇储备规模和结构、人民币汇率以及人民币国际化等问题。这里仅从外汇与外贸、外资的相互关系上探讨几个问题。1997 年东亚金融危机时，泰国、印度尼西亚、菲律宾等国家的货币纷纷大幅度贬值，美日等国趁机对中国施压，要求人民币贬值，以便把中国拖入危机之中。但是，中国政府庄严承诺人民币绝不贬值。事实证明，中国的承诺是负责任的，不仅有利于东南亚各国金融市场的稳定，为东南亚地区很快渡过危机作出了贡献；同时，也保持了中国经济和金融的稳定。这受到了国际社会的好评。2008 年美国"次贷危机"引发全球金融危机时，美欧等发达国家则多次施压，要求人民币升值。而中国政府则根据国内外环境力求人民币汇率稳定。对于人民币贬值或升值这个问题，表面上看仅是个汇率问题，其实是"五外"关系问题。贬值与升值各有利弊，应当根据"五外"的关系，慎重地权衡利弊，两利取其重，两害取其轻。至于人民币汇率能否稳定，不仅受制于"五外"关系，更取决于宏观经济环境。为了更深入理解这些问题，我们将在下面作些更系统的分析。

（1）外贸与外汇的关系

外汇从何而来？可能有这样几种途径：外贸的创汇、外资的投入、向国外借债、在市场上购买外汇、接受国外的捐赠和援助等。在这些途径中，外贸创汇是最基本的。外贸是外汇的基础。在资本主义发展的初期，西方国家曾以重商主义为理论依据，通过其外贸数量上的多出少进，价格上的高出低进，获取了大量外汇。日本曾实施"贸易立国"战略，通过外贸取得巨额外汇。仅1981—1997年，日本的外贸盈余累计达1万亿美元以上，成为世界上外汇最多的国家。中国目前拥有2.9万亿美元的外汇储备，居世界首位，其功绩首先应当归外贸。30年来，中国外贸所创的外汇成为外汇储备的主体。如此巨额外汇储备，显著提升了中国的国际地位，增加了在国际货币基金组织和世界银行等机构的发言权。这分明是中国亿万劳动者所创造的，应当归功于他们。但是，也有美国的一些议员歪曲事实，硬说这是人民币对美元汇率太低造成的，必须使人民币汇率大幅度升值（40%以上）。对于这一点，将在文中有关汇率问题的部分进行系统全面的反驳。这里仅指出一点，中国的外贸顺差其实仅仅是对美国的贸易顺差，而对除美国以外的整个世界而言，中国的进口与出口是平衡的。仅以2010年而言，中国从美国进口1020亿美元，向美国出口2833亿美元，顺差1813亿美元。同年，中国在全球（包括美国在内）的进口13948亿美元，出口15779亿美元，顺差1831亿美元。既然中国的进出口大体是平衡的，那么人民币汇率是合适的，应当保持基本稳定。在这种情况下，如果人民币大幅度升值，岂不搅乱国际贸易和国际汇率。目前，力求人民币汇率基本稳定，既体现了中国的国家利益又适应国际环境的要求，值得肯定。至于对美国的贸易顺差，那主要是美国的三大政策，即高消费政策、高赤字政策和出口管制政策造成的。

（2）外资与外汇的关系

按照传统国际金融理论，像中国这样的发展中国家进行现代化建设时，必然会遇到"双缺口"问题，即资本缺口、外汇缺口。可是中国不仅不缺少外汇，而且成为外汇储备最多的国家。这既要归功于外贸的创汇能力，又要归功于引进大量外资。表面上，这似乎是两个不相干的问题，而实际上这两个问题是统一的。引进外资形成的所谓"三资"企业，不仅是外贸出口的主力军，同时又是创汇的主力军。外国在华企业创出的巨额外汇，又以利润的形式经过不同渠道回归母国。这就说明，中国的外贸顺差大，形成的外汇收入多，并没有完全归中国所有，而由在华投资企业瓜分了不少，并返回其母国。可以说，西方发达国家都分享到这杯羹。说透了这一点，就可知美国的某些议员仅仅根据中国外贸顺差多（其中包括美国在华企业的大量贸易顺差），就断言人民币应该大幅度升值是多么可笑了。由上分析，不难明白，最好把外资引向出口创汇产业，力求其创汇与用汇达到基本平衡，使中外双方共赢。

中美之间围绕着人民币汇率问题的争论向我们警示：外贸顺差不一定越大越好，外汇储备不一定越多越好，外贸依存度不一定越高越好。它们总有一个适宜的"度"。这个"度"当然就是外贸、外资、外汇三者的结合部或交汇点。如果偏离这个"度"，将引发一些不平衡，可能出现负面效应。这是迈向贸易强国的一个重大战略问题，值得关注和探讨。

3. 外贸、外资与外援的关系

过去，我国对外援助都是无偿的，不与外贸、外资挂钩，可以说三者各自独立进行，互不相干。改革开放后，实行市场经济以来，逐步将三者结合起来，融为一体。这就将无偿援助与有偿贸易、投资结合起来，将输血变成造血，既增强了受援国发展经济的能力，又促进了中国对外贸易、外向投资的发展，达到互利合作的双赢。然而，这并不意味着无偿援助消失。恰恰相反，体现国际主义精神的无偿援助还会同时加强，实施无偿援助与有偿贸易、投资并重的政策。

无偿援助与有偿贸易、投资结合起来，符合国际价值规律的要求。如上文所述，国际价值规律的特点之一，是各个国家科技、管理、劳动者素质以及自然条件不同，在同样的劳动时间内，创造不同的国际价值。如果按国际价值进行交换，富有国家赚钱，贫穷落后国家亏损。前者剥削后者，这必然使全球贫富差距不断扩大。这是新老殖民主义者近三四百年来惯用的伎俩。旧中国深受其害，至今还难以忘怀。现在，中国独立了，富裕了，强大了。但是，同西方发达国家相比，中国的科技水平、劳动者素质、社会劳动生产率等还是落后的，因而在国际交换中，按国际价值规律要求办理，还仍然处于被剥削的地位。与此相反，如果将中国同亚非拉的不少落后国家相比，中国将在按国际价值的等价交换中处于有利的地位。虽然双方达到互利共赢，但各自赢多少、获利多少，并非半斤八两，可能四六开、三七开，等等。在这种情况下，获利多的一方通过无偿援助让一部分利给予另一方。这是无偿援助与有偿贸易、投资结合的实质所在，它根本区别于贪得无厌的殖民主义者的掠夺。中国作为社会主义国家，不论有偿贸易与投资，还是无偿援助，从来都不附加任何政治条件。这是社会主义新型对外援助的另一个根本特点。

在外贸、外资同外援的关系中，还有一些不和谐的问题。由于外贸、外资、外援由不同行政部门管理，又有不少企业参与其中，由于协调不够，常有梗阻问题。当然，也有一些国外的第三者的干扰问题。我国的金融、保险等"走出去"滞后，人民币国际化也刚起步，这些往往使对外援助、向外投资以及双方贸易产生许多困难。通晓国际经济、法律、税收等的复合型人才也很缺乏。加快解决上述这些问题，既会改善对外援助，又将会有力促进中国的贸易强国建设。

4. 外贸、外资、外汇与外债的关系

近代国际经济史表明，后进的发展中国家进行现代化建设时，都会遇到资金短缺问题，尤其外汇匮乏问题。为解决这个问题，都是大举向外借款，成为债台高筑者。我国没有出现这个问题。2009 年，我国外债余额达到 4286 亿美元，偿债率 2.9%，负债率 8.7%，债务率 32.2%。① 这些指标都没有超越国际公认的警戒线，而是处在合理的水平上。不仅如此，还有大量剩余资本输出国外进行投资，或者投向国际货币基金组织、世界银行等国际金融组织，成为多种国际基金的组成部分。这不仅是中国历史上的奇迹，也是世界近代史上的奇迹，它完全打破了传统国际金融理论，创立了新型的国际金融理论，值得大书特书一笔。为什么能够取得如此成功？简单地说，在于改革开放。若没有改革开放、闭关锁国，则决无此壮举。在改革开放中，通过贸易创汇与引进外资两个渠道基本上解决了我国现代化建设所需外汇问题。同时，依靠自力更生、艰苦奋斗、亿万群众的

---

① 偿债率＝偿还外债本息÷当年贸易和非贸易外汇收入（国际收支口径）；负债率＝外债余额÷当年国内生产总值（GDP）；债务率＝外债余额÷当年贸易和非贸易外汇收入（国际收支口径）。

高储蓄，又解决了现代化建设所需国内资金问题。在当今的世界上，中国再也不是债务缠身、低三下四的债务国，而是扬眉吐气的大债权国！

外债与外资在本质上是相同的，外债其实是利用外资的一种形式。外债同外资相比，还有独特优势。在如何使用外债上借债国有更大的自主权，可以根据国家需要灵活使用。外债的形式随着国际金融业的快速发展也发生了巨大的变化，由国家间直接举债为主向通过市场发行国家债券为主转变。美国是当今世界通过在市场上发行国家债券筹集资本最多的国家。仅中国购买的美国国债已高达9000亿美元左右，成为最大买主，也是最大债权主。近几年来，中国政府也开始在香港或国外出售中国的国家债券。国家债券的发行，实质上是财政机制通过市场与金融机制结合起来，更广泛地动员和使用国内外的资本。这是国家举债形式的新发展。

外债的规模多大为宜，很难一言而尽。这主要取决于还债能力。具体说，它取决于国内生产总值（GDP）的规模、增长速度及其分配，国家贸易收入，非贸易收入以及外商投资等因素。换言之，它取决于本文以上所述的"五外"关系如何。

5. 正确认识和处理"五外"关系的三原则

"五外"之间既有统一性，又有矛盾性。它们之间既相互制约，又相互促进。为了正确认识和处理这些关系，力争使"五外"和谐发展，达到互利共赢，应当遵循以下几个原则：

（1）统一对外原则。"五外"本来有内在的统一性，但是，在实践中，它们又分别隶属不同部门管辖，受部门观点和部门利益的制约，"五外"之间的矛盾经常发生，有时还相当尖锐。比如，负责外贸出口和来华旅游的部门或企业，往往要求或赞赏人民币贬值，以利于扩大出口、吸引来华旅游；而负责进口和赴国外旅游的部门或企业，则希望人民币升值；负责偿还外债本息部门或企业，往往反对人民币贬值，以免增加还债成本；而宏观管理部门则力求币值的稳定，以便管理。由于还债机制尚不完善，责任不落实，凡举债的企业或部门总希望越多越好，而债务的管理部门和偿还部门则持相反的观点。在国内资金剩余、信贷额度剩余的条件下，有的不希望再引进外资，也反对再举借外债。在外贸进出口方面，由于缺乏统一的对外机制，各企业相互压级压价，肥水流入外人田，或哄抬物价、抢购货物、争夺市场。以铁矿石等大宗商品价格的国际谈判而言，我国进口量如此之大，却失去了话语权，原因何在？主要是众口不一。以上列举的种种事例说明，必须从国家的整体利益、全局利益出发，坚持统一对外原则，增强统一对外意识，制定和执行统一对外法规和政策。在这方面，日本有较成熟的经验，值得借鉴。

（2）以外贸为基础的原则。"五外"有轻重、主次之分，不能等量齐观。在"五外"中，外贸是基础，是核心。外贸发展了，外汇就会增多，外债就可少借。外贸能够带动国内大批产业群体的崛起，提高国内科技水平，增加就业和税收。第二次世界大战后，日本提出"贸易立国"，把外贸作为拉动经济的火车头。美国总统奥巴马面对严重的金融危机寻求出路时，提出出口新战略，要求外贸出口额五年翻一番，以带动美国的实体经济发展。在我国，必须长期坚持以外贸为中心、为龙头，不仅带动就业和税收，而且使外贸的盈余成为增加外汇储备的可靠基础，把外资引向外贸的创汇行业，把外债的偿还能力置于外贸出口创汇能力之上，把外援与外贸、外资有机结合起来，使外援促进外贸、外资。

（3）行动和谐的组织原则。为了更好地发展外向型经济，落实科学发展观，必须进一步协调"五外"关系。"五外"隶属不同部门，面向世界上众多国家和地区，经常发生矛盾。在国际谈判中，不仅与外国谈判对象有矛盾，而且国内各部门的态度和意见也不一致，使内外矛盾叠加在一起，谈判效果欠佳。这就需要通盘考虑、统一决策。尤其国际服务贸易涉及的部门、行业和企业更多，同国外的关系更复杂多变，更需要协调行动。目前，名义上是商务部统一对外，而实际上仍是多方牵头。以外贸进出口来说，事实上商务部仅管出口，而进口由国家发改委管理。引进外资和外向投资由商务部、国资委、国家发改委等共同（当然是有分工的）管理。至于国际服务贸易的管理，更是纷繁多头。针对上述情况，本文有两点建议：其一，全面改革我国外向型市场经济体制，以适应创建贸易强国的需要；其二，为加强领导和协调行动，成立国家对外经济贸易委员会，尽快妥善解决开放中政出多门、相互掣肘问题。

四 "科技兴贸"战略

我国的外贸同整个国民经济一样，不外两种发展方式，一种是外延的粗放方式，另一种是内涵的集约方式。这两种方式的不同点在于，前者主要依靠生产要素的数量增加，而后者则主要依靠生产要素质量提高。这两种方式并不是孤立的，而是相互联系的。它们在经济和贸易发展的不同阶段上处于不同的地位，起着不同的作用。一般说来，在经济和外贸发展的初级阶段，以外延、粗放方式为主；而在经济和外贸的中级阶段，逐步向内涵、集约方式为主转变；达到高级阶段之后，经济和外贸发展将以内涵、集约方式为主，当今的西方发达国家已达到这个阶段。应当强调指出，在这三个阶段中，中间阶段最艰难。或者说，由粗放、外延方式为主转向以集约、内涵方式为主，是极其艰难的。人类的历史已经证明了这一点。苏联在20世纪60年代初就提出了这个转变的问题，但是，直至1991年苏联解体，亡党亡国，仍处于粗放经营、外延方式为主，始终没有实现经济发展方式和外贸发展方式的根本转变。

中国的学者早在1962年总结"大跃进"失败的教训时就提出了转变经济增长方式问题。① 1984年刘国光同志在他主编的《中国经济发展战略问题》一书（笔者是该书的作者之一）中，全面系统研究并阐明了"从粗放发展到集约增长的转变"问题。党的"十三大"提出，"要从粗放经营为主逐步转上集约经营为主的轨道"；"十四大"进一步强调，"促进整个经济由粗放经营向集约经营转变"。科学发展观提出后，党和政府更加重视并再三强调转变经济发展方式问题。为什么如此重视这个问题？原因主要有两条，一是这个问题关系着现代化建设的前途与命运，资源、能源约束已经成为进一步发展经济的主要障碍，粗放方式经营难以为继；二是这个问题虽然反复强调，但效果并不佳，有的地方或行业还在继续恶化。所以党中央在关于"十二五"规划的建议中再次强调："以加快转变经济发展方式为主线，是推动科学发展的必由之路，符合我国基本国情和发展阶段性新特征。加快转变经济发展方式是我国经济社会领域的一场深刻变革，必须贯穿经济社会发展全过程和各领域，提高发展的全面性、协调性、可持续性，坚持在发展中促转变，在转变中谋发展，实现经济社会又好又快发展。"②

中国的外贸同其他经济领域一样，长期存在着粗放式的数量增长型的特点。早在改革开放之初，20世纪80年代，外经贸部针对外贸出口中的

---

① 刘国光：《略论外延的扩大再生产与内涵的扩大再生产的关系》，《光明日报》1962年7月2日。

② 《中共中央关于制定国民经济和社会发展第十二个五年规划的建议》，《人民日报》2010年10月28日。

重数量、轻质量、档次低、质量差、科技含量少等问题曾经提出并执行了"以质取胜"战略。这个战略要求，不仅要把提高商品的质量放在首位，而且还要不断提高援外项目质量、对外承包工程质量、外派劳务人员质量以及商品售后服务质量等。而要做到这些，必须提高科技水平。"以质取胜"战略可谓是"科技兴贸"战略的雏形。进入 90 年代后期，外经贸部又在总结"以质取胜"战略实施经验教训的基础上提出了"科技兴贸"战略。这个新战略不论在宏观层面，还是在微观企业，都要求科技带动外贸，实施科工贸一体化（或科农贸一体化），使外贸真正转移到集约化的道路上，以实现外贸增长方式的根本转变。从那时起至今的十几年间，虽然在转变外贸发展方式上，取得了一定成绩，但是外贸中最突出的问题仍然是粗放经营、外延发展方式为主。如何将外贸发展转移到以集约经营、内涵发展方式为主，依然是我国面临的艰巨任务。

1. "科技兴贸"战略是最根本的战略

为了创建贸易强国，本文提出必须实施四大战略。这些战略并非同等重要，有轻重、主次之分。应当说，"科技兴贸"战略是最根本最重要的战略，是四大战略的核心和根基。这个论断的主要根据在于：

（1）"科技兴贸"把科学技术放在发展外贸的首位，作为拉动外贸发展的火车头，作为贸易强国的根基。关于科学技术在经济社会中的作用和地位问题，邓小平同志指出："马克思说过，科学技术是生产力，事实证明这话讲得很对。依我看，科学技术是第一生产力。"① 对于外贸来说，科学技术是外贸发展的第一推动力，是创建贸易强国的最有力的推动者。高质量的外贸品从何而来？只能由以高科技武装起来的劳动者使用以高科技装备起来的劳动工具，作用于技术含量高的劳动对象，不断地制造出来。没有高科技，而奢谈所谓高质量外贸产品，岂不是天方夜谭。至于外贸商品如何推向全世界，这要靠先进的社会科学所设计的品牌、网络、信息、营销、运输、保险、金融等软实力以及劳动者素质的培育和发挥。"科学技术是第一生产力"这个命题既含有自然科学，也包括社会科学。只肯定前者而否定后者是不妥的、片面的。对于外贸来说，亦如此。依靠先进的自然科学技术制造出好的外贸产品，依靠优秀的社会科学成果将产品推向全世界。这就是我们走向贸易强国的两大法宝。它们当然有不同的搭配在

---

① 《邓小平文选》（第 3 卷），人民出版社 1993 年版，第 274 页。

货物商品贸易中，自然科技成果为主，而社会科学成果为辅。与此相反，在服务产品的交换即国际服务贸易中，社会科学成果为主，自然科技成果为辅。这样配套，会更好地落实"科技兴贸"战略。

（2）"科技兴贸"战略是以马克思国际价值理论为指导的战略。马克思认为，在国际市场上，商品按内在的国际价值量进行等价交换，或者说商品的国际交换遵循着国际价值规律。这是国际贸易的平等（公平、公正）性所在。但是，不同国家创造同量的国际价值所耗费的劳动时间（劳动量）是不同的，甚至相差悬殊，发达国家科技水平高，劳动复杂程度高，劳动强度和劳动生产率亦高，因而创造同量的国际价值耗费的劳动时间（劳动量）少。与此相反，落后国家和发展中国家的科技水平低，复杂劳动少，简单劳动多，劳动生产率低，创造同量的国际价值则要耗费更多的劳动时间（劳动量）。这种"过多"的劳动时间在国际交换中是不会被承认的，只能白白浪费了，这是国际贸易的不平等（不公平、不公正）所在。说透了，这是国际剥削所在。在这种情况下，作为发展中国家该如何办？为了早日成为贸易强国，与发达国家平起平坐，不再受列强们的歧视和剥削，唯一的出路和办法只能是"科技兴国"、"科技兴贸"。这就是"科技兴贸"战略的真谛所在。

（3）"科技兴贸"战略吸收了诸多贸易理论的"合理内核"。我国的"科技兴贸"战略除以马克思国际价值理论为指导外，当然还要吸收诸多国际贸易理论的科学成分。有的文章提出，后危机时代的对外贸易发展新战略，既要吸收李嘉图比较优势理论的合理内核、要素禀赋理论的合理内核，也要吸收新贸易理论的合理内核、对外贸易是经济增长发动机理论的合理内核、对外贸易乘数理论的合理内核以及国家竞争优势理论的合理内核。[①] 本文认为，还应当补充一个合理内核，即科技兴贸理论的合理内核。不仅如此，进而还应当把这个合理内核置于上述诸多合理内核的首位，作为引领者。只有这个合理内核明确无误地把科技放在发展外贸的首位，因而它应当属于这个位置，这是符合当代世界贸易发展新趋势新特征的。放眼世界看，当代的贸易强国无不具有科技优势，无不是科技强国，只有以当代高新科技成果武装我国对外贸易，才能圆贸易强国之梦。

---

① 李钢等：《后危机时代中国外贸发展战略之抉择》，《国际贸易》2010 年第 1 期。

2. 实施"科技兴贸"战略的重大举措

（1）以自主创新为主导，加快发展高新技术产品的进出口贸易。中国已经超越美国成为世界头号制造业大国。[①] 但是，高新技术产品的出口仍然落后于美国，不仅在总出口中所占比重低，2010 年仅为 31%，而且自主创新者少，拥有知识产权者少，且由在华外资企业主导。2009 年，我国高新技术产业中，内资企业所占比重刚刚超过 1/3。据科技部的资料，我国高新技术产业的发展目前存在三大问题：一是高新技术产业占制造业比重呈下降趋势，这表明制造业结构调整任务依然艰巨。二是高新技术产业的效率低，有待提高。据计算，美国、日本的高新技术产业全员生产率分别是我国的 6 倍和 5 倍，德国、法国则为我国的 4 倍。三是高新技术产业的科学研究、开发试验等的投入强度仍然偏低，远远低于美国、德国等西方发达国家。这三个问题制约着我国高新技术产业的发展，也是增加高新技术产品出口的最大障碍，要千方百计加以破解。改革开放 30 多年来，中国的高新技术创新能力有了较大提高。但是，相当多创新成果的产业化、产品化步履维艰，其关键在于缺乏有利于创新和创业的经济环境、法治环境和社会环境。解决这些问题，要靠改革。当前的高新技术产业及其产品出口多集中于高新技术开发区和科技兴贸创新基地，这可能也有过度的问题。如何发挥全国科研院所、高等院校的创新力值得更多关注。

在进口方面，同样要把高新技术产品的进口放在首位，实行出口与进口并重，以弥补我国的不足，加快缩小同发达国家的差距。为此，要着重解决三个问题。一是坚持不懈地同西方发达国家对华出口管制政策作斗争。按照 WTO 的非歧视原则，我方处于有利有理地位，应当更有力地工作，寻找薄弱环节或个别国家，力争突破，或从第三方转口进来。二是加强引进后的消化、吸收、再创造的环节，更充分地发挥已进口的高新技术产品的酵母作用、榜样作用。三是增加对高新技术产品进口的财政、金融支持，尤其加大财政补贴的力度，切实解决资金问题。

---

① 美国的经济咨询机构（美国环球通视有限公司）于 2011 年 3 月 14 日公布的报告称，2010 年全球制造业的产出为 10.1 万亿美元，其中美国占 19.4%，而中国占 19.8%，超过美国，成为制造业头号大国，打破了美国连续 110 年占据世界头号商品生产国的历史。上次中国居第一位的时间在 1850 年约占世界制造业的间在 1850 年左右。1850—1900 年的 50 年期间英国居第一位，中国在 1830 年约占世界制造业的30%，到 1900 年降至 6%，1990 年只有 3%。在制造业的劳动生产率方面，美国仍然领先，2010年两国的产出大体相同，但美国制造业的工人仅有 1150 万人，而中国则高达 1 亿人。参见《参考消息》2011 年 3 月 15 日。

（2）争创国际技术标准，加快迈向技术标准大国、强国的步伐。随着关贸总协定（GATT）和世界贸易组织（WTO）推动的谈判成功，关税、配额、许可证等传统贸易保护手段（又称贸易壁垒）大大降低，退居次要地位，代之而起的技术贸易壁垒则成为主要手段。根据世界贸易组织的《技术性贸易壁垒协议》（TBT）规定，技术壁垒主要由三部分组成：技术法规、标准和合格评定程序。所谓技术法规是指强制执行的有关产品特性或相关工艺和生产方法的规定。主要包括国家制定的有关法律和法规、政府部门颁布的有关命令、决定、条例以及有关技术规范、指南、准则、专门术语、符号、包装、标志或标签要求。所谓标准是指经过公认机构批准供通用或重复使用的、非强制执行的关于产品特性或相关工艺和生产方法的规则或指南。标准又分国际标准、国家标准、行业标准、产品标准等。所谓合格评定程序是指任何直接或间接用以确定产品是否满足技术法规或标准的程序。它有认证、认可和相互认证三种主要形式。上述三部分中，技术法规是主权国家自主制定的，伸缩余地不大。而合格评定程序是为确定标准服务的。显然，标准是三者中的主要部分。这方面，还有中国大显身手的广阔天地。为了创建贸易强国，必须争创国际技术标准，加快迈向技术标准大国、强国的步伐。

世界贸易组织提倡在国际贸易中尽量采用国际标准。这体现在《技术性贸易壁垒协议》附件3"关于制定、采用和实施标准的良好行为规范"中。该规范要求，所有标准化机构应尽量采用国际标准，并充分参与国际标准化机构的工作。各成员的中央政府标准化机构有义务接受并遵守该规范，同时成员方有义务使其领土内的其他标准化机构行为符合这一规范。由此可知，国际标准，应是我国努力的方向。

目前，欧美等西方发达国家都有大量的技术标准。比如，欧盟拥有技术标准10万多个，德国的工业标准有1.5万多个。由发达国家主导的国际标准化组织（ISO）和国际电工委员会（IEC）还公布了1.2万个标准。不仅如此，它们往往将其自己制定的标准定为国际标准，并强制发展中国家承认和执行。这个问题已经影响并制约中国外贸的出口，成为走向贸易强国的绊脚石。除继续向这种不公平现象作斗争外，主要任务在于，尽快提出我国标准化战略，千方百计提高科技水平，创新国际标准，不断使中国的更多国家标准成为国际标准。要增强全民的标准意识，不断提升各种行业标准、产品标准。

（3）大力发展绿色国际贸易，建设绿色贸易强国。化学制品的滥用、化石能源的废物废气排放、转基因的异化作用以及核辐射的危害等，已经严重恶化了人类生存环境，对地球上的各种生命都构成了严重威胁。于是，以消除这种危害为宗旨的绿色倡议、绿色行动、绿色贸易、绿色经济等共同汇成世界经济发展的绿色潮流，势不可当。顺之者昌，逆之者亡。在这种国际背景下，发展绿色国际贸易、建设绿色贸易强国当然是最佳选择。所谓绿色国际贸易包括绿色技术标准、绿色环境标志、绿色包装制度、绿色卫生检疫制度、绿色补贴等。要达到绿色贸易，首先必须基于绿色产品和绿色产业。这就要求我国的农业、工业、建筑业、交通运输业等必须成为绿色产业，生产出绿色产品。由此可知，发展绿色贸易，不仅使我国成为绿色贸易强国，还可带动和促进整个国民经济的绿色化。

五 "两洋"战略问题

1. 中国必须有走向贸易强国的海洋战略

凡贸易强国都有自己独特的海洋战略，古今中外概莫能外。水是生命之源，又是舟楫之便的基础。只有经过太平洋、印度洋、大西洋等"海洋道路"中国才能走出国门，成为真正意义上的贸易强国。依靠火车、汽车只能在欧亚大陆的范围内走一走，无法跨洋越海，而飞机虽然能超越海洋，但其运量有限。所以海洋道路是我国走向贸易强国的必由之路。海洋战略是我国全球战略的极其重要的组成部分。

近四五百年来，像葡萄牙、西班牙、荷兰、英国、美国等世界贸易强国无不通过大西洋、太平洋、印度洋等"海洋道路"走向全世界，无不具有独特的海洋战略、大型远洋商船队及其后盾——强大的海军。它们为争夺海洋通道（包括海峡、运河）曾经进行过多次战争。只要我们回顾16—17世纪争夺地中海和18—19世纪争夺大西洋以及20世纪争夺苏伊士运河、巴拿马运河等的历史，[①] 就会清楚海洋战略对于贸易强国的重要性。

随着世界经济的重心和优势由西向东转移、从北向南转移，太平洋将

---

① 仅英国和荷兰在17世纪就因贸易和关税问题，进行过三次海上战争（第一次1652—1653年，第二次1665—1667年，第三次1672—1674年）。

逐渐成为 21 世纪贸易强国争夺的主要对象。对于太平洋在世界贸易中的地位，马克思曾经预言道："太平洋就会像大西洋在现代、地中海在古代和中世纪一样，起着伟大的世界交通航线的作用；大西洋的作用将会降低，而像现在的地中海一样成为内海。"这个预言在 21 世纪将会变成现实。中国作为太平洋西岸的贸易强国，必须有中国特色的全球海洋战略。

2."两洋"战略是中国目前的战略重心

"两洋"战略是指太平洋和印度洋两个大洋战略。中国位于太平洋西岸，而太平洋又是中国面临的唯一海洋。因此，中国理所当然应把太平洋战略放在首位。目前，我国每年近三万亿美元进出口货物的大部分都是经过太平洋的"海上道路"完成运输的。这条海道可以说是中国的咽喉要道，必须用全力保证它的安全和畅通。但是，近年来，也有人想在这条海道上制造一些麻烦，企图把中国限制在"第一岛链"之西，甚至声称我国的南沙、西沙关乎他们的利益。对于这些杂音应有警惕，应有准备，以防万一。太平洋的安全尤其西太平洋的安全，是中国成为贸易强国的极重要的一个前提。

唯物辩证法告诉我们，做任何事情都应有两手准备。在中国走向世界的问题上，除了继续加强太平洋通道外，同时，还应当把开拓印度洋通道放在重要的战略位置上，或者说，实施"走出去"的印度洋战略。这个战略的核心问题是借助于缅甸、泰国这两个面临印度洋的国家走进印度洋，进而达到非洲、阿拉伯世界直至欧洲。在缅甸方面，从中缅边境上的云南瑞丽出发，途经缅甸的曼德勒直达缅甸西南部的印度洋岸边的重要港口实兑港（又称阿恰布港）。在泰国方面，经昆曼高速公路和铁路由中国的昆明直达泰国的曼谷（港），再由运输船经马六甲海峡进入印度洋。对于我国正在开辟的印度洋战略，国外媒体早已有所报道。英国广播公司网站2009 年 8 月 12 日发表的题为《中国如何影响印度的军事战略》一文中称："中国提供资金修建卡拉奇附近的瓜德尔深水港，在斯里兰卡建造汉班托物港，在孟加拉的吉大港建造集装箱码头，在缅甸的实兑港兴建加油设施等等。""为了抵御中国在缅甸科科群岛上的实力，印度在安达曼群岛上建立了三军指挥中心。"[1] 该文谈的虽然是军事战略问题，对经济贸易战略也有借鉴参考价值。

---

[1] 《参考消息》2009 年 8 月 12 日。

3. 关于进一步实施印度洋战略的一点建议

大家知道，埃及的苏伊士运河将印度洋与大西洋联结起来了，极大地方便了东西方的交流；巴拿马运河又将太平洋与大西洋贯通了，这就为环球商队航行提供了便利。本文建议：由中国与泰国共同合作，在泰国南部的克拉地峡开挖和建造世界上第三条大运河（目前我们暂且简称"克拉运河"），将太平洋与印度洋直接联结起来，为中国和泰国通过印度洋走向非洲、阿拉伯世界和欧洲提供更加便捷的一条海上通道。

"克拉运河"一旦建成，不仅缩短中国到达印度洋的两千多海里的航程，而且还能缓解目前马六甲海峡过往船只的堵塞问题，更能为中国通过印度洋走向非洲、阿拉伯世界和欧洲开辟另一条海上道路。这对于中国建设贸易强国来说，具有不可估量的战略意义。不仅如此，还能为东盟各国尤其泰国、缅甸、柬埔寨、老挝、越南、菲律宾等提供一条走向非洲、阿拉伯世界和欧洲更加便捷、安全的海上通道，更有利于东盟各国外向型经济的发展。这个举措将能把中国与东盟经贸合作提高到一个新水平。建成中国—东盟自贸区以来，虽然时间很短，但成绩显著。2010 年中国与东盟双边贸易额达 2927.8 亿美元，仅次于欧盟、美国和日本，居第四位。其中，去年中国自东盟进口达 1545.6 亿美元，增长 44.8%，中国向东盟出口达 1382.2 亿美元，增长 30.1%；中国对东盟的贸易逆差 163.4 亿美元，同比增长 30.7 倍。双方的相互投资本来是"短板"，近来也有突破。2010年中国对东盟直接投资 25.7 亿美元，增长 12.0%；东盟对中国前 11 个月直接投资达 50 亿美元，同比增长 35.0%。这样良好的发展势头，随着"克拉运河"的建成，将会持久发展下去。

（原载《中国社会科学院研究生院学报》2011 年第 4 期）

"入世"十年，中国和世界得到了什么

王振中

自 20 世纪 80 年代以来，国际贸易理论界就开始摈弃"零和竞赛"的观点而宣扬"正和竞赛"即"双赢"的理念，但是这一奢望只是在中国"入世"后才真正有了用武之地。大量的事实和实证表明，中国"入世"10 年，既改变了自己，也改变了世界，在实践中真正实现了世人所期望的"双赢"。

"入世"十年，中国得到了什么

波兰经济改革的总设计师格泽高滋·W. 科勒德克在其最新的著作《真相、谬误与谎言》一书中认为，中国成功"入世"是中国近 30 年做出的正确选择之一。实践充分证明中国"入世"收获甚丰，至少包括以下几点：

一是促进了观念的转变。中国经过长期的国内争论和艰苦的国际博弈，在 2001 年 12 月 11 日加入了世界贸易组织。尽管这是一次贸易谈判，但加入世界贸易组织却为中国第二次的现代思想启蒙提供了机遇。

在中国现代历史上，可以说 20 世纪的五四运动为中国提供了第一次思想启蒙的机遇，民主和科学的理念渗入了中国人的头脑。而这次"入世"则为国人提供了崭新的法治和知识产权的理念，因此也可以说这是中国现代化过程中的第二次思想启蒙。

我们通过加入世贸组织在国际范围内第一次接受了法治的理念，即任何人都不允许驾驭于法律之上的理念，同时我们也第一次在国际法律框架内接受了知识产权的理念。我们看到，正是在这个理念指导下，我国制定了《国家知识产权战略纲要》，从而把保护知识产权提升到了国家战略的高度，同时在 2006 年至 2011 年连续 6 年颁布了《中国保护知识产权行动计划》，在多个领域实施了 1000 多项具体措施，这是极其突出的思想转变的成果。正因为如此，我们在 2006 年、2008 年和 2010 年先后 3 次顺利通过了世界贸易组织的贸易政策审议。在这 10 年里，不仅非歧视、透明度、公平竞争等基本原则已经体现在我国的制度系统，而且市场意识、开放意识、公平竞争意识、法治精神和知识产权观念等新的理念深入人心，从而大大提高了中国的文明程度。

二是加快了经济的增长。中国"入世"之前，许多国人忧虑重重，主要担心经济会受到冲击，但是这种局面基本没有出现，反而经济得到了稳定增长。中国的出口规模迅速扩大，2001 年占世界的 4.3% 居第六位，2003 年占世界的 5.8% 居第四位，2008 年占世界的 8.9% 居第二位，2010 年占世界的 10.4% 居第一位。

与此同时，中国出口产品结构在竞争中也得到了优化，初级产品由 2001 年的 9.9% 降到 2010 年的 5.2%，工业制成由 2001 年的 90.1% 提升到 2010 年的 94.8%，其中高科技产品的出口比重增加十分明显，由 2001 年的 17.5% 增加到 2010 年的 31.2%。更可喜的是，"入世"前人们所担心的服务业也出人意料地得到了发展，2001 年至 2010 年，中国服务贸易总额（不含政府服务）从 719 亿美元增加到 3624 亿美元，增长了 4 倍多。中国服务贸易出口在世界服务贸易出口中的比重从 2.4% 提高到 4.6%，2010 年达 1702 亿美元，从世界第 12 位上升到第 4 位；服务贸易进口比重从 2.6% 提高到 5.5%，2010 年达 1922 亿美元，从世界第 10 位上升到第 3 位。正是在国际贸易这一发动机的带动下，中国经济稳定增长，2010 年中国国内生产总值比 2001 年增长 4.6 万亿美元，中国国内生产总值占世界经济总值的比重增加至 9.3%。

三是推动了体制的改革。在"入世"前，我国对外贸经营权的管理是实行审批制，因此按照市场经济的要求来看，我们对外贸经营权的控制程度是相当高的，这一制度充满了计划经济垄断经营的色彩。因此在中国"入世"的过程中，我国的谈判对手出于各种动机，施展各种压力，迫使我们逐步全面放开外贸经营权。按照我们"入世"的承诺，自 2004 年 7 月起，我国政府对企业的外贸经营权的管理由审批制改为了备案登记制，这意味着所有对外贸易经营者均可以依法从事对外贸易。正是这一重大制度的改变，极大地激发了企业或个人从事外贸活动的积极性和创造性，到

2010 年，国有企业、外商投资企业和民营企业进出口分别占中国进出口总额的 20.9％、53.8％和 25.3％，终于形成了符合市场经济要求的外贸经营多元化格局。

四是提高了人民的福祉。中国是个劳动力充裕的大国，如何创造大量的就业机会是十分重要的。在我国的贸易形式结构中，加工贸易占有相当的分量。尽管这种贸易形式是处于价值增值链的低端，但是对于创造就业机会和发挥中国劳动力充裕的比较优势是很适用的。正是以大量的劳动密集型产业的加工为重点的对外贸易直接带动的就业人口超过了 8000 万人，其中 60％以上来自农村，其结果不仅使就业者的收入和生活得到了显著改善，而且也加快了中国的工业化和城镇化进程。

中国"入世"成为了提高人民福祉的巨大引擎，还体现在以下三个方面：一是中国公民海外旅游十分顺畅，2005 年 3103 万人，2010 年 5739 万人；二是奢侈品的需求迅猛增长，2010 年在中国销售的奢侈品占世界的 27％居第二位；三是各种国际交流活动丰富多彩，仅 2010 年中国会议消费达 1570 亿美元，其中北京、上海、成都、南京、杭州、大连的 232 家饭店成为了国际会议中心，这为加快解放思想、增加国际理解提供了宽阔的交流平台。

"入世"十年，世界得到了什么

在 1999 年到 2002 年期间担任世界贸易组织前总干事穆尔 2011 年 12 月在接受中国记者采访时说："中国在过去 15 年，在过去 25 年的发展，是人类历史上的一个伟大故事。"这个故事之所以伟大，是因为世界各国分享了中国经济高速增长的成果。

一是世界分享了中国经济增长的红利。这体现在以下几点：第一，在世界经济发展的增量中，中国起着举足轻重的作用，中国对世界 GDP 增量的贡献率由 2003 年的 4.6％增长到 2009 年的 14.5％，甚至可以说，世界经济发展的主要动力来自中国。第二，2000 年至 2009 年，中国出口量和进口量年均增长速度分别为 17％和 15％，远远高于同期世界贸易总量 3％的年均增长速度，这表明同期世界贸易总量增长的主要动力也来自中国。正是由于中国商品的有效供给，仅每年给美国的消费者和企业就节省了数以百亿美元计的成本。第三，2009 年在世界货物贸易进口量下降 12.8％

的背景下，中国进口量却增长 2.9%，是世界主要经济体中唯一保持增长的国家。由此可以看出，正是中国因素提振了人们的信心，对克服世界经济危机和复苏起到了关键的作用。

二是世界分享了中国市场准入的红利。2001 年以来中国货物进口总额扩大了约 5 倍，年均增长约 20%，不仅成为了澳大利亚等国家的第一大出口市场，欧盟的第二大出口市场，美国的第三大出口市场，而且亚洲国家和地区从中大大受益，仅 2010 年我国对日本、韩国、东盟及我国台湾地区的货物贸易逆差共计 2276 亿美元。

除了商品市场外，世界还从中国扩大开放服务市场中获利匪浅。中国为境外服务商提供了包括金融、电信、建筑、分销、物流、旅游、教育等在内的广泛的市场准入机会。在世界贸易组织服务贸易分类的 160 个分部门中，中国开放了 100 个，开放范围已经接近发达国家的平均水平。2010 年，中国服务业新设立外商投资企业 13905 家，占全国非金融领域新设立外商投资企业的 50.7%；中国服务业实际利用外资 487 亿美元，占全国非金融领域实际利用外资的 46.1%。正因为中国市场准入的大门已经打开，所以老外在中国的就业人数越来越多，2009 年有 22.3 万老外在华就业，而 2010 年有 23.17 万老外在华就业。据 2011 年 11 月 AESC 对 100 位年薪高于 15 万美元商业人士的调查，中国是世界上第四个高薪国家，仅次于美国、英国和德国，高于巴西和印度。

三是世界分享了中国降低壁垒的红利。贸易壁垒主要体现在两个方面，一个是关税壁垒，一个是非关税壁垒。在关税壁垒方面，中国进口商品关税总水平从 2001 年的 15.3% 降低到 2010 年的 9.8%，其中农产品平均税率降至 15.2%，工业品平均税率降至 8.9%。关税约束率自 2005 年起一直维持在 100%。特别是中国已经对 36 个已建交的最不发达国家原产的4700 多个税目商品实施了进口零关税，目前已承诺将使上述国家实施零关税商品达到全部税则税目的 97%。零关税措施促进了最不发达国家对中国的出口，自 2008 年以来中国一直是最不发达国家第一大出口市场。毫不夸张地说，中国是对最不发达国家开放市场程度最大的发展中国家之一。

在非关税壁垒方面，中国进行了大刀阔斧的改革，自 2005 年 1 月起全部取消对 424 个税号产品的进口配额、进口许可证和特定招标等非关税措施，同时中国产品的国家标准采用国际标准的比例由 2001 年的 40% 提高到 2010 年的 68%。这些举措进一步推动了中国参与区域经济一体化的进程，截至2010年底，中国已经与五大洲28个国家和地区进行了15个自由贸易安排或紧密经贸关系安排谈判，签订和实施了10个自由贸易协定或紧密经贸关系安排。

中国今后面临的挑战是什么

"入世"十年，中国和世界获得了双赢，这是可喜的。但是随着世界经济的不确定性的增加，我们今后的发展仍然会面临相当多的挑战，其中之一是农业问题。在中国"入世"的过程中，前领导人曾经担忧过的至少有两件事，一个是担心我国农业发展问题，例如"入世"前就告诫国人应该防止美国的大豆冲击中国市场，遗憾的是现在这个问题愈演愈烈，已经或正在严重损害着我国农民的利益。另一个是工业产品的零配件供应的问题，前领导人特别谈到我们购买美国的"黑鹰"直升机，如果人家不给我们零件，就是一堆废铁。面临经济全球化日益深化，这两个问题应该重新引起我们的重视。更从根本上解决这些问题，重要的是我们一定要加快培育、挖掘、发挥企业创新的能力，加大企业品牌的竞争力，逐步转变一味依赖加工贴牌的生产方式，例如在美国一部批发价是178.96美元苹果手机中，日本、德国、韩国分别通过制造相关零件取得了34%、17%、13%的分成，而中国最后组装只能拿到3.6%的分成，而最后全部价值则算在中国出口的账上，这种"利润在国外，顺差在我国"的不合算的事越少越好！

（原载《决策探索》（下半月）2011年第12期）

加快转变经济发展方式必须正视
外资的十大危害

贾根良

自 2007 年党的十七大召开以来，加快转变经济发展方式就成为我国经济理论和经济政策研究的热点问题。胡锦涛总书记在 2010 年的讲话中曾反复强调加快转变经济发展方式"刻不容缓"。2010 年 3 月 1 日，《人民日报》发表署名为任仲平的政论文章，把加快经济发展方式转变看做决定中华民族命运的第三次社会经济大变革。但是，在引进外资的弊端日益暴露的今天，却很少有人认识到，引进外资特别是引进外国直接投资已经成为转变经济发展方式的障碍，相反，政府却出台了一系列大力鼓励引进外资的政策。2010 年 4 月颁布的《国务院关于进一步做好利用外资工作的若干意见》（国发〔2010〕9 号文件）就是一个突出的例子。本文将依次讨论外国直接投资对中国经济的十大危害，最后提出相应的政策建议。

一 外资是我国深陷美元陷阱和
"自我剥夺"的罪魁祸首

众所周知，中国外汇储备的安全面临着严重威胁。余永定先生指出，美元贬值、美国的通货膨胀和美国财政状况的急剧恶化正在严重地侵蚀着我国外汇储备的价值。余永定指出，自 2002 年 4 月到 2009 年年底，美元已经贬值 41%，这实际上等于仅美元贬值这一项就使中国的美元储备损失了 41%。余永定认为，事到如今，除了向美国"晓以大义"，中国手中并没有什么牌可打。他还指出，更加令人扼腕的是，即便我们自知已经陷入陷阱，但却无法自拔①。显而易见，由于美国滥发美元和迫使人民币升值，中国外汇储备的大幅度缩水是不可避免的，因此，向美国"晓以大义"是根本没有用处的。但中国果真是手中没有什么牌可打吗？笔者认为，我国实际上有一张大牌可打，而要打这张大牌就需要先弄明白为什么"我们自知已经陷入陷阱，但在陷阱里却越陷越深"的原因。

据报道，截至 2010 年 3 月末，我国外汇储备余额约为 2.4 万亿美元；另据报道，截至同一时点，我国实际使用外资超过 1 万亿美元，我国连续 17 年位居发展中国家之首。在全球跨国直接投资下降近 40% 的情况下，2009 年我国吸收外资仍保持在 900 亿美元的高位，仅下降 2.6%，居全球第二位。② 我们知道，由于引进的外资不能直接在国内使用，所以必须在中国人民银行兑换成人民币，因此中国人民银行收到的 1 万亿美元就直接变成了我国的外汇储备。这也就是说，在不考虑游资等短期资本进入我国的情况下，即使就引进的外国直接投资而言，这 1 万亿美元就占到了我国外汇储备的 42%。另外，据 2010 年 3 月 14 日温总理在第十一届全国人民代表大会闭幕后接见中外记者时引用的数据，外商投资企业出口占我国出口总构成的 60%，这也就是说，外商投资企业出口对于我国在美元陷阱里越陷越深的"贡献率"达到 34%。两项加总计算，引进的外资和外商投资企业出口的"创汇"到 2010 年 3 月底就达到 1.6 万亿美元，占我国外汇储备的 2/3。毫无疑问，引进外资和外商投资企业出口是我国在美元陷阱里越陷越深的罪魁祸首！

因此，我们就看到了世界经济发展史上绝无仅有的"奇观"：一方面，我国大量引进外资，这些外资在变成美元储备后就不断贬值。从理论上说，这些美元外汇储备在未来将变得一文不值，而外资企业却在我国每年赚取高达 25% 的利润。不仅如此，美国跨国公司收购我国企业的资金也来自我国人民自己的血汗钱：美国不允许我国用出口廉价商品辛苦挣来的美元购买美国高科技产品，更不允许收购美国企业，因此我国大量的外汇储备被迫用于购买美国国债。然后，美国把通过在中国发行美国国债筹集到的资金低息贷给跨国公司，而跨国公司再转手使用这些资金大肆收购我国

---

① 余永定：《中国深陷美元陷阱》，《第一财经日报》2010 年第 2 期。

② 王仁贵：《中央调整引资政策，外资"超国民待遇"时代谢幕》，《瞭望新闻周刊》2010 年第 1 期。

企业并进而控制我国产业特别是高端产业，这无异于中国人通过美国财政部把自己的血汗钱无偿地交给美国跨国公司，从而使用自己的血汗钱达到自虐性的"自我剥夺"的目的。此外，引进外资也是推动人民币升值的重要因素之一，引进外资越多，人民币升值的压力也就越大，破产倒闭的本土出口企业也就越来越多，这实际上就等同于通过引进外国直接投资来摧垮自己的民族企业。仅此一个理由就完全可以为停止引进外资并回购外资企业提供充足的理由。很明显，停止引进外资并回购外资企业是我国"避免进一步落入美元陷阱，并尽量减少已有外汇存量可能发生损失"最直接的办法。但一直令笔者感到疑惑不解的是，我国的经济学家们和我国政府官员为什么对此视而不见，却反而在2010年变本加厉地制定为外资敞开大门的政策呢？

二 引进外资严重地阻碍了我国内需产业和内地经济的发展

在金融危机爆发前，引进外资造成了我国繁荣的出口导向型部门（地区）与萎缩的内需部门（地区）之间相分割的"二元经济"。如果说我国巨额的美元储备由于美元的不断贬值而遭受天文数字的损失，如果说我国卖给美国的国债再也收不回来了，那么，我国人民十几年来的血汗都权当是喂狗了，虽然我们对此很心痛，但这还不是最坏的事情。最坏的事情是引进外资和以出口为目的的外资[1]仍在严重地损害我国内需经济的发展，特别是引进的外资仍在把国内储蓄转变成几乎没有用处的外汇储备，继续强化这种畸形的"二元经济"。而且，外汇储备特别是那些实际上已经成为"呆账"的美国国债和"两房"企业债还成为逼迫中国人民银行以"外汇占款"的形式过多发行基础货币的祸根，从而使近10年来的我国经济经常处于通货膨胀的威胁之下。这是我国在2007—2008年发生严重通货膨胀的根源，也是近几年导致资产价格大幅度上涨的主要因素之一。

对于引进外资和外资企业出口是如何以牺牲内需发展为代价的问题，我们可以通过举例作如下说明：截至2010年3月，我国引进了1万亿美元

---

① 当然，港台资本不属于外资，但由于港台资本也是通过美元进入大陆，因此港台资本对我国国民经济的不利影响与外资基本上没有什么差别。

的外国直接投资，兑换成人民币比方说是 6.8 万亿元，如果我国货币发行总量不变，那么，这相当于出口经济部门从内需经济部门吸走了 6.8 万亿元人民币。由于引进外资集中在沿海地区，在我国货币发行总量不变的情况下，这相当于从全国其他地方吸走了 6.8 万亿元人民币，这说明沿海地区增加了 6.8 万亿元的投资，别的地方就减少了 6.8 万亿元的投资；同样道理，出口创汇的 1.4 亿美元也具有相同的作用。

上面假定我国货币发行总量不变，但如果中国人民银行因为引进外资 1 万亿美元或出口创汇 1 万亿美元都要增发 6.8 万亿元人民币，新增人民币会带来通货膨胀，由于沿海地区的货币供给比其他地方增加了 6.8 万亿元；其他地区的货币供给量表面上不变，但因为购买力下降了，资源的利用还是减少了，资源就从别的地方流向了沿海地区。因此，我国沿海地区通过引进外国直接投资并加入全球产业价值链的"两头在外、大进大出"战略实际上是一种与内地和内需产业争资金、争资源和争夺劳动力的资源配置机制：沿海地区吸引的外资和出口创汇越多，从内地或内需产业吸走的资金和资源就越多，内地发展就越缓慢，内地或内需产业也就越贫困。[①]出口创汇和以出口为目的的外国直接投资所积累的巨额美元储备不仅一直在吸收国内经济发展所需要的资金和资源，导致内需发展严重不足，而且这也说明，内地或内需产业一直在补贴沿海地区和出口导向型部门，造就了金融危机之前繁荣的出口导向型部门与萎缩的内需市场，并加重了沿海地区与内地经济发展的严重不平衡，使西部大开发战略不能充分发挥作用。

三 外资最终将使我国创新型国家建设成为泡影

到目前为止，我国通过建立合资企业实现自主创新尚无一例，自主创新都是在外资企业之外独立发展起来的，我国汽车业就是突出的例证。按照自主创新的定义，外资独资企业的创新不是我国的创新，那么，外资独资企业会不会通过技术扩散，对提升我国企业自主创新能力有所帮助呢？笔者认为，这根本是不可能的。在我国加入 WTO 后，外资独资企业在我

---

① 黄树东：《选择和崛起：国家博弈下的中国危局》，中国人民大学出版社 2009 年版，第 345—347 页。

国引进的外资中比重越来越大，而按照我国加入 WTO 的条款，外资企业不再承担转让技术的义务，外资即使是在我国市场使用先进技术，其目的也是摧毁我国民族企业的创新能力，达到垄断我国市场和支配我国产业的目的，这是由资本的本性而非人的本性所决定的。试想，如果您是全球技术领先企业的领导者，那么，在中国没有强迫您转让技术的情况下，您会通过技术扩散在中国为自己制造竞争对手吗？您是不是也要采取这种在中国封杀竞争者的战略？

因此，外资对华技术政策将采取如下战略。第一，首先实行对华技术封锁，通过对技术的知识产权索取天价，不仅在我国市场榨取巨额技术垄断利润，而且将迫使我国企业在生存线上挣扎，根本无财力进行技术创新，如外资对我国彩电业的液晶面板技术就采取了这种战略；第二，通过外商直接投资转移低廉的过时技术，减少我国自主技术的利润，打击我国自主创新企业；第三，在牢牢控制核心技术的情况下，在我国高科技产业大规模建立"装配线"，抢夺我国市场和终端客户，把中国的自主技术扼杀在市场化之前，如外资对我国高科技产业的战略；第四，通过收购、控股和建立独资企业，完成产业价值链的布局，将我国牢牢地固定在产业价值的低端环节，如外资对我国装备制造业和大量传统工业的战略；第五，通过直接专门挖掘我国的高级智力，打击自主知识产业的人力资源，如我国一宣布重新启动被外资摧毁的大飞机项目，外资马上就在天津建立大规模的飞机组装厂；第六，通过收购和兼并等方式，摧毁我国的自主知识产权或将其据为己有，如我国大量的著名民族品牌就这样消失了；第七，迫使我国政府放弃任何"自主创新"政策的努力，正如笔者在第四部分将要谈到的，外资通过 2010 年 5 月 23—24 日举行的"中美战略与经济对话"会埋葬了我国有关自主创新产品政府采购的政策。[①]

自 1993 年以来，在我国就一直存在着这样一种至今仍占统治地位的观点：引进外资的最大作用就是为了发挥"鲶鱼效应"，促进国内竞争："任何时候中国都需要外资。理由很简单，不是为了学习外企的技术、管理经验和治理机制……而（是）需要外资来'搅局'，即需要外企来促进和激活国内的市场竞争……去撼动乃至打破国企的垄断地位。即使将来民

---

① 第二至第六点的论证受到黄树东的启发，见黄树东《捍卫核心经济利益、实现发展方式的转变》，"中国经济社会发展智库第 3 届高层论坛"会议论文，清华大学，2010 年 6 月 15 日。

企主导中国的市场，也需要一个外在的力量去和民企竞争以保持市场的活力。仅此一点就够了。"① 在这里，笔者要请邓聿文先生、我国的经济学家和我国政府的官员们回答笔者这个问题：据国务院发展研究中心 2006 年的研究报告，在我国 28 个主要行业中，外国直接投资占多数资产控制权的已经达到 21 个，每个已经开放产业的前 5 名几乎都是由外资所控制。在这种情况下，民企还有资格谈主导我国的市场吗？我们还有资格在这些行业谈自主创新问题吗？2006 年胡锦涛总书记在第三次科技大会上曾提出，到 2020 年我国将建设成创新型国家，在这种情况下，试问这一目标将如何实现？

经济史的研究告诉我们，除了新加坡和爱尔兰这样的小国，所有的国家无不是通过严格限制外资甚至拒绝外资进入本国市场而崛起的，美国在这方面就是一个典型的代表。我们知道，美国在 1875 年开始的第三次技术革命中与英国同为领导者，而到了 1908 年第四次技术革命开始时则成了唯一的领导者，但人们并不了解，这与美国拒绝外资进入其市场具有直接关系。利普西曾指出："美国在 19 世纪许多行业技术落后于欧洲国家，（但）令人惊讶的是，这些行业中基本没有（外国）直接投资，而（外国）直接投资是开发优势技术的天然渠道。"② 笔者认为，这并没有什么可惊讶的，因为如果放任外国直接投资进入美国市场，美国民族企业在技术创新上根本就无法与欧洲国家的企业进行竞争，所以，美国的一位经济史学家写道，"我们商业政策的基调从一开始就是为国内制造商保留国内市场，而排斥外国竞争的"③。正是由于美国的高关税保护和排斥外国直接投资，"美国巨大、丰富的市场……使美国在国际比较中具有独特的优势。有些技术创新源于欧洲，但由于可以在美国市场中实现规模经济，其发展却是在美国进步最快，这种例子为数众多"④。

美国、德国、日本和韩国等国家成功的历史经验和拉丁美洲失败的教训都说明，市场重于技术，有市场才有技术创新的机会，而我国实行"以

---

① 邓聿文：《中国为什么还需要外资》，《中国经营报》2010 年第 2 期。

② ［美］斯坦利·L. 恩格尔曼：《剑桥美国经济史（第 2 卷）：漫长的 19 世纪》，中国人民大学出版社 2008 年版，第 493 页。

③ 左大培：《绕过比较优势"陷阱"、以技术立国》，《绿叶》2009 年第 8 期。

④ ［美］理查德·纳尔森：《经济增长的源泉》，中国经济出版社 2001 年版。

市场换技术"的结果是：市场丢了，技术也没有得到，而没有了市场，技术将如何创新？我国如果不从根本上改变外资政策，外资必将使我国创新型国家的建设成为泡影。

四　外资已经成为寻租、滋生庞大买办利益集团和干涉我国内政的强大力量

　　奇怪的是，邓聿文先生在他的《中国为什么还需要外资》一文中一方面为外资张目，而另一方面却又指出了这样一个事实：外资直接游说相关主管部门，造成两税合并拖延了很多年。时任财政部长的金人庆就曾感叹，为中资企业说话的人太少了，为外资企业说话的人太多了。这正是目前问题的症结之所在：部分政府官员和学者对外资的危害认识不清，特别是一些地方政府置国家整体利益于不顾，为了追求政绩疯狂引进外资，方便了跨国公司在我国大搞政策寻租行为，诱导政府制造不公平竞争环境，在中国的领土上享尽了特殊低税率、低价土地出让金之类的"超国民待遇"，不仅在我国培育了庞大的买办利益集团，而且还直接干涉我国内政。例如，自 2009 年底以来，跨国公司通过对我国政府施压并游说美国政府，成功地迫使我国政府放弃自主创新产品政府采购政策就是一个典型的案例。

　　2009 年 11 月，中国科技部、国家发改委、财政部联合发布了《关于开展 2009 年国家自主创新产品认定工作的通知》。该通知要求供货商在被列入《政府采购自主创新产品目录》之前必须获得产品认定，所有申报的产品都要拥有我国的知识产权和自主品牌，且申报人的知识产权必须完全独立于海外机构或个人。我国政府的这种政策完全是正当的，没有违背任何国际规定和惯例；我国政府也没有加入世贸组织的《政府采购协定》，因此也没有义务让在华的外资企业参与我国的自主创新活动。但是，这种完全属于我国内政的自主创新政策却招致跨国公司的极大不满，它们到处散布外资在我国经营环境恶化的言论，把我国政府采购自主创新产品污蔑为贸易保护主义，唆使发达国家媒体对我国政府群起而攻之，中国美国商会还在 2011 年第二轮"中美战略与经济对话会"召开之前的 5 月 3—6 日开展了对华盛顿智库、奥巴马政府以及国会的游说之旅，最终迫使我国政

府在实际上放弃了对民族企业自主创新进行支持的政策。①

俗话说，外因总是通过内因而起作用，因此，毫不奇怪的是，为了迫使我国政府放弃支持民族企业自主创新的政策，龙永图又跳出来为美国干涉中国的自主创新政策制造舆论说，一家外商投资企业经中国政府批准成立以后，它接受中国政府的监管，向中国政府交税，为中国创造就业机会，它就应该是百分之百的中国企业，如果始终将外资在华企业看做外国企业，中国就不可能建立一种对外开放的良好体制环境。在我国政府中，有人得了软骨病，承受不住外国人的压力，提出了这样一种奇谈怪论，说什么"凡是在中国合法进行生产、雇用中国员工、进行研发投资和商业运营的外资企业都视同于中国企业"。确实，外资企业在中国注册在名义上是中国企业，但跨国公司在中国注册的子公司、在中国注册的外国独资企业的产权实际上是中国的吗？

按照制度经济学中的产权理论，跨国公司在中国注册的子公司、在中国注册的外国独资企业的产权无疑完全属外国人所有、是外国的企业，它们的产权什么时候归中国政府或公民所有了？根据外资企业在中国的注册，就把它和民族企业一视同仁，这实际上是陷入了马克思所批判的"法学幻想"之中。奇怪的是，跨国公司再猖狂，他们还没有猖狂到敢于篡改产权理论的程度，倒是有不少中国人敢于颠倒是非，混淆黑白，为外资控制我国经济鸣锣开道。作为一个中国人，难道我们忘记了我国近代史上外国资本对我国的经济侵略了吗？这些外国资本也曾经"是在中国合法进行生产、雇用中国员工、进行研发投资和商业运营的外资企业"啊！难道我们看不到跨国公司在许多发展中国家翻手为云覆手为雨、支配这些国家的经济和干预其政治的事实吗？

现在在外国直接投资几乎全部采取独资的发展趋势下，在我国变本加厉地引进外国直接投资的情况下，在民营企业与外资的竞争中显得如此弱小的情况下，究竟谁将是中国自主创新的主体？如果不把跨国公司排除在自主创新之外，跨国公司成为中国自主创新的主体必将无法避免。"跨国公司是中国自主创新的主体"，这种说法恐怕连形式逻辑都不符合，即使

---

① 据新华网北京5月24日电，"中国科技部副部长曹健林24日表示，中国有关部门将于近期启动2010年国家自主创新产品的认定工作，欢迎所有中国企业包括在华外资企业积极申请国家自主创新产品认定。他表示……从中方召开的20多次座谈会看，（外国在华）商会和外资企业的主要关注点已转为具体申报程序的技术细节问题，对中方的原则没有什么意见"。

是惯于颠倒是非和胡搅蛮缠的人都无法否认这一点！跨国公司击败我国自主创新政策无疑是对我国建设创新型国家的莫大讽刺。

五 外资通过掌握和控制产业价值链垄断和支配我国经济

外资不仅采取了全面的对华技术遏制战略，而且目前正在通过掌握和控制我国各个产业的价值链，达到垄断和支配我国经济的目的。对于外资企业来说，与我国企业在技术创新上进行竞争太辛苦，也难以稳坐某个产业的江山，因此，最便利和最具战略性的手段就是控制产业价值链，因为控制住了产业价值链，也就控制了产品和服务的定价权，控制了产品和服务的市场。在这种情况下，外资无须在我国进行任何技术研发，就可以通过提高价格，或者通过对我国本土弱小的民营企业进行盘剥，达到在我国稳固地获取超额利润的目的。例如，2004年，跨国粮商盯上了我国的食用油领域。他们首先利用期货抬高大豆价格，诱使国内榨油企业集中采购美国大豆。随后又一路把油的价格打压下来，导致我国油脂企业半数破产。跨国粮商趁机通过并购、参股和合资的方式，控制了近60%的我国油脂企业。在控制了我国的食用油市场后，跨国粮商几次涨价，不但获取了高额利润，还成为我国近几年通胀的主要推手之一。

目前，我国经济从制造业到农业再到服务业，正面临着被外资全面控制的严峻局面。据北京交通大学在2009年12月发布的最新外资控制报告，近10年来，外资对我国制造业的市场控制度稳步上升，平均控制率已接近1/3，超过一般行业市场控制度的警戒线。像电子信息产业，外资对我国市场的控制度在2004年以后均在80%以上。而对我国经济转型意义重大的高新技术产业，总体外资控制度近几年也处在近70%的水平。国家工商总局也曾公布过一项调查结果：微软占有中国电脑操作系统市场的95%，利乐占有中国软包装产品市场的95%，法国米其林占有中国子午线轮胎市场的70%。① 又如，2010年第3期《国际先驱导报》的文章《洋种子深植中国土壤》指出，外资在垄断了蔬菜种子后，"天价种子"已经陆续出现，有些种子比黄金还要金贵；不仅如此，外资正在加紧布局，以实

---

① 张皓雯、金微：《外资掌控中国产业大半壁江山》，《国际先驱导报》2010年第2期。

现对蔬菜产业链的掌握和控制。现在，这样的例子在我国急剧增加，只要看一下这些文章的题目：《流通业主渠道盛世危言：外资已占 60%》①、《外资控制我 2/3 信用评级市场》②、《中国粮仓的钥匙决不能让外资抢走》③ ⋯⋯难道我们不会得出中国民族产业面临着全面告急局面的结论吗？

六 外资是造成收入分配两极分化并破坏和谐社会的隐蔽性杀手

如果外资控制了我国国内大部分的产业价值链，那么，这必将重演我国通过廉价劳动力和加工贸易加入全球产业价值链，从而任由跨国公司剥削和掠夺的悲剧，富士康的"跳楼文化"就会在中华大地上遍地开花，我们的子孙后代都会沦为富士康之类的高科技血汗工厂的现代奴隶。实际上，当我国国家计划委员会被取消后，跨国公司就逐渐成为中国经济的计划者和组织者，把中国经济纳入跨国公司的全球生产和销售网络之中。由于全球产业价值链是由跨国公司的生产者驱动和购买者驱动这两种类型所构成，因此，在跨国公司垄断着国际生产和国际交换的格局下，我国的出口导向型经济只有通过加入全球产业价值链进入国际市场，其结局只能是处于被残酷剥削的地位。例如，在美国，1995 年 5 条最大的供应链就占据了市场份额的 68%，中国产品根本就没有定价权。笔者在下面就以生产者驱动的富士康和购买者驱动的沃尔玛来分析外资如何成为我国收入分配两极分化的罪魁祸首。

首先，作为所谓的高科技生产企业，富士康却一直执行着深圳市的最低工资标准，突出地代表着跨国公司对我国工人的残酷剥削。在富士康"十二连跳"事件之后，"地板工资"成了一个新名词，它是指许多企业在过去 10 年左右虽然在规模和效益上逐年递增，但农民工的工资水平还和 10 年前差不多，这些企业大都按照当地最低工资标准给农民工发薪水。由于跨国公司在我国投资设厂的目的就是利用我国所谓的廉价劳动力，而我国政府又相信了所谓中国的"比较优势"就在于廉价劳动力的说法，因

① 高江虹：《流通业主渠道盛世危言：外资已占 60%》，《21 世纪经济报道》2009 年第 1 期。

② 郑新立：《外资控制我 2/3 信用评级市场》，《经济参考报》2010 年第 1 期。

③ 余丰慧：《中国粮仓的钥匙决不能让外资抢走》，《经济参考报》2010 年第 1 期。

此，跨国公司和我国地方政府联合起来压低工人工资，而林毅夫所谓的劳动密集型产业发展战略又导致了这种低水平专业化的自我强化，导致了中国以及所有发展中国家的"竞次"活动，这种持续的对工资水平的挤压迫使工人不得不通过减少消费并尽可能地多工作来增加他们的"自我剥削"。这不仅对工人及其家庭的利益是损害，而且也导致了国内需求的严重不足。

其次，沃尔玛是以层层控制和在全球进行采购的巨型零售商。据统计，我国百货业百强企业营业总和还不到沃尔玛的1/10。而就是沃尔玛几乎每年都要把从我国进口的大部分货物的价格压低5%，国内资本家也就不得不把这种利润降低的负担转嫁给工人，从而再次产生对工资水平的持续挤压，使我国的广大工人在生存线上挣扎。按照中国人民大学劳动关系研究所所长常凯的调查，就目前的消费水平，一个人在深圳租房、吃饭和看病每月起码需要1200元，这还不包括抚育后代、赡养老人和文化生活的开支。而所谓的高科技工厂富士康在2010年"十二连跳"事件发生之前每月支付给工人的标准工资只有960元，而富士康却是工人们打破脑袋想要挤进去的工厂。因此，外资是导致我国收入分配两极分化和破坏和谐社会的隐蔽性杀手。

七　外资是挤占民族企业投资机会并催生
我国泡沫经济的重要因素

高端制造业、高新技术产业和现代服务业等都属于产业价值链的高端环节，属于高质量生产活动。高质量生产活动是科技进步的载体，由科技进步所带来的高创新率和高水平进入壁垒所产生的高附加值创造了可以由企业家、劳工和政府分享的生产率增益，由高质量生产活动的创新所产生的"不断涌来的收入潮水浮起了所有的船"，是实现各行各业全体国民共同富裕的基础。但是，一旦一个国家丧失了对高质量生产活动的控制权，那么，这个国家将不仅在自主创新上举步维艰，而且它也将丧失高质量生产活动通过系统协同效应使其生产率增益普惠于报酬不变和报酬递减的行业以及提高全体国民公共福利的机会。在世界历史上，德国、美国和日本之所以没有沦为外国的殖民地，原因就在于通过保护幼稚工业大力发展它们当时的高质量生产活动。但是，我国政府在国发〔2010〕9号文件中，却置发达国家成功的历史经验于不顾，反而"鼓励外资投向高端制造业、高新技术产业、现代服务业、新能源和节能环保产业"。

高质量生产活动是国民经济的命脉，我国不仅不应该鼓励外资投资，反而应该禁止外资进入，为民族企业和子孙后代保留市场空间。实际上，目前跨国公司已经在我国通过占据产业价值链的高端环节和控制产业价值链，严重地挤占了我国民族企业特别是民营企业的投资机会。例如，2009年在我国本土企业因国际金融危机发生严重经营困难并有几十万家和上百万家倒闭的同时，据中国美国商会2011年春天发布的《2010年商务环境调查报告》，2009年，71%的美资企业实现了盈利，82%的企业对在华业务前景表示乐观，91%的企业对未来5年的发展前景表示乐观。科尔尼公司和联合国贸发会议开展的外国直接投资信心指数调查和对众多大型跨国公司的调查显示，中国再次成为全球最具吸引力的投资东道国。

因此，从前几年开始，因无利可图从劳动密集型出口产业中游离出来的大量资金在外资把有利可图的投资机会都掌握在手的情况下，或者不得不投资于可以在短期内就能产生回报的产业，因而造成钢铁、水泥、煤炭、轻工业和建材等产业的大量产能过剩，或者转向股市和房地产等投机活动，特别是在前者的产能过剩日趋明显的情况下，无形中又加剧了房地产的投机活动。由于跨国公司大量的逃税行为和民营企业的不景气，我国地方政府从实业上征收的税赋难以支撑财政支出，纷纷靠卖地增加财政收入，从而不断推高房价，更加助长了房地产业的投机活动，因此成为社会不和谐的重要因素。由于外资占据了国内有利可图的投资机会，富人阶层就把大量资金挥霍在奢侈品的消费上，以至于还存在大量贫困人口的中国竟然在2009年成为世界第二大奢侈品消费国，占到全球市场的25%以上。这对我国过去因缺乏资金引进外资的政策是莫大的讽刺，现在外资却在我国造成了大量无利可图的内部游资。

八 外资"新政"无法解决外资破坏我国生态环境和耗竭自然资源的问题

由于全球产业价值链的低端主要是靠消耗资源和破坏环境进行生产的，因此，我国通过利用所谓廉价劳动力的比较优势和引进外资加入全球产业价值链的低端所造成的环境污染是有目共睹的。众所周知，目前我国

80%的江河湖泊断流枯竭，绝大部分森林已经消失，世界银行报告列举的全世界污染最严重的 20 个城市，中国就占了 16 个。据报道，在我国引进外资最多和"世界工厂"最发达的珠江三角洲地区，虽然在面积不大的区域内创造了我国 30%的对外贸易额，但代价是深受污染危害，且持续已久。相关调查结果显示，广东珠江三角洲近 40%的农田菜地土壤遭受重金属污染，且其中 10%属于严重超标，这直接导致当地叶菜类蔬菜的污染情况十分严重。①

为了应对上述环境危机，国发〔2010〕9 号文件的外资"新政"明确提出，要严格地限制"两高一资"的外资项目，因而"鼓励外资投向高端制造业、高新技术产业、现代服务业、新能源和节能环保产业"。但是，国发〔2010〕9 号文件是否就能避免以往引进外资所造成的环境和资源问题呢？笔者认为，这是不可能的。因为只要中国没有自主知识产权，"鼓励外资投向高端制造业、高新技术产业、现代服务业、新能源和节能环保产业"的结果就仍然会是外资在中国从事这些产业中消耗资源的制造环节等，而研发和关键部件生产仍将留在发达国家，就像富士康一样。例如，太阳能属于新能源，但跨国公司在我国投资仍然是定位于生产基地。而据研究，1 千瓦多晶硅光点需要 10 公斤多晶硅，而制造这些多晶硅就需要 6000 度左右的电能，排放超过 40 公斤的有毒物质。宁夏石嘴山市多晶硅生产厂附近，由于四氯化硅和氯化氢的排放而导致周围寸草不生。

而国发〔2010〕9 号文件提出的"鼓励外商在中西部地区发展符合环保要求的劳动密集型产业"，本质上仍然是把东部地区引进外资的危害向全国扩散，其利用外资（实际上是被外资所利用）的目的无非是采用优惠政策，继续出卖我国中西部地区的廉价土地、廉价能源和廉价劳动力而已。国家发改委官员在接受《财经国家周刊》记者专访时就一语道破了这种动机：目前，中国东部地区外资集中，大体上占全国的 87%，使东部地区出现了土地供应紧张和生产成本上升的趋势，而中国的中西部地区在土地、能源、劳动力的成本方面还是有优势的，具备更多的承接外商投资，特别是劳动密集型外商投资的条件。特别值得引起注意的是，我国大量的矿产资源储备集中在西部地区，目前外资控制我国一些自然资源并掠夺性开发和贱卖我国自然资源的行为必须被坚决制止。

---

① 叶铁桥、陈安庆：《IT 业重金属污染爆发》，《中国青年报》2010 年第 1 期。

九　外资通过直接投资特别是金融自由化直接 掠夺我国自然资源和金融财产

当前，外资对我国资源产业的控制和掠夺情况已经到了令人发指的程度。有资料显示，外资在资源产业的诸多领域，通过独资、合资及技术合作等各种方式，绑架或控制了我国许多资源产业，这在煤炭、铁矿石、有色金属和生物资源等方面的表现尤为突出。例如，贵州、云南、辽宁等多个储量过百吨的特大型金矿山，均被澳大利亚、加拿大等外资矿业公司控股圈占。2001 年，贵州省的烂泥沟金矿被澳大利亚澳华黄金有限公司通过"行政划拨"完成收购，实际该公司自己分文未出，就得到了烂泥沟金矿85% 的股份；2002 年，云南播卡金矿被来自加拿大的西南资源公司以区区310 万美元就占据60% 了股份，后来增持到90%，几乎完全占为己有；辽宁营口市的猫岭金矿，也同样被加拿大的曼德罗矿业公司控股，控股比例为79%。我们需要知道，这 3 个金矿都是世界级的，也即黄金可开采量都在百吨级别之上！

长期以来，我国珍贵的稀土资源被贱卖和流失情况严重。据有关资料记载，由于不掌握定价权，我国的稀土出口曾经便宜到每公斤价格仅 18 元人民币，而国际市场价格竟高达每公斤 1000 美元。据有关专家预测，按目前的开采速度，再有 30 年，世界上最大的稀土矿——包头白云鄂博矿藏就将消失；再有 20 年，江西稀土资源矿将消失；再有 14 年，世界储量最大的中国钨矿资源也将消失。[①] 近年来，国家通过限制出口配额的政策阻断外资直接批量采购我国稀土资源的行为，但据最近的调查资料显示，外资开始在稀土下游产业做文章，投资稀土产品加工行业，再将初级制成品出口进行提炼和深加工。外资除了利用直接投资大肆抢购和控制我国自然资源外，还极力劝诱我国政府实行金融自由化，以便打开运用金融手段掠夺我国财富的大门。有关我国银行引入境外战略投资者造成巨大经济损失的问题已经有大量报道。但是，由于对金融自由化的危害没有一点警觉，国发〔2010〕9 号文件继续强调，"鼓励外资以参股、并购等方式

---

① 晏琴：《中国稀有资源正流入发达国家［EB/OL］》，（2010 – 01 – 17）［2010 – 10 – 20］. http://www.wyzxsx.com，2010 年。

参与国内企业改组改造和兼并重组。支持 A 股上市公司引入境内外战略投资者","支持符合条件的外商投资企业境内公开发行股票、发行企业债和中期票据,拓宽融资渠道,引导金融机构继续加大对外商投资企业的信贷支持",这些措施无疑将进一步为外国资本控制我国经济和运用金融手段掠夺我国财富敞开大门。在这方面,日本经济被美国通过金融自由化所击败、拉丁美洲以及中东欧大部分国家的金融业被外资完全控制的深刻教训值得我国政府高度重视。

十 即使我国保护本国市场也主要保护的是外资企业的可怕前景

自由贸易或经济全球化发展到今天,它实际上已经演变成了只有利于国际垄断资本而对发达和发展中国家的劳工阶级乃至中产阶级都非常不利的状态,跨国公司在发展中国家的直接投资和外包不仅在发展中国家制造了普遍的血汗工厂制度,而且也夺取了发达国家的工人和中产阶级的大量工作机会,导致他们实际收入在过去二三十年中停滞不前,这就是美国中下层阶级反对自由贸易而支持贸易保护主义的原因。自由贸易由于把我国固化在产业价值链低端,因此不符合我国民族经济发展的利益,也不符合我国工农阶级的利益。因此,贸易保护主义的兴起将是大势所趋。世界经济形势的变化在很多情况下并不是以个人的意志为转移的,即使若干年后我国忍无可忍,也不得不开始考虑本国长远利益,因而被迫实施贸易保护主义(乃至退出 WTO)并开始保护国内市场和国内企业,按照现在外资在中国的发展趋势,尾大不掉的外资企业在那时仍将继续支配中国经济,这就是曾经在拉丁美洲所发生过的事情。

历史事实告诉我们,拉丁美洲在 1960—1980 年的贸易保护时期取得了远比经济全球化时期(1981—2001 年)大得多的经济成就:前一时期年均经济增长率达到了 2.9%,而在后一时期年均经济增长率却只有0.4%。[1] 但为什么同是贸易保护主义,美国在 30 年的时间里(1865—1894 年)崛起了,而拉丁美洲通过同样的 30 年(1950—1980 年),却仍

---

[1] Esteban Pérez Caldentey and Matías Vernengo, *Back to the Future: Latin America's Current Development Strategy*, 2008, p. 4, 根据图 1 和表 1 计算所得。

没有摆脱依附型经济的命运呢？笔者认为，原因就在于外资政策的不同，与美国在经济崛起时期严厉拒绝外国直接投资不同，拉丁美洲却指望外资给其带来福音。其结果是，拉丁美洲实施贸易保护主义的目的是让民族企业独享国内市场的工业化收益，但是，在外资企业控制了拉丁美洲经济的情况下，这种贸易保护反而成了跨国公司在关税保护之下利用垄断地位在拉丁美洲国内市场攫取巨额利润的工具。因此，我们可以得出这样的结论，如果一国经济被外资大面积控制，那么，世界经济无论是处于自由贸易时期还是处于贸易保护主义时期，这个国家总是要处于被剥削和被压迫的国际依附地位，我国目前正面临着这种可怕的前景。人无远虑，必有近忧，拉丁美洲这种血的教训难道还不值得我们警觉吗？

十一　结语

笔者认为，国外两位名人的名言可以很好地概括本文的中心思想。第一，凯恩斯曾有言，错误的经济思想使人看不清自己的利益归属。因此，与利益相比，更危险的其实是思想。第二，1913年美国总统伍德罗·威尔逊一针见血地指出，曾有人说拉丁美洲给外国资本以特许权，但从未曾听人说美国给外国资本以特许权，这是因为我们不给他们这种权利，因为投资于某个国家的资本会占有并且统治该国。[①] 面对外资在今日中国之状况，我们不得不承认威尔逊是多么的富有远见。

本文讨论了外资在中国肆虐的十大罪状，这些讨论清楚地说明了，所谓缺乏资金、转移技术和"搅局"中国经济等引进外资的理由都是不能成立的误国误民之论，引进外资对我国经济已是有百害而无一利。既然外资的巨大危害已经非常清楚，那么，我国政府还犹豫什么？因此，为了保护我国民族产业，保护民族产业发展的国内市场，为了我们的子孙后代，为了中华民族的未来，我国的外资政策就必须进行根本性的变革。笔者认为初步性工作可以包括以下两项。

首先，停止引进外资并回购外资企业。我国政府应该首先把那些控制了我国国内产业价值链和该行业中处于骨干地位的外资企业、资源行业的

---

① 贾根良：《美国在经济崛起前排斥外国直接投资的原因解析》，《广东商学院学报》2010年第3期。

外资企业以及阻碍民族企业自主创新的外资企业收归国有，在收归国有后，一部分保留为国企，大部分拍卖给民营企业。拉丁美洲在20世纪60年代曾开展过外资企业国有化运动，我们应该比拉丁美洲做得更彻底，把外资企业在中国的地位降低为"拾遗补缺"，这种地位实际上就是美国和欧洲国家能够允许华人企业在其所在国生存的仅有的地位。赫德森也建议中国政府用手里多余的美元买断美国和其他国家的在华投资。他指出，"决定谁拥有和控制自己的工业、银行信用创造特权和其他资源，理所当然地属于任何一国的主权。国际法长期以来在贸易、投资政策和信用等政策上一贯支持东道国。我期望这是外国——欧洲、亚洲尤其是中国，在买回美国境外投资时的出发点。或许需要一个委员会来辩论这些未来买断资产的公平价格。但这类问题的解决恐怕旷日持久。此项政策的含义和妙处，我宁愿在适当的时候做详细的口头解释"①。

其次，对于我国政府没有收购的外资企业，通过各种政策措施，促使其服务于我国经济发展方式的转变。我国政府应该废止国发〔2010〕9号文件；我国政府还应该重申自主创新产品政府采购的基本条件：申报人的知识产权必须完全独立于海外机构或个人，坚决把外资独资企业排除在自主创新产品支持之外；由于技术创新一般都是节约劳动型的，工资上涨将迫使企业采用新技术，因此我国政府可以通过强制措施大幅度提高外资企业工人的最低工资，促使外资企业在中国使用新技术；同时对在华跨国公司提高各种资源的价格和征收相关税款，以便限制跨国公司把消耗资源和污染环境的产业转移到我国。在这方面的政策需要系统地研究，笔者在这里提出的建议只是为了抛砖引玉，以便推动学术界和政策部门进行深入的研究和讨论。

（原载《管理学刊》2011年第6期）

---

① ［美］迈克尔·赫德森：《美元霸权与中国崛起——兼论如何应对美国强制人民币升值》，《广东商学院学报》2010年第4期。

转方式、调结构与降速度：三者关系的辨析

文　魁

在全国加大转变经济发展方式力度的大背景下，北京市根据首都城市性质和功能的要求以及人口资源环境状况，主动调控车市、房市，对首钢实施全面停产，关停城乡结合部地区存在严重安全隐患的小商铺、小作坊，等等。这些措施虽然拉低了首都经济增长大约两个百分点，[①] 但为推进创新驱动，加快城乡一体化步伐奠定了坚实基础，首都经济向节能降耗、优质高效的方向迈出坚实步伐，赢得了"十二五"平稳开局的良好态势。在高速发展的惯性下，如何转变经济发展方式、调整经济结构是当前我国发展面临的最大难题，北京的经验为处理好速度和效益的关系，实现转方式、调结构提供了很多有益的理论启示。

一　降低发展速度，是实现转方式、调结构的必然要求

转变发展方式也好，调整经济结构也好，都意味着现存的发展方式和经济结构使经济可持续发展难以为继，不转变、不调整不行，必须加快转变、加快调整。但经济发展的速度却严重依赖于现有的方式和结构。经济发展速度形成的基础要改变，必然影响速度本身，一方面原有基础的变化必然减缓经济发展速度，"关停并转"本身就意味着原有的 GDP 和原有的财政收入的直接减少，另一方面新型产业形成的经济贡献要有一个培养期，不可能立竿见影。因此，转方式、调结构，就意味着速度的降低。高速行驶的列车，在转弯时必须减速，否则就有翻车的危险。事实证明，只

① 刘淇：《当务之急是要着力做好稳定物价水平》，《北京晚报》2011 年 7 月 27 日。

有勇于承受发展速度降低带来的压力，才敢于下手调整产业结构，"动真家伙"。北京"十二五"取得良好开端，就是源于在速度问题上的敢于担当、在结构调整上的敢于碰硬、在科学发展上敢于创新。

二 降低发展速度，为实现转方式、调结构赢得主动和空间降速度带来的失和得，要算大账，算远账

经济发展速度的降低有得有失，关键要弄清失的是什么，得的是什么。如何科学认识和正确处理速度与结构、效益的关系，是经济学的永恒主题，经济发展更离不开这本账。结构不合理，速度越快，效益问题越大；结构合理了，速度才能和效益正相关。北京下决心落实中央房地产市场调控政策，率先承诺新建普通住房价格"稳中有降"、下决心治理交通拥堵的时候，就分析判断了这些举措对经济增长速度的影响，在制定"十二五"规划时，着眼于为加快转变经济发展方式创造良好环境，引导各方面把注意力放在提高发展质量和效益上，提出"两个同步"的目标，将地区生产总值年均增长目标确定为8%，比"十一五"规划调低一个百分点。[①] 事实证明，速度的下调，虽然会带来一系列暂时的难题和挑战，但从长远和大局看，自觉降速，赢得的却是发展方式转变的主动和经济结构调整的空间。

三 降低发展速度，是实现转方式、调结构的条件和标志

速度只是经济发展的现象，必须始终对速度背后的意义有清醒的认识。在规划上调低发展速度，只是在指标上赢得"转、调"的空间，同时速度的实际降低也是实现"转、调"的标志，但绝不是我们追求的目标。速度的降低是"转、调"的结果，不能为降低速度而降低速度，转方式、调结构是目标，降速度只是条件，这是必须始终把握的基本点。只有把握好这个基本点，才能在转方式、调结构上真正有所作为。实现速度与结

---

① 郭金龙：《政府工作报告》，《北京日报》2011 年 1 月 25 日。

构、质量、效益的统一，必须把真功夫下在科学把握发展方向、主动破解发展难题、奋力推进发展进程上，必须勇于创新、奋发有为。北京在聚焦转变发展方式，主动调控车市、房市，关停高耗能企业的同时，积极推进创新驱动，加快城乡一体化步伐，攻坚克难、应对挑战，不但取得首都科学发展的新成就，还形成了北京敢于担当、敢于碰硬、敢于创新的"三敢精神"①。

四　科学驾驭速度，是实现转方式、调结构的能力保证

降速度，说起来容易，做起来很难。速度的背后有着非常复杂的现实利益冲突、有就业问题、财政收入问题、社会稳定问题，任何问题政府都不可能回避。所以，转方式、调结构，必须对一个城市和地区的性质和功能以及人口资源环境状况有清醒的认识，对未来的科技发展及其潜在利益有科学预见，对转方式、调结构可能带来的利益结构的变化能有效应对。对于降速度带来的问题如何化解，造成的损失如何补偿，必须有充分的预案论证，科学驾驭速度，是必备的工作本领。

北京在主动降速的同时，加快产业升级的步伐，在千亿元产值巨头首钢主流程停产后，专用设备、交通运输设备等高端制造业迅速跟上，利润增速分别达到47%和30.4%，全市工业利润仍然实现了两位数的强劲增长。② 所以，速度变化伴随结构调整，新产业的增速弥补了部分产业调整的降速，北京上半年地区生产总值增长8%，实现了预期目标。

五　把握"好"与"快"的辩证关系，是实现转方式、调结构的认识论基础

一个经济体的发展和这个经济体决策者的认识水平和能力，以及经济体成员在多大程度上达成共识直接相关。认识的科学和统一是经济健康发展的基本保证。经济发展始终离不开"好"与"快"两个字，辩证认识这

---

① 刘淇：《以"三敢"精神高标准完成全年任务》，《北京日报》2011 年 7 月 27 日。
② 《上半年北京市工业利润实现两位数增长》，《北京日报》2011 年 7 月 27 日。

两个字的含义和关系，是实现转方式、调结构的必要前提。转变发展方式的实质，就是由"又快又好"转变为"又好又快"。对"好"和"快"内涵的界定，必须和经济体的具体实际结合在一起。北京要不要发展经济，发展什么样的经济，经历了几十年的探索，从首都经济到首都经济圈，全市对城市性质和功能及人口资源环境的状况达成了基本共识，北京制定"十二五"规划离不开全市的努力和共识，对"好"和"快"的统一认识，减少了调整的阻力，形成了推动科学发展的巨大动力。

（原载《中国特色社会主义研究》2011 年第 5 期）

中国经济结构改造论纲

——内生拓展型经济结构与法制主导式运行机制

刘永佶

中国现有的经济结构及其运行机制的矛盾，在经济危机中得以充分展现。改造经济结构和运行机制已是中国经济长远、健康、有序发展的要求。为此，不能只着眼于权宜之计的"改变增长方式"和单纯"产业结构调整"上。"增长方式"只是经济结构和运行机制作用的结果，产业结构也只是经济结构的组成部分，它们都不是孤立的，其问题是整个经济结构和运行机制总体矛盾的表现。对经济结构及其运行机制的改造，是中国在现代世界的立国之本，是中国经济现代化的根本设计，要以公有制经济的改革发展为根据和主导，要在改革经济体制的进程中，确立以中国为主体，以中国劳动者为主体的内生拓展型结构和法制主导式运行机制。

一　内生为主、互促发展

作为现代中国人生存和发展的基本方式的经济结构，要以社会主义制度为前提确定其目的性，即劳动者根据自由发展的需要，为发挥和提高自己的素质技能，形成必要的经济关系，配备相应的教育、培训以及与素质技能结构相适应的投资结构，由此形成产业结构、就业结构、产品结构、流通结构、分配结构、消费结构、区域结构。中国的经济结构是一个系统，其中各个子系统是相互依存互相制约的，各产业各行业之间、各地区之间完全可以通过互补交流的方式相互促进，并由此形成良性循环。在"内生"基础上的拓展，不仅是各子系统在总体经济结构中的发展，也包括对外经济交往。"外向"是服从"内生"的拓展方式之一，拓展的主要方式依然是内向的，即经济结构各子系统在发展中的密切结合。

中国的经济结构的主要内容是具有主体地位的劳动者的经济关系。不能从外国引进某种经济结构，将中国的劳动者"装进去"，加以"配置"，而是劳动者在提高素质技能的进程中，运用其所有权和民主权为自己创造发挥技能的条件，由此形成相应的经济关系。经济结构在资本主义政治经济学那里，是以资本为主体，资本是作为主动的一方，其经济结构实质就是资本结构。中国的经济结构改造，不应该也不可能以资本为主体，也不能再靠行政方式以"长官意志"来调整，而是要由民主法制主导，在中国劳动者提高和发挥其素质技能的过程中，配置相应的资金和生产资料、自然资源，形成内生互促拓展的经济结构。

内生之"生"，首先是生存，其次是生成、发展。中国经济结构以内生为主，也就是以中国人为主，以劳动者的素质技能发挥与提高为主；经济结构中的各环节、各企业和经济实体，应在互助促进的同时，展开竞争，以增强内生之活力；在内生互促的基础上，主动参与国际经济交往，向外拓展市场，既输出我们的产品和技术，也引进我们所缺的技术和产品。内生为主，也为本，互促竞争为内生之展开，外向拓展为内生之外延。

加强对外交往包括与工业发达国家的交往，也包括与工业不发达国家的交往，随着中国工业化的进程，对外交往不仅重要，还应更加密切，但绝不能把对外交往作为改造中国经济结构的方向和依据。中国是根据自己经济发展的条件和需要，来建立和改造自己的经济结构的，对外经济交往，要从这个结构出发，要有利于结构的改造和发展。

内生为主，就是从中国现有的条件出发，以劳动者为主体，根据其素质技能和资金、生产资料、自然资源，来确定发展的基础和目标。中国现已取得巨大成就，初步形成了主干工业行业和与之配套的商业、交通运输业、金融业的结构。然而，中国人口之众，国土之广，又不可能在短期消灭小农经济，它仍是大多数人口的生产生活方式。经济结构的改造，必须正视这个现实，也只有从这个现实出发，以改造小农经济，实现工业化为目标，才能有效地改造经济结构。

内生为主，不是要每个行业和区域，及至企业和个体生产经营者都只靠自己的力量来内生，而是强调国内各行业、区域、企业和个人的相互促动。这就要求经济结构必须贯彻法制主导式运行机制，既要有总体规划，又要利用市场体制及其机制的作用，完善经济权利体系，考虑市场条件，调动各方积极性。经济结构的改造是动态的，并在法制主导式运行机制中充分体现相互的制约和促动。

二 法制主导式运行机制

改造中国现实经济结构是一个系统、复杂而长期的过程，应以法制主导经济结构改造，并使法制主导式运行机制在这个过程中得以确立，以这个机制的作用来解决经济结构中的矛盾。法制主导式运行机制的前提是民主法制。民主法制的特点在于劳动者以其所有权派生的民主权来控制公有的生产资料占有权行使机构，以及行使行政权、执法权、司法权的国家机构。由民主权控制行政权行使机构及公有制企业的占有权和经营权，要求并规定系统的法律，以相应的执法、司法机构来监督保证法律的实施。

法制主导式运行机制，是以保证所有权主体对占有权行使机构的控制为基本，进而在控制经营权、收益权、处置权、监督权、管理权的过程中，调节经济结构及其运行中的关系并解决其矛盾的机制。这里的各个环节，都要有明确的法制规范和保证。行政权和经营管理权等在法制之下，由民主权控制，成为法制主导式机制的手段。

对经济结构的改造，每个环节和步骤都是权利关系的调整。法制主导式运行机制内在地作用于经济结构的各个层次和环节，从权利关系的调整来制约人的行为，构筑并保证经济结构。劳动者素质技能结构主要涉及劳动力所有权；投资结构主要涉及生产资料所有权对占有权的控制；产业结构主要涉及企业占有权与经营权，以及收益权、处置权；就业结构是劳动力所有权与占有权、使用权的关系，以及劳动力使用权与经营权的关系；产品结构与流通、分配、消费结构，涉及所有权、按劳动分配生活资料权和按劳动力使用权价格领取报酬权，以及公共价值的收益权、处置权等；区域经济结构则是各种经济权利的综合，并形成以劳动力和生产资料所有权为根据的地区经济自主权。

这一系列权利关系，在法制的主导下，形成由劳动者利益和素质技能为主而生发的经济结构，在这个结构中，法制主导式运行机制才能充分、有效地发挥作用。法制主导的经济结构改造，应体现竞争性，或者说，竞争是法制主导式机制中的一个要素。法制主导式运行机制中的竞争，不是简单将西方的竞争机制引进来，而是在法制主导下形成中国自己的竞争机制。当然，西方国家竞争机制的一般性因素和调控方法，是可以经过分析而借鉴，但不是照搬，也不可能照搬。法制主导式运行机制中的竞争，关键是在法制轨道上尽可能地发挥企业和个人生产、经营的积极性，以合法的、合乎商品等价交换、公平原则展开竞争。这样的竞争，既是体制改革和结构改造的体现，又是促进体制改革和深化结构改造的要求。法制这个总体机制对竞争的制约，是通过经济体制和结构这两个层面起作用的，同时也包括从法律上对竞争的界定，进而，法制主导下的政府以政策（工商管理、财政、货币、环境保护、社会保障等）在总体上调控。

三 以劳动者素质技能结构为核心

中国经济结构的合理与否，在于能否有效地发挥其功能，即其运行是否促进了中国经济的内生互促与拓展。而内生之"内"，核心就在劳动者素质技能，其"生"，则是劳动者素质技能的提高，进而为提高了的劳动者素质技能创造发挥的条件。这是改造中国经济结构、完善其运行机制的基本和主要内容。为此，就要突出劳动者素质技能结构的核心地位，并使之与其他结构有机统一，在保证劳动者素质技能的发挥和持续提高的进程中，导引以公有制为主干的中国经济健康发展。

以劳动者素质技能结构为核心，不是不重投资结构，也不是不顾生产资料，而是将投资结构从属于劳动素质技能结构，将生产资料服从于劳动者素质技能的发挥。

与现在一些论述经济结构的意见不同，"技术结构"不是单独作为经济结构大系统中的一个子系统，而是把技术作为劳动者素质技能结构的一个要素。劳动者素质技能结构，主要是其技能素质，但身体素质和精神文化素质又是不可缺少的。劳动者的技能素质，包括技术和经营管理的能力。任何劳动都是运用体力和脑力，而体力和脑力的运用又是有程序、有方法的，这程序和方法就是技术。不论多么简单的劳动，都有技术，任何劳动者也都是有技术的。只有技能素质的提高，才有产业的发展，而产业的发展又促进技能素质的提高。有多少产业、行业，就有多少技能素质，技能素质的提高，又为新行业的出现和发展提供了基本条件。在技能素质提高的同时，又要求并带动身体素质和精神文化素质的提高。

一国经济发展水平，从根本上说，取决于其劳动者的技能素质结构。

经济活动从劳动者素质技能结构开始，经过一系列中间环节，到提高了的劳动者素质技能为结束。其合理与否，就在于劳动者素质技能是否提高和提高的程度以及发挥的条件。

作为经济结构核心和首要环节的劳动者素质技能结构，既是各环节的根据和起始，又包含了各环节的基本内容。经济结构各个环节都是劳动者素质技能结构的展开，是它的具体存在形式，是实现它的必要条件。资金和生产资料不过是人劳动的产物，投资结构和产业、行业结构等，都是劳动者以其创造的价值和改造的物质资料来进行再生产的条件，其结构的依据仍然是劳动者的素质技能。至于产品结构，只是劳动者素质技能的物化形式，分配、流通、消费等结构，又是对这种物化了的劳动者素质技能结构的展开、实现和再构成。区域结构则是对上述各结构的总体规定，同时体现着不同地理自然条件和文化传统所形成的差异。至于自然资源，它们之所以能够纳入经济，就在于劳动对它们的改造和使用，它们在经济中的存在，完全是从属于劳动者素质技能结构的。

劳动者素质技能结构是一个动态的结构，对它的改造，既有总体性的导引，更有各区域国有企业的局部组合，还有合作企业和私有企业的内部调整。劳动者的素质技能结构，包括其技能的产业、行业以及专业、工种的分类与特征，在本行业、专业、工种中的等级，对专门技术管理人才能力的特殊评定及其作用的分析等，此外，还应包括性别、年龄的构成。提高劳动者素质技能，是主要的社会经济活动，其中，有两个必要内容，一是教育和培训，二是科学研究。对于现代中国来说，教育应是第一事业，而培训则是经济活动的基本环节。必须纠正将受教育者视为盈利对象的思路，改革教育体制，扩大政府对教育的投资，克服旧的"科举制传统"的缺陷，废除"重点教育"制度，改革教学方法，突出受教育者的主体地位。与教育密切相关的培训，是有目的的专业性再教育，是提高劳动者素质技能的重要方式。不仅企业要强化对职工的培训，政府和社会团体也要强化对全体公民的培训，使培训成为社会生活和经济活动的重要内容。对于中国来说，无论如何强调提高科学研究的地位都是不为过的。也只有提高了科学研究的地位，才能真正提高劳动者素质技能。必须在民主法制之下，确定科学研究的地位，改革其管理体制，加大并保证对科学研究的投资，巩固科学研究队伍，逐步形成中国的教育和科学研究体系。由这个体系支撑的教育和培训，才能真正地提高劳动者素质技能结构，并使之成为经济结构之核心。

四 围绕劳动者素质技能结构调整投资结构

劳动公有制的投资结构主要为劳动者素质技能的提高和发挥提供生产资料。私有资本企业的投资，由投资者根据国家的指导计划以及自己对市场的判断来决定，同时也要考虑所雇用职工的素质技能。我们这里探讨的主要是作为主干行业的国有企业的投资结构，兼顾合作企业和私有资本企业的投资结构。

国有企业投资结构的调整，可采用的方式，包括新建企业的投资，既有企业的追加投资，关停企业资金的转移，以及各种形式的资产重组。这种调整应由国有资本占有委员会主导，经与国有企业职工代表大会协商，形成职工素质技能结构和投资结构有机统一的总体调整方案，并以计划的形式制约各企业的调整，由此形成国有企业的总体结构。在提出调整草案时，必须充分考察，既要对本区域内国有企业的资金和生产资料、自然资源等进行综合，更要有对国有企业职工素质技能的分析，同时还要探讨本区域及全国，乃至世界的市场情况。并以市场情况为前提，以职工（包括近期可以吸收的职工）的素质技能结构的调整为依据，调整投资结构。职工的素质技能在具备必要投资和生产资料的情况下的发挥及其创造的价值，是能经市场而实现的。这样，就形成一个良性的循环再生产过程，在职工素质技能不断提高的同时，增加积累，成为改进投资结构的条件。以投资结构适应职工素质技能结构，并不是静态的、绝对的，特别是在工业化的进程中，职工素质技能也是在不断提高的。投资结构的调整，必须充分考虑职工素质技能提高这个因素。培养、引进高技能素质的人才，形成与工业化进程相适应的职工素质技能结构，是国有企业发展的根本，投资结构应为职工素质技能结构的发挥发展提供必要的资金和物质条件。不同区域间国有企业投资结构的调整，特别是全国性的调整，应由国家机构以指导性计划来导引，并由相关区域间的国有企业占有权执行机构协商，避免国有企业之间的重复投资和恶性竞争，使有限的资金得到充分、合理的利用。

合作制经济体由于其规模较小，因此其投资结构的调整与参加者素质技能结构的统一是比较容易做到的。实际上，合作制经济体在其组成时，就是以参加者的素质技能结构为核心的，其投资结构和生产资料等也都是根据参加者的素质技能结构形成的。随着民主法制的完善，劳动公有制改革逐步深入，合作制经济体将成为劳动公有制经济的重要组成部分，因此，在其形成和发展过程中，使投资结构与参加者的素质技能结构相适应，是相当重要的。

私有资本企业在中国已普遍存在，但都处于初级阶段，且规模都相对小。这类企业除少数由技术人员自行或合伙创立外，绝大多数都是以投资来购买劳动力的使用权和生产资料，因此，其经济结构是以投资结构为核心的。在它的演进过程中，又有相当一部分企业因所雇职工大都是体力劳动者，技能素质层次相对较低，只能从事相对低层次的生产经营。对于私有资本企业的投资结构，国家不可能进行计划调整，但必须以法制规范和指导性计划导引。私有资本企业从总体论，不可能以所雇职工素质技能结构为核心建立和调整投资结构，但在个别企业，乃至企业中的局部，却有可能，也有必要这样做，这是私有资本企业摆脱其局限，真正步入现代企业的必要途径。

五　优化产业结构和就业结构：
举全国之力组建主干行业

投资结构和劳动者素质技能结构的统一，形成产业结构和就业结构。现在中国产业结构调整的主要任务之一，就是改造小农经济，实现农业生产方式工业化和农民生活方式城市化，同时减少农业就业人口及农业在产业结构中的比重。这一点恰为工业发展提供了需求，同时也带动了服务业的发展。也就是说，工业的各行业，要把促进农业生产方式的工业化作为重点，而这也正是工业发展的方向与增长点。内生为主的首要环节，就是由农业与工业的互相促进来体现的。农业生产的工业化与农村人口的城市化，是工业产品的主要市场，并为工业生产提供原料和初级产品。而工业和农业的发展，又带动并要求商业、金融等服务业的发展，服务业又在为工业和农业提供市场的同时，促进工业、农业的发展。这三个产业互为供给与需求而达到相互促进，使中国形成一个大的内生内向的总体结构，在这个结构中，有各行业的竞争和互动。以这个结构为基础，展开对外交往，在对外交往的过程中，促进中国产业结构的优化和持续发展。

现代产业结构在基本层面，就是以工业为主干。而在更为具体层面，工业中的制造业又起主导作用，制造业本身则根据其产品结构的不同，分化出若干行业，如钢铁、机械、汽车、飞机、能源加工、化学和生物制品、精密仪器、电气、电子等为主干性行业，它们不仅在工业（包括运输、军工、建筑业）中起着主导作用，也在产业结构的总体上起着主导作用。一个国家或地区的产业结构合理与否，其经济的发展程度，往往取决于这些主干行业的比重及其技术水平。注重主干行业与其他系统的有机协调，是经济结构健康发育并有效活动的关键。

中国的工业化落后欧美一个多世纪，60多年来虽奋力急追，特别是近二三十年利用西方国家向外抛转低端工业行业的"机会"，大量引入这些西方人已不愿意再生产的行业，成为"世界工厂"。如果仅限于中国来说，无疑是比原来农业为主的产业结构进步了，但相对于西方国家，以及从中国产业结构的系统性来看，则有明显的缺陷，其中最大的问题，就是缺少主干性行业的核心技术。这使我们虽有庞大的制造业群，而且以廉价商品供应着世界人口的大部分需要，但却在技术乃至能源、矿产资源等各方面受制于人。

建立内生互促的现代产业结构，是直接关系中国在世界如何立足、如何发展的根本性问题。为此，应当举全国之力，重点发展以自己的核心技术为支撑的主干行业，由主干行业导引和辐射工业、农业的产业结构，并形成与工、农业相适应的服务业。

举全国之力重点发展以自己的核心技术为支撑的主干行业，是立国之本，强国之基，也是中国改造经济结构的基本方略。

举全国之力组建主干性行业，其核心是提高劳动者素质技能，并加大投资，其重点就在于改革和发展国有企业。为此，要求财政和金融进行相应调整，以适应组建主干行业的要求。国有企业不仅是中国经济的主干，更是主导。对国有企业的改革及必要的集中投资——包括对那些在产品结构上已经过时企业的停转，在已有基础比较好的企业集合高素质技能的职工，组织技术攻关和艰苦创业，注入更多的投资，是有能力在相对短的时期内，使这些行业赶上世界先进水平、使中国产业结构的骨骼和肌肉变得发达并带动其他行业的有机发展的。汽车、飞机、机械、能源、化学和生物制品、电气、电子等行业，其技术发展和产品换代是很快的，中国并不是没有建立这些行业，而是技术能力和资金不足，不能有效实现技术创新和产品换代。解决这些问题，一是在加强教育培训和科学研究的基础上，注重专业技术人才的培养和使用，为其提供适宜的工作和生活条件，普遍提升本行业职工的技能素质；二是加大资金投入，组织技术攻关和产品开发，选好突破点，将有限人才和资金用在"刀刃上"。

这些行业中的主要企业是国有企业，从目前情况看，也只有国有企业才能承担主干行业发展的历史责任。为此，在提高劳动者素质技能和加大投资的同时，必须对国有企业进行改革。从一定意义上说，正是国有企业的缺陷限制了这些行业的发展。举全国之力组建主干行业，实质就是改革、改组、扩建、新建国有企业。一些人对现存的国有企业加以攻击，称之为"垄断企业"，抓住其高管自定高薪这个把柄，进而要求将之"私有化"。这种观点是相当危险的，如果将这些国有企业消灭的话，中国产业的支柱也就垮掉了，只能完全依附于外国大资本财团。国有企业改革首先是明确和完善权利体系，因此它是全国性，也是群众性的改革。应动员全国民众，特别是国有企业职工参加改革，其中一个重要内容就是协调其管理层和职工的收入分配，杜绝高管自定高薪。在这个前提下，对现有的企业进行改组。现在有人将改组说成仅仅是资产重组，这是不全面的。国有企业的主体是职工，改组，第一位的也是国有企业职工按其技能素质的重新组合，进而是设备和资金的重新组合，由占有权执行机构统一安排，但不能由政府挪作他用。扩建，是改组的一部分，包括追加职工和资金，以扩大其生产规模。新建，是由占有权执行机构根据本区域国有企业的发展计划，组织职工，投入资金，新建一些新技术新产品的企业。与此同时，对于那些已成规模，且发展前景明朗的主干行业中的合作制企业，要予以支持。对有志投资主干行业的私有资本企业，也要鼓励，并为其提供必要条件。现在，私有资本企业大都需要实行股份制才可以形成足够的投资，为此，应以法制主导并保证其利益，支持其扩大再生产。

随着组建和发展主干行业，中国的产业和行业结构也随之变化。主干行业的产品，大部分供应国内市场，由此带动其他产业和行业的发展。这里，需要强调的是对农业的工业化改造，应成为主干行业关注的一个重点，其产品供应农村，既可以带动对农业的改造，又可以保证其价值的实现，形成国内多产业和行业间的互相促进、良性循环。还有一部分产品应投向国际市场，参与国际竞争，以此来带动主干行业的发展。

产业和行业结构的调整，必然引起经济行业中就业结构的变化。大体说来，农业、工业、服务业中都会有国有企业职工、合作制经济体参加者、雇佣劳动者三部分。而作为主干行业的就业者，相比非主干行业就业者的素质技能要高，而且要建立一个不断培养和充实高素质技能职工的机制。现在中国面临的就业问题，如大学生的不能充分就业和农村、城市中大量的失业、半失业人口，原因就在产业和行业结构的不合理。调整产业和行业结构，是解决就业问题的主要途径。与现有的就业结构相比，产业和行业结构调整后的就业结构突出的变化，就是取消"农民工"，其中一部分农民加入合作制经济体，另一部分到国有企业或私有企业就业，都要明确其劳动力所有权，保证其工作的稳定性和各种权益。此外，还会有一部分个体农户和工商业经营者。

六　有机统一的产品、流通、分配、消费结构

产业、行业结构和就业结构的改造，必然体现于产品、流通、分配、消费结构的变化。中国现有的产品结构，充分表现出产业结构的矛盾状况。其特点为：第一，技术含量较低的制造业产品与生产资料产品严重过剩，如纺织品、服装及家用电器、日用百货、粗钢、水泥等；第二，主干型行业的产品，高档的大多为"洋品牌"（以合资企业为多），如轿车，而低档的以国产为主，如卡车、拖拉机等；第三，高技术含量且处高端技术产品的国产率低；第四，农产品基本充裕，但有些品种，如大豆等则需要大量进口；第五，服务业所提供的高技术含量的服务产品质量较低，如金融业和电信业，但以体力劳动为主的技术含量低的服务量过剩，如餐饮、旅游、健身、娱乐等行业，且相当混乱。

产品结构直接体现于市场，除个体农民的农产品基本自给之外，城市居民的生活用品都要通过市场流通购买，而农村中的非农产消费品、生产工具和机械，也都要从流通中购买。产品结构中的矛盾在市场流通中得以展示。而市场价格及其实现情况，又制约着分配结构和消费结构。产品结构中的矛盾，要通过改进产业和行业结构解决。对从消费到分配到流通结构矛盾的反馈性分析，不仅能发现产品结构的矛盾，而且给产业结构的改进提供依据。根据产品结构的矛盾，应适当压缩产能过剩的低端产品，扩充高技术含量，特别是主干行业的高端产品，使之基本满足国内各行业的需要并出口。保证农产品的充裕，提高服务业产品的质量。

作为经济过程的基本环节，流通（交换）、分配、消费，也有自己的结构，这些结构是生产（产业和产品）结构的转化形式，但又有其特点。流通结构是从属于产业结构的，它包括这样几个层次：一是为产业提供原料，二是为产业提供生产资料，特别是机器设备，三是进行技术贸易，四是销售产品或作为服务的中介，五是通过银行进行融资，六是通过证券市场筹集资金。除上述几个横切面的层次外，还有批发、零售两个纵向层次，涉及若干环节，也就是说，一个企业从购买生产资料，到销售其产品，都要经过若干环节。此外，运输业在流通结构中也起着重要作用。目前中国的流通企业数量巨大，但结构相当混乱，对此必须加以整顿，其原则就是强调流通结构服从产业结构，特别是要为主干行业的发展服务。为此，在流通企业中，国有企业的主干地位和主导作用应得到强化，确保国有企业在流通结构关键环节的地位和作用，同时促进流通中合作企业的建立，保持公有制企业在流通中的主干地位，以法制规范私有企业的经营。

分配结构是产业结构和流通结构运行的后果，也是进一步运行的前提。从一般意义上说，分配包括两大层次，一是积累和消费的分配比例，二是消费品的分配。第一个层次对于所有产业（包括流通业）都是适用的，任何企业只要还在经营，就必须从其总收益中分出折旧、购买生产资料的那部分价值（以货币表示）；分出利润，用于缴税和再投资（私有企业还要拿出一部分用于资本所有者的生活资料）；再就是扩大再生产的资金和用于职工的消费资料。第二个层次的分配，是针对劳动者消费资料的，这里又包括几个方面，一是公有制企业或公共权力机构和事业单位的职工，他们的消费资料是"按劳分配"；二是私有制企业的职工，他们的消费资料是按劳动力价格"分配"（这又在一定程度上与流通结构相重合，即"劳动力市场"的交换）。三是个体工商户和农民，他们的消费资料从其总收益中扣除。这三个方面中，只有第一方面是典型的消费资料"分配"，第二方面涉及劳动力的买卖，与流通结构有关，第三方面是个体行为，与第一层次中资本所有者从其利润中提取消费资料有相似处。对于现在的中国来说，调整分配结构的重点，还在于公有制经济积累和消费的比例，与此同时，合理而严格制定并执行对私有经济的税收政策，制止日益严重的偷税漏税行为，尤其应注意对资本所有者个人所得税的征收，并引导其扩大用于积累的资金，减少其浪费型的消费。再就是对私有企业职工的劳动力价格作出指导性规定，制止压低扣欠工资、延长工时、增加劳动强度的行为，既要由国家规定最低工资标准，也要规定最高工资标准，限制其以高薪乱挖国有企业技术和管理人才的行为。

消费结构是产业结构通过流通、分配结构的最终实现，又是产业结构的前提，它直接受分配结构的制约。消费结构还受民族、文化、风俗习惯等的影响。消费结构上的差异，是经济矛盾和社会矛盾的集中体现，不同的阶级、阶层、个人在消费结构中所处的位置，恰是消费导向制约生产发展和流通的集合点。消费结构也是社会经济权利的表现，消费结构的调整，实质是经济权利关系的变革。当前中国消费结构的主要问题，就是生产性和生活性消费的比例在缩小，特别是用于培养和提高劳动者素质技能的消费更少，虽然劳动者个人在这方面有强烈的要求，但国家和社会的投入却明显不足，甚至有阻抑教育的倾向，与之相反，奢侈性消费的比例却在迅速增长，这主要表现在公款吃喝，竞比高档消费（车、玩、楼、礼、衣），以及暴发起来的私人资本所有者的"高消费"乃至修坟造墓等纯粹浪费。这部分消费所用掉的社会财富是巨大的，几乎对提高劳动者素质技能和发展生产力没有任何正面意义，但对于败坏党风、政风、社会风气的作用却是明显的，而这正是降低劳动者素质技能和阻抑生产力发展的重要因素。调整消费结构是与产业结构、产品结构、流通结构、分配结构的调整相统一的，必须端正消费结构在经济结构中的地位，克服日益严重的"两极分化"倾向，以法制规范和导引消费结构的调整，坚决抑制乃至杜绝用公款"高消费"，减少奢侈性消费，并对之课以重税，进而扩大生产性和生活性消费，以促进劳动者素质技能的提高。

七　系统协调的区域经济结构

区域经济结构是上述各种结构的综合和具体存在。在受全国经济结构及其运行机制制约的前提下，各区域经济又有其特点，调整区域经济结构，是全国总体性的，也是区域性的，从劳动者素质技能结构和投资结构，到产业、就业、产品结构，以至流通、分配、消费结构的调整，都要集合于区域经济结构的改造与调整。

中国是拥有近千万平方公里土地、十三亿多人口的大国，各地区的经济、地理、气候，以及风俗、习俗等具有明显差异，区域经济发展中的结构性矛盾也相当突出。受集权开放型经济结构及其非均衡趋利机制的影响，各区域的经济发展日趋不平衡。区域经济结构，不同于经济地理上的区域分布，而是以行政区域为主的区域经济关系。它既受经济地理的影响，又由其劳动者素质技能决定，对中国区域经济结构矛盾的解决，应依据法制主导机制，既有全国性的有机系统调整，又要充分发挥各地区的自主性和特点，以加强地方经济自主权为主。全国性的有机系统调整，由全国国有资产与资源占有委员会负责，对全国的区域经济结构及人口、资源、环境进行分析，提出总体性的改进方案和计划（包括针对全国性国有企业的发展计划和对各省市区的指导性计划），并辅之以必要的财政和金融协调。在全国性的国有企业的改革重组过程中，要充分考虑其区域布局。

从全国到省，省到市，市到县的自上而下的区域经济结构调整，要把内生拓展型结构和法制主导式机制作为大前提，既要改革区域经济在产业、产品结构上的缺失，更要避免重复性建设，以求使全国各区域的经济结构有机统一，达到互助促进的目的，不能各行其是。区域经济结构调整也是区域经济的发展过程，其重点是加强地区经济自主权。地区经济自主权是本地区劳动者的劳动力和生产资料所有权的集合，以地区经济自主权来保证并调动劳动者的主动性，提高并发挥其素质技能。正是在这个基础上，才有区域经济的发展，在发展中调整区域经济结构，才能形成全国性系统有机的经济结构。

以目前中国的行政区划论，有中央、省、市（地区、自治州）、县，它们既是分层的，又是统一的，加强省、市、县自主权，使之成为相对独立的经济层次。这首先表现在国有企业占有权的区域性上。从法律上明确全国、省、市、县这四层国有企业占有权的独立自主性，也就区分了其所有权主体的区域性。但这四个层次，又使不同区域的所有权主体有了统一性，不论哪个区域的所有权主体，都是全国性国有企业生产资料的所有权主体；一省、一市范围内的各县的所有权主体，又都是该省、该市国有企业生产资料所有权的主体。而合作企业和私有资本企业，以及个体生产经营者，都是在县域范围内存在的。他们所在的企业或从事的生产经营，是县域经济的一部分。而市域、省域乃至全国的经济，则以国有企业为主。加强地方经济自主权也就要求地方行政的积极性，这是经济改革的前提和内在要素。按照民主法制与民众监督，国家统一的法律和地方性法规同时起作用。克服将增长 GDP 和税收作为主要政绩的弊端，由民众评判各级官员为发展本区域经济提供的服务。这样，地方经济因加强自主权而发展，恰恰增加了民众对国家大一统的向心力，以系统协调的区域经济结构保证中华民族经济的统一发展。

参考文献

［1］刘永佶：《中国政治经济学主体主义主题主张》，中国经济出版社 2010 年版。

［2］北京大学中国国民经济核算与经济增长研究中心：《中国经济增长报告》，中国发展出版社 2010 年版。

［3］简新华：《中国经济结构调整和发展方式转变》，山东人民出版社 2009 年版。

［4］左大培：《内生稳态增长模型的生产结构》，中国社会科学出版社 2005 年版。

［5］《中共中央关于制定国民经济和社会发展第十二个五年规划的建议》，《人民日报》2010 年第 1 期。

（原载《中国特色社会主义研究》2011 年第 2 期）

发展战略转型与扩大内需

王天义　王　睿

党的十七届五中全会指出：坚持扩大内需特别是消费需求的战略，必须充分挖掘我国扩大内需的巨大潜力，着力破解制约扩大内需的体制机制障碍，加快形成消费、投资、出口协调发展拉动经济增长的新局面。这是我们党准确分析国内外形势，适应新的发展要求，把握我国经济发展规律作出的重要战略部署。

一　我国传统发展战略的利弊分析

经济发展战略是指根据对制约经济发展的各种主客观因素和条件的估量，从全局出发制定的一个较长时期内经济发展和人民生活要达到的目标，以及实现目标的道路和方法。经济发展战略与各国所处的发展阶段和发展环境高度相关，在不同的发展阶段上，每个国家均会选择与本国国情相适应的发展战略，由此形成不同的发展道路和方法。

新中国成立后面临着创建社会主义经济制度和建立现代化工业体系的双重任务。作为一个落后的农业国家，缺乏大规模建设所需要的资本、技术和人才，可供利用的外国资本又很少，因此，中国最终选择了运用政府的力量加快资本原始积累的过程，通过工农业产品价格剪刀差和压低各种投入要素价格的手段来积累资金，通过高度集中的计划经济体制优先发展重工业的发展战略。这种发展战略的突出特点就是投资驱动和进口替代。这种发展战略虽然取得了巨大成就，为我国工业化奠定了初步的基础，但它本身的弊端也日益显现，其结果就是经济结构失衡、经济发展不理想、人民生活水平提高不快。正如邓小平所说："从 1958 年到 1978 年整整 20

年里，农民和工人的收入增加很少，生活水平很低，生产力没有多大发展。"①

中国始于1978的改革开放，对内实行市场经济体制，对外实行全方位的开放。在全球化趋势的促动下，中国开始大规模吸收外资和引进技术，承接国际分工的产业转移。在外向型发展战略的指导下中国选择了以利用外资带动出口的出口导向型发展战略。这一发展战略的主要贡献在于：

（1）对推动中国经济的快速发展起到了重大作用。改革开放30多年来，我国出口导向经济领域的主要增长指标均快于国内生产总值指标。1978—2007年，中国GDP年均增长9.7%，对外贸易和吸收外资的年均增长分别比其高出7.7个和7.4个百分点。②"十五"时期外贸出口对GDP的贡献率平均为50.8%。

（2）对增加我国的就业作出了重要贡献。我国出口商品多集中于劳动密集型加工领域，出口经济部门的快速发展直接促进了农村劳动力的转移就业。据测算，我国平均每1亿美元出口可创造1.5万个就业机会。截至2008年计算，对外贸易吸纳的直接就业人数8000多万人，外商投资企业就业人数4500多万人，占全国城镇就业的13%以上，其中60%来自农村转移劳动力。③

（3）为增加国家外汇储备作出了重大贡献。随着我国出口的不断增多，经常项目顺差占同期国际收支总体顺差的比重不断提高，国家外汇储备连年不断快速增加，2007年末1.52万亿美元，2008年末1.95万亿美元，2009年末2.399万亿美元，截至2011年8月底外汇储备已超过3.2万亿美元。中国是世界外汇储备最多的国家，中国一国的外汇储备占全球比重达30%以上。

（4）对全球经济发展作出了重大贡献。2007年中国GDP占全球6.3%，对世界经济增长的贡献率是13%，2008年中国占世界经济7.3%，对全球经济增长贡献率20%，2009年中国占世界经济的8.6%，在全球金融危机最严重的时期，中国对全球经济增长的贡献率超过了50%，成为世

---

① 《邓小平文选》（第3卷），人民出版社1993年版，第115页。

② 江小娟：《中国开放三十年的回顾与展望》，《中国社会科学》2008年第6期。

③ 商务部：《坚持对外开放基本国策，进一步提高开放型经济水平》，《经济日报》2008年12月4日。

界经济发展的最大发动机。

然而，外资带动出口导向型发展战略对中国经济的长期稳定发展也带来了严峻的挑战。

首先，国内消费需求被出口大量挤占，抑制了内生增长动力。从需求结构上看，在资源相对短缺的条件下，出口以满足外需的快速增长必然抑制内需增长。改革开放30多年来，与投资和出口快速增长形成鲜明对照的是我国消费增长相对缓慢，消费支出的比重不断下降。2008年比1978年，我国GDP年均增长9.8%，而居民消费增长8.8%；居民消费占GDP的比重1981年为67.1%，而到2008年却下降到35.3%；2000—2008年，净出口年均增长34.7%，比消费增速快出24个百分点；在2008年的GDP支出中，家庭消费支出占47%，政府消费占12%，资本形成占41%。三者比重，世界平均为61:17:22，其中低收入国家为70:11:19，中等收入国家为59:15:26；2008年美国居民消费率为70.1%，印度为54.7%。可见，中国居民消费率不仅低于发达国家，也低于许多发展中国家。

其次，以加工制造出口劳动和资源密集型产品为主的产业结构，使得中国经济发展难以继续承受资源与环境的双重压力。虽然我国资源供需矛盾主要不是因为出口带来的，但也不可否认，由于我国出口商品中相当大的部分是"两高一资"（即高能耗、高污染、资源型）产品，对能源和资源的消耗越多，对环境的破坏就越大。粗放型的出口增长日益加剧我国经济发展与资源环境之间的矛盾。如果我国继续保持这种粗放的出口增长，显然将使我国的经济发展难以为继。

再次，以引进国外资本、技术、品牌带动，以加工贸易为主要形式的出口导向发展战略，将严重影响中国的创新能力和自主发展。中国与日本和韩国不同，日本和韩国在引进资本和技术的基础上，主要通过技术创新和品牌创新，形成了自己的核心技术和品牌。因此，他们的出口导向完全是基于自己的企业、技术、品牌和全球销售网络，是一种自主型出口导向发展战略，而我国则主要是依靠国外的资本、技术、品牌，国内民族企业为外资企业提供产业配套的加工贸易，在国际市场缺乏中国自己的核心技术、知名品牌和全球销售网络，这是一种由外资主导中国的出口产品数量、产品结构和资源配置的外生被动的出口导向发展战略。显而易见，这种发展战略虽然使进出口额占到中国GDP的60%以上，但是大多是处在产业价值链低端的产品。国际跨国公司垄断了产品的研发、品牌和全球销售网络，将产品价值链中的高端部分留在母国，将低端部分转移出去，将中国作为为发达国家提供廉价商品的世界加工厂。曾记得，日本成为世界第二大经济体后，尤其是20世纪80年代，人们在全球看到的是日本的品牌产品，如丰田汽车、索尼家电等，而如今，中国超过日本成为世界第二大经济体，在全球看到的则是中国制造的发达国家的品牌产品，且大多都是在中国的外资企业生产的！如果这种状况继续下去，中国就不可能摆脱在全球经济中的附属地位。

最后，后危机时期的贸易保护主义倾向将阻碍中国出口产品增长势头。在危机之中所产生的经济混乱、政治风险和失业攀升，使得以美国为代表的许多西方国家为了稳定国内形势，背弃了它们曾经力捧的"贸易自由化"信条，较为普遍地搞起贸易保护主义。以美国为例，在金融危机前就开始利用反倾销、反补贴等手段来限制中国产品进口，后危机时期变本加厉。这种贸易保护主义泛滥态势，必将使中国的产品出口更加困难，进而导致我国的出口导向战略难以为继。

二 扩大内需特别是消费需求，是我国经济发展的基本立足点和长期发展战略

改革开放以来，外需对我国经济发展发挥了重要作用，但内需始终是我国经济社会长期自主稳定较快发展的根本之策。2002年中共十六大提出了扩大内需是我国经济发展的基本立足点和必须长期坚持的战略方针。至2010年末我国拥有13.39亿人口，占全球70亿人口的19.1%，是世界上人口最多的国家；我国的工业化、信息化、城镇化、市场化、国际化深入发展，人均国民收入稳步增加，经济结构转型加快，市场需求潜力巨大；我国的资金供给充裕，科技和教育整体水平提升，劳动力素质改善，基础设施日益完善；我国的市场经济体制活力显著增强，政府宏观调控和应对各种复杂局面能力明显提高，社会大局稳定；我们完全有条件依靠扩大内需特别是扩大消费需求，保持国民经济长期平稳较快发展。

扩大内需特别是消费需求，是我国经济长期平稳较快发展的必然选择。首先，巨大的内需将是推动我国经济增长的主要力量。1978—2009年，我国内需占总需求的比例始终在90%以上。今后我国仍有条件实现主要依靠扩大内需拉动经济发展。我国是拥有13亿多人口的最大的发展中

国家,人均消费水平比较低,城乡、区域发展不平衡,扩大内需具有广阔的市场空间。人口多潜在市场就大。特别是我国人均收入水平处于快速上升阶段,意味着可以提升的市场空间是巨大的。今后相当长一个时期,我国工业化、城镇化的快速发展,必将为经济发展开辟更加广阔的内需空间。2010年末我国城镇化为47.5%,以每年提高1个百分点计,进城就是1000万人左右,今后十几年乃至几十年中将意味着几亿农民进入城镇,必将产生数百万亿计规模的城镇化投资需求。我国拥有的资金是相对充裕的,尤其是外汇储备、财政收入和居民储蓄都相当充裕,这就为我国扩大内需提供了非常有利的条件。综观世界各国,大国经济发展一般都以内需为主导。我国的基本国情和经济发展的客观规律,都决定了扩大内需是我国经济发展的必然选择。

其次,扩大内需特别是消费需求,是实现我国经济均衡发展的根本途径。扩大内需的关键是扩大消费需求。只有把经济发展真正建立在扩大消费需求的基础之上,我国的经济发展才能有持续稳定的增长动力。在2005—2009年,我国净出口占GDP的比重分别为5.5%、7.5%、8.8%、7.7%和3.9%,投资率从41.6%上升到47.5%,消费率由从52.9%下降到48.6%,尤其是居民消费2008年下降到35.3%,内需与外需、投资与消费失衡加重,带来了两个严重后果:一是经济增长过多依赖投资,在产能严重过剩的同时,盲目重复建设又得不到有效控制,容易导致经济波动;二是强化了经济的外部依赖性,使我国在国际分工中长期处于低端位置,加剧了国内能源资源和环境约束。只有把扩大内需特别是消费需求作为根本途径,才能保持我国经济长期平稳较快发展。

再次,扩大内需特别是消费需求,是增强抵御国际经济风险能力的迫切需要。今后一个时期,世界经济可能处在一个危机四伏、缓慢复苏、低速增长、结构转型的时期,外需的不稳定性加大,国际竞争日趋激烈。这客观上对我国调整内需和外需的关系,调整投资和消费的关系形成倒逼机制。在积极参与经济全球化的过程中,我们只有立足扩大内需,努力开拓国内市场,才能有效克服外部环境变化的不利影响,防范和化解外部冲击带来的各种风险,增强我国经济安全性和稳定性。

最后,扩大内需特别是消费需求,是促进经济社会协调发展的内在要求。科学发展观的核心是以人为本。我国经济社会发展的根本目的是满足人民群众日益增长的物质和文化生活的需要。扩大内需特别是消费需求,与保障和改善民生、让人民群众共享改革发展成果的根本要求具有高度的一致性。实施扩大内需战略,有利于把发展经济与保障和改善民生有机结合起来,在促进经济长期平稳较快发展的同时,促进人的全面发展,促进社会公平正义。

当然,在内需未能完全支撑中国经济增长的时期,必须注意积极调整出口产品和市场结构,扩大高附加值产品和对新兴经济体以及石油输出国的出口,减少对美国和欧盟市场的过度依赖,形成对外贸易的新格局,在全球经济再平衡过程中成功实现经济转型。

三 扩大内需的主要着力点

内需包括投资和消费需求,扩大内需既要扩大投资需求,更要扩大消费需求;消费需求又包括居民个人消费需求和居民公共消费需求,扩大消费需求既要扩大居民个人消费需求,更要扩大居民公共消费需求。

1. 扩大投资需求的着力点在于优化投资结构

我国正处于工业化和城镇化的快速发展阶段,投资需求仍有巨大空间,但部分行业产能过剩问题越来越突出,我们既要保持投资适度增长,又要不断优化投资结构,提高投资质量和效益。扩大投资需求的着力点在于优化投资结构。一是要充分用好政府投资,确保国家扩大内需的重点在建和续建项目顺利完成并发挥效益,明确界定政府投资范围,加强和规范地方政府融资平台,防范投资风险。二要坚持有保有压,严格执行投资项目用地、节能、环保、安全等准入标准,有效遏制盲目扩张和重复建设。发挥产业政策导向作用,引导投资进一步向民生和社会事业、三农、科技创新、生态环保、资源节约等领域倾斜,更多投向中西部地区。三要鼓励扩大民间投资,凡是国家法律法规和政策没有明文禁止的领域,都要允许民间资本进入,切实打破"玻璃门"现象。对民间资本难以进入的基础产业、基础设施、市政公用事业和社会事业,要通过改革行业管理体制尽快消除准入障碍,创造公平竞争、平等准入的市场环境。

在优化投资结构方面,笔者认为,要注意在重点领域和核心关键技术方面加大投资力度,重点突破,以提高产业核心竞争力。国际经验表明,一个国家只有形成产业核心竞争力,才有持久竞争优势。我国经济发展的持久动力和国际竞争力的根本途径是依靠产业升级和创新。中国应根据不同产业的特性，重点在研发设计、精密制造、供应链、品牌和营销渠道等方面下真功夫，形成一批今后二三十年乃至更长一个时期在全球范围内具有持久竞争力的产业和企业，在这方面，需要对我国高铁发展的经验认真加以总结和推广。

2. 扩大消费需求的着力点在于拓展内需增长新空间

（1）积极稳妥推进城镇化。城镇化水平是一个国家工业化和现代化的重要标志。2009 年我国城镇化率为 46.6%，不仅远低于发达国家，也低于世界平均水平。目前，发达国家城市化率一般接近 80%，一些人均收入与我国接近的周边国家也达到 60% 以上，相比之下我国的城镇化发展还有很大潜力。城镇化率稳步提高，既能带动城镇固定资产投资，拉动投资需求，又能将大量的农村转移人口融入城镇，享受市民待遇，同时也将带动消费需求，提高消费对经济发展的拉动力。

由于我国农村人口多，城镇化只能稳步推进，并必须走出中国特色。一要遵循城市发展规律，以大城市为依托，以中小城镇为重点，逐步形成具有巨大辐射作用的城市群，促进大中小城市和小城镇协调发展。二要把符合落户的农村转移人口逐步转为城镇居民。这里的关键环节还是解决户籍及其相关权益问题。大城市要加强和改进流动人口管理，有条件的可以实行人口和劳动力的居民身份制度，中小城市和小城镇要根据实际尽快放开外来人口落户条件。对一时不能解决户籍的农民工，要充分保护他们的合法权益，在子女入学、平等就业、同工同酬、保障性住房及其他社会保障方面，切实为他们排忧解难。在农村人口走向城镇的过程中，关键是完善土地政策，解决宅基地与承包地在依法、自愿前提下的有序合理流转问题，推进城乡经济一体发展。

（2）合理调整国民收入分配格局，增强居民消费能力。在我国国民收入分配格局中，居民收入所占份额不断下降，劳动报酬增长缓慢，地区之间、城乡之间和行业之间收入差距不断扩大，已经成为影响扩大内需，尤其是扩大居民消费的主要障碍。对此，应有效发挥政府的作用，改变收入分配严重不平等的现状，[①] 完善居民收入分配制度，调整国民收入分配格局，着力提高城乡居民中低收入者收入，是扩大居民消费能力、建立扩大消费长效机制的决定性因素。因此，一是要健全扩大就业，增加劳动报酬

---

① 乔榛：《供给、需求和环境不同约束下的经济增长机制演进》，《求是学刊》2010 年第 6 期。

的环境和制度条件，促进机会公平，并要打破城乡之间和地区之间市场分割，为劳动者提供优质高效的就业服务，让劳动者在平等竞争中获得合理的劳动报酬。政府虽然无权给民营企业中的劳动者确定工资数量，但可以制定最低工资标准，并积极引导建立工资增长劳资协商机制，使劳动者权益得到切实保障。二是要加强税收对收入分配的调节作用，尤其是加强对垄断行业高收入的调节力度，积极推进个人收入所得税改革，尽快建立综合与分类相结合的个人收入所得税制，加大对过高收入调节力度。三是进一步规范收入分配秩序，保护合法收入，取缔非法收入。通过完善收入分配制度，逐步扭转收入分配差距过大的趋势，提高中低收入者的消费能力和消费水平。

3. 加快建立基本公共服务体系，形成良好的消费预期

所谓公共服务是指政府为全体公民提供的公益性服务和产品。在广义上讲包括民生保障、公共秩序以及国家安全等服务项目，狭义的基本公共服务主要是指由国家财政支持的民生保障，包括公共医疗、教育、养老、住房、社保、环保等公共服务项目。我们这里着重分析的是狭义的基本公共服务。

公共医疗、教育、养老、住房、社保以及环保等公共服务投资，是实现全体人民共享改革发展成果的基础工程，是不断提高人民生活质量和幸福指数的国家保障，是决定我国经济社会持续发展的基础条件。中央多次强调，要"努力使全体人民学有所教、劳有所得、病有所医、老有所养、住有所居"。而现实中的问题是，长期以来我国公共服务投资严重不足，公共服务短缺问题始终没有得到根本解决。即使近年来相关投资有所增加，但是与广大人民的期待和国家经济发展水平相比，还是严重不足的。比如，2009 年，我国教育、医疗、社会保障和保障性住房 4 项公共服务支出占政府总支出的比重达到 29.8%，比 2004 年提高约 8 个百分点。但总体上看，与世界主要经济体相比，目前我国的政府公共服务支出比重仍然较低，分布不均衡问题也较突出。这使得居民过多地把收入用来支付快速增长的医疗、教育、住房、社保等方面，既直接挤压了居民其他消费的增长，也使居民不得不增加储蓄，降低了即期消费。

中央十七届五中全会《建议》要求，进一步增加政府支出用于改善民生的比重，逐步建立和完善符合国情、比较完整、覆盖城乡、可持续的基本公共服务体系。根据目前我国的综合国力和财政状况，大规模增加政府

公共服务投资，既有必要又有可能。① 为此，应采取如下措施：一是加大公共医疗投资，加快医疗卫生事业发展。要按照保基本、强基层、建机制的要求，深化医疗卫生体制改革，把基本医疗卫生制度作为公共产品向全民提供，优先满足群众基本医疗卫生需求。身体是革命的本钱，健康是幸福的基础。无论对个人、家庭还是国家，把钱花在医疗上是最值得的，要采取行之有效的办法给居民以基本的医疗保障。二是加大公共教育投资，努力促进教育公平。教育是发展的基础，教育决定一个国家和民族文化水平、文明程度、创新和可持续发展能力。加大教育投资，合理配置公共教育资源，深化教育体制改革，努力消除因学致贫、因教陷困现象。三是加大社会保障投资，健全覆盖城乡的社会保障体系。社会保障是社会安全网，是贫困者的生存屏障，是国家对那些生活特别困难的社会群体提供基本生活和健康帮助的公共制度，反映着国家人道文明的发展程度。按照广覆盖、保基本、多层次、可持续的原则，加快推进社会保障体系建设，使人民生活有基本保障，无后顾之忧。四是加大公租房投资，确保城镇穷人住有所居。住房是民生之必需。保障公民的基本住房需求是负责任政府的基本职责。国家应该根据经济社会发展程度和财力状况，不断加大政府公益性住房投资力度，多提供公租房以保证我国居民最低住房需求。

（原载《当代经济研究》2011 年第 11 期）

---

① 2010 年中国财政收入 8.3 万多亿元，2011 年有可能达到 10 万亿元。在有效调整财政支出结构，加大对城乡居民社会保障的支出是完全可以做到的。

R&D 投入对我国技术效率的影响研究

——基于随机前沿方法(SFA)对东、中、西各区域的实证分析

薛宇峰

一　引言

　　为了突破经济发展过程中越来越严峻的资源和环境约束，世界各发展中国家都迫切的需要转变经济增长方式，实现由粗放型经济增长向集约型经济增长的转变。技术水平与技术效率则在经济增长方式的转变过程中起着至关重要的作用。技术水平和技术效率的概念易于混淆，然而其内涵却有着重大区别。从经济学理论上看，技术水平体现为生产可能性曲线所处的位置。当其他条件不变的时候，技术水平提高，生产可能性曲线则向外移动。因此，生产可能性曲线越是远离原点则技术水平越高。技术效率则体现为在等量或单位投入条件下实际产出与生产可能性边界间的距离。实际产出越是靠近生产可能性边界，即实际产出与生产可能性边界间的距离越短则技术效率越高。由此可见技术水平与技术效率之间没有必然的联系。技术水平的提高未必带来技术效率的改进，反过来技术效率的改进也未必带来技术水平的提高。因而为了实现经济增长方式从粗放型向集约型的转变，必须同时提高技术水平和技术效率。如果仅有技术水平的提高而没有技术效率的改进，将严重阻碍经济增长方式的改变。考虑极端情形，如果技术水平上升的同时，技术效率下降并且技术效率下降的幅度抵消了技术水平上升的幅度，那么经济增长将仍然由要素投入量的扩大来实现。R&D 投入既能促进新技术的产生导致技术水平的提高，也能促进对现有技术更集约化的利用导致技术效率的提高，因此 R&D 投入是提高技术水平与技术效率的主要方式。然而 R&D 投入对技术水平与技术效率的具体影

响程度则取决于其投入的内部结构。如果 R&D 投入主要偏重于新技术的研发，那么 R&D 投入将更多的导致技术水平的提高。反过来如果 R&D 投入主要偏重于对现有技术更集约化的利用，那么 R&D 投入将更多的导致技术效率的提高。最佳的 R&D 投入应该是将 R&D 投入均衡的配置于技术水平的提高和技术效率的改进，从而使得技术水平和技术效率的提高同时发生。这将使得生成可能性曲线在向外移动的时候，实际产出也更靠近生成性可能性曲线的边界。在这种情况下，R&D 投入的效益是最高的，也只有在此时才能真正实现经济增长方式的集约化。

为了提升我国产业结构的水平、实现经济增长方式的转变，近年来我国 R&D 投入不断递增。事实上，随着我国 R&D 投入的持续增加，我国的技术水平的确有了显著的提高。从最能代表技术水平的发明专利申请授权量上看，1998 年东、中、西部发明专利申请授权量分别为 7328、3183、2145 项，到 2005 年则分别为 12957、3080、2210 项。关于 R&D 投入与技术效率之间的关系也有较多论述。目前基本上形成的共识是，我国东、中、西三大区域经济发展差距的形成原因是多方面的，包括制度、人力资本、物质资本、技术水平与技术效率、地理区位、政策等方面的差异（何枫，2003；徐琼，2006；姚伟峰，2007），在这些因素中，最主要是技术创新所形成的技术效率差异（颜鹏飞、王兵，2004；唐德祥、李京文，2008；王思薇，2009；范爱军、王丽丽，2009）。尽管如此，但是学者们对于 R&D 投入与区域技术效率改进的差异性研究却略显单薄，很少有学者注意到 R&D 投入对技术效率影响的地区差异性，如傅晓霞、吴利学（2006）使用随机前沿方法测算了中国地区经济增长差距的影响因素，结果发现技术效率效应在 1990—2004 年中国地区差异中的贡献超过了 35%，持续扩大的技术效率差异表明中国地区间存在较强的技术壁垒，只有少数最为发达的地区从技术进步和效率改善中受益较大。周春应、章仁俊（2008）运用随机前沿生产函数测算了我国内陆 29 个省、市、自治区 1996—2005 年的技术效率水平及其变化趋势，得到东、中、西三大区域技术效率差距明显，说明技术效率水平在我国区域经济发展中发挥着重要的作用。

从现有文献来看，当前对技术效率地区差异的研究视角基本停留在技术效率与东中西三大区域经济增长的关系上，而缺乏对东中西三大经济区域技术效率的单独分析和比较研究。同时，关于技术效率的地区差异是收敛还是扩散的问题，现有研究也并未得出一致结论。在这样的背景下，我们考察 R&D 投入对区域技术效率的影响，并以此为依据调整 R&D 投入的内部结构将有重要的理论和现实意义。本文继续选取 R&D 投入与技术效率之间关系的地区差异这一视角，并着重对三大经济区域单独分析，然后再比较研究。文章采用随机前沿的分析方法（SFA），利用中国 1998—2008 年 30 个省级单位的省际数据，测算并实证分析我国东、中、西三大经济区域 R&D 投入对区域技术效率的影响。

本文以下部分的结构安排如下：第二部分利用随机前沿方法对东、中、西三个区域的技术效率进行了测度；第三部分分别考察了各区域的 R&D 投入对技术效率的影响并将考察结果进行了对比和分析；第四部分是结论与相关政策建议。

二 技术效率的测度

由于本文分东、中、西三个区域考察 R&D 投入对技术效率的影响，这首先需要对东、中、西三个区域的范围进行界定。本文界定东部地区包括北京、天津、河北、辽宁、上海、江苏、浙江、福建、山东、广东、海南等 11 个省市；中部地区包括山西、吉林、黑龙江、安徽、江西、河南、湖北、湖南等 8 个省市；西部地区包括重庆、四川、贵州、云南、陕西、甘肃、青海、宁夏、新疆、广西、内蒙古等 11 个省市。由于西藏 R&D 投入非常小且少数年份数据缺失，所以没包含在研究样本内。

本文根据 Aigner，Lovell 和 Schmidt Meeusen（1977）所提出的随机前沿方法（SFA）对东、中、西三大区域的技术效率进行测度。具体设定的模型为：

$$\ln y_t = \beta_0 + \beta_1 \ln L_t + \beta_2 \ln K_t + v_t - u_t \qquad (1)$$
$$TE_t = e^{-u_t} \qquad (2)$$

其中：y_t 指的是各期的 GDP，L_t 指的是各期的从业人员的数量，K_t 指的是各期资本存量，v_t 表示随机扰动因素，u_t 是一个非负变量指代技术无效项，TE_t 则是对技术效率的度量。

基于数据的可得性，本文选取了 1998—2008 年数据。其中各区域的 y_t 由该区域所包含的省市的 GDP 加总而成。各省市的 GDP 按 1980 年的价格基准进行折算，数据来源于《中国统计年鉴》（1999—2009）。各区域的 L_t

由该区域所包含的省市的就业人员数加总而成。各省市的就业人员包含三个产业的就业人员，原始数据来源于《中国统计年鉴》（1999—2009）。各区域的 K_t 由该区域所包含的省市的固定资本存量加总而成。目前，我国现行统计资料中只有历年资本形成总额数据而没有资本存量数据。本文依据郭玉清（2006）的方法进行推算得出各省市的固定资本存量。原始数据资本形成总额来源于《中国统计年鉴》（1999—2009）。

将各区域的 y_t、L_t 和 K_t 代入模型（1）和（2）并根据 Matlab 软件编写相关程序计算所得结果如下。

表1　　　　　　　　东部地区的 SFA 模型参数估计值

变量	β_0	β_1	β_2
系数	1.5327 *	0.4256 *	0.9325 *
标准差	0.2345	0.0754	0.0573
T 统计量	7.5324	8.2315	10.1342

注：这里的 * 表示在 1% 水平下显著。

表2　　　　　　　　中部地区的 SFA 模型参数估计值

变量	β_0	β_1	β_2
系数	− 1.2311 *	0.3562 *	0.8763 *
标准差	0.4367	0.0527	0.0573
T 统计量	− 7.2411	7.3052	11.6325

注：这里的 * 表示在 1% 水平下显著。

表3　　　　　　　　西部地区的 SFA 模型参数估计值

变量	β_0	β_1	β_2
系数	− 1.2311 *	0.3562 *	0.8763 *
标准差	0.4367	0.0527	0.0573
T 统计量	− 7.2411	7.3052	11.6325

注：这里的 * 表示在 1% 水平下显著。

表4 各区域 1998—2008 年的技术效率水平

年份	1998	1999	2000	2001	2002	2003	2004	2005	2006	2007	2008
东部	0.77	0.79	0.80	0.82	0.84	0.85	0.86	0.87	0.87	0.85	0.89
中部	0.68	0.68	0.69	0.70	0.71	0.71	0.72	0.73	0.73	0.75	0.76
西部	0.62	0.64	0.65	0.65	0.66	0.67	0.67	0.68	0.683	0.69	0.70

从技术效率的测度结果看，各期东部地区的技术效率要高于中部地区的技术效率，而中部地区的技术效率要高于西部地区的技术效率。另外，各区域的技术效率水平随着时间的递增有不断上升的趋势。我们将各区域的技术效率水平用图1表示如下，则可更加形象地显示出各区域技术效率水平的递增趋势。

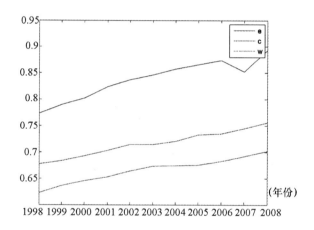

图1 各区域的技术效率曲线图

其中的 e 指的是东部地区的技术效率曲线，c 指的是中部地区的技术效率曲线，w 指是西部地区的技术效率曲线。

三 R&D 投入对技术效率的影响

在完成对技术效率的测度后，我们可以进一步分析 R&D 投入对其影响。本文设定的实证模型为：

$$TE_t = \theta_0 + \theta_1 R_t + \varepsilon_t \tag{3}$$

其中：TE_t 指各期的技术效率水平，R_t 指各期的 R&D 投入费用，ε_t 指的是随机扰动项。

本文中各区域各期的 R&D 投入费用由该区域所包含的省市该期 R&D 投入费用加总得到。而各省市各期的 R&D 投入费用数据来源于《中国科技统计年鉴》（1999—2009）并按 1980 年的价格基准进行了折算。

我们将各区域的 TE_t、R_t 代入模型（3）进行回归所得的结果如下。

表5 东部地区 R&D 投入对技术效率影响的估计值

变量	θ_0	θ_1
系数	0.7215 *	0.04217 *
标准差	0.0511	0.00431
T 统计量	10.2314	8.7312

注：这里的 * 表示在1%水平下显著。

表6 中部地区 R&D 投入对技术效率影响的估计值

变量	θ_0	θ_1
系数	0.6031 *	0.01037 *
标准差	0.0217	0.00331
T 统计量	9.1041	11.0305

注：这里的 * 表示在1%水平下显著。

表7 西部地区 R&D 投入对技术效率影响的估计值

变量	θ_0	θ_1
系数	0.6025 *	0.00607
标准差	0.0307	0.00521
T 统计量	9.1041	2.0311

注：这里的 * 表示在1%水平下显著。

上述实证结果显示，东部地区与中部地区技术效率对 R&D 投入的回归系数分别为 0.04217 与 0.01037，且它们均在 1% 的显著性水平下显著。这表明东部地区与中部地区增加 R&D 投入能对技术效率产生积极的影响。其中东部地区 R&D 投入对技术效率的积极影响要远高于中部地区 R&D 投入对技术效率的积极影响。然而中部地区技术效率对 R&D 投入的回归系数仅为 0.01037，这表明中部地区 R&D 投入对技术效率的影响非常微弱。而在西部地区，技术效率对 R&D 投入的回归系数在 1% 的显著性水平下是不显著的。这意味着在西部地区增加 R&D 投入不能明显地改进技术效率。

上述实证结果所隐含的更深层次的内涵则为：东部地区 R&D 投入的内部结构更趋合理，其 R&D 投入分配在技术水平和技术效率两个方面的比重保持了某种平衡。这使得东部地区的 R&D 投入在提高技术水平的同时也能有效提高技术效率的水平。中部地区与西部地区的 R&D 投入则更多地偏向技术水平的提高而非技术效率的改进，其中西部地区的 R&D 投入更加忽略对技术效率的改进。这使得中部地区的 R&D 投入仅能微弱地改进技术效率，而西部地区的 R&D 投入则不能对技术效率的改进产生显著的影响。

四 结论及政策建议

为了考察 R&D 投入对我国技术效率的影响，本文首先利用随机前沿方法（SFA）对我国东、中、西各区域的技术效率进行了测度。测度结果表明，在各期东部地区的技术效率高于中部地区的技术效率，而中部地区的技术效率要高于西部地区的技术效率。另外从时间趋势上看，各区域的技术效率都有不断上升的趋势。基于测度出的技术效率，本文考察了各区域的 R&D 投入对技术效率的影响。回归分析的结果表明，东部地区的 R&D 投入对该区域的技术效率能产生显著的积极影响且影响程度较大；中部地区的 R&D 投入对该区域的技术效率也能产生显著的积极影响，然而影响程度非常的微弱；西部地区的 R&D 投入对该区域的技术效率则不能产生显著的积极影响。这表明东部地区 R&D 投入的内部结构更趋合理，其 R&D 投入分配在技术水平和技术效率两个方面的比重保持了某种平衡。这使得东部地区的 R&D 投入在提高技术水平的同时也能有效提高技术效率的水平。而中部与西部地区 R&D 投入的内部结构则存在失衡，它们的 R&D 投入更多地偏向于技术水平的提高而忽略了技术效率的改进，其中西部地区 R&D 投入的内部结构失衡程度更加严重。

值得注意的是，本文的研究结论也得到了国内其他学者的印证。如张宪平（2007）利用测量技术效率的随机前沿分析法和 BC92 模型，测算了

1978—2005 年间我国 28 个省份的技术效率和市场分割程度，发现我国各地区技术效率水平在 1978—2005 年间均呈现出不断上升的趋势，并且东部地区技术效率水平高于全国平均水平，而中、西部地区技术效率水平则低于全国平均水平，他认为这是由我国地区市场分割以及劳动者素质、地区外向度、金融业发展等因素导致的。石风光等（2011）运用 DEA 方法的研究也得到了自 1990 年以来中国各省区平均技术效率水平呈现出一定的区域性差异的结论，与我们的结论略有区别的是，他们认为沿海地区的技术效率最高，其次是东北地区，再次是中部地区，而西部地区的技术效率最低。根据本文的研究，我们提出以下几点政策建议：

（1）对东部地区而言，应继续增加 R&D 投入。这是提高东部地区技术水平与技术效率的有效途径。需要注意的是增加的 R&D 投入应继续保持其内部结构的平衡。R&D 投入分配在技术水平和技术效率两个方面的资源应保持合理的比例。这将继续使东部地区的 R&D 投入在提高技术水平的同时也能有效提高技术效率的水平，从而使 R&D 投入产出最大的效应。

（2）对中西部地区而言，一方面也应该继续增加 R&D 投入；另一方面，中、西部地区的 R&D 投入应更多地偏向已存技术的集约化利用，即加强 R&D 投入对技术效率的影响。根据上述实证分析发现目前中西部地区的 R&D 投入的内部结构存在失衡，其更多地偏向了技术水平的提高而忽略了对技术效率的改进，这将对 R&D 投入的总体效益产生较大的负面影响。另外由于中、西部地区技术基础薄弱，其研发新技术的边际成本要远远高于其对已存技术集约化利用的边际成本。因此加强中西部地区 R&D 投入已存技术的集约化利用，将会产生更高的边际收益。

（3）政府应该大力促进中西部与东部地区之间的技术交流活动。本文的研究进一步证实了 R&D 投入对东、中、西三大地区之间技术效率差距的影响，按付晓霞等（2006）对技术效率与地区差距的研究，中西部技术效率受制于较为严重的技术壁垒，并且由于在我国体制转轨过程中存在"马太效应"，中西部地区很难通过经济发展自动消除与东部地区之间越来越大的技术效率差距。这就要求中央和地方政府部门发挥积极的能动性，创造性地逐步消除地区技术效率壁垒，促进地区间的技术学习、模仿和交流活动。

参考文献

[1] 周春应、章仁俊:《基于 SFA 模型的我国区域经济技术效率的实证研究》,《科技进步与对策》2008 年第 4 期。

[2] 范爱军、王丽丽:《中国技术效率的地区差异与增长收敛》,《经济学家》2009 年第 4 期。

[3] 王思薇、安树伟:《科技创新对中国区域技术效率的贡献研究》,《科技管理研究》2009 年第 10 期。

[4] 唐德祥、李京文、孟卫东:《R&D 对技术效率影响的区域差异及其路径依赖》,《科研管理》2008 年第 3 期。

[5] 颜鹏飞、王兵:《技术效率、技术进步与生产率增长:基于 DEA 的实证分析》,《经济研究》2004 年第 12 期。

[6] 赵伟、马瑞永:《中国经济增长收敛性的再认识——基于增长收敛微观机制的分析》,《管理世界》2005 年第 11 期。

[7] 傅晓霞、吴利学:《技术效率、资本深化与地区差异——基于随机前沿模型的中国地区收敛分析》,《经济研究》2006 年第 10 期。

[8] 何枫:《SFA 模型及其在我国技术效率测算中的应用》,《系统工程理论与实践》2004 年第 5 期。

[9] 张宪平:《中国市场分割对地区技术效率影响的研究》,合肥工业大学硕士学位论文,2007 年第 11 期。

[10] 石风光、周明:《中国地区技术效率的测算及随机收敛性检验——基于超效率 DEA 的方法》,《研究与发展管理》2011 年第 1 期。

[11] Farrell M. J. , "The Measurement of Production Efficiency", *Journal of Royal Statistical Society*, Series A, General 1957, Vol. 120, pp. 253 – 281.

[12] Battese, E. and Coell, IT. , " A Model of Technical Inefficiency Effects in Stochastic frontier Production for Panel Data", *Empirical Economics*, 1995, No. 20, pp. 325 – 332.

[13] Pires, J. , O. and Gatica, F. Productivity of Nations: a Stochas – tic Frontier Approach to TFP Decomposition, *Econometric Society*, Latin American Meetings, 2004, No. 292.

(原载《兰州商学院学报》2011 年第 5 期)

当前复合型通胀的成因与对策

于祖尧

我国经济深陷高通胀泥潭已有半年之久，货币当局所谓"稳健的货币政策"已然调整为紧缩性的货币政策，但也收效甚微。通胀形势的恶化事关亿万人民的切身利益，目前学界与政界对这场劫难都在认真反思。只有将通胀问题置于我国经济发展和经济运行的大环境与特殊背景下进行分析，摆脱新自由主义教条的羁绊，才能做出切合实际的判断。

一　此番通胀的成因和特点

1. 天量货币投放造成恶果

近年来，一些人中了"GDP主义"的邪，迷上了扩张性货币政策，在"金融创新"的旗号下，指望依靠超经济投放货币，刺激经济超高速增长，甚至想依靠它摆脱经济衰退、化解有效需求不足的矛盾。

2009年西方国家爆发了世界性的金融危机和经济危机，波及我国，引起出口下降、加工贸易陷入困境等问题，沿海地区企业出现倒闭潮，"两头在外"、"大进大出"的依附性发展战略难以为继。面对如此境遇，我们本应从国家和人民的长远利益出发，吸取历史经验和教训、解放思想、抓住机遇，把调整和优化结构、转变发展战略作为第一要务，乘西方身陷危机、有求于我的特殊机遇发展自己。但是，我们却把"保增长"、"同舟共济"摆在首位，比照西方"量化宽松"的药方，向市场投注了20万亿元的天量货币。按照中央经济工作会议原先计划安排，如果2009年M2增幅为17%左右，就不至于出现流动性过剩。实际情况却是当年M2猛增了27.5%，达到60.62万亿元，为当年GDP的1.8倍，货币增速同时创造了中国之最和世界之最。

天量货币投放确实收到了保增长和救市的效果。2009 年我国 GDP 增长 9.2%，率先走出衰退，美国财政因中国大量购进美国国债而免于破产，日、韩等国亦获益匪浅，世界舆论对中国一片赞扬，确实令人陶醉。

但是事情还有另一面。敞开口子放贷、巨额投资，造成了严重的流动性过剩，加剧了经济发展中的结构性失衡，使投资与消费等的关系更加扭曲，为高通胀埋下了隐患，给加快转变经济发展方式造成了新的障碍。

2. 民间游资充斥市场

在我国金融市场上游荡的，除了银行体系投放的资金之外，还有规模巨大、不受央行监控的民间游资。根据央行的资料，目前银行信贷外的各类融资规模已接近甚至超过全社会融资总量的"半壁江山"，民间游资异常巨大。仅在浙江温州地区，民间游资就不少于 6000 亿元。它时而冲向小煤窑，时而投向房地产，时而转向股市，时而在古玩市场上兴风作浪，是民间高利贷的主要资金来源，始终牢牢占据民间高利贷资本主阵地。若央行收紧银根，正好给它提供了高利放贷之机；若央行放松银根，游资则大规模转战股市。任何调控政策和货币控制措施对它都奈何不得。

3. 强制结汇制度埋下通胀隐患

我国金融业改革实行稳步渐进、分步开放的策略。即先实现经常项目人民币自由兑换，管住资本项目；后视条件许可实行人民币自由兑换。这"一放一管"的政策，使我国有效抵御了亚洲金融风暴的袭击，避免了重蹈俄罗斯卢布大幅贬值的覆辙。但随着我国跃入贸易大国之列，外汇收入大量增长，现行强制结汇制度成为央行被迫增加基础货币投放的重要因素。我国外汇储备已达 3.2 万亿美元，相应增发的人民币基础货币近 20 万亿元，2011 年上半年新增外汇占款超过 1.9 万亿元。在政府实施扩张型货币政策、市场流动性整体过剩的情况下，强制结汇制度火上加油，导致流动性进一步泛滥。

有人认为现在正是开放资本项目下人民币自由兑换的好时机，但开放资本市场不能只讲必要性，必须重视客观条件。不顾及客观经济条件的许可，盲目放开资本项目管制，一旦发生金融和经济危机，就可能把改革开放 30 年建设成果化为乌有。现在，我们处于进退两难的困境，巨额外汇结存已成为沉重的包袱。自转向所谓"稳健"的货币政策以来，一方面收紧银根、收缩流动性，另一方面同时由于外贸顺差扩大、外汇结存规模继续增长，相应地基础货币投放量迅速增加。这种互相矛盾的政策，看来还将持续相当长的时间。

4. 猪成为只是泛市场化的"替罪羊"

猪肉质美味佳，是民众餐桌上必不可少的食物。但是，这些年它却被称为推高 CPI 的"祸首"。把涨价的罪名加在猪的头上，实在有点冤。其实，这是泛市场化、自由化惹的祸。

农业天生就是特殊的弱势产业，受自然条件、生产环境的限制，市场难以左右其变化，政府对它也是又爱又怕。近 30 年来，我国的农业和农村发展被引入了误区：一是盲目推行泛市场化政策，天真地认为靠市场就能优化农业资源配置，把弱质产业交给市场。二是推行个体经营方式，造成社会化大市场和个体经营方式的矛盾，加剧了农业生产分散化、弱质化的问题。三是轻率地废止了曾在国际上受到好评的农村社会保障制度，各类房地产项目、开发区项目导致优质农田大规模减少，失地农民数量迅猛扩大。四是固定资产投资长期向非农业和城市倾斜，原有的农田水利设施年久未修，新项目资金又被"铁公基"挤占。

因此，30 年高速发展并未改变中国农业的脆弱性，没能使农业摆脱自然和经济周期的困扰。在农地面积不断减少，饲料价格、养猪的水电气暖成本等不断抬升的情况下，猪肉价格的上涨具有客观必然性。将猪列为推高 CPI 的罪魁祸首实在不公。

二 治理通胀面临阻力

1. 国际经济环境非常险峻

经历了 30 年改革开放，我国经济全面对外开放的格局已经形成。从经济运行到产业结构变化、从发展战略到制度法规，都融入了全球一体化进程。世界经济对我国的影响无论在深度、广度上都不可与过去同日而语，甚至当今世界其他国家亦无法比拟。

在全球化背景下，所谓"输入性通胀"问题是躲不过去的难题。2010年以来，新兴市场经济体普遍出现严重的通货膨胀，我国周边邻国也相继出现了恶性通胀的苗头，东南亚各国从消费品、农产品到工业品、燃料价格普遍上涨，各国政府正在为此苦恼。我国长期推行"两头在外"、"大进大出"的外向型经济发展战略，加工贸易占据对外贸易的主导地位。在国际大宗商品市场被少数跨国公司垄断的条件下，我国作为世界原料、能源、材料的需求大国，完全受制于人，定价权掌握在跨国公司手中。我国是世界上最大的铁矿石进口国，但铁矿石价格却被世界三大巨头所垄断。铁矿石生产成本每吨仅为40—50美元，但现在到岸价已涨到每吨180美元左右。此番CPI上涨的同时，工业品出厂价PPI上涨7.1%，主要原因就在于此。

更令人忧虑的是，美欧等发达国家至今尚未走出世界金融和经济危机的阴霾。美国失业率一直居高不下，2011年7月高达9.2%；消费不振，市场无起色，房地产行业持续衰退；政府财政入不敷出，两党为提高国债问题争议不休。美国推行的量化宽松政策虽可刺激经济增长于一时，但它的负面影响却在逐渐显露。美国政府正在用各种手段转嫁美元危机和财政危机，面对来自各方面的挑战，美国政府还在千方百计维持摇摇欲坠的美元霸权地位。同时，欧美政要纷纷表示对欧美债务问题进一步扩散的忧虑，担心可能发生新一轮经济危机。有舆论认为，美国可能步日本后尘，重蹈"失去的十年"的覆辙，其作为中国的第一大债务国，我们必须对此密切关注。

2. 总量失衡与结构失衡长期并存

高通胀表明总需求膨胀，供求失衡。要抑制通胀，必须抑制需求，增加供给，求得总量平衡。我国经济的结构矛盾非常尖锐，最主要的问题是加工工业和某些原材料工业产能严重过剩。有资料表明，在我国24个行业中，产能过剩的有21个，遍及钢铁、电解铝、铁合金、焦炭、电石、汽车、风电设备、水泥、纺织、电子通讯、服装、玩具等行业。与产能过剩并存的，还有城市房地产业的巨大泡沫。一方面由于房价过高、居民购买力不能承受造成住房有效消费需求不足，城市出现大量的"蚁族"、"房奴"，严重恶化了经济改革的社会环境。

另一方面，由于房价连年飙涨，住房投机炒作成风，房屋空置率不断攀高。从房价收入比、房价租售比等衡量房地产泡沫化程度的指标来看，我国已是全球房地产泡沫化最严重的国家之一，已潜藏着爆发金融危机的风险。

与此同时，购买力的有效需求相对不足，始终是我国经济中久治不愈的顽症。原因有三：一是居民在国民可支配收入分配中所占的比重大幅下降，2000—2009年由65%降到55%。二是各阶层收入分配差距不断拉大。2000—2009年占人口10%的最低收入人群收入平均增长率仅为7.8%，而高收入人群收入增长率却达到 15%。三是劳动者报酬占 GDP 的比重下降。1990 年为 53.4%，2009 年降为 46.6%，20 年间下降了 6.8 个百分点。按不变价格计算，30 年来我国 GDP 增长了 18.6 倍，但劳动者分享到的经济繁荣的福祉非常有限，按照联合国标准贫困人员尚有 2.5 亿人，"不公平增长"导致普通民众有购买力的有效需求严重不足。

高增长、低收入；高投资、低消费；产能过剩、消费乏力是不容争辩的事实。改革开放 30 年年均 9.8% 的高速增长创现代经济史上的奇迹，似乎中国经济具有无限扩张的趋势。但是，常识告诉我们，人们不会为生产而生产，与人的消费需求相脱节的生产注定是要衰亡的。我国消费需求增长乏力、相对萎缩与产能过剩的矛盾，也就是生产无限扩张的趋势和劳动人民有购买力的消费需求相对不足的矛盾。总量失衡与结构失衡长期并存表明，社会主义市场经济体制既有适应社会生产力性质和发展要求的一面，又有与社会生产力相矛盾的一面。只有正确处理这对矛盾，才能推动我国经济高效、协调、持续发展。

3. 经济重大转折时期的阵痛

在土地及其他经济资源等严重透支的特殊环境下，受货币超量投放因素推动和农产品、劳动力价格及资源品价格上涨的叠加影响，本轮通胀持续时间可能更长，通胀周期终止后物价水平和经济增长态势都将发生巨大的变化，中国经济目前正处在一个重大的转折时期。

本轮通胀发生及治理过程中，资源、货币及物价演变态势将逐步改变中国经济增长轨迹，宏观政策需要充分估计未来经济增长态势的转变问题。今后，中国经济不可能再像前 30 年一样持续高速增长，经济增长的需求约束、资源约束及外部环境约束都不断加剧，预计本轮通胀周期结束后中国经济即将进入中低速增长周期。

从未来发展前景看，中国不可能复制美国式的低物价、高工资的经济模式。美国拥有美元霸权，可以用无限印制的美元钞票换取全球廉价的出口商品，可以通过各类手段转嫁通胀压力，居民享受高工资、低物价的福利。未来中国也很难效仿日本、韩国等国高工资、高物价的经济模式。除了经济发展中收入分配格局恶化、劳动者报酬占比持续下降等所谓"中国模式"的自身因素外，还因为中国劳动力将长期持续过剩。最近 30 年中，中国出现劳动力供给短缺、劳动力供求状况逆转的情况实际上是不现实的，高工资发展对中国而言可能性很低。

本轮通胀周期结束后，CPI 同比增长率会回落，但物价不可能再降到通胀发生前的水平，仍将维持在高位，形成新的相对稳定的均衡价格体系。居民基本生活支出数额将大幅抬升，居民财富将显著缩水，高物价将成为长期影响居民消费水平的制约因素。中国经济最有可能出现的就是低工资、低增长、高物价的发展格局，受国内外因素影响还很容易再次现出高通胀问题。经济发展的复杂性、严峻性将会更大，需要为 30 年高速发展积累的结构性问题缴付巨额成本，生产无限扩张的趋势和劳动人民购买力的消费需求相对不足的矛盾将长期存在并可能阶段性激化。

三　几点简要结论

一是我国目前面临的高通胀不是单纯的货币现象，而是在我国当前国内和国际背景下发生的特殊的复合型通胀，是多种特殊因素互相作用的结果。解决日前严重的高通胀问题，必须综合治理，重在治本。单纯靠货币政策，最多只能暂时抑制 CPI 的涨势，还会加剧我国经济发展中累积已久的深层次矛盾。宏观调控政策必须解放思想，从西方教条陈规的羁绊中解放出来，依据我国国情寻求新路。

二是我国经济 30 年超常规、超高速增长是以忽视资源、生态、财经、人力资源承受力为代价实现的，是"不协调、不稳定、不可持续的"。因此，我国经济发展方式亟须全面转型，经济结构亟须优化调整。在转型期，我国经济增速应当降到经济、生态、群众负担所能承受的限度，把更多资源用于调整结构和改善民生，使得我国未来的经济能协调、高效、稳步持续发展。我国经济发展必须坚定回到科学发展的轨道上。为此，在经济发展的指导思想、目的、战略及模式等方面，都要全面转向科学发展观，将相关政策真正落到实处。

三是加快经济发展方式转变必须以经济发展战略转变为前提。我国是拥有 13 亿人口的社会主义大国，在经济日趋全球化的条件下，必须坚持独立自主、自力更生的方针，否则就难以在国际竞争中立于不败之地，就永远无法摆脱跟在发达国家屁股后面爬行的处境，就只能把改革开放和建设的成果拱手让给他人。最近，有人提出"世界工厂—世界市场"的发展道路，即中国不仅应当充当"世界工厂"，还应当成为"世界市场"。这是一条把我国引上灾难的不归之路。

　　四是我国经济正处在一个重大的转折调整期。本轮通胀周期结束后，CPI 同比增长率会回落，但物价不可能再降到通胀前的水平，居民基本生活支出数额将大幅抬升，居民财富将显著缩水。资源、货币及物价形势将逐步改变中国经济增长态势，未来中国经济可能出现低工资、低增长、高物价、高通胀的特殊情况。生产无限扩张的趋势和劳动人民购买力的消费需求相对不足的矛盾将长期存在并可能阶段性激化，这个矛盾既制约我国经济发展走出不良循环，又阻碍改革实现共同富裕的大目标，还导致社会不稳定。中国经济将步入新的增长阶段，对这一发展态势必须要有清醒的估计和足够的准备。

（原载《银行家》2011 年第 9 期）

市场社会主义使白俄罗斯重现生机

——参加"中国大学校长赴白俄罗斯培训项目"学习考察报告[*]

黄志亮

在 2010 年 10 月 20 日—11 月 9 日期间，笔者随"中国大学校长赴白俄罗斯培训项目"学习考察，亲历白俄罗斯 20 天，先后到了明斯克、波罗茨克、维杰布斯克、布列斯特、哥罗德诺等 5 个城市，考察了 10 所大学、7 家骨干企业、2 个乡村博物馆，还有教育部、国家科学院、考试院、国家图书馆、白俄罗斯国立大学附属高中等 5 家机构。

一　白俄罗斯已初步建立"市场社会主义"体制

十月革命以来，白俄的经济曾遭遇两次重大打击：在 1941—1945 年，德国法西斯占领时期，1/3 的国民死于战争，国民经济遭受了毁灭性的打击；1986 年起，切尔诺贝利核泄漏事故使该国 70% 的国土受污染，造成无法估量的经济损失。然而，两次挫折的危害都不及苏联解体之深重。1990 年代初，白俄罗斯经历了解体后的经济危机、萧条、思想混乱、民族心理失落。1991 年白俄罗斯独立后，总统舒什克维奇实行"休克疗法"，推行"私有化、自由化、西方化"，结果出现生产下滑、严重通货膨胀、失业剧增、人民生活急剧下降，导致经济接近崩溃，出现政治、社会生活空前动荡和混乱。①

---

* 本文使用的数字和素材，除注明出处外，均来自这次培训团的现场考察。
① 栗丽：《白俄罗斯市场社会主义转型模式分析》，《宏观经济研究》2007 年第 12 期。

卢卡申科 1994 年 7 月当选首任民选总统后，迅速将经济转型的方向从"自由市场经济"扭转到"市场社会主义"上来。卢卡申科上台伊始即在独联体国家中率先提出，白俄罗斯的改革方向是"市场社会主义"，明确改革目标是实行面向社会的市场经济。1995 年白俄罗斯的经济开始从危机的谷底走出，进入恢复性增长时期。2004 年 10 月 18 日，卢卡申科在回答记者提问时说：我们的改革就是对苏联留下的经济基础进行完善。白俄罗斯知名哲学家塔特乌士·阿图拉说："现在，白俄罗斯的国家所有制份额占 72.4%，也就是说，在十几年内国有经济成分仅仅下降了 7.2%。国有经济占全国财政收入的 76%。"① 相比之下，俄罗斯的私有化 1995 年末基本完成，70% 左右的国有企业转为私有，俄罗斯出售的 12.5 万家国有企业，平均售价只有 1300 美元，"休克疗法"导致俄联邦"半数的经济潜力丧失"②。急风暴雨般的大规模私有化给俄罗斯及其独联体的其他国家的经济、社会造成了毁灭性的打击。从 2003 年到 2005 年，格鲁吉亚、乌克兰、吉尔吉斯斯坦接二连三地爆发了"颜色革命"，而在白俄罗斯，右翼势力曾多次发动反政府骚乱，均遭到失败。③

正确的改革方向和渐近式的改革道路使白俄罗斯从 1994 年以来政治稳定、社会生活井然有序、人民安居乐业。

渐进改革的积极效应在 2000 年后进一步显现：GDP 在 2000—2007 年均增长 8.3%，2007 年 GDP 总量达 477 亿美元，人均国民总收入 4220 美元。④ 2008 年 GDP 总量达 588 亿美元，增长率达到 10%，人均国内生产总值：6082.7 美元。2009 年增长率为 0.2%（同年，俄罗斯、东欧国家普遍负增长），2010 年 1—10 月为 6.8%。国际储备 58 亿美元。物价相对稳定，民众充分就业，目前失业率不到 1%，大学生不愁工作。对民众的退休金予以保障，"老百姓的工资和退休金能够按时足额发放"⑤，维护了社会总体稳定。

2009 年，白俄罗斯的城市化率已达 75%，人均 GDP 达到 6500 美元，城乡差距小，总体福利高，城乡居民均享受免费医疗和养老保障。目前，

① 《苏维埃白俄罗斯报》2005 年 4 月 13 日第四版"最最适合白俄罗斯的经济改革模式"。
② "半数的经济潜力丧失"一词出自普京《俄罗斯总统 2004 年的国情咨文》一文。
③ 粟丽：《白俄罗斯市场社会主义转型模式分析》，《宏观经济研究》2007 年第 12 期。
④ 世界银行：《2009 年世界发展报告》，清华大学出版社 2009 年版。
⑤ 《人民日报》2001 年 9 月 12 日。

是前苏联 15 个加盟共和国中保留社会主义因素最多的国家。欧洲银行指出："白俄罗斯的贫困人口占全部人口的比例不足 2%，而拉脱维亚为 11.5%，立陶宛为 6.9%，乌克兰则高达 31.4%。"①

纵观白俄罗斯 16 年的改革历程，白俄罗斯市场社会主义的主要特点可概括为：国家所有制为主体的混合所有制结构；国家调控与市场调节相结合但以国家主导的国民经济管理体系；以按劳分配为主的多种分配方式；坚持苏联的社会保障制度为基础，改革并加强社会保障；经济转型不是为了改革而改革，而是为了提高人民福利；在意识形态方面，抵制西方价值观的渗透，加强对公民，尤其是对青年的道德、爱国主义和集体主义教育。

二 白俄罗斯民族正在市场社会主义的轨道上重振旗鼓、奋发图强

正是在"市场社会主义"改革观的指导下，白俄罗斯从 1995 年起奋发图强，全力发展经济，谨慎改革，重塑民族精神，在一些重要领域重新焕发生机与活力。根据这次培训观察，笔者认为这种生机与活力主要表现在：

1. 国家控制的核心工业部门在近十年出现勃勃生机

据了解，白俄罗斯国有经济在整个工业中占比在 70% 以上，并且核心工业部门掌控在国家手里。2000 年工业总产量超过 1990 年水平，是苏联国家中唯一的一个。近十年，多数国营工业企业在技术革新、新产品开发、人员培训、扩大规模等方面取得明显进步。如培训团这次考察的 7 家代表性重要工业企业，有 6 家是国有企业，近五六年它们均在大量改造设备、研发新产品、扩大出口。例如：

明斯克汽车厂是欧洲最大的生产大型载重汽车、汽车列车、专业机动车和其他汽车（250 多种型号）的厂家之一，属国有企业，目前生产的最大汽车是 360T，是世界三大重型汽车厂之一，目前销售的重型汽车占世界市场的 30%。

明斯克拖拉机厂也是国有企业，年产 6 万—8 万台拖拉机，马力在 9—

---

① 詹武：《白俄罗斯"坚持社会主义改革方向"》，《马克思主义研究》2006 年第 9 期。

350 马力之间。拖拉机 93% 出口，7% 内销。该拖拉机厂是世界五个大拖拉机厂中的一个，在世界大型拖拉机市场上，该厂占 8%—10%。2010 年 8 月已在哈尔滨建 220 马力的拖拉机组装厂。

哥罗德诺阿左特氮肥股份公司，国家控股 90% 以上，是白俄罗斯最大的石化企业，现年产氨硝 100 万吨，氮肥 66.7 万吨，机类碱 11.5 万吨。近 5 年投资 2 亿美元从日本引进设备改造企业，该厂是白俄罗斯最大石化出口企业。

布列斯特啤酒厂也是国有企业，为白俄最大的啤酒厂。6 年前靠自身积累引进德国先进设备形成了现代化的生产线，啤酒 80% 内销，其余销到俄罗斯等国。

总体看，白俄罗斯确实在重型汽车制造、矿山工程车制造、大型拖拉机、光学仪器制造等方面接近或达到国际先进水平。严谨的科学研究，注重产学研结合，使白俄罗斯的一批技术成果达到或接近世界水平。

2. 农村整体正在悄然变化，近年出现了一些新的积极因素

白俄罗斯土地属国有，但基本是集体合作社经营。集体农庄产值（GDP）占全国 GDP 的 10% 左右。近年来农村出现了一些新变化：主要是农业机械化程度提高，达 99%；农村居民一样享有公费医疗和 11 年义务教育，农民退休后可享受每月 100 多美元的退休金；城郊农村出现了一些新的别墅；在哥罗德诺市近郊出现了现代化的乡村旅游中心，主要吸引西欧人和城里人来此旅游；为了促进农村发展，国家对每个农庄每年建 5 幢别墅，用于吸引城里的科技人才来此居住或度假，也可租给村里的年轻人结婚居住或无房者居住。

3. 城市稳定发展，正在建设现代绿色城市

考察所在的 5 个城市绿化很好，市容整洁。近十年来，出现了一些新的公用设施、别墅、高层居民楼、大型超市、新的医院、银行和图书馆。

最令白俄罗斯人自豪的是明斯克国家图书馆，国家投资 1.5 亿美元，花了 3 年半建成，有 7 万多平方米，由塔楼和裙楼组成，塔楼高达 26 层，主要用于藏书，现藏书 900 余万册，该馆节能、大气，自动化程度高。白俄罗斯人自己设计，建设使用年限为 500 年，总统接见要客也选在这里。

从 1996 年开始，先后在 6 个州建立了 6 大自由经济区，吸引了许多国家的投资商，运行情况总体良好。其中，布列斯特自由经济区近几年已引进 60 多家外资企业。而哥罗德诺市对涅曼河沿河两岸的改造，使这座古

老的城市在绿色与古老中透出现代气息，这是近五年完成的。

4. 良好的基础教育使白俄罗斯人整体素质高

白俄罗斯已普及 11 年义务教育，为 50% 的大学生提供免费教育。全国统一配置的学校设施和师资使白俄罗斯人从小受到良好的教育，尤其是音乐、体育、美术教育成就突出。

我们考察了北俄罗斯国立大学的附属高中，该中学现有 10—11 年级，510 个学生，100 个教师。该中学建立 20 年来成绩卓著，99% 的人考上大学，每年有 10% 的学生获得国家、国际奥林匹克中学生各类竞赛奖。是全白俄罗斯高中学校唯一获总统质量奖的学校。

还考察了国家知识检查学院，该院系国家权威的考试院，每年组织全国中学生的高考，统考 3 门课，其中语言学可在俄语、白俄语、德语、法语、西班牙语中选考 1 门，该院有一套科学严密的管理体系，以保证出题、保管、印制、分送考场、阅卷的高质量，因从未出现差错受到总统肯定。

5. 大学在近十年重焕生机，十分重视产学研结合和国际合作

白俄罗斯共有 55 所高校，国立 45 所，私立 10 所，44 万在读大学生。每万人中在校大学生达 450 人。近 15 年在校大学生增加了 2.5 倍，高等教育毛入学率超过 70%。培训团这次重点考察了 9 所国立大学和一所私立大学。其中：

白俄罗斯国立大学建于 1921 年，有 2.4 万名全日制学生，3000 名教工，1000 多位科学工作者，有 25 个系，115 个实验室，25 个科研中心，12 个生产部门，与 52 个国家的大学有合作协议，留学生达 1750 人，其中，与 18 个中国的大学有合作协议，建有孔子学院。

白俄罗斯国家技术大学建校 90 年，现有在校生 3.2 万人，有 90 座教学设施，有 16 个系 83 个本科专业，30 个硕士专业，4 个副博士专业、33 个正博士专业方向。已培养 17 万毕业生，毕业生中有 3 位副总理，1 位明斯克市长，1 位诺奖（能源学）得主。现有 40 个国家的上千海外学生在校学习。这次与本团的 23 所高校签了合作备忘录。该校将建孔子学院。

明斯克国立语言大学建于 1948 年，现有 9 个系，17 种外语，6200 多名本科生，400 多名海外留学生，200 多名研究生。该校设 14 个本科专业，现代外语教学、现代外语翻译、艺术翻译等，该校有英、法、德、土耳其、汉语语言文化中心，准备开设面向全国中小学教师的孔子课堂，培

养中小学语言教师，该校翻译专业学生在 40 多个国际组织工作。教学质量得到联合国教科文组织承认。

布列斯特国立技术大学，1966 年建，该校建筑系最强，还有机械、电子信息、经济等系。运动场馆、表演大厅的钢架结构是该校的最大杰作。

哥罗德诺国立大学，建校 70 年，产学研合作成绩突出，与企业签了677 个合作协议，已与 13 个国家 85 个高校签了合作协议。该校曾获得总统颁发的荣誉旗帜。

白俄罗斯国立信息技术无线电电子大学建于 1964 年，在信息技术维护、物理、数学、经济、纳米技术等专业上实力强，16 年来接待了中国100 个代表团访问。

明斯克管理学院是建校近 20 年的私立大学（白俄罗斯 1997 年有 24 所私立大学，现有 10 所），有 3000 名全日制学生，9000 多名函授生。主要特色是将先进技术手段用于教学，用先进手段考试，有效监控教学质量和学生作弊。

9 所国立大学的共同特点是：有深厚的教育底蕴，既保持了苏联优秀的教育传统，又有新的教学改革；教师潜心做学问和教书育人，敬业精神令人感动；追求办学特色，重视教学质量，重视素质教育，重视科学研究，尤其重视产学研结合，重视国际交流与合作。

6. 白俄科技发达，重科技应用，科学院规模大，底子厚

白俄资源短缺，有重视科技和工业的传统，国家、社会、企业均十分重视科技，前面介绍的大学，企业均十分重视科研，尤其重视科技开发，近十年取得了一系列的成果。

白俄有一个很好的国家科学院。该院有 1.6 万科技工作者，集中了全国最多的院士、通讯院士，在苏联的 15 个国家科学院分支机构中，该院是 3 个获得列宁奖章的科学院之一，足见其地位显赫。该院与中国、亚欧、美国合作广泛，如与中国山东、宁夏、黑龙江等省区的科技部门有合作，该院科技人员曾获中国总理颁发的科技奖。

白俄罗斯的大学十分重视科技成果的保护和科技成果转化。全国有 15所大学建了科技成果转化中心，这些成果转化中心各有特色，如维杰布斯克国立大学的转化中心重点是轻工业科技成果转化，白俄罗斯国立信息技术无线电电子大学的转化中心重点是无线电、信息技术的成果转化。而1999 年起建立的白俄罗斯国家技术大学科技园则是在教育部支持下重点建

设的科技转化中心，该科技园重点搜集有关高校的科技项目信息，将这些信息提供给销售中心。为满足需要，该科技园做了一个科技成果数据库，现有3000余项科研成果在网上。该科技园还应企业需求，在网上发布企业的技术需求，近期就在网上发布了600余项技术需求信息。该科技园还有自己的科技成果孵化基地和生产企业。

三 勇于借鉴白俄罗斯经验，有力促进 我国科学发展

一个大国，要立于不败之地并常葆青春，必须善于学习和借鉴世界上一切国家的成就和经验。白俄罗斯是一个小国，但在当今国际风云变幻中敢于顶住国际压力，坚持苏联的计划经济合理成分和福利体系中可贵的因素，维护民族尊严，并在经济体制和国家建设上有创新和发展。中国是一个大国，虽近30年进步惊人，但仍存在环境压力大、贫富差距大、地区差距大等问题，因此，要敢于学习白俄罗斯的经验，推进自己的绿色发展。白俄罗斯值得学习的经验很多，但笔者认为，最值得学习的有六条：

1. 坚持国家主导经济并大胆探讨面向社会的市场经济

传统市场经济的最大弊端是经济剧烈波动和两极分化。白俄罗斯经济成分中，70%以上是国有经济，白俄罗斯坚持国家占有并主导核心经济部门，坚持土地国有，表明白俄罗斯是在保持经济中的社会主义因素的条件下发挥市场经济积极作用。这与中国的社会主义市场经济改革有重大共同点，但是，白俄罗斯在依法保护国有资产、坚持国家控制经济和维护民族尊严等方面特色鲜明，这些经验值得中国学习。两国有巨大的共同之处，两国完全应该在人类历史上创造一种前所未有的造福全民的社会主义市场经济新文明。

2. 充分保障全体民众的基本福利和维护社会总体稳定

在白俄罗斯，城乡居民同样享有11年义务教育，大学生中有50%是公费生，全民共享公费医疗，农民享受退休金，同样享有充分就业。因此，白俄罗斯城乡差距小，犯罪率低，白俄罗斯社会稳定，人民安居乐业。多民族和谐在这里得到了维护，民族性受到保护。白俄美女多，但没有"红灯区"。笔者发现，这些才是白俄罗斯政府受到人民拥护的深层原因。今天，尤其值得中国学习。

3. 深度开发人力资源并将人才和科技作为立国之本

白俄罗斯认为，自己缺乏能源和原材料，最大的资本是人才，因此，国家不仅重视民众福利投入，还重视开发人才，重视科技在经济中的作用。国家、社会、学校均十分重视保护学生、科学家的原创性，并且，从小学开始抓起。例如教育部不仅十分重视大众的素质教育，而且重视因材施教，为有天赋才能的人才（30 岁以下）建档，并追踪这些人才的发展；几乎所有大学、企业、部门均重视产学研结合，广泛开展科技、生产合作。

4. 长期坚持环境保护和生态建设

白俄罗斯无论城乡均坚持环境保护和持久的生态建设，整个国家森林覆盖率近 40%，处处有绿地、森林，空气清新，风景如画，水源充沛，城乡整洁、卫生，总体维护好，几乎见不到垃圾和杂物。这特别值得中国西部，尤其是中小城镇和农村学习。

5. 对民族历史文化的高度尊重和对企事业有功前辈和英雄的全民性崇尚

列宁塑像在街头到处可见，列宁的形象在企事业单位的展厅、荣誉室随处可见。二战英雄纪念碑遍布城乡及公路沿线，苏联时期的辉煌成就得以张扬。这次考察的大学、工厂和机构的大门两旁、过道、室内，随处可见为该厂、该校或机构作出贡献的工人、技术人员、教师、科学家的大型照片和名字。令人感到吃惊的是：哥罗德诺市的布吉维茨村乡村博物馆对该村久远历史、有功人物、多样生物的展示，以及对该村生产方式、生活方式实物实景的陈列，让人佩服。对历史和功臣的尊重是无声的教育，是最好的宣传，特别值得我国所有企事业单位学习。

6. 长期致力于全民族综合素质的培养和人的全面发展

白俄罗斯基础教育扎实，留心培养学生的原创力和音、体、美等人文身体素质。苏联留下的素质教育传统成为教育的一条主线贯串基础教育和高等教育，在这里，国民的行为举止、文明礼仪是从小学抓起，在中学得到巩固，在大学得到升华。学生的养成教育贯串于课堂、家庭和社会，学生的好奇心和原创思维受到很好的保护。还有该民族十分重视体育，白俄罗斯国家技术大学校长说："健康是国家安全的保证。"礼貌、诚信、优雅、勤劳、坚韧等优秀素质渗入白俄罗斯民众血液中。这些值得当今的中国人学习。

在高等教育上，既坚持了苏联的优良教育传统，又有选择地吸收欧盟高等教育中的合理因素。比如，坚持了苏联完整的本科、硕士、副博士、正博士培养体系和传统，又吸取了欧洲高等教育波罗里亚进程中的合理因素。坚持了4—6年本科阶段的精英教育，坚持了教育的民族性。对教授、副教授严格评审，对私立大学严格管理。

考察中我们强烈感受到白俄罗斯人民，特别是有智慧的知识精英非常认同两国的传统友谊，对中国的巨大发展感到惊叹并由衷祝贺。两国共建新型战略合作伙伴关系无疑会促进两国的传统友谊。更重要的是为当今世界依然存在的大压小、强凌弱的国际关系带来改善的新样板。中国的迅速发展始终成为西方大国恐慌的因素，遏制中国发展成为它们的不自觉行动。西方随时会"制造出"中国的国内问题和国际问题，中国要在国际舞台上更好地纵横驰骋，发挥有利于人类共同进步的战略作用，除需要一般发展中国家的常规支持外，尤其需要白俄罗斯这样的受到西方打压国家的"铁杆"支持。同样，白俄罗斯要维护民族核心利益，在国际上少受欺负，也需要中国的宝贵援助和支持。

参考文献

［1］粟丽：《白俄罗斯市场社会主义改革的理论与实践》，《国外理论动态》2006年第9期。

［2］徐海燕、郭静：《白俄罗斯的社会保障制度》，《国际资料信息》2008年第5期。

［3］丁汝俊：《在稳定中求发展——白俄罗斯共和国经济改革述评》，《俄罗斯中亚东欧研究》2005年第6期。

［4］张冰：《俄罗斯透析》，山东人民出版社2004年版。

［5］吴易风：《马克思主义经济学和新自由主义经济学》，中国经济出版社2006年版。

（原载《马克思主义研究》2011年第4期）

当代资本主义经济研究

应对资本主义危机要超越新自由主义和凯恩斯主义

破解经济危机带来的困局，实现公平而持续的经济发展，是各国关心的共同主题。由于国际金融危机的肆虐，当前世界经济、贸易和工业生产增速出现了放缓趋势。尽管各主要经济体都采取了反危机的各种措施，但资本主义各国经济复苏乏力。美国产能利用率仍处较低水平，而失业率居高不下；欧盟经济受主权债务危机拖累，被迫紧缩财政赤字，可能像日本一样滑向迷失的十年；日本经济继续面临通货紧缩压力，经济增长缓慢。而新兴市场国家经济增长也有快有慢，通胀压力普遍较大。由于各国经济刺激计划已陆续出台，就业、赤字、债务、产能过剩、通胀和美国量化宽松政策等引发的不确定性风险可能继续释放，世界经济发展面临严峻的挑战。

100 多年前，马克思就指出，世界市场危机必须看作资产阶级经济一切矛盾的现实综合和强制平衡。100 多年过去了，资本主义经济仍然需要通过一次次经济危机这种强制平衡来延续，危机的根源即资本主义基本矛盾仍然没有改变，改变的不过是它的表现形式。当新自由主义在全球肆意横行、有人高呼社会主义"历史终结"的时候，嬗变为国际垄断资本的经济范式和政治纲领的新自由主义和凯恩斯主义药方，并没有给世界经济带来繁荣，却带来了全球性的经济动荡，世界贫富分化的矛盾更加尖锐，地区差距、国家差距、民族差距和阶级差距变得更大。断言以资本主义私有化和西方自由民主制度为人类方向的"普世价值"和"历史终结"神话并没有变成现实，由经济基础决定的世界政治和军事形势也没有因为"一超"主导和欧盟"集体帝国主义"（萨米尔·阿明语）行为而变得更加稳定，资本主义经济、政治、文化和军事的价值观带给世界的不是劳动人民的自由，而是垄断资本的自由及其所导致的前所未有的混乱和无序。现在，一切不带偏见的人都可以看出，由美国主导的各种资产阶级理论和政策，不仅不能挽救资本主义，反而大大地加深了世界经济体系的矛盾，成了历史的反面教材。就连曾经主张"历史终结论"的福山也不得不在其《新保守主义之后》一书中承认：对美国保守主义的批评实在是很让人信服的，而解决方法则是去改善既成事实，搭建一个"多极世界"。

资本主义危机是一面镜子，折射了世界的未来发展方向。在资本主义危机下，资本增值要求与劳动者生活状态恶化、国际垄断资本扩张与民族经济发展、经济增长与生态环境等之间的紧张关系不断加剧，将大大加快世界经济的分化、重组和重建进程，世界格局和世界秩序"一超独霸"的时代也将一去不复返。可以预见，未来世界格局将发生三个"超越"。一是在经济发展上将超越新自由主义和凯恩斯主义的理论枷锁，重新认识国际垄断资本主导下的自由化、私有化、市场化的局限性，使普通民众摆脱贫困的努力建立在其真正的经济权利，特别是对生产资料所有权的掌控之上，构建公正的经济全球化、地区化和集团化机制。二是在政治发展上超越"一超"主导的世界政治力量版图，摆脱少数西方国家频频干涉别国内政和人权进步的状态，保障自由民主的人民性、自由民主表达的多样性，构建民主的政治多极化和国防自卫化机制。三是在文化发展上将超越资本主义的单一价值观，确认各国和各民族文化的差异性，构建丰富的文化多样化和交互化机制。有理由相信，仍在发展和深化的资本主义危机，将不断唤醒世界各国人民对更高社会形态的渴望和探索，逐渐增强世界社会主义理论和运动的力量。

对后资本主义的未来和更高社会形态的不懈探索，是 20 世纪以来人类社会的伟大壮举，其中既有成功的经验，也有严重的曲折。今年是苏联解体 20 周年，苏联的解体使世界由两极对立演变为"一超"主导格局，加速了资本主义在全球的扩张，导致世界范围内的金融、资源、环境、领土、民族、宗教等问题也日益突出。苏联解体并不表明社会主义行不通，更不表明马克思主义已经过时。大量的文献研究表明，苏联解体的最主要原因不在于所谓的苏联计划经济缺陷和生活水平低下以及民主程度不够等，而是苏联领导集团主动背叛马克思主义、放弃社会主义制度的结果。然而，抛弃社会主义制度并没有给俄罗斯和东欧国家带来经济奇迹，却纷纷陷入了经济衰退和发展缓慢的泥潭。

与此同时，实行社会主义市场经济的中国和越南、实行"市场社会主义"的白俄罗斯以及实行"21世纪社会主义"的委内瑞拉等国家，都呈现发展又好又快的新局面。这些国家的成功经验表明，各种社会主义特征的新型经济体制模式，比美国等新自由主义和北欧等凯恩斯主义主导下的资本主义经济体制框架更加有效。中国特色社会主义道路是发展中大国的一种有益探索。中国经济体制的目标模式是实行公有主体型的多种类产权制度、劳动主体型的多要素分配制度、国家主导型的多结构市场制度和自立主导型的多方位开放制度。中国需要在各种挑战中继续坚持和完善社会主义经济体制和机制。

应当指出，西方国家通过诺贝尔经济学奖在全世界推广其经济价值观、理论和政策。而这个所谓的诺贝尔经济学奖，其全称是"瑞典国家银行纪念阿尔弗雷德·诺贝尔经济学奖"，但"瑞典银行"的股权并不由瑞典人拥有，也不由瑞典国家拥有，而是由"国际出资人"拥有，使该奖实质上成为借诺贝尔之名颁发的资产阶级经济学奖。它以半秘密的右翼团体即共济会的主流意识形态为标准，具有鲜明的政治和意识形态含义。美国倡导"新社会主义"的加尔布雷斯、英国沟通凯恩斯主义和马克思主义的"剑桥学派"等带有一定进步性的资产阶级和小资产阶级经济学家，都被排挤而未曾获得此奖。对于这种情况，诺贝尔侄孙彼得·诺贝尔先生称为"占诺贝尔之名的布谷鸟"。

2011年5月29日第六届世界政治经济学学会论坛，发表了题为"对资本主义危机的回应：超越新自由主义与凯恩斯主义"的共同宣言，其要义是：

鉴于当前大多数资本主义国家的经济产出已在某种程度上恢复，一些分析人士声称经济大衰退已经结束。然而，始于2007—2008年间的经济危机并未结束。当资本家收益增加、首席执行官们涨工资的时候，大多数国家失业率仍居高不下，工人们工资持续减少，中等人均收入都在下降，公共服务和社会事务质量骤降正影响着数以百万的人们。贫穷和饥饿的情形仍很严重。

2008—2009年，大银行和非金融公司面临倒闭的威胁，资本主义宣称暂时放弃浮夸的自由市场策略，用纳税人的钱帮助他们脱离困境，与此同时，制定高开支计划来阻止经济崩盘。一旦完成救助，经济产出上的一落千丈的状况停下来，"精英舆论"将迅速变为支持财政紧缩的政策。

全球资产阶级正设法利用经济危机的形势更加全面地执行如今声名狼藉的新自由主义行为。他们突然发现政府预算平衡的优点，并借此来掩盖他们的行动：收回工人阶级在过去政治斗争中所赢得的一切社会利益，暗中破坏公共部门的工会运动。我们不同意把当今财政问题归咎于社会项目法规的论断，我们也尤为反对这种变相的美国式危害：过高地发放工资和红利；我们更加拒斥那些公共部门工人的工会代表权。很多实际问题是晚期资本主义所特有：毫无节制的金融投机，为保护企业利润的减薪需要，勉强要求有钱人公平缴纳应付的税款，高额的私有化医疗开支、军费开支、帝国主义战争开支（最后一条在美国尤为严重）。资本家们甚至连福利领域的增值机会都不放过，例如电力、市容、医疗、电信服务等。

在诸如此次的资本主义经济危机时期总会构成重大的危险。正当无数人遭受着经济危机所带来的负面影响时，右翼学术和政治势力正试图把人们的视线从大银行、大公司和资本主义制度这些经济危机的罪魁祸首身上引开，而将贫困移民、少数民族或非主流宗教作为替罪羊，以赢得公众的支持。在美国，相关的危险还来自对其他国家发展的恐惧。不择手段的政客们把自身的问题怪罪到其他国家。例如，美国的政客和大众媒体将他们的愤怒发泄到近期经济发展迅速而过去贫穷的国家，尤其是中国和印度。

现代马克思主义政治经济学在这场理论和政策斗争中应发挥如下作用：一是推动各个国家出台调控政策和经济计划，以迅速扭转工人所处的恶化环境。二是批判右翼学术和政治势力将人们的注意力从实际问题转向全球和各国工人阶级的主张。三是推动发展非传统意义的 21 世纪社会主义，以解决资本主义所产生的各种问题。四是分析新自由资本主义导致产生这场经济危机的路径和制度根源。五是制止以新帝国主义战争作为解救资本主义危机的手段。

当下的经济危机为我们提供了机遇和挑战。危机明显地暴露了资本主义的非理性和新自由主义行为的非法化。从根本上解决当前和今后金融和经济危机的理论和政策，必须超越各种新自由主义和凯恩斯主义。我们相信，对世界上绝大多数人来说，很多经济问题的长远解决方案是放弃资本主义，建立全球的社会主义制度。对于资本主义制造的巨大麻烦，马克思主义政治经济学家有责任面向急切的公众给出问题的答案。

在理想的社会主义制度之下，每个人都能获得一份工作和满意的工作环境，而不是失业和过劳。每个人都会有一份足够的收入，而不是一小部分人富有而大多数人过着人不敷出的生活。国家将会为人们提供共同的消费需求，而不是去削减有价值的公共项目。保证每个人从出生到终老都有满意的居住条件，而不是资本主义经济所固有的持续不稳定状况。全球的社会主义制度是使得相互尊重国家主权的和平国际关系成为可能的制度，而不是被富于侵略性的资本主义驱使去控制他国的市场、技术、资源和生态。社会主义将会给世界带来一个基于合作和互利之上的经济制度，而不是以全世界工人在持续到底的战斗中彼此对抗为前提的国际经济部署。

全世界的马克思主义经济学家应联合起来，让我们通过文章、交流、合作、组织等各种研究方式，为实现上述价值目标而努力。

（原载《红旗文稿》2011 年第 18 期）

用马克思主义的理论逻辑分析
国际金融危机

卫兴华　孙咏梅

　　由美国次贷危机引发的金融危机，呈现出了与以往资本主义经济危机不同的特点，这种特点是资本主义基本矛盾在运行形式上显示出的差别。从危机的根源上说，这次金融危机并未超越马克思关于经济危机的理论逻辑，资本主义用以缓和生产相对过剩的金融创新和暂时促进需求的货币政策，并不能从根本上解决资本主义基本矛盾的激化。对于危机不同以往的特点，应依据马克思的危机理论进行分析，分清危机的现象与本质、表层原因与深层原因、诱致性原因与制度性原因。为应对国际金融危机对我国的冲击，我国采取了有力和有效的举措，率先走出了危机的缠绕，但许多西方国家，经济复苏迟缓，还没有走出危机的阴影。对这次危机的理论认识，还需要进行深入的马克思主义分析与研究，并研讨我国经济社会安全的有关部署与策略。

一　当前金融危机呈现出的新特点与新情况

　　这次由次贷危机引发的金融危机，是美国自 1930 年代大萧条以来最严重的一次危机。由房地产泡沫破灭引发的一系列恶果，对美国经济造成了巨大的冲击。并蔓延到全球，形成国际金融危机和经济危机。这次危机引发的经济衰退，与相距近 80 年、历时达数年之久的大萧条相比，出现了前所未有的新特点：

　　首先，上次大萧条最先爆发于实体经济领域，由于生产过剩导致实体经济领域大量的生产能力闲置，工厂倒闭，然后危机蔓延至银行业等虚拟经济领域。而此次危机则首先从以金融领域为起点的虚拟经济领域爆发。

虚拟经济危机对实体经济产生的伤害，更多地表现在出口锐减，出口企业大量倒闭，失业人数攀升，人们收入减少，市场有效需求不足，通货紧缩，经济衰退。

其次，二者产生的路径和表现不同。上次大萧条直接表现为生产相对过剩，消费不足；而这次由美国发端的金融危机则表现为消费过度，负债消费，导致信用链断裂。从表面上来看，与上次大萧条表现形式有异，呈现相反的现象。

再次，二者的发展变化过程不同。以往的资本主义经济危机具有周期性特点，即经历危机、萧条、复苏、高涨四个阶段，进入危机有一个发展过程和明显的先期征兆，而此次的金融危机是在没有任何明显的征兆和发展过程的情况下，突发的一次严重危机。

此外，大萧条发生的区域主要是当时发达的一些资本主义国家。而这一次的金融危机，不但使美国、日本、欧盟等世界经济发达的强国纷纷受损，还迅速蔓延至全球，包括社会主义的中国，具有明显的全球化特征。

二　当前金融危机产生的根源并未超越马克思的理论逻辑

由于当前金融危机在诸多方面表现为与以往资本主义经济危机的不同，一些经济学家认为，马克思对资本主义经济危机的分析已过时了，马克思主义理论在解释当前新的经济问题时，已缺乏说服力。

事实上，这次金融危机的根源并未超越马克思关于经济危机的理论逻辑，因为从经济危机的根本原因来看，导致危机的根源是同一的，即马克思主义创始人所揭示的资本主义生产方式的基本矛盾：生产的社会化与资本主义私人占有之间的矛盾，其实质是生产相对过剩，充分暴露了资本主义生产关系的局限性。只不过以消费过度和负债消费为特征的次贷危机，造成一种虚假的有支付能力的需求和经济繁荣，掩盖了资本主义生产能力无限增长与有支付能力的需求不足的矛盾。马克思对危机根源的深刻分析，对我们清醒认识当前的金融危机的实质，具有更加直接的理论与现实意义。

首先，马克思恩格斯关于金融危机的理论，是建立在货币危机理论的基础之上的。马克思认为，货币危机是资本主义商品经济内在矛盾的必然产物，在货币的流通手段和支付手段的职能中，就蕴含有危机的可能性。

在资本主义制度下，这种可能性会呈现为现实性。在现实中表现为资金支付链条的断裂。商品不能转化为货币，使商品贬值；债务不能转化为现实货币，使债务到期无法偿还；信用货币不足，银行和工厂纷纷倒闭。马克思和恩格斯在论述金融危机时，频繁提到银行利用提高贴现率的办法来阻止或缓和金融危机。在当时实行金本位的条件下，信用货币银行券与黄金挂钩，银行券可兑换成黄金，发生金融危机的时候，人们都涌向银行，要把纸币兑换成黄金。银行则提高贴现率，实际上是用以控制黄金的流出。马克思恩格斯所论述的货币危机理论的核心，是支付链条的断裂，信用的破坏和商品的贬值。

在一般情况下，危机常常表现为两种类型：一种是生产过剩的危机，另一种是银行信用的危机。当前的金融危机表面上看似乎不是生产过剩的危机，而是银行信用危机或货币危机，但事实上却与生产过剩余的危机有着密不可分的联系，即银行家为了帮助资本家解决生产过剩问题，并从中分割超额利润，设计出了能够超现实买卖商品的金融衍生品，使之成为解决过剩的途径，结果造成了本来手中货币不足、支付能力欠缺的老百姓，在银行家设计的金融衍生品的诱导下超前消费，拉长了信用资金链条。而信用资金链条过长，则为货币危机和整个社会的经济危机埋下了隐患。

严重的、大规模的货币危机往往都与工商业危机相联系。资本主义再生产过程是以信用作为基础，当信用突然停止，便要求现金支付直接发挥作用，而现金支付体系若出现问题，危机便会发生。表面上看，美国当前的危机表现为信用危机和货币危机，事实上却是生产过程的危机向信用危机的先期传导，是由信用链条掩盖着的房地产生产过剩的表现。正如马克思所说："一切现实的危机的最终的原因，总是群众的贫穷和他们的消费受到限制，而与此相对比的是，资本主义生产竭力发展生产力，好像只有社会的绝对的消费能力才是生产力发展的界限。"马克思又说："在世界市场危机中，资产阶级生产的矛盾和对抗暴露得很明显。"马克思还用生动的语言说明经济危机的表现和原因：棉布充斥造成市场停滞，工人"当然需要棉布，但是他们买不起，因为他们没有钱，而他们之所以没有钱，是因为他们不能继续生产，而他们之所以不能继续生产，是因为已经生产得太多了"。马克思的这些话，对于说明当前的金融危机和实体经济衰退是同样适用的。

其次，当代资本主义制度会加剧虚拟经济的发展，使之与实体经济相脱节。虚拟经济本身并不创造价值，其存在与发展必须依附于实体经济，一旦背离了实体经济，就会从生产和消费领域掏空资金，反而成为伤害实体经济的帮凶。正如马克思所指出的："一旦劳动的社会性质表现为商品的货币存在，从而表现为一个处于现实生产之外的东西，货币危机——与现实危机相独立的货币危机，或作为现实危机尖锐化表现的货币危机——就是不可避免的。"而实体的经济的衰退，又反过来加剧虚拟经济的波动，形成一种恶性循环。当前的美国金融危机是经济过度虚拟化和自由化后果的集中反映。

再次，虚拟经济危机的最终根源，也是实体经济危机的根源。马克思恩格斯曾对虚拟经济危机和实体经济危机的关系做过论述：第一，之所以会出现作为现实生产过剩危机的先期表现的货币危机，是因为商业和工业危机的一切因素已经存在，货币危机是由商业危机所引起的。第二，就作为生产过剩危机的先期表现的货币危机而言，金融危机是工商业危机的预兆、先声、序幕和第一阶段。对此，马克思恩格斯不但指出，金融危机的根源或根本原因在于生产过剩及其过剩危机；而且还揭示了金融危机作为工商业危机的一个阶段，是工商业危机的最一般的表现，因而金融危机的实质也就是生产过剩危机。第三，金融市场也会有自己的危机，这时，工业中的直接的紊乱对这种危机只起次要的作用，或者不起什么作用。恩格斯还进一步指出，在金融市场中，总的说来是头足倒置地反映出工业市场的运动。根据历史唯物主义的观点，金融市场对工业市场具有反作用。从而金融市场的危机会传导为工业生产过剩的经济危机。

三 重视实体经济的发展，抑制虚拟经济过度膨胀

这次危机暴露出了市场的缺陷，因而应对危机不能依靠自由的市场运作，而是要靠政府的宏观手段。在虚拟经济危机不断侵袭实体经济之时，我们要重视实体经济的发展，构建防范金融危机向中国实体经济蔓延的"防火墙"。我们应从以下几个方面入手：

第一，虚拟经济不能脱离实体经济，二者必须紧密结合。事实表明，虚拟经济离实体经济越远，泡沫越大，泡沫破灭后的灾难也越大。没有实体经济基础的虚拟经济，将是一个危机四伏的经济。这次次贷危机爆发，美国政府采取紧急措施，一个重要的方面，就是为了缓解金融危机引发的

实体经济的危机。西方其他一些发达国家努力救市，也是担心金融危机过多地危及实体部门。而中国金融业有外汇管制及市场分隔机制，因此金融业受到危机的冲击并不大。与欧美一些西方国家所不同的是，我国面临的危机不是来源于金融业，而是来源于由国外金融危机引发的、我国出口锐减导致的制造业的困难，中国更需要防范由制造业发生危机进而引发更大的金融危机。马克思主义政治经济学告诉我们，脱离了实体经济的支撑，虚拟经济就有可能演变为投机经济，为经济运行带来不断增长的泡沫，美国近年来的网络泡沫和房地产泡沫的最终破灭，就是一个教训。

第二，减少中国实体经济过高的外贸依存度。中国的经济目前呈现出两个特点：一是经济结构的外贸依存度远远高于其他国家；二是对外贸易增长速度呈直线发展。随着美国和整个世界消费市场的恶化，较高的外贸依存度使得我国经济增长的外来压力越来越大。据有关方面测算，美国经济下降一个百分点，中国经济将下降 1.3 个百分点。出口依存度过高，会带来一些不利影响。一是受国外经济形势变化的制约，变数较多。某些发达国家的经济震荡和危机，会直接波及我国，造成损失；二是美国等国家给我国制造种种摩擦，并为迫使人民币升值施加压力；三是不利于提高国内消费需求，调整和优化内需与外需的经济结构。因此，今后我国经济转变经济增长方式的一个重点之一就是减少外贸依存度。

第三，防止美国借美元缩水向外输出通货膨胀，从而达到撤除债务的目的。目前美国累积债务已经达到了 13 万亿美元，逼近其 GDP 的 90%。对于一般国家而言，通过增收节支，实现财政盈余是解决债务危机的正常途径。但美国财政支出压力巨大，节省开支而消化债务难以实现，况且，美国财政缺口过于庞大，只有财政调整幅度达到其 GDP 的 14%，才能实现这一目标，这就意味着美国所有税率都要翻番，这是不可能的。因此，美国政府只能将大量印刷钞票作为"还债"的重要手段。当前，美元贬值与美国经济增长乏力、失业率高等状况相关，但也是向外输出通货膨胀的工具。为了防止经济二次探底，美联储将重启"量化宽松"的货币政策，以向市场注入更多的流动性。在现有存量货币捉襟见肘的情况下，美联储势必会再次按下印钞机的按钮，以加速美元贬值。资料显示，从 2007 年到 2009 年，由于美元贬值，3 年中美国的贸易逆差从 7100 亿美元降为 3800 亿美元，未来美元还会贬值。为防范美元过度贬值带来的消极后果，我们一是要加强监管机制，防止热钱流入；二是要加快外向型经济增长向内向型经济增长的转变，以降低对美贸易顺差的增长速度，减少对美元的过度依赖，进而防范美国通过美元贬值转嫁其国内的金融危机隐患。

总之，在全球化的背景下，我们既要防止资本主义国家通过国际货币体系向我国转嫁危机，更要从过分迷信西方发展模式的思路中解放出来，要认真解决好我国提高有支付能力的需求，特别是提高弱势群体的收入，以扩大内需的问题，并防止虚拟经济超越和脱离实体经济发展。

参考文献

[1]《马克思恩格斯文集》（第5—7卷），人民出版社2009年版。

[2] 马克思：《剩余价值理论》（第2卷），人民出版社1973年版。

[3] 凯恩斯：《就业、利息和货币通论》，商务印书馆1974年版。

[4] 庞巴维克：《资本实证论》，商务印书馆1964年版。

（原载《社会科学辑刊》2011年第1期）

国际金融危机和经济危机背景下
西方国家干预主义和新自由主义的论争

吴易风　　王晗霞

西方经济学史上曾经发生过多次国家干预主义和经济自由主义的论争。20 世纪 30 年代大萧条以来，国家干预主义和新自由主义的论争经历了三个阶段。第一阶段从 20 世纪 30 年代到 60 年代，在经济理论上主要表现为凯恩斯经济学和新古典经济学之争。这场论争以国家干预主义经济学的胜利和新自由主义经济学的失败而告终。第二阶段从 20 世纪 70 年代西方国家发生滞胀危机到 21 世纪第一次国际金融危机和经济危机爆发前为止，在这一阶段，新自由主义思潮广为泛滥，新自由主义经济理论和经济政策在不少国家占据上风。第三阶段开始于 21 世纪第一次国际金融危机和经济危机的爆发，这次危机源于美国，很快发展成为世界性金融危机和经济危机。在这场危机爆发前后，新凯恩斯主义经济学和新自由主义经济学在危机可能性、危机严重程度和发展趋势，以及危机原因和应对危机的政策等一系列问题上展开激烈争论。西方学界和普通民众有越来越多的人认为，新自由主义对这场危机负有不可推卸的责任。西方国家政府很多采取了以新凯恩斯主义为理论依据的应对政策。在这一阶段，新自由主义的主流地位发生动摇，并在危机中趋于衰落。

一　危机爆发前,国家干预主义经济学家承认金融危机和经济危机的可能性,新自由主义经济学家否认金融危机和经济危机的可能性

主张国家干预主义的西方经济学家承认市场自我调节能力有限，承认市场失灵。在这场危机爆发前夕，他们的一些代表人物不同程度地预感到

甚至预言了西方国家特别是美国存在爆发金融危机和经济危机的可能性。

与此相反，新自由主义经济学家迷信市场有充分的自我调节能力，反对政府干预，强调政府失灵而否认市场失灵。他们普遍否认西方国家特别是美国存在爆发金融危机和经济危机的可能性，断言大萧条早已一去不复返，甚至经济周期也已被驯服。

国家干预主义经济学家、美国纽约大学斯特恩商学院教授努里埃尔·鲁比尼由于对本次危机的较为准确的预言而备受瞩目。2006 年 9 月 7 日，鲁比尼在国际货币基金组织的一次研讨会上预言，美国住房市场即将崩溃，并将导致深度经济衰退。2008 年 2 月 5 日，鲁比尼又具体地预言走向金融灾难和经济灾难可能经历的 12 个步骤；他还预言美国投资银行以及类似房利美和房地美这样的大型金融机构在危机中有可能陷入瘫痪，甚至有可能遭灭顶之灾。鲁比尼的预言很多都为当前这场危机所证实。

国家干预主义经济学家、美国普林斯顿大学教授保罗·克鲁格曼 1994 年预言可能爆发亚洲金融危机，1996 年预言即将爆发亚洲金融危机。他的两次预言为 1997 年爆发的亚洲金融危机所证实。《萧条经济学的回归》是克鲁格曼在 1997 年亚洲金融危机期间探讨危机原因和对策的名著。2008 年，克鲁格曼在此书基础上写成《萧条经济学的回归和 2008 年经济危机》一书。在这本书中，克鲁格曼预言，美国和全世界都将遭遇一场严重的衰退。克鲁格曼不仅认为亚洲金融危机与"大萧条"颇为相似，而且认为当前国际金融危机和经济危机"与'大萧条'更为相似"[1]。

国家干预主义经济学家、美国哥伦比亚大学教授斯蒂格利茨较早地察觉到美国存在发生金融危机和经济危机的可能性。在 20 年前"证券化时代"开始时，斯蒂格利茨就预见到证券化有可能在灾难中结束。他提醒政府加强对抵押贷款证券化的监管。[2] 21 世纪初，斯蒂格利茨看到美国房地产市场销量和价格与居民收入持续严重背离，即居民实际收入不断下滑而房地产销量和价格却不断上涨，预感到房地产泡沫已经取代了股市泡沫，有可能爆发危机。

---

① 保罗·克鲁格曼：《萧条经济学的回归和 2008 年经济危机》，刘波译，中信出版社 2009 年版，第 V1 页。

② Joseph E. Stiglitz, "Banks versus Markets as Mechanisms for Allocating and Coordinating Investment", in J. Roumasset and S. Barr（ed.）*The Economics of Cooperation*, Boulder：Westview Press, Inc, 1992. 此文最早于 1990 年 1 月在夏威夷大学的一次会议上发表。

与国家干预主义经济学家相反，新自由主义经济学家代表人物和奉行新自由主义经济政策的西方政界代表人物几乎都否认危机的可能性。

新自由主义经济学家、美国芝加哥大学教授罗伯特·卢卡斯 2003 年在美国经济学年会上宣布："预防萧条的核心问题，实际上已经解决了。"①

曾经追随萨缪尔森并成为新凯恩斯主义者的美国普林斯顿大学教授、现任美联储主席本·伯南克近些年来越来越明显地表现出新自由主义倾向。在 2004 年发表题为《大缓和》的演讲中，他模仿新自由主义者卢卡斯，断言经济周期问题大体上已经解决了。② 在这次美国次贷危机爆发后，伯南克等人还散布幻想，说次贷危机可以得到控制。

在美国已经陷入危机时，信奉新自由主义并推行新自由主义经济政策的美国总统布什在 2008 年 3 月 14 日发表演讲，完全无视现实，还在宣传市场自行调节论。他说："市场正处于自我调节的过程中。"布什此言后来被美国舆论评为"2008 年最糟糕的预言"之一。③

二 危机爆发后，国家干预主义经济学家和新自由主义经济学家对危机严重程度和发展趋势的不同判断

21 世纪第一次国际金融危机和经济危机爆发后，国家干预主义经济学家承认这场危机的严重性，认为再继续实行自由放任后果将不堪设想。与之相反，以前否认危机可能性的新自由主义经济学家现在否认当前危机的严重性，对美国和西方国家经济形势一再表示乐观，断言经济很快就会复苏，政府无须干预。

不少国家干预主义经济学家认为，当前这场危机是 20 世纪 30 年代大萧条以来最严重的金融危机和经济危机。研究大萧条的美国经济学家克里斯蒂娜·罗默和国际货币基金组织首席经济学家奥利维尔·布兰查德认为，这场危机非常接近于 20 世纪 30 年代的大萧条。伯克利加州大学巴里·艾肯格林和都柏林大学三一学院的凯文·奥鲁尔克认为，此次衰退类似大萧条初期的特征，全球工业产值下降的路径与大萧条期间惊人地接

---

① 保罗·克鲁格曼：《萧条经济学的回归和 2008 年经济危机》，刘波译，中信出版社 2009 年版，第 1 页。

② 同上书，第 2 页。

③ Peter Coy, "The Worst Predictions About 2008", *Business Week*, 2008 – 12 – 24.

近，全球贸易萎缩的幅度比大萧条的第一年严重得多，全球股市的跌幅远远高于大萧条相应阶段的跌幅。总之，"从全球范围来看，我们正沿着大萧条的轨道发展……这是一次萧条级的事件"。① 为了强调此次经济衰退的严重性，有不少国家干预主义经济学家称为"大衰退"。

然而，很多新自由主义经济学家认为，这场危机与大萧条没有可比性。芝加哥大学的加里·贝克尔认为，这场危机无论从对产出还是对就业率的影响来看，都无法和20世纪30年代的大萧条相比。他在2010年1月接受记者采访时甚至认为，"这场衰退可能并不比1981年的衰退更严重——如果是这样，我想你不会看到政府在经济中的作用显著加强——我对此越来越有信心"②。

危机爆发后，奉行新自由主义政策的布什政府白宫预算主任吉姆·努斯尔在2008年7月还不顾事实地宣称，美国"已经避免了一场经济衰退"。

当经济数据显示经济收缩稍有减缓时，不少新自由主义经济学家就匆忙声称已经看到了"复苏的萌芽"，认为衰退即将结束并将回归正增长，而且很快接近潜在增长率，经济再没有下行的风险。

新自由主义经济学家对经济形势的这种盲目乐观的估计，受到国家干预主义经济学家的严肃批评。

美国著名经济学家保罗·萨缪尔森于2009年6月17日接受采访时表示，流行的观点认为复苏就会到来，这是非常不确定的；也许政府会根据官方数据宣布衰退在某个时刻结束，但这是有误导作用的，因为这个衰退结束可能伴随着就业率持续下降、国际收支持续失衡、消费和投资持续减少。③

鲁比尼于2010年5月提出，美国经济并不像盲目乐观者说得那样好，甚至还存在"二次探底"的可能性。他说，我们正经历着的是全球危机的第二个阶段，即对私营企业国有化和过度信贷等刺激措施导致国债和赤字激增的阶段。全球危机远没有结束，而是进入了一个更加危险的阶段。④ 同年9月8日，鲁比尼在接受英国《金融时报》记者专访时说，美国经济发生"二

---

① 马丁·沃尔夫：《全球经济能否躲过大萧条?》，FT 中文网，2009 年 6 月 23 日。

② John Cassidy, "The Chicago Interviems", 2010 - 01 - 13, http: // www. newyorker. com/on-line/blogs/johncassidy/2010/01/the - chicago - interviews. html.

③ Conor Clarke, "An Interview with Paul Samuelson", 2009 - 06 - 18, www. theatlantic. com

④ Nouriel Roubini, "Return to the Abyss", Project Syndicate, 2010 - 05 - 14.

次探底"的风险超过40%，美国经济2010年下半年就业情况会恶化，赤字会更严重，房价会继续下跌，银行的亏损会增加，经济增长率会大大低于长期平均水平，今年年底或明年美国经济还有可能发生"二次探底"。①

西方国家严峻的经济现实证明了国家干预主义经济学家并非是在危言耸听。

2010年8月10日，面对疲软的实际增长、消费支出和就业指标，美联储不得不下调了对经济前景的预测，表示"近几个月产出和就业复苏的步伐已有所放缓"。美联储主席伯南克也不得不承认，美国经济前景面临"非同寻常的不确定性"，美国在实现全面复苏之前还有相当长一段路要走。

2010年9月20日，记录和研究经济衰退起止日期的机构美国全国经济研究所宣布，始于2007年12月的经济衰退于2009年6月结束。可是，面对高失业率、工资增长停滞、房价下跌以及几十年来数量最多的丧失抵押品赎回权的案例，美国总统奥巴马无可奈何地说，人们根本没有理由庆祝全国经济研究所得出的经济衰退已经结束的结论。在美国全国经济研究所宣布的经济危机已经"结束"两年多之后，奥巴马又一次无可奈何地说："经济患了心脏病，虽然病人活过来了，正在渐渐康复，但是康复的速度非常缓慢。"②

2011年8月14日《今日美国报》援引对39名顶级经济学家进行调查的结果说，目前发生另一场经济衰退的概率是3个月前的两倍。

克鲁格曼在《萧条经济学的回归和2008年经济危机》一书中曾经提出"大衰退"一语，用来表示经济危机严重程度介于"大萧条"和"衰退"之间。现在，美国有日渐增多的国家干预主义经济学家用克鲁格曼的"大衰退"一语来表示21世纪的第一次经济危机，相当普遍地认为，这是自20世纪30年代大萧条以来最严重的一次经济危机。

三 国家干预主义经济学家和新自由主义
经济学家对危机原因的不同认识

随着国际金融危机和经济危机的发展，原本否认金融危机和经济危机

---

① http：//www.ftchinese.com/video/653.

② 《奥巴马称美经济患了"心脏病"》，中国日报网，2011年9月1日，http：//www.chinadaily.com.cn/hqgj/jryw/2011－09－01/content_3663885.html。

可能性的新自由主义经济学家这时不得不面对现实，回过头来讨论危机的原因。但是，他们中的许多人都认为，当前危机原因在于政府监管，在于国家干预经济。由此，他们坚持反对政府监管、反对国家干预经济的新自由主义立场。

斯坦福大学教授约翰·泰勒说："是政府的行为和干预，而不是任何私有经济固有的缺陷和不稳定性造成、延长并加剧了经济危机。"①

美国加图研究所执行副所长大卫·鲍兹说："这是一次由政府监管、政府补贴和政府干预引起的危机，……我们陷入这场危机正是因为背离了自由放任资本主义的原则。"②

按照新自由主义经济学家的看法，既然政府监管是酿成危机的原因，因此，要建立更好的经济体系，就需要"政府退出"③。

与新自由主义经济学家的危机原因在于政府监管和国家干预的观点完全相反，国家干预主义经济学家认为，危机的原因正是在于解除或放松监管，正是在于没有发挥国家干预的作用。当金融泡沫和经济泡沫已经吹起时，政府没有及时刺破泡沫，而是等着泡沫破裂了以后着手收拾残局；正是政府推行的这种对金融部门解除或放松监管的新自由主义政策，直接导致了金融危机的爆发。

克鲁格曼认为，此次危机的原因一方面在于对传统银行解除或放松监管，另一方面在于作为"非银行"运营的金融机构即"影子银行系统"逃避监管，没有被金融风险防范网覆盖。他指出，美国20世纪90年代发生的危机和21世纪初出现的房地产泡沫，本应被看做是更大危机的可怕前兆，④ 但当时流行的新自由主义思潮和小布什政府反对监管的政策，都认为市场总是正确的，监管则是坏事，因此，政府不但没有扩大监管和金融风险防范网，反而为"金融创新"和"自由市场奇迹"大唱赞歌。⑤

斯蒂格利茨也认为，危机形成的原因很大程度上是由于解除或放松监管。他指出，当出现泡沫的可能性增加时，美联储本可以采取减少最大贷款余额比率、降低最大房屋抵押贷款与收入比率等措施来加强监管。如果

---

① 《约翰·泰勒介绍》，网易财经，2009年10月12日，http://money.163.com。
② 大卫·鲍兹：《古典自由主义》，同心出版社2009年版。
③ 《马丁·沃尔夫金融危机的教训》，FT中文网，2008年8月21日。
④ Paul Krugman, "Lest We Forget", *The New York Times*, 2008-11-27.
⑤ Paul Krugman, "The B Word", *The New York Times*, 2008-03-17.

美联储认为没有合意的工具，本可以向国会提出要求，但是它却选择了不作为。斯蒂格利茨说："自保罗·沃尔克被解雇后，我们的国家就开始承受由不相信监管的人来监管的后果了。""格林斯潘之所以被里根选中，就是因为他反对监管。"① "我们现有的监管和监管机构失败了——部分是因为当监管者自己都不相信监管时，就不可能得到有效的监管。"②

斯蒂格利茨还从信息经济学的角度进而分析了金融系统本身的问题，认为信息和激励问题在此次金融危机中起了重要作用。给予公司高级管理人员股票期权，激励他们提供误导性的信息——在资产负债表中只记收入而不记负债，因为用这种办法比通过真正提高企业利润从而提高股票市值来增加个人收入要容易得多。还有，高管们所持股份升值时个人获利，贬值时个人不受损失，这就激励他们过度冒险。斯蒂格利茨还指出，证券化造成了新的信息不对称。近年来企业越来越多地靠市场（包括证券市场）而不是靠银行来提供贷款。证券发行者因为不承担违约的后果，所以不像银行那样有确保其贷款对象有能力还款的动机。并且，次贷证券经打包卖给许多利益和信念不同的持有人，这使得出现问题以后的重新协商谈判变得尤为困难。评级机构和会计机构由于收入大部分来自接受它们服务的公司，因此有取悦这些公司的动机，把这些公司评为更高级别并夸大其利润。③

美国马萨诸塞大学政治经济学教授大卫·科茨分析了当时美联储主席格林斯潘不采取行动的新自由主义逻辑："（格林斯潘）不愿采取行动可能是因为他赞同自由市场在金融体系所起的作用……新自由主义的逻辑理论很好地解释了格林斯潘为什么不采取行动，因为在新自由主义模式制约下，通过宽松的货币政策引发房地产泡沫可能是促进21世纪初产量和利润增长的唯一可行的办法。"④

---

① Joseph E. Stiglitz, "The Fall of Wall Street is to Market Fundamentalism What the Fall of the Berlin Wall was to Communism", Interview with Nathan Gardels, The Huffington Post, 2008 – 09 – 16.

② Joseph E. Stiglitz, "The Current Economic Crisis and Lessons for Economic Theory", *Eastern Economic Journal*, Vol. 35, No. 3, June, pp. 281 – 296.

③ Joseph E. Stiglitz, "The Financial Crsis of 2007/2008 and its Macroeconomic Consequences", Presented at the June 2008 meeting of the Initiative for Policy Dialogue Task Force Meeting on Financial Markets Reform, 2008 – 06.

④ 大卫·科茨：《目前金融和经济危机：新自由主义的资本主义的体制危机》，《河北经贸大学学报》2010 年第 1 期。

大卫·科茨从多方面研究并揭示了新自由主义政策导致经济危机的必然性。他指出，美国政府采取的解除或放松管制、私有化、放弃对宏观经济的调节、大幅削减社会福利、与大型企业联合打击工会、为企业和富人减税等新自由主义政策削弱了工人的议价能力，压低了工人的工资，加剧了税后收入的不平等。一方面，利润相对于工资迅速增加，上层家庭收入不断积累，超过了现有的生产性投资机会，为资产泡沫的产生创造了有利条件；另一方面，由于工人实际工资的减少限制了他们的消费能力，这就必须靠举债消费来解决需求不足，维持经济增长。科茨的这些分析在广度和深度上明显地超越了西方经济学家。①

西方国家干预主义经济学家中的有识之士也认识到，新自由主义政策造成的收入分配不平等、贫富差距拉大是酿成危机的原因。伦敦经济学院教授罗伯特·韦德认为，正是由于20世纪70年代起放弃了凯恩斯主义的政府调节政策，美国里根政府和英国撒切尔政府采取了新自由主义政策，导致收入分配不平等，财富流向边际消费倾向较低的富人，而普通民众收入低、消费少，因此总需求不足，使得信贷、负债特别是投机性投资成为了刺激总需求的关键。他指出，这种机制是脆弱的，作用是有限的。②

在美国，有的新自由主义经济学家提出，全球失衡是导致金融危机和经济危机的原因。他们断言，新兴市场国家为了防范风险积累了巨额外汇储备，这迫使美国和其他发达国家维持低利率政策，创造出复杂且有风险的信贷工具。他们还有人指责其他国家特别是指责中国操纵汇率。这些说法显然是为危机的罪魁祸首美国开脱罪责，把危机的责任推到别国头上，认为经济危机是其他国家造成的。值得注意的是，美国有少数国家干预主义经济学家竟然也附和新自由主义者的这一说法。

但是，国家干预主义经济学家斯蒂格利茨颇有根据地指出：全球失衡固然不可持续，可能对未来的全球稳定造成威胁，但并不是当前危机的原因。没有全球失衡，美国的问题也依然存在。如果银行能够很好地估计风险并谨慎借贷，或者监管者有效地防范金融部门的疯狂行为，低利率——无论是美联储的行为还是全球储蓄过剩的结果——都不一定导

---

① 大卫·科茨：《目前金融和经济危机：新自由主义的资本主义的体制危机》，《河北经贸大学学报》2010年1期。

② Robert Wade, "The Global Slump, Deeper Causes and Harder Lessons", *Challenge*, Vol. 52, No. 5, September/October 2009, pp. 5 – 24.

致泡沫，即使导致泡沫也不会有这么坏的影响。① 斯蒂格利茨在 2009 年 12 月 10 日接受新华社记者专访时还表示，美国应当主要从自身来找原因，包括不应该再寅吃卯粮，而不应该强调全球失衡问题，把责任诉诸世界其他国家。②

国际货币基金组织首席经济学家、新凯恩斯主义者奥利维尔·布兰查德也认为，现在不是讨论中国的汇率问题的时候，因为这不是现在世界性经济危机的主要因素，还有许多其他的事情需要我们考虑。他说："人民币升值本身并不能解决美国和全球其他地区的经济问题，即便人民币和其他主要亚洲货币升值 20%，最多也只能帮助美国出口实现相当于 GDP 的 1% 的增长。"③

有些新自由主义经济学家在将危机原因归咎于政府监管和国家干预时，还具体地将危机原因归咎于美国《社区再投资法》，指责该法规定向信用等级低的穷人和少数民族裔贷款的政策，认为房地产市场崩溃正是政府向贷款机构施压、要求它们贷款给穷人的结果。这种说法一方面是指责政府干预，另一方面是将危机的责任推到穷人身上。

新自由主义经济学家的这种说法受到国家干预主义经济学家以及熟悉实际情况的经济界人士的尖锐批评。

斯蒂格利茨针对这种说法指出，《社区再投资法》涉及的贷款范围很小，违约率也很低，根本不足以解释如此大范围的金融危机。④

高盛集团前投资银行家约翰·R·塔伯特也针对这种说法指出，这种说法与实际情况不符。《社区再投资法》是 1977 年通过的，但是直到 1997 年，居民房产也没有迅速增长。房地产泡沫波及美国以外的其他许多国家，而这些国家并没有《社区再投资法》。在这次危机中，美国高收入阶层贷款购买第二套房、度假用房和奢华高档住宅的贷款案例违约率要比穷人的贷款案例违约率高，许多穷人和中产阶级并没有过度借贷，却受到了

---

① Joseph E. Stiglitz, "Intepreting the Causes of the Great Recession of 2008", Lecture to have been delivered to the Bank of International Settlements Conference, Basel, Switzerland, 2009 – 06.

② Ibid.

③ 《美国炒作人民币汇率问题人民币"政治战升温"》，和讯新闻网，http://news.hexun.com/ 2010 – 03 – 18/123033186. html。

④ Joseph E. Stiglitz, "Intepreting the Causes of the Great Recession of 2008", Lecture to have been delivered to the Bank of International Settlements Conference, Basel, Switzerland, 2009 – 06.

冲击。① 根据美国房地产分析公司的数据分析，进入 2010 年下半年，购买豪华住宅、贷款超过 100 万美元的业主停止支付贷款的比例大约占 1/7，而那些贷款总额在百万美元以下、购入普通住房的家庭反倒更能按时还款，出现不良贷款的比例只有 1/12。②

美国亚利桑那大学研究战略性拖欠问题的专家布伦特·怀特教授揭露说，富人更缺乏道德感，"他们很容易随意地放弃偿还贷款，把房产当做一桩失败的生意，随意处理掉，他们不怎么害怕政府和银行的恐吓，也不大觉得羞耻。他们所关心的是自己的利益怎样才能最大化"③。

斯蒂格利茨、塔伯特、怀特等上述这些有理有据的批评，使那些将危机原因归咎于《社区再投资法》的新自由主义者无以回应。

四 国家干预主义经济学家和新自由主义经济学家关于应对危机政策的意见分歧

在应对危机的政策方面，国家干预主义经济学家和新自由主义经济学家在一系列问题上出现深刻分歧，并进行激烈争论。

（一）关于金融机构救助和监管的意见分歧

在这场危机中，国家干预主义经济学家很多都认为，解除或放松监管的新自由主义政策对此次危机负有不可推卸的责任。他们认为，美国现有的金融监管体系存在很多问题，出路在于改革金融监管体系，对金融业加强监管。他们主张，在危机时期，政府必须采取激进措施救助银行和金融系统；在长期内，政府必须加强对金融系统的监管。他们对政府已经采取的救助政策表示不满，认为这些政策过于保守，力度不够。

国家干预主义经济学家斯蒂格利茨、克鲁格曼、鲁比尼等就金融机构救助和监管提出了较为深刻的看法和比较激进的主张。

斯蒂格利茨认为，由于美国现有的金融监管体系过度信奉市场的自我调节能力，监管工具已经被那些需要被监管的人所利用，存在对监管的套

---

① 约翰·塔伯特：《奥巴马经济学》，夏愉，罗雷译，中国轻工业出版社 2008 年版，第 76 页。
② 《"优贷危机"来了——美国富人拒还房贷》，《世界博览》2010 年第 16 期，总第 370 期。
③ 同上。

利和操纵，因此，必须对现有的监管体系进行改革。①

克鲁格曼主张，在救助银行和财政刺激的近期措施有效实施之后，就应当转向长期的预防性措施：改革金融体系，重建金融系统，用一套新的规则和条款确保金融安全。他力主扩大金融监管和金融风险防范网，覆盖全部金融机构。他提出，不仅是银行，而且任何像银行一样经营的机构和任何在危机爆发时需要得到像银行一样救助的机构，都必须被当成银行来监管。②

鲁比尼主张迅速对金融系统监管进行改革。他认为，这场危机表明，证券化不是减少了系统风险，而是制造了系统风险；金融公司和金融创新工具的不透明性，导致了定价的不确定性风险。这表明，盎格鲁—撒克逊式的资本主义即自由放任的资本主义已经失败。自我监管实际上意味着没有监管。自我监管的方法还引起了评级机构的巨大利益冲突，它们不是按照监管原则而是依据自己确定的办法行事。③鲁比尼提出："我们现在需要一个在流动性、资本、杠杆、透明度、补偿金等方面更有约束力的制度。"④

奥巴马政府财政部长盖特纳和总统首席经济顾问萨默斯也承认，必须建立一个更坚固、更安全的金融体系，目前的金融监管存在很多问题。例如，现在的金融监管框架有许多缺点和漏洞，以及司法权重叠；对金融风险的定义也已经过时，只注重个体安全而忽视了系统安全。没有监管好传统银行以外的衍生品业务，没有给消费者和投资者以适当的保护；联邦政府没有控制和管理金融危机的合适工具，更没有全球一致的监管体系。⑤

新自由主义经济学家热衷市场自行调节论，反对政府对金融市场进行干预，反对政府对金融机构进行救助和加强监管，认为政府干预的政策违反了自由资本主义的原则，侵蚀了资本主义体系的基础。

---

① Joseph E. Stiglitz, "The Financial Crsis of 2007/2008 and its Macroeconomic Consequences", Presented at the June 2008 Meeting of the Initiative for Policy Dialogue Task Force Meeting on Financial Markets Reform, 2008 – 06.

② 保罗·克鲁格曼：《萧条经济学的回归和 2008 年经济危机》，刘波译，中信出版社 2009 年版。

③ Nouriel Roubini, "Laissez – Faire Capitalism Has Failed", www. forbes. com, 2009 – 02 – 19.

④ Ibid.

⑤ Timothy Geithner and Lawrence Summers, "A New Fianancial Foundation", 2009 – 06 – 15, http：//www. washingtonpost. com/.

芝加哥大学的约翰·科克伦说，在这场典型的银行恐慌中，由政府充当最后贷款人，让市场解冻就足够了，没有必要对银行进行救助。他竭力美化解除或放松监管的新自由主义政策，宣称许多决策者没有意识到解除或放松监管后银行系统是多么强健。[①]

芝加哥大学的加里·贝克尔和凯文·墨菲认为，政府干预在大多数情况下只会帮倒忙，人们不清楚政府将在什么时间采取什么行动，以及谁会获得救助，这就会带来风险和不确定性。[②] 哈佛大学的肯尼思·罗格夫和马里兰大学的卡门·莱茵哈特认为，过度杠杆行为是当前危机的直接原因，而政府在鼓动过度杠杆行为中起了决定性作用。[③]

法国学者居伊·索尔曼认为，理智的决定应当是让破产的银行消失，这样，在很短的时间内，可能只需要几个月，市场就会消化掉僵尸银行和坏账，新的银行就会出现；与此同时，不受政府干预的房地产市场会恢复真正的房地产价格，使交易建立在可维持的基点上。他还认为，有些银行被认定为"太大而不能倒闭"，这只是一些人的猜想；自由市场策略也许会导致更严重的衰退，但会使经济更快反弹，衰退的时间更短。[④]

值得注意的是，这场严重的危机使新自由主义经济学家营垒内部出现了分化迹象，甚至在新自由主义经济学大本营芝加哥大学也能看到这种迹象。例如，已经在芝加哥大学从教三十多年的道格拉斯·戴蒙德在这次危机中拒绝在自己同事组织的反对政府救助计划的请愿书上签名。他认为，如果否决了救助计划，就会刺激私人投资者从银行抽离资金，因此，政府除了为银行提供保护伞和加强监管，别无选择。[⑤] 芝加哥大学的约翰·科克伦在接受采访时承认，像他本人这样反对政府救助和监管的学者只占少数，大多数人都认为，应该对金融机构进行救助和监管。[⑥]

---

① John Cassidy, "Interviews with John Cochrane", 2010 - 01 - 13, http://www.newyorker.com/online/blogs/johncassidy/2010/01/interview - with - john - cochrane. html.

② Gary Becker and Kevin MurPhy, "Do not Let the Cure´ Destroy Capitalism", FT 中文网, 2009年3月19日。

③ 肯尼思·罗格夫：《我们需要国际金融监管机构》，FT 中文网，2008年11月24日。

④ Guy Sorman, "Economics Does Not Lie: A Defense of the Free Market in a Time of Crisis", ENCOUNTER BOOKS, 2009, p. 27.

⑤ Doug W. Diamond, "Should Banks Be Recapitalized?", 2008 - 10 - 15.

⑥ John Lippert, "Friedman Would Be Roiled as Chicago Rue Repudiation", 2008 - 12 - 23, www.bloomberg.com.

同样值得注意的是，有些新自由主义经济学家面对这场严重的危机仍在倡导政府对金融机构解除或放松监管。他们有的认为，监管者在危机时刻往往只看金融创新的成本，不看金融创新的收益，过度监管是"将孩子和洗澡水一起倒掉"。有的认为，监管会限制银行的活力，从而会影响经济的活力，而解除或放松监管则可以使银行系统更有效率，使人们更容易贷款买房，从而提高住房自有率；使企业更容易获得贷款，从而雇用更多工人；还可以使收入增长更快、经济周期波动更小，甚至还能降低犯罪率。[1] 芝加哥大学的克里斯琴·勒茨认为，金融监管会压制金融创新，妨碍公司和消费者借款，阻碍经济增长。他说：我们并不需要更多、更严厉的监管。在平时，市场调节力量很强，严格的监管只会增加成本。[2]

针对新自由主义经济学家的加强金融监管会阻碍金融市场创新这一说法，国家干预主义经济学家斯蒂格利茨批驳说，现在的金融创新不是用来帮助美国人应对他们真正面临的风险，使他们在经济条件发生变化时仍能拥有住房，而几乎全是在逃避税收、监管和会计准则，尽可能钻空子或愚弄一知半解的借款者；真正的金融创新需要一个设计良好的监管制度来确保金融系统安全、稳健，好的监管会鼓励好的创新。[3]

有的新自由主义经济学家在危机中改变了他们对监管的看法，值得一提的是诺贝尔经济学奖得主罗伯特·卢卡斯。作为新自由主义经济学家的领军人物，他在理性预期假设的基础上重建宏观经济学，得出了政府干预经济的政策无效的结论。如今，面对经济危机，卢卡斯承认解除或放松监管出了问题。他说："我每周都在改变关于银行监管的看法，过去我以为这个领域得到了控制，现在我不这么认为了。"[4] 卢卡斯顺便透露，奥巴马是除克林顿以外44年来他唯一投票支持的民主党总统候选人。

为了加强对金融机构的监管，巴塞尔银行监管委员会于2009年12月通过了《巴塞尔协议Ⅲ》，提高了全球银行业的最低资本监管标准。由于

---

① Justin Wolfers, "Erik Hurst on the Risk of Re - Regulation", 2008 - 09 - 26, http: //freakonomics. blogs. nytimes. com.

② Christian Leuz, "We Need Smarter Regulation, Not More", 2009 - 02 - 09, www. forbes. com.

③ Joseph E. Stiglitz, "Commentary: How to Prevent the Next Wall Street Crisis", CNN. com, 2008 - 09 - 17.

④ John Lippert, "Friedman Would Be Roiled as Chicago Rue Repudiation", 2008 - 12 - 23, www. bloomberg. com.

受到了来自金融部门的广泛压力，委员会曾经被迫放松监管指标。2009 年 9 月 12 日，世界主要国家中央银行代表终于在瑞士巴塞尔就这个全球银行的监管新规则达成了历史性协议。

2010 年 6 月 25 日凌晨，美国国会参众两院联席委员会议员经过通宵工作，就 20 世纪 30 年代大萧条以来规模最大的金融监管改革法案《多德—弗兰克华尔街改革和消费者保护法案》最终文本达成一致，不顾华尔街几个月来的疯狂游说，批准了其中限制银行自营交易和分离银行衍生品业务者两项争议最大的规则。2010 年 7 月 21 日，《多德—弗兰克法案》由美国总统奥巴马签署生效。根据该法案，银行的自营交易能力将受到限制，以后受联邦担保的资金不能够从事高风险活动，同时，利润丰厚的衍生品业务也将从传统银行中分离出去。众议院金融服务委员会主席弗兰克认为，这项法案比"几乎所有人"预计的都要严格。参议员银行委员会主席多德称这个法案是"巨大的成就"。① 美国凯威莱德国际律师事务所应法律和金融界的广泛要求，发布了《多德—弗兰克法案》的法律评估报告。凯威莱德旗下金融服务部门联席主席史蒂文·洛夫齐表示，根据《多德—弗兰克法案》，所有金融机构都将直接受到重大影响，非金融机构由于使用受监管的金融产品，其也将受到间接的影响。该法案对《萨班斯—奥克斯利法案》的修改，以及对高管薪酬和企业监管规定的广泛调整，将对美国所有的上市公司产生影响。②

《巴塞尔协议Ⅲ》和《多德—弗兰克法案》的颁布，是金融监管领域中国家干预主义胜利和新自由主义失败的一个重要标志。

（二）关于银行国有化的意见分歧

在这场危机中，一些国家干预主义经济学家主张由政府接管陷入危机的银行，提出了部分银行暂时国有化的方案。

鲁比尼认为，国有化是对付银行业危机更"市场友好"的方案，既能给无偿付能力的机构普通股和优先股股东以最大打击，又可以保护纳税人的利益，还可以避免政府管理有毒资产的问题。③

---

① http://www.taoguba.com.cn/Article/322694/1.
② http://management.yidaba.com/201007/27093047100710010000009628l.shtml.
③ Nouriel Roubini, "Nationalize Insolvent Banks", www.forbes.com, 2009 - 02 - 12.

克鲁格曼认为，金融行业的生存依赖于政府的支持，所以政府需要有相应的所有权，不实行国有化，银行就不能自负盈亏。[①]

斯蒂格利茨认为，国有化有助于迅速恢复信贷，有助于使银行的动机与国家利益相符，有助于清理银行间债务。

国家干预主义经济学家的国有化主张，甚至得到了曾经长期信奉新自由主义的前美联储主席格林斯潘和前里根政府财政部长贝克有条件的支持。格林斯潘说："为了迅速而有序地进行重组，或许有必要暂时将一些银行国有化。"[②] 他还添加一句："这是百年才能做一次的事情。"[③] 与格林斯潘相似，詹姆斯·贝克在里根政府任财政部长时曾经热衷私有化，在此次危机中也对银行国有化表示有条件的支持。

新自由主义经济学家竭力反对国有化。哈佛大学的杰弗里·迈伦认为，国有化意味着由政治而不是市场力量来决定谁获益谁受损，政府可能去补贴信用等级较低的贷款人，补贴与政治相联系的产业，贷款给国会里政治势力强大的议员所在的地区，所有这些都有损经济效益。同时他认为，国有化不可能是暂时的，一旦将银行国有化，将银行作为政治工具的诱惑就会使银行被国有化数十年时间，甚至永远收归国有。更糟糕的是，一旦银行被国有化，其他行业比如汽车、钢铁、农业就会纷纷寻求政府帮助，就会使政府在经济中的作用迅速加强。[④] 不少新自由主义经济学家担心，如果对问题银行和金融机构实行国有化，哪怕是实行暂时国有化，就会蒙上"社会主义的色彩"。

曾经信奉新凯恩斯主义但近些年来不时表现出新自由主义倾向的美联储主席伯南克，也是银行国有化的反对者。2009 年 2 月 24 日，伯南克在国会听证会上表示，美国不需要银行国有化。他强调，即使为了进行必要的重组，政府也不一定非得接管背负着巨大问题资产的银行。不过，伯南克面对意见分歧，他又换一个说法："不需要正式地把银行国有化，……而是公私合营。"[⑤] 在这里，伯南克似乎佯装不知道私有企业或私有银行改

---

① Paul Krugman, "Banking on the Brink", The New York Times, 2009 - 02 - 22.

② 《国有化能否救美国银行》，凤凰网，2009 年 2 月 23 日，http: //finance. ifeng. com/roll/20090223/394801. shtml。

③ 《格林斯潘支持银行国有化但认为百年才能做一次》，载《新民晚报》2009 年 2 月 19 日。

④ Jeffrey A. Miron, "Why this Bailout is as Bad as the Last One", http: //edition. cnn. com.

⑤ 《激辩"美国银行国有化"》，经济观察网，2009 年 2 月 25 日，http: //www. eeo. com. cn/today_ media/sjg/2009/02/25/130406. shtml。

为公私合营也属于西方定义的"部分国有化"。

新自由主义经济学家主张由私人部门给银行和金融机构纾困。布什总统经济顾问委员会的格伦·哈巴德、哈佛大学的哈尔·斯科特和芝加哥大学的路易吉·津加莱斯提出了两个方案：一是鼓励银行将有毒资产分离至一个坏账银行，政府不再担保任何坏账银行的债务；二是政府进一步放松限制，让私募股权基金进入银行，由私人资金承担大部分风险。①

针对新自由主义反对国有化的观点，国家干预主义经济学家克鲁格曼指出："这种对私人控制方式的偏爱，会使政府应对金融危机的策略严重扭曲，总是出台完全没用的救市措施。如果仅仅为了保住'私人所有'的幻觉，而把大把的钱塞进银行以及高官们的腰包，这会付出我们无力承受的巨大代价。"克鲁格曼还指出："如果仅仅因为担心救助金融体系的行动有一点所谓社会主义的色彩便不采取必要的行动，那将是滑天下之大稽。"②

(三) 关于"保尔森计划"和"盖特纳计划"的意见分歧

国家干预主义经济学家和新自由主义经济学家对布什政府的"保尔森计划"和奥巴马政府的"盖特纳计划"都表示不满，但两派经济学家的出发点和政策主张却大相径庭。

"保尔森计划"又名"问题资产救助计划"（TARP），是保尔森任布什政府财政部长时于 2008 年 10 月出台的美国政府救助计划。该计划拟通过 7000 亿美元财政支出，由政府购买银行和金融机构的不良资产，以恢复信贷市场的正常运转。

"盖特纳计划"又名"公私投资计划"（PPIP），是奥巴马政府财政部长盖特纳提出的于 2009 年 2 月出台的美国政府救助计划。该计划拟用"保尔森计划"的部分资金，并引进私人投资者的资金，建立公私联合投资基金，用来购买银行和金融机构的不良资产，以恢复信贷市场的正常运转。

国家干预主义经济学家和新自由主义经济学家对"保尔森计划"和

---

① Luigi Zingales, "From Awful to Merely Bad: Reviewing the Bank Rescue Options", Wall Street Journal, 2009 - 02 - 07.

② 保罗·克鲁格曼:《萧条经济学的回归和 2008 年经济危机》，刘波译，中信出版社 2009 年版，第 176 页。

"盖特纳计划"的不满有不同的出发点，并有不同的替代方案。不同的出发点和不同的替代方案反映出两派经济学家的意见分歧。

国家干预主义经济学家斯蒂格利茨在批评"保尔森计划"和"盖特纳计划"时说："以保尔森计划为基础的任何救助计划都不会产生效果，经济学家越来越就这一点达成共识。""如果这项计划最终得以采纳，很可能要由美国的纳税人来收拾残局。"斯蒂格利茨颇有深度地揭示这类计划的性质，指出这类计划是由导致这场危机的"特殊利益"、"错误的经济理论"和"右翼意识形态"等毒素混合而成的。①

国家干预主义经济学家克鲁格曼在批评"保尔森计划"和"盖特纳计划"时说，布什政府的"保尔森计划"是让政府直接买下银行的有毒资产，而奥巴马政府的"盖特纳计划"是让政府借钱给私人投资者，由他们来购买银行的有毒资产。因此，"盖特纳计划"只不过是用一种拐弯抹角、乔装打扮的方式来为有毒资产的购买进行补贴，实际上是"保尔森计划"的翻版。②

新自由主义经济学家、芝加哥大学布林商学院教授路易吉·津加莱斯从另一个出发点和另一个替代方案出发批评"保尔森计划"和"盖特纳计划"。他认为，"盖特纳计划"比"保尔森计划"更有风险、更狡猾，不但很有可能像后者一样失败，而且有可能引起政治上的不满。他认为这种做法"违反了资本主义的基本原则——谁获益谁就要承担受损的风险"。他说："对于像我这样信奉自由市场体系的人，当前最可怕的风险是少数金融家的利益会侵蚀资本主义体系的基础。是到了从资本家手里解救资本主义的时候了。"③

由上述可见，关于"保尔森计划"和"盖特纳计划"，国家干预主义经济学家和新自由主义经济学家存在深刻的意见分歧。以斯蒂格利茨为代表的国家干预主义经济学家认为，"保尔森计划"等是"特殊利益"、"错误理论"和"右翼意识形态"等毒素的混合物，根本解决不了问题，除非由政府接管陷入危机的银行，实行银行暂时国有化。而以津加莱斯为代表的新自由主义经济学家则认为，这类救助计划"违反了资

---

① Joseph E. Stiglitz, "Bail-outBlues", The Guardian (UK), 2008-09-30.
② Paul Krugman, "The Big Dither", The New York Times, 2009-03-05.
③ Luigi Zingales, "The New Geithner Plan is a Flop", 2009-03-25, http://www.nydailynews.com/opinions/2009/03/25/2009-03-25_the_new_geithner_Plan_is_a_flop.html.

本主义的基本原则",也会"侵蚀资本主义体系的基础",因而是"信奉自由市场体系的人"所不可接受的,出路是从少数金融资本家手中解救资本主义。

(四) 关于量化宽松货币政策的意见分歧

曾经是新凯恩斯主义者的伯南克,近些年来在货币理论和货币政策问题上越来越倾向于弗里德曼的新自由主义的货币主义。他多次称颂弗里德曼,尤其是竭力赞美弗里德曼 1970 年所做的题为《货币理论中的反革命》的讲演。2003 年,在弗里德曼夫妇《自由选择》一书出版 23 周年纪念会上,伯南克说,《自由选择》是一部经典著作,"弗里德曼货币框架对当代货币理论和运作的影响怎样说都不为过","无论是决策者还是普通大众,都应该对弗里德曼心存感激"。[1] 伯南克此前在弗里德曼九十寿辰庆祝会上曾引证并赞扬弗里德曼"派直升机从头顶上大把撒美元"以拯救美国经济的说法。西方一些媒体现在称弗里德曼是伯南克的"精神导师"。

弗里德曼主张实行单一规则的货币政策。他根据失业水平与通货膨胀率之间存在稳定关系的假说,认为按照会导致温和的通货膨胀或者温和的通货紧缩的固定增长率增加货币供给量的政策是可取的。弗里德曼的这一论点隐含着通货膨胀目标和通货紧缩目标,从而隐含着量化宽松和量化紧缩的货币政策思想。当这一假说受到质疑后,弗里德曼又表示,看来需要采取愈来愈大的通货膨胀才能保持低失业率。货币主义在 20 世纪 80 年代初盛行之后,由于声誉不佳,便开始寻找新的"经文"(斯蒂格利茨语):确定通货膨胀目标。伯南克被任命为美联储主席以来,就一直谋求设定一个"合理的"或"最优的"通货膨胀目标作为扩大货币供给的依据。他表示,美联储大多数官员都认为物价涨幅应该保持在 2% 或略低的水平,而当前的通货膨胀率太低。[2] 这是伯南克发出的美联储将量化的货币供给与量化的通货膨胀目标捆绑在一起的重要信号。这一信号很快成为美联储量化宽松政策与措施。伯南克后来公开发表文章说,美联储的"双重使命是促进就业,同时维持低水平通货膨胀。……今天,大多数的实际通胀率指标都不到 2%,即低于大多数美联储决策者心目中符合经济长期健康增长

---

① 伯南克:《弗里德曼的货币框架》,《中国金融》2006 年第 5 期。
② 《美联储主席不看好美国经济》,《金融时报》2010 年 10 月 15 日。

所需的水平"。他极力强调量化通货膨胀目标的重要性，说"过低的通胀可能对经济构成风险"，"极低的通胀可能变成通缩"①。

美国的量化宽松（QE）货币政策是指美联储在量化通货膨胀目标基础上量化扩大货币供给，通过购买国债等中长期债券增加基础货币，向市场注入大量流动性以刺激经济复苏和减少失业的一种非常规调节方式。在通常情况下，美联储通过购买短期国债和其他低风险资产来调节经济；在此次金融危机和经济危机中，美联储大量购买长期国债和其他高风险资产来刺激经济，企图通过量化宽松降低利率，刺激消费和投资，支撑复苏，减轻失业，防止物价下滑，缓解通货紧缩风险。但是，不仅美联储许多官员和经济学家知道，而且美联储主席伯南克本人也知道，这一政策并非万应灵药，而是暗藏风险。

自从美联储实行量化宽松政策以来，国际舆论普遍谴责美联储使劲开动印钞机，滥发货币。著名投资家、金融学教授吉姆·罗杰斯2010年11月4日在牛津大学发表演讲时，把批评的矛头直指伯南克，说："伯南克博士不懂经济学，不懂外汇，也不懂金融，他只懂印银纸（印钞票——引者）。……他的学术生涯就是研究印银纸，给他一台印刷机，他就会使劲地开动。"② 法国《费加罗报》2010年11月4日发表题为《美联储的纸房子》的文章，回顾美联储主席伯南克在2002年所做的一次著名演讲，他在演讲中坚称，无论任何时候都能用一件对政府来说非常容易操作的工具来摆脱通缩的幽灵——印钞机。他引用货币主义创始人米尔顿·弗里德曼的话说，如果发生通缩，只需要派直升机在头顶上撒美元。③

2008年底至2010年3月，美联储共购买1.75万亿美元的国债及抵押贷款担保证券，企图在金融危机和经济危机加深的背景下刺激经济。这被称为第一轮量化宽松（QE1）。

2010年11月3日，美联储宣布，到2011年6月底，将再购买6000亿美元长期国债，企图在失业形势严重、经济复苏乏力的背景下进一步刺激经济。这被称为第二轮量化宽松（QE2）。

伯南克不遗余力地为量化宽松政策辩护，竭力夸大它的效果。2011年

---

① 本·伯南克：《美联储的举措及其理由》，《华盛顿邮报网站》2010年11月4日。
② 《罗杰斯谈伯南克只懂印银纸》，《香港星岛日报》2010年11月6日。
③ 《美联储的纸房子》，《法国费加罗报》2010年11月4日。

4月27日，伯南克在宣布即将结束此项政策的记者招待会上说："量化宽松政策的成功超出预期。"但是，与伯南克的自我夸耀不同，美国国内外对量化宽松的批评之声不绝于耳。

第一轮量化宽松政策在美国国内就已引起不少人批评，第二轮量化宽松更是招致一片质疑声和批评声。媒体充满斥责这一政策的尖锐话语："有一系列负面影响"，"起到了反效果"，"冒风险"，"进行豪赌"，"是可怕的错误"，"是与魔鬼做交易"，"伯南克说的那些恐怕连他自己都不信"，"与'庞氏骗局'无异，简直就是'山姆骗局'"。

在美国经济学界，斯蒂格利茨是国家干预主义经济学家多次尖锐批评美联储量化宽松货币政策的典型代表。在美联储出台量化宽松政策之前，斯蒂格利茨在2008年5月26日的法国《回声报》有针对性地发表题为《确定通货膨胀目标失败》的文章。他在追溯"确定通货膨胀目标"与"弗里德曼鼓吹的货币主义"的关系后做出预言："确定通货膨胀目标很可能要失败。"斯蒂格利茨提出："西方必须快速有力地应对，更为重要的是放弃制定通货膨胀目标。"

在美联储出台量化宽松政策之后，斯蒂格利茨指出，美联储购买巨额长期债券的量化宽松不会起多大作用，而且会有坏处。他说："美联储及其拥护者掉进了当初把我们引向危机的那个陷阱。他们的观点是，经济政策的主要杠杆是利率。事实上，利率主要是通过银行系统来发挥作用的，而银行系统运转不畅，量化宽松对利率的作用很小，对投资和消费没有多大影响。"[①] 2011年1月28日，斯蒂格利茨在达沃斯接受CNBC采访时，强调美国如果希望持续复苏，就必须改变花钱方式："我们需要做的是在投资上多花钱，减少在武器上的花销，不要在根本不存在的敌人身上浪费钱了。"[②]

斯蒂格利茨批评美联储量化宽松政策是药不对症。他对记者说，美国当前严重的问题是有效需求不足，而非货币供应量不够，用第二轮量化宽松货币政策治疗美国的经济是药不对症。[③] 斯蒂格利茨还担心美联储的量

① 《斯蒂格利茨谈经济刺激计划》，《华盛顿邮报》2010年10月31日。
② 斯蒂格利茨：《美国需要改变开支方式》，腾讯财经，2011年1月28日，http://finance.qq.com/a/20110128/005212.htm。
③ 《美失业率高企经济困局未破 量化宽松非灵丹妙药》，中新网，2011年6月24日，http://www.chinanews.com/fortune/2011/06-24/3134908.shtml。

化宽松政策会引起货币战争，其结果既损人又不利己。他在 2010 年 11 月 2 日英国《卫报》发表题为《货币战争没有赢家》一文指出：美元贬值"会刺激竞争对手做出回应。在这种脆弱的全球经济环境之下，货币战争会使每个国家都成为失败者。"

克鲁格曼也认为量化宽松对刺激实体经济没有作用。他说，有人问我对于第二轮量化宽松政策是否感到失望，我觉得量化宽松政策一开始就没有指望能够对实体经济产生效果。[①]

鲁比尼认为，美联储量化宽松政策无助于美国经济迅速复苏，甚至会让美国经济体这个病人从"加护病房"搬进需要长期看护的"慢性病房"。

批评量化宽松政策的不仅是国家干预主义经济学家。斯坦福大学教授约翰·泰勒批评美联储第二轮量化宽松政策实际上是向发展中国家输出通货膨胀，使得其他国家央行的日子更不好过。至于第一轮量化宽松政策，泰勒说，这几年批评者越来越多，一些人认为这种刺激政策奏效了，但我并不认同。对于通过美元贬值来减轻债务，泰勒说："我希望不要采取这样的政策，这是不负责任的，对其他国家有害。"他相信，经济刺激政策注定将是一场失败。[②] 原来持凯恩斯主义观点后来转向新自由主义的供给学派的哈佛大学教授马丁·菲尔德斯坦认为，量化宽松是危险的赌博，有制造资产泡沫的危险，可能破坏全球经济的稳定。[③]

美联储量化宽松政策在国际上更是广受抨击，反对者不仅有学者、经济界人士和公众，而且有财政部长、经济部长、外交部长、央行行长以至首相、总理和总统。他们谴责美联储"派直升机从头顶上大把撒美元"的政策是"美国式自私"的典型体现，直接损害了许多国家的利益。

（五）关于财政政策的意见分歧

具有凯恩斯主义传统的国家干预主义经济学家最重视的是通过财政政策刺激经济。2010 年 10 月 31 日，斯蒂格利茨接受《华盛顿邮报》记者采

---

① 《透视量化宽松政策淡出的国际影响》，人民网，2011 年 5 月 18 日，http：//finance. People. com. cn/GB/14665563. html。

② 泰勒：《危机后的经济刺激政策注定是一场失败 美国目前的短期利率应该确定在 1%》，中财网，2011 年 6 月 10 日，http：//www. taoguba. com. cn/Article/477316/1。

③ 《美第二轮量化宽松或成全球经济"二次"探底导火索》，人民网，2010 年 11 月 15 日，http：//finance. People. com. cn/GB/70392/13216455. html。

访。记者问："您为什么坚信进一步的财政政策会奏效？"他说："关键在于刺激经济时财政政策的确奏效。"问："如果从整体上理解您的论点，那就是，我们应当推行财政政策，美联储应当宣布它不会变动利率，而且若非确实需要就不应插手。"答："完全正确。"① 2011 年 1 月 28 日，斯蒂格利茨接受 CNBC 采访时针对有人说"凯恩斯主义已经死亡"，斯蒂格利茨指出："任何持这种观点的人都不是真正懂经济的。"他说："长期来看，长远来看，还是需要一个有序的财政制度。"又说："美国其实已经不再需要更多量化宽松，但是财政刺激应该继续进行。"②

认为财政政策重要而量化宽松货币政策作用不大的美国国家干预主义经济学家为数不少。2011 年 4 月 24 日《纽约时报》以《经济学家们说，美联储的刺激措施令人失望》的醒目标题报道说："众多经济学家说，令人失望的结果表明，美国央行在让这个国家摆脱经济困境方面能力有限。"俄勒冈大学经济学教授马克·托马说得更明确："要扭转局势、推动复苏的话，我认为货币政策没有这种能力。"③

国家干预主义经济学家主张扩大财政支出，以弥补私人部门的投资不足和消费不足。具体措施有：加强失业保险，向州和地方政府进行财政转移，加大在教育方面的投资，兴建公共工程，加大对基础设施的投资，等等。对政府已经采取的财政刺激措施，国家干预主义经济学家普遍认为过于保守，力度不足。

大多数新自由主义经济学家认为，凯恩斯主义的财政刺激措施没有多大效果。他们主张由私人自行筹款去修缮基础设施，不必动用纳税人的钱。④

新自由主义经济学家、芝加哥大学的加里·贝克尔和凯文·墨菲反对政府的经济刺激计划。他们认为，政府的刺激计划也许有利于长期增长，但对 GDP 的短期刺激效果非常有限，远达不到有些乐观者所估计的刺激乘数将达到 1.5。经济刺激计划应是短期行为，可是过去的经验表明，利益

① 《斯蒂格利茨谈经济刺激计划》，《华盛顿邮报》2010 年 10 月 31 日。

② 斯蒂格利茨：《美国需要改变开支方式》，腾讯财经，2011 年 1 月 28 日，http://finance.qq.com/a/20110128/005212.htm。

③ Binyamin Appelbaum, "Stimulus by Fed Is Disappointing, Economists Say", The New York Times, 2011-04-24.

④ Allen R. Sanderson, "Bailouts for Brides", http://www.chicagolife.net/content/politics/Bailouts_for_Bridges.

集团会千方百计地游说政府维持和扩展原有的项目，这意味着即使经济恢复到充分就业水平，刺激计划也难于退出，到那时，它对经济的刺激作用将接近于零。政府计划在两年之内花掉5000亿美元，在如此短的时间内很难保证这些钱能被明智地花掉，很难保证刺激计划能经过严格、合理的成本收益分析，因为许多民主党人都将此视为获得他们渴望已久的开支项目的黄金机会。开支计划最终将给纳税人带来沉重的负担，影响劳动者工作积极性和投资。①

新自由主义经济学家爱德华·普雷斯科特表示，如果认为仅仅依靠扩大财政支出就能够促进经济增长，这是完全不理解经济科学的一种表现。②是什么造成了20世纪30年代大萧条以及今天的金融危机和经济危机？普雷斯科特说，真正的罪魁祸首不是市场失灵，而是中央政府失灵。③他公布一份征集经济学家签名的请愿书，内称："尽管有报道说所有的经济学家现在都是凯恩斯主义者了，都支持增加政府的重任，我们在请愿书上签名的经济学家却不相信更多的政府支出是改善经济运行的方法。20世纪30年代大萧条时期胡佛和罗斯福的政府开支计划没有使经济走出萧条，更多的政府支出也没有使日本摆脱'失去的十年'。让更多的政府开支帮助美国复苏只是良好的愿望。"④

也有少数新自由主义经济学家在两派争论中持较温和的支持财政刺激计划的立场。例如，供给学派的代表人物马丁·菲尔德斯坦在主张减税的同时认为，货币政策作用有限，必须扩大政府开支。他说："尽管作为财政保守主义者我不喜欢预算赤字和增加政府开支，但就目前的情况，财政刺激计划是必要的。"⑤

政府开支的乘数作用是两派争论的一个焦点，争论的实质是财政刺激计划有无效果或效果大小的问题。英国《金融时报》发表短评说："（财

① Gary S. Becker and Kevin M. MurPhy, "There's No Stimulus Free Lunch", Wall Street Journal, 2009 - 02 - 10.

② 《意见中国——经济学家访谈录》，第033期，网易财经，http：//money. 163. com/special/zfprescott/。

③ 普雷斯科特：《当政治压倒经济》，《华夏时报》2011年12月6日。

④ Guy Sorman, Economics Does Not Lie: A Defense of the Free Market in a Time of Crisis, ENCOUNTER BOOKS, 2009, p. 27.

⑤ Martin Feldstein, "Full Statement for the House Democratic Steering and Policy Committee", 2009 - 01 -07, http：//www. nber. org.

政乘数的）不确定性事关重大，因为它为政界人士的几乎所有行动或政策试验提供了借口。"①

国家干预主义经济学家很多都认为，政府开支会刺激而不是挤出私人开支，刺激乘数将大于1。而新自由主义经济学家很多则认为，政府支出对私人投资有挤出效应，刺激乘数将小于1，甚至几乎等于零。克鲁格曼和萨默斯认为，政府支出对私人投资有挤出效应是基于政府借款会推高利率的假设，而现在美联储已将利率降低到接近于零，并且除非经济有过热的迹象，美联储将保持这种政策不变，因此政府支出不会挤出私人投资。可是，哈佛大学教授尼尔·弗格森认为，扩张的财政政策会拉高利率。他的这一论断受到克鲁格曼的嘲笑，说他"忘记了一年级的经济学课程"②。克里斯蒂娜·罗默是奥巴马提名的白宫经济顾问委员会主任，以研究20世纪30年代大萧条的原因和经济复苏以及财政和货币政策在经济复苏中所起的作用而闻名。她论证，刺激乘数可以达到1.5。而斯坦福大学的约翰·科根、约翰·泰勒以及法兰克福歌德大学的托拜厄斯·克威克和沃尔克·威兰等都质疑克里斯蒂娜·罗默和总统经济办公室首席经济学家贾雷德·伯斯坦所采用的统计方法，指他们采用的是传统凯恩斯模型，并且假设条件与实际不符。如果采用新凯恩斯主义模型并修改假设条件，刺激乘数就会小得多。③ 哈佛大学的罗伯特·巴罗计算的刺激乘数为0.8。芝加哥大学的约翰·科克伦甚至认为刺激乘数可能为负，根本无法降低失业率和改善经济状况。克里斯蒂娜·罗默对巴罗等经济学家的计算方法提出质疑。她认为，刺激计划有助于消除消费者和企业的恐慌，提振信心，这种对私人开支的刺激作用不是用模型和凯恩斯乘数能说清楚的。美国国会预算办公室"根据多个数学模型和过去类似的经验"估计，美国的财政刺激计划在2009年第三季度维持了60万—160万个就业岗位，使GDP比没有刺激计划时提高1.2—3.2个百分点。国会预算办公室负责人道格拉斯·埃尔门多夫说："尽管2009年春季和夏季的经济前景和就业率不如国会预算办公室预计的好，但这只反映了经济基本面比预计的还要糟糕，并不表

① Lex专栏，《经济学家们该充电了》，FT中文网，2010年9月13日。

② Jusin Wolfers, "Krugman vs. Ferguson: Letting the Data Speak", 2009 - 06 - 15, http://freakonomics. blogs. nytimes. com/tag/paul - krugman/? scp = 5&sq = Eugene% 20Fama&st = cse.

③ John F. Cogan John B, Taylor Tobias Cwik Volker Wielan, "New Keynessian vs. Old Keynesian, Government Spending Multipliers", http://www. nber. org/papers/w14782.

明刺激计划的效果比预计的差。"①

关于前布什政府减税政策到期后要不要给企业和富人继续减税的争论也十分激烈。新自由主义经济学家希望继续给企业和富人减税，而国家干预主义经济学家则主张在 2010 年 12 月布什政府减税政策到期时停止对最富裕的家庭减税，并继续对手头不太宽裕的家庭减税，这样既可以给正在挣扎着复苏的经济提供短期支持，又有助于解决长期预算赤字问题。克鲁格曼认为，对工薪阶层家庭减税可以刺激需求，而对高收入家庭减税则没有什么作用。他抨击共和党人以担心赤字为由，不肯花 300 亿美元补贴失业者，却支持对富人高达 20 倍额度的减税政策，甚至认为减税能增加政府收入。② 美国学者约翰·波德斯塔指出，允许对高收入家庭减税措施到期将使未来 10 年的赤字和债务减少 8300 亿美元，布什政府为富人减税的"涓滴计划"不但没有创造令人印象深刻的就业增长，没有增加工薪阶层的收入，反而拉大了贫富差距，增加了赤字。③

美国奥巴马政府已经或准备采取的财政政策包括增加在修建公路、铁路和机场跑道的财政支出，准备为年收入较低的家庭延长减免税收，停止为富人减税，反对为富人延长减税期。④ 这些经济政策表明，在国家干预主义的和新自由主义关于财政政策的争论中，本届美国政府目前倾向于国家干预主义而不是新自由主义。

五　几点评论

第一，国家干预主义经济学与新自由主义经济学的论争是西方近现代经济思想史的重要组成部分，这种论争在不同的历史时期和不同的具体经济背景下具有不同的具体内容和表现形式。当前国家干预主义与新自由主义的争论是在祸源于美国、迅速蔓延成为全球性金融危机和经济危机的历史背景下进行的。危机的可能性、危机的严重程度、危机的发展前景、危

---

① Joseph B. White, "CBO: 600, 000 to 1.6 Million Employed by Stimulus", 2009 – 11 – 30, http: //online. wsj. com.

② Paul Krugman, "Redo That Voodoo", The New York Times, 2010 – 07 – 16。

③ 约翰·波德斯塔，罗伯特·格林斯坦：《美国须终结布什减税法案》，FT 中文网，2010 年 8 月 31 日。

④ 《为保选举奥巴马坚决反对继续为富人减税》，译言网，2010 年 9 月 10 日。

机的原因和应对危机的政策主张成为这场争论的焦点。两派经济学家对这些问题的理论解释和政策主张与当前客观现实密切相关。任何一派经济学家提出的理论和政策主张，都要受到并且事实上已经受到客观现实的检验。

第二，当前的客观经济现实已经对国家干预主义和新自由主义之争进行了检验并做出了裁决。在危机爆发前，国家干预主义经济学家的一些代表性人物不同程度地预言或预感到有可能爆发金融危机和经济衰退即经济危机，危机爆发的现实证明了这些预言或预感具有一定的正确性。新自由主义经济学家否认危机可能性的断言，已经永远成为他们在历史上留下的笑柄。在危机现实面前，否认危机可能性的新自由主义经济学家处境困窘。他们中大多数人默不做声，个别人仍在强辩，极少数人表示认错。

美联储主席伯南克比较直率地承认："我和其他人一开始都说，次贷危机可以得到控制，我们都错了。"① 长期迷恋并推行新自由主义的美联储前主席格林斯潘也承认自己有"局部的"错误。②

第三，危机爆发后，新自由主义经济学家已经无法否定危机的存在，但是他们又普遍低估危机的严重性，认为这次危机最多只是一次普通的经济衰退。对危机的前景，新自由主义经济学家普遍持盲目乐观态度，认为经济很快就会全面复苏，并迅速恢复持续增长。西方发达经济体的现状表明，新自由主义经济学家这种乐观估计与现实不符。与新自由主义经济学家相比，国家干预主义经济学家对危机严重程度和前景的估计比较实际。国家干预主义经济学家承认这场危机的严重性，比较普遍地认为这是20世纪30年代大萧条以来最严重的金融危机和经济危机，并称为大衰退。他们对危机的前景很不乐观，不仅担心出现"二次探底"的可能性，更担心西方发达经济体可能因金融危机和经济危机以及随之而来的债务危机陷入多年停滞状态。德国《世界报》2011年8月22日发表《优势地位岌岌可危》一文，报道了该报对不同观点的诺贝尔经济学奖得主的问卷调查。接受调查的哥伦比亚大学教授埃德蒙·菲尔普斯说："西方过去几十年寅吃卯粮，因而已经透支了自己的部分未来。"该报对17位诺贝尔经济学奖

---

① 《伯南克承认低估次贷危机对实体经济的影响》，联合早报网，2008年11月24日，http：//realtime. zaobao. com/2008/11/081124_ 23. shtml。

② 《格林斯潘对自由市场的缺陷感到"震惊"》，《美国国际先驱论坛报》2008年10月23日。

得主问卷调查得出的主要结论是："主权债务危机正在成为整个西方制度具有划时代意义的难题。政界若无法迅速控制危机，美国和欧洲的经济就将停滞多年。"①

第四，在探讨危机的原因时，新自由主义经济学家断言危机的原因在于政府监管和国家干预，认为政府监管和国家干预"背离了自由放任的资本主义原则"，造成了金融危机和经济危机。与此相反，国家干预主义经济学家相当普遍地认为，危机的原因在于没有进行必要的国家干预，在于解除或放松监管，在于长期推行新自由主义政策。新自由主义经济学家把政府监管和国家干预当做是危机的原因，说明他们对危机原因的认识极为肤浅，连经济现象的表面联系都没有接触到。新自由主义经济学家硬说政府监管和国家干预是危机的原因，这暴露了他们在严重的经济危机面前仍在顽固地坚持反对政府监管和国家干预的新自由主义立场。国家干预主义经济学家认识到金融危机和经济危机是市场原教旨主义的必然恶果，是推行新自由主义的必然产物，这一认识在西方经济学史上是个进步。30 年来，正是由于新自由主义的大肆泛滥，正是由于英国撒切尔政府和美国里根政府等西方国家政府全面推行新自由主义，加剧了社会两极分化，加剧了资本主义社会的各种矛盾，最终导致经济危机的爆发。但是，国家干预主义经济学家对危机原因的认识也有明显的片面性和局限性，他们和新自由主义经济学家一样，都没有认识到也不愿意认识到金融危机和经济危机与资本主义经济制度和资本主义市场经济体制的必然联系，都没有认识到经济危机根源于资本主义生产方式的基本矛盾，即生产社会化和资本主义私人占有之间的矛盾。两派经济学家都不愿意承认，经济危机是资本主义市场经济和资本主义经济制度不可离异的终身伴侣。这一局限性不只是认识问题，更重要的是由两派经济学家共同的阶级局限性所决定的。

第五，在西方国家，政府在宏观经济和微观经济两个层面干预经济。宏观层面的政府干预主要针对经济危机和通货膨胀所采取的旨在稳定经济的政策。经济危机时，政府通常采取扩张性财政政策和货币政策；通货膨胀时，政府通常采取紧缩性财政政策和货币政策。微观层面的政府干预在我们国内现在常被译为监管（regulation，又译为管制、调节、管控、规制、监督与管制等）。在西方国家，监管是政府在微观经济层面为控制企业生

---

① 《优势地位岌岌可危》，《世界报》2011 年 8 月 22 日。

产、销售和价格，以及为调节金融等行业和市场而采取的各种经济政策措施。监管的反向政策措施是解除或放松监管（reregulation，又译为去管制化、非调控化、解除监管、放松监管、解除管制、放松管制、放松规制等）。这是20世纪70年代末80年代初英美等国政府推行新自由主义政策的一项重要内容。现在，当美国经济还没有走出泥潭的时候，美国经济学家中就已经有人宣称："解决的方法很简单：去除政府干预即可。……现在可以把美国经济真正带出泥潭的不是更多消费，也不是更多借贷，更不是持续零利率政策，而是回归……自由市场经济原则。"① 新自由主义经济学家所说的政府退出，是主张政府不要采取任何救助和刺激政策，而是彻底回归到资本主义自由市场经济。他们天真地以为，重病缠身的资本主义经济体不用问医求药，只要靠市场自行调节就能奇迹般地完全康复。可是历史早已反复证明，今天的现实又一次有力地证明，新自由主义天方夜谭式的市场自行调节论既无法预防危机，更无法医治危机。曾经宣告资本主义自由市场经济是人类社会发展最终阶段的霍普金斯大学教授弗朗西斯·福山，现在也在重新认识市场自行调节论，他说："华尔街金融危机葬送了认为市场可以自行调节的信念。"② 国家干预主义经济学家所主张的救助和刺激经济的政策在实践中有一定用处，但作用有限，绝不是万应灵药。历史和现实表明，西方国家的干预充其量是在危机前有可能暂时推迟危机的到来，在危机爆发后有可能在减轻危机破坏程度、缩短危机持续时间、促进经济复苏等方面起一些作用，但绝对不可能预防、消除和根治经济危机。

在这次危机中，西方经济学界设计了各种救助和刺激方案，西方国家政府和央行采用了各种救助和刺激手段，现在都已接近于陷入无计可施的困境。英国《金融时报》2011年8月20日发表题为《解决全球金融问题没有灵丹妙药》的文章说："全球的经济决策者们开始表现出逐渐失去耐心的迹象，他们到药箱里找药，找到的不会是他们喜欢的药物。一些最见效的药物已经用完，剩下的许多药物都是试验性的，或者有不良副作用。"美国布鲁金斯学会高级研究员埃斯瓦尔·普拉萨德指出："在发达经济体，决策者们显然已经走投无路。"③ 美国总统奥巴马也无可奈何地说："我们

---

① 约翰·泰勒：《放弃自由主义 美国经济停滞不前》，《华尔街日报》2011年7月21日。
② 弗朗西斯·福山：《美国民主没有什么好教给中国的》，《金融时报》2011年1月17日。
③ 《解决全球金融问题没有灵丹妙药》，《金融时报》2011年8月20日。

经历的是自大萧条以来最严重的金融危机。……经济患了心脏病，虽然病人活过来了，正在渐渐康复，但是康复的速度非常缓慢。"①

第六，新自由主义经济学中的货币学派经济学家（货币主义者）认为，货币政策最为有效。这既与强调财政政策最为有效的国家干预主义经济学家存在区别，又与彻底否认一切救助和刺激政策的新自由主义经济学家有所不同。现在，货币主义者迷恋于根据量化通货膨胀目标制定的量化宽松货币政策，幻想靠这一政策使美国走出危机。可是，在美联储连续实行两轮量化宽松货币政策之后，收效甚微，危害颇大。美国《纽约时报》2011年4月24日报道了许多西方经济学家对美联储量化宽松政策效果的评估，这些经济学家说，美联储的刺激措施令人失望，定量宽松政策的好处小得惊人。② 就连美联储前任主席格林斯潘也认为，两轮量化宽松政策都没有什么效果。他说，除了影响美元汇率以增加出口之外，"我没有看到任何效果，不仅是第二轮量化宽松政策（QE2），而且第一轮量化宽松政策（QE1）也是如此"③。更何况，这种典型的美国式自私的量化宽松政策是典型的以邻为壑的政策，严重损害了许多新兴经济体和其他经济体的利益。美国经济学家斯蒂格利茨公开批评这一政策以邻为壑。④ 他还指出："量化宽松造成美元贬值，实际上是在从其他经济体窃取增长。"⑤ 美联储政策制定者只考虑美国私利，连挂在嘴上的"世界责任"也完全不要。以邻为壑的量化宽松恶化了许多经济体的经济状况，理所当然地遭到许多国家的猛烈抨击和坚决反对。国际舆论从多方面尖锐批评美联储量化宽松政策引起的以及可能引起的严重后果：违反国际约定，向别国转嫁危机，使美元减值缩水，稀释多个国家特别是稀释以美元为主要外汇储备货币国家的资产，逃债赖债，掠夺别国财富，造成流动性过剩和通胀，让投机热钱冲击新兴市场，推动全球能源和大宗商品价格飙升，向发展中国家输出通

---

① 《奥巴马称美经济患了"心脏病"》，中国日报网，2011年9月1日，http://www.chinadaily.com.cn/hqgj/jryw/2011-09-01/content_3663885.html。

② Binyamin Appelbaum, "Stimulus by Fed Is Disappointing, Economists Say", The New York Times, 2011-04-24.

③ 《格林斯潘批评美量化宽松政策》，搜狐资讯，http://roll.sohu.com/20110705/n312405032.shtml。

④ 《诺奖得主：量化宽松没用还是学学中国》，华尔街日报中文网，2010年11月12日，http://cn.wsj.com/gb/20101112/rte121505.asp。

⑤ 同上。

货膨胀，催生资产泡沫，制造汇率动荡，挑起货币战和贸易战，搅乱国际金融和国际贸易秩序，损害新兴经济体和其他经济体利益，等等。

第七，国家干预主义经济学和新自由主义经济学同属西方经济学，两派经济学家都是西方经济学家，具有相同的阶级属性。两派经济学家在危机理论和政策主张方面如此相互排斥和相互对立不是阶级属性的分歧和对立，而是对市场经济认识的分歧和对立。这种认识的分歧和对立集中在一点上，就是对资本主义市场经济中的市场调节和政府调节二者认识的分歧和对立。

"市场失灵"（market failure，又译"市场失败"、"市场不灵"、"市场缺陷"）论是国家干预主义经济学家反对新自由主义的理论武器，也是他们论证政府干预经济必要性的理论根据。国家干预主义经济学家认识到，现实的市场不是他们的经济学假设的理想的完全竞争市场，而是存在市场失灵。市场失灵是指没有政府调节的市场系统在资源配置效率方面的失败，是指没有国家干预的市场自行配置资源存在缺乏效率而且不能公平分配产品和服务的状态。国家干预主义经济学家具有凯恩斯主义传统或其他国家干预主义学派的传统，他们知道市场配置资源只有在完全竞争的严格假设下才有效率，但是现实的市场经济不是完全竞争，而是存在市场失灵。在西方经济学界，国家干预主义经济学家们这一相对较为全面的认识显然超越了新自由主义经济学家的片面认识，因而有可能对危机的发生和发展提出有一定预见性和现实性的见解，而不像新自由主义那样盲目否认危机的可能性和危机的严重性。但是，国家干预主义者对"政府失灵"论认识不足，而是以为通过政府干预就能解决资本主义市场经济中的市场失灵问题。

"政府失灵"（government failure，又译"政府失败"、"政府不灵"、"政府缺陷"）论是新自由主义经济学家反对国家干预主义的重要理论武器，也是他们论证"政府退出"和"回归自由市场经济"的重要理论根据。新自由主义经济学家强调，现实的政府不是理想化的政府，因而政府的政策和计划不能导致理想的预期效果，不能产生改善市场体系的结果。政府失灵论包含的较为合理的因素是看到西方国家政府调节市场经济的局限性，看到西方国家政府的政策不可能在改善资本主义市场经济的资源配置方面产生理想的效果。但是，新自由主义经济学家是市场原教旨主义者，完全信奉自由放任，认为市场万能，主张一切由市场调节。他们迷信于市场配置资源的效率理论，把市场配置资源理想化，而不承认市场失灵，这就决定了他们不可能承认资本主义市场经济存在经济危机的可能性、现实性和严重性，而是错误地以为，只要取消政府干预就会自然走出经济危机。

第八，无论是国家干预主义还是新自由主义，他们的理论和政策都是以不改变资本主义经济制度为前提的。面对经济危机，他们的共同目的都是要挽救资本主义。西方国家政府既可能采取国家干预主义，又可能采取新自由主义。至于何种理论和政策主张得到政府的采纳，只是取决于在特定的历史时期何种理论和政策主张更符合统治阶级和利益集团的需要，更有助于他们处理当时面临的迫切需要解决的问题。因此，在西方国家，两大思潮的此消彼长并不取决于理论和政策主张的科学因素和正确成分。国家干预主义和新自由主义两大思潮何者居于主流地位，区别仅在于是扩大还是减少政府在经济生活中的作用，而不会改变资本主义基本制度。不过，在经济危机期间，西方国家政府一般采纳国家干预主义经济学家的政策主张，而不是新自由主义经济学家的政策主张，以求渡过危机。

第九，在21世纪第一场严重的金融危机和经济危机中，30年来几乎一直处于主流地位的新自由主义遭到沉重打击，被迫退居非主流地位，国家干预主义重新占据了上风。西方国家政府采取的各种救助措施和经济刺激计划，证明了退居非主流地位已达30年之久的凯恩斯主义的国家干预主义重新受到决策者的青睐和追捧。著名新自由主义经济学家加里·贝克尔对这一趋势有畏惧之感，他不无夸张地说："事实上凯恩斯主义确实有复兴的趋势，这让我相信大约90%的经济学家都是隐蔽的凯恩斯主义者，只是他们害怕承认而已。"[1] 凯恩斯主义的经济政策是有局限性和副作用的。新凯恩斯主义经济学家鲁比尼认识到，财政政策只能给经济以暂时的刺激，货币政策的作用不大，即使是极端的货币政策有时也无力挽救经济。据计算，为了刺激1美元国内生产总值增长，美国政府就要推出10倍金额以上的各种救市措施，为挽救经济危机所付出的代价要远远超过危机本身所造成的损失。[2]

---

[1] John Cassidy, "Interview with Gary Becker", http: //www. newyorker. com/online/blogs/johncassidy/2010/01/interview – with – gary – becker. html.

[2] 李慎明主编：《国际金融危机与当代资本主义》，社会科学文献出版社2010年版。

危机使新自由主义受到重创并陷入困境，但是这一思潮不会自行退出历史舞台。随着经济逐渐复苏，凯恩斯主义政策措施的副作用逐渐显现，新自由主义仍然有可能重新抬头。国家干预主义代表人物斯蒂格利茨就有此担忧，他说："几年前，一种强大的意识形态——对无拘无束的自由市场的信仰——几乎将世界推入万劫不复的深渊。现在，这种右翼经济学大有卷土重来之势，其背后的推手无他，乃是意识形态和特殊利益集团。右翼经济学重整旗鼓将再次威胁全球经济——至少是欧洲和美国的经济，因为右翼经济学思想在这些地区最为盛行。"①

（原载《政治经济学评论》2011 年第 4 期）

---

① Joseph E. Stiglitz, "The Ideological Crisis of Western capitalism", 2011 - 07 - 06, http://www. project - syndicate. org/commentary/stiglitz140/English.

论生态危机和资本主义经济危机

——从"两泄"看资本主义的腐朽性和脆弱性

杨承训　张新宁

由金融危机引发的西方整体经济危机过去没有？国际货币基金组织总干事在 2011 年 4 月 14 日华盛顿会议上发出雷语：危机并没有过去，说"后危机"时代为时过早。这的确引人反思。当人们纷纷议论西方金融危机已经过去、进入"后危机"时代时，两场生态危机在自诩为"人权"教师爷的两大强国相隔不到一年不期而至，一场是 2010 年 4 月发生的美国墨西哥湾泄油事故，再一场是日本福岛核泄漏事故（下面简称"两泄"）。这两场生态危机都是空前的。"两泄"是纯粹偶然的，还是有一定的必然性？"两泄"的发生与演变同金融危机有没有联系？这就需要重新认识经济危机到底结束没有？它们到底"泄漏"了现代资本主义制度的什么东西？需要联系起来思考。诚然，"两泄"都有其偶然性，特别是天灾。然而，为什么偏偏紧随金融危机而生又随它而扩？美日作为主要发达国家又是怎么应对的？我们以"两泄"为切入点再探 21 世纪第一场经济危机的新特点。

一　墨西哥湾漏油事故表现了美国的狡猾和无能

墨西哥湾漏油事故发生在 2010 年 4 月 20 日，离金融危机"探底"不到 4 个月，它的救助治理则长达 4 个多月，至今导致环境污染的严重残毒未消，可以从以下几点分析。

1. 起因。美国为保护本国资源一贯对本国石油不予开采，海下石油更是闭口不谈。然而，金融危机之后，奥巴马却请来一个英国石油公司（BP）到美国最大的海湾、旅游胜地去开采石油，这是为什么呢？正是与金融危机紧紧相连。他为了急于解决国内10%的失业率问题，想用开采海上石油的办法扩大就业，并且化解石油危机（美国是世界上第一石油进口大国，危机后石油价格比危机前上升了1.5—2倍）。这说明正是金融危机才迫使美国饥不择食地急于到墨西哥湾海下采油。

2. 作业。从技术上说，美国的采油技术水平在世界上是最高的，经验丰富，人力物力充足，奥巴马为什么却花钱让英国石油公司去开采？这里必有玄机。他意识到深海采油有风险，请人来采成功了是他的功劳，如出事故则可以把责任推给别人。果不其然，工程刚刚开始不久，就发生了最严重的漏油事件。英国以及美国都采取了各种各样的办法，花了近4个月堵不住。后来还是请了美国人来做经理，用水泥罩堵住了油管。这表明美国技术上和心理上都有缺陷，同长期不重视实业而大搞虚拟经济即经济结构畸形化相关。由于虚拟经济比重过大，第三产业占到80%，影响就业，也抑制了石油工业发展。可以设想，如果美国集全国之力把先进的技术力量和技术设备用在墨西哥湾石油开采上，完全有可能避免这一场灾难，但他们还是把这件事当作副业，主攻的仍然是金融。这也说明此事与金融危机有着直接的相关性。

3. 措施。事故发生后，全国都在关注，奥巴马却去休假，直到过了很多天才出来视察，美国人曾经多次责备他对这样严重事故不负责任。从全过程看，像美国这样高度发达的国家，政府却没有完备的应急方案和救助措施，面对源源不断喷向海洋的石油流，表现了无奈和无用。这也充分暴露了资本主义的腐朽与脆弱。

4. 后果。墨西哥湾漏油事故造成的污染在美国以至在人类历史上都是空前的，据专家估计，每天漏油大约5000桶（1桶＝159公升），大约泄漏60万桶以上。从那时起墨西哥湾污染得连鱼、鸟都无法生存，原来美丽的旅游胜地变成了被漆黑覆盖的污染地，从海洋到陆地一片狼藉，造成周边居民长期失业，乃至大批逃离。令人奇怪的是，美国这样一个拥有最先进技术的国家，却望洋兴叹，束手无策。这同他们自诩为"生态帝国"不是大相径庭吗？

墨西哥湾石油泄漏事件已经过去一年多，全球都在反思：人类的生态灾难究竟是哪些国家应负主要责任？美国等西方国家总是想以此来打压发展中国家，特别是新兴国家，但他们自己却是污染了又污染，一直犯着低级错误。在这个问题上，他们采取了双重标准，以势压人。但资本主义的腐朽性并没有饶过他们。现在形成了一种新的推卸责任的链条：美国人请了英国的石油公司，到头来英国的石油公司却请了美国人做经理，至今官司还涉及瑞士，说瑞士的设备有问题，瑞士不服气，又要反诉说是操作问题。据说，美国人要英国人赔偿1200亿美元，英国人又到美国人面前求情，至今还没有一个圆满的解决方案。这件事的发生是偶然性中包含着必然性。说它偶然，在技术操作上发生过偶发事故；说它必然，从起因到救助过程再到污染后果，都与金融危机、石油危机有着必然联系；金融危机的中心仅仅几个月后又爆发最大的石油生态危机，能说是纯粹偶然的吗？关键在于他们没有心思处理此事，对人民不负责任，更不肯花大钱。

二 日本私人资本使核泄漏灾难放大、危机加深

日本是受金融危机受害最严重的国家之一，经济衰退最突出，债务相当于 GDP 的两倍。为解决经济危机，十足无能的几届政府却像走马灯一样一个一个倒下。菅直人上台后，对经济困境一筹莫展，想了个歪招：把矛盾引向国外，一会与中国闹，一会与俄国闹，一会与美韩大搞军演。面对专家送上的东北地区可能发生大地震的报告置若罔闻，毫无准备。恰在巧计未果时爆发了 9 级地震和海啸，又引发 7 级核泄漏大事故。全面看，日本福岛 7 级核泄漏事故是由三个方面原因造成的：一是天灾即 9 级地震和巨大海啸，二是技术缺陷，三是制度弊端。天灾固然难以避免，但如果制度优越、事前有备，就不致造成这样大的祸害，而唯利是图的制度和被债务缠身的政府则加倍放大了这场灾祸。它的腐朽性和脆弱性表现在以下 10 个方面。

1. 选址错误。日本本是地震发生频率最高的国家之一，但其核反应堆七成以上都建在地震高危地区。在福岛核电站选址问题上，有的学者曾经建议不要建在此地区，但其老板和为他说话的学阀却坚持说，这个设备可以抵御地震和海啸，旨在省钱。事实上，在这之前，已经发生了因地震导致的核泄漏，如 2005 年 8 月一场 7.2 级地震导致东京电力公司两座核电站核废料的存储溢水，但他们拒绝迁址，怕受经济损失。

2. 设备陈旧、老化，标准太低。这个核电站一号机组反应堆供应商是美国通用电器公司，设备的设计本身就有问题。通用公司中有人曾经放言：这可能是一个定时炸弹。但东京电力公司贪图设备便宜，坚持使用。

其寿命本来是 30 年，他们却用了 40 年，甚至还要求再延长"寿命"20 年。而且机组本身防震设计标准只有 6.5 级，已经出现了一系列老化迹象，但他们拒绝更换，该维修的不维修。早在 2007 年，一些研究人员就提醒，1 号核电站存在遭遇海啸破坏的危险，政府和企业硬是不予理睬。

3. 用工制度惯施双重标准。《纽约时报》2011 年 4 月 9 日披露，为省工钱，福岛第一核电站的工人中，有许多是缺乏必要培训和防护知识技能的"临时工"。招工条件为"四无"：无学历、无专业训练、无文化、无年龄限制。现在该电站承担抢险工作的还有许多临时工。有核电领域的专家指出，东电的这种用工方式既对职工健康构成威胁，也对核电站的安全运营构成隐患。这充分暴露了大资产阶级及其代言人的剥削本性。

4. 为保全资产错过急救的最佳时机。东电心存侥幸，既没有及时向政府通报核事故，也没有第一时间采取有效的海水冷却法给反应堆降温，导致这场灾难未能控制在最小的范围之内。据悉，东京电力迟迟不愿用海水，是担心此举造成核反应堆报废，从而影响公司效益。而当东电后来被迫接受海水冷却时，大势已去。

5. 篡改数据，多次隐瞒事故。该公司习惯性地瞒报和篡改数据，给福岛核电站留下大量的安全隐患，也让日本民众对东电发布的各种数据心存疑虑。3 月 27 日，东电又大摆乌龙，误测"辐射量达正常水平的 1000 万倍"，实际为 10 万倍，进一步使自己失信于民。

6. 企业领导临阵脱逃。社长清水正孝在灾害发生后消失 20 多天，副社长藤本孝还在暗地里喝花酒。大地震发生一个月后，清水才第一次访问福岛，错过了救灾最佳时机，数次道歉，但受到灾民严厉斥责。

7. 行动鲁莽，以邻为壑。4 月 4 日，在事先未与相关国家进行沟通的情况下，东京电力公司将福岛第一核电站厂区内 1.15 万吨含低浓度放射物质的污水排入海中，以腾出空间容纳部分机组内所积高辐射污水。据推测，排入海水中的放射性物质随海流 5 年后可到达北美，30 年后几乎扩散至整个太平洋。

8. 与政府勾结，形成"铁三角"。这次事故中，日本政府表现软弱无力，贻误时机，缺乏具体措施。这是因为，以东京电力公司为核心形成了一个由官僚集团、研究机构的学阀等组成的利益集团，互相勾结，互相包庇，疏于监控，应急不力。

9. 拒绝外援。在核事故出现初期，最了解核电站内部构造的核电机组制造商技术专家第一时间赶到东电本部，希望能出谋划策，但一直未被东电接纳。直到地震3天后，事态失控，东电才开始与外面的技术专家沟通。日本政府官员透露，核泄漏事态一发生，美国方面就提出支援要求，但遭到东电拒绝，担心美方可能会一上来就会建议用海水冷却反应堆，损坏核电设施。而当东电后来被迫接受海水冷却时，时机已过。同样，东电还拒绝中国送最好的机器人支援，怕泄漏机密。

10. 政府无能。以菅直人为例，对这样大的自然灾害表现得相当麻木，事后几天才出面视察，没有提出过任何有力的举措，几十万灾民处在忍寒挨饿状态，而且对国外援助也表现冷漠乃至以怨报德（如对独岛和钓鱼岛态度）。其心思仍偏重在竞选上，并且重债缠身，而对人民表面动情，实则不负责任。近期发现离东京仅100多公里的滨冈核电站30年内还有爆炸的可能，让企业（中部电力公司）停产，企业迟迟不动，后来政府答应重金赔偿方才"暂时关闭"。

本来，日本是地震频发和世界上唯一遭受美国两颗原子弹轰炸的国家，应当站在防范和应对地震与核事故的前列，况且在这之前又有三里岛事故和切尔诺贝利事故教训，更应痛定思痛，防止自然灾害和技术事故发生。但企业财迷心窍，政府债务缠身，心在竞选，于是酿出这样大的后果。这正是私人资本的本性所致。日本东京电力公司是一家集发电、输电和配电为一体的私营大型电力企业，覆盖东京至周边8个县，承担全国近1/6的电力供应份额，是日本收入最高的电力公司、全球最大的私营核电商，其资产总市值超过14万亿日元（约合1.1万亿人民币），销售额为5万亿日元（约合4千亿人民币），工作人员有5.2万之多。但这样的巨富仍然贪得无厌，置全社会乃至世界的利益于不顾。据专家估计，核辐射的祸害约半个世纪才能消除。世界银行预计，此次灾难对日本造成的损失金额将达到1220亿—2350亿美元，相当于日本GDP的2.5%—4.3%的水平。① 现在迫于全国的压力，不得不出钱赔偿。但政府为防止该公司破产，又建立一个救助组织，实际上是用老百姓的钱为私人垫底。

以上事实表明，福岛核泄漏事故扩大到如此程度，正是资本主义矛盾长期积累的结果，金融危机又使它积重难返、雪上加霜，政府和企业心猿意马、力不从心。深层原因就是私人占有、追求利润最大化损害了整个社

---

① 徐晨晗：《经济损失福岛事故或更惨重》，《法制晚报》2011年4月26日。

会利益，不可能适应高效、高危的高科技大规模运用造福于人民。直接原因恰好是被金融危机的闷棍打晕了，心不在焉，加重危机的深广度。从政府到企业，既对人民表现了道德缺失，麻木不仁，又对救助手忙脚乱，如坐针毡，使日本这个曾经的世界第二大经济体国家，一下子沦为捉襟见肘的困难户。

这里也充分显示，美日两国较差的救助灾害的应急措施和态度，同我国近几年举全国之力救助几大自然灾害的举措相差甚远。他们口头上喊的多，但行动迟、力度弱，往往使灾害之苦拖得很长。这也表明政府同人民的关系，暴露它们的腐朽性和脆弱性。同时也表明它们所宣扬的"人权"是十分虚伪的。

三　生态危机背后纵深各类危机的相互关系

从深层次看，这两次生态危机背后纵深都与金融危机有着密切联系，而其他各类经济领域危机之间也相互联系，需要全面剖析。

首先是生态危机同经济危机整体的联系。在现时一定条件下，生态危机同经济危机往往有着密切的联系，甚至直接构成经济危机总体的组成部分，这带有时代的特征。比如"两泄"事件，它们的发生、扩展、救助过程、造成的后果都同金融危机及其他各类危机有着一定的必然联系。恩格斯说过："我们不要过分陶醉于我们人类对自然界的胜利。对于每一次这样的胜利，自然界都对我们进行报复。"[1] "到目前为止的一切生产方式，都仅仅以取得劳动的最近的、最直接的效益为目的。那些只是在晚些时候才显现出来的、通过逐渐的重复和积累才产生效应的较远的结果，则完全被忽视了。"[2] 人类经过工业革命以来两个半世纪对生态环境的破坏和对资源的过度消耗，已经使人类赖以生存的自然环境相当脆弱，而哪里出现过分破坏，原来积累的创伤便会从哪里集中爆发出更大的生态危机；如果再不去利用最有效的科学技术成果和优越的制度机制采取积极的、周密的预防和事后有力的应急措施，那就必然从这个最薄弱的环节突破，形成始料未及的巨大灾难。"两泄"事件紧随金融危机而发并造成这样巨大的恶果，

---

[1] 《马克思恩格斯文集》（第 9 集），人民出版社 2009 年版，第 559—560 页。

[2] 同上书，第 562 页。

除去自然原因之外，很重要的就是在长期积累的病疴痛伤处爆发的。由此可见，现在的经济问题常常与生态问题联系在一起，生态危机构成经济危机整体的组成部分就不奇怪了。

对于这两大生态危机同经济危机的联系，我们再从宏观上考察它背后纵深处都有哪些具体领域的危机在"支撑"它，见图1。

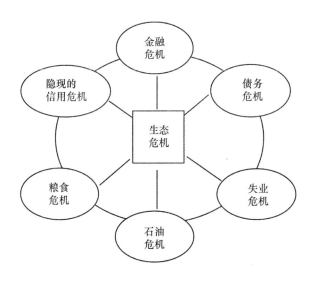

图1 生态危机与经济危机的关系图

下面我们具体分析各类危机之间的相互关系。首先，金融危机和债务危机之间的关系。这次经济危机首先从金融领域突出地表现出来，由美国扩展到全世界。人们说它结束了，是指2009年年底GDP没有探底，还有增长，这是一个旧标准，好像GDP不再继续下降了就是危机结束。实际上，这是一种表面现象。这两年突出来的是一连串的债务危机，欧洲的英国（截至2009年3月，政府总债务占GDP比例达到了55.5%，而至2010年1月英国公共部门净债务相当于GDP的59.9%）、葡萄牙（截至2010年年底，葡萄牙公共负债占GDP的83.3%）、希腊（财政赤字占GDP的比重已高达12%，公共债务余额占GDP的比重则高达110%）、意大利（2010年公债占国内生产总值120%）、爱尔兰（2010年财政赤字骤升至国内生产总值的32%，公共债务占到GDP的100%），再加上曾经认为是国家破产的冰岛和乌克兰，它们的债务都几乎同GDP相当。发生严重核泄漏事故的日本,其国家债务总额相当于 GDP 的 200%。美国本身的国家债务大体与 GDP 相当(97.5%),财政赤字连年大幅增加,是世界上最大的债务国。还有中东的迪拜也曾出现大的债务危机。这是一种什么现象呢?是将金融危机转移到财政领域,他们用寅吃卯粮的办法来弥补 GDP 的锐减。人们可以想象,把现有的经济困难转嫁到以后的日子,这恰如一家人已经穷得没法过日子了,但因临时借来了巨大的债务,却瞬间变成了"富户",这不是一个假象吗?这种把金融危机转移为财政赤字和公共债务的手法正是资本主义危机的一个新特点。就是说,财富没有增加,却以债务填补虚假的数字,到头来还要以新债还旧债,挖东墙补西墙,表面看似危机结束,事实上只是把这个时间延长罢了。而美国还有独特的一手,就是利用美元霸权多印票子。从 2010 年下半年开始,美联储继续执行第二轮量化宽松货币政策,实际上是让美元贬值、推动世界通货膨胀,把自身的经济负担转嫁到全世界特别是新兴国家,引起了许多国家的不满。债务危机势必影响到政府的财力和首脑的心思,肯定会削弱对生态危机的救助,出现了一连串失误那就不奇怪了。反过来说,生态危机的救助又会加重债务负担,二者更会使经济危机叠加。

其次,失业危机与经济危机。美国失业率一直在 10% 上下徘徊,正是经济危机的一个表征,是经济结构畸形化(虚拟经济比重过高)造成的,是消费需求不足、生产过剩的一个结果,深层矛盾并未得到解决。可以计算,如果 GDP 每增加一个百分点,失业率就能减少一个百分点,美国失业率如能从 10% 下降到 4%,那就等于失业率减少 6 个百分点,GDP 增长 6 个百分点。而 2010 年 GDP 只有 3.8%,把失业率因素加上去,GDP 则是负增长,只是以借债形式掩盖起来。可见,一些发达资本主义国家改变了手法。失业危机是美国海上采油的动因,而漏油事故则更加大了失业规模。

再次,石油危机(或能源危机)与粮食危机。2008 年这两项危机与金融危机同时发生。"两泄"都与石油、能源直接相关。石油和粮食价格一直攀升,美国三届政客都宣称要制止石油市场的投机行为,但其价格比危机前却上升了 1.5—2 倍。美国海上采油一方面想扩大就业,另一方面想解决石油供给问题,并且用总产量 40% 的玉米制造乙醇,这无形又加重了世界粮食危机。日本核能正是出于开发能源的考虑,滨冈核电站之所以不愿关闭,理由就是能源会因此更加短缺,影响中部的加工工业。

此外，还有信用危机隐约随之伴生。特别是美国赖账，信用等级被降低。日本信用更糟，其中还有大批名牌产品（特别是汽车）纷纷被召回。这个危机以后可能还会加重。

四 把握新世纪经济危机的新特点及其意义

综上所述，可以这样概括：领域上的多元叠加性，时间上的迁延连发性，是 21 世纪第一次经济危机的重要特点。多元叠加是指危机的形态多元化并互相交织、彼此转化、叠加扩展，犹如疾病的并发症，或者称为"经济危机综合征"。如这次经济危机可包括：金融危机＋债务危机＋就业危机＋石油危机＋粮食危机＋生态危机。迁延连发是指不是短期即逝，而是迁延多年。其标准应是综合各项危机加权，最终达到真实的 GDP（危机前的水平）。所以，这次危机就西方范围来说恐怕要持续到 2012 年。

前一两年我们和一些学者曾几次说过，经济危机整体还没有过去，[①]主要是基于其深层矛盾还在激化。经济危机最终的原因是消费不足、生产过剩，但其形式可以有不同的表现。比如，经济总量是否减少了不能只看当年的 GDP，还要看其经济生活的总后果。就是说，应当以财富的总量增减来看经济危机是否终结，这就应当把债务和其他方面的经济负担同 GDP 合在一起算总账，看其财富是真的增加了还是减少了。如果财富总量确实增加了，那危机就算过去了，进入"后危机"时期。如果财富总量实际没有增加，还继续减少，那经济危机就仍在继续。2010 年，一些国家（包括美国在内）的 GDP 虽然有微弱的增加，但如果和巨大的债务统算起来，再加上失业率和其他因素特别是两大生态危机，其财富总量并没有真正增加，危机没有过去，只是变成拉长时间的慢性病。医学上对急性疾病转为慢性病称为迁延性病症，而现阶段的资本主义经济危机也可以称为迁延性经济危机。2011 年 4 月 14 日国际货币基金组织总干事在华盛顿会议上特别强调这一点：经济危机的时间比过去长多了，它还以变态的形式表现出来。确实危机并没有过去，说后危机时代为时过早。两大生态危机背后的纵深隐藏着经济危机的影子，两次生态危机虽有偶然性，但从基本联系上

---

① 《深刻剖析国际金融危机的根源　进一步认清当代资本主义本质——汝信、周新城、杨承训访谈录》，《红旗文稿》2010 年第 19 期。

看却是金融危机的延续，又扩大了金融危机的恶果。这与经济危机的新特点是直接联系在一起的。

我们可以引用新华网一篇综述中的一段话作为佐证：根据新华网 2011 年度八国峰会举办地法国多维尔 5 月 25 日消息，富国负债累累。金融危机之后，八国集团成员普遍受到债务问题困扰，最富国政府如今负债累累形势最为严峻的莫过于欧元区。八国中，法国、德国和意大利均属欧元区，虽然这三国暂未出现险情，但始于希腊的主权债务危机却令整个欧元区面临有史以来最严峻的挑战，拖累欧元区经济复苏步伐。近日，对于希腊可能重组债务的担忧引发了市场新一轮恐慌，欧债危机还远没有画上句号。身处欧元区之外的英国同样债台高筑。欧盟统计局公布的数据显示，2010 年，英国财政赤字占国内生产总值（GDP）比例高达 10.4%，在欧盟 27 国中仅次于陷入危机的爱尔兰和希腊，远高于欧元区 6% 的平均水平。作为全球最大的经济体，美国也正面临着"债务违约"风险。目前，美国财政赤字占 GDP 比例已高达近 10%，引起更大关注的是美国政府债务总额已触及 14.29 万亿美元的法定上限，约占 GDP 的 96%。如果美国国会不能在 8 月初之前提高债务上限，那么美国政府将无法再借钱还债。鉴于美国财政赤字高、风险不断上升，国际评级机构标准普尔公司上月调低了其主权信用评级展望，这是标普 70 年来首次将美国长期主权信用评级展望从"稳定"调至"负面"，凸显了美国财政困局。对于步履蹒跚的日本经济来说，地震海啸灾害无疑是雪上加霜。目前日本债务已占到 GDP 的 200% 左右，比任何一个发达国家都高，灾后重建必将使日本的财政状况进一步恶化，并且殃及全球经济。

从科学意义上讲，清醒地、全面地认识经济危机的新特点十分重要，可以防止简单化地就事论事，而能透过现象看本质，在经济危机理论上深化了以往定义的内涵，也扩大了外延。从两大生态危机背后的纵深揭露一系列经济危机因素，把握其新特点，就可防止被表面现象和种种假象所迷惑。这正是科学发展观的要求。在实践上，有利于我们比较准确地把握经济形势，采取恰当的应对措施。比如，我国外汇储备达 3 万亿元之多，在这种情况下如何正确使用，如何应对美元贬值和全球性通货膨胀，就与对形势的判断直接相关。再如，对外贸易如何对付由经济危机以来日趋增大的贸易保护主义，也同准确认识经济形势相关。还有一系列政治、军事事端都与此有着内在联系。

　　从观察国际形势来说，把握这个特点可以在纷纭复杂的现象中抓住本质。2010 年后美国和西方诸国的超常表现显示，经济危机使它们"发烧"不止，正是经济危机继续作祟。例如，从 2010 年开始，美国挥舞军事大棒，把军事战略重点转移到亚洲，连续搞了几次军事演习，其中朝鲜半岛几乎演变成战争。2011 年，又发生了地中海南岸和中东地区的动乱，特别是利比亚变态的侵略战争，由一系列国家组成的联军对一个主权国家展开了几乎无限制的空袭，强令一个国家改变政府，并且居然不顾一个国家主权实施"越境击毙"。这种制造战争边缘的准冷战做法，旨在转移国内的视线，刺激军火工业的发展，并可抢夺重要资源（特别是石油）。这也是金融危机迁延的一种变异状态。它说明一些国家仍像热锅上的蚂蚁，急于用这些军事的办法、准战争的办法大卖军火，用军火工业弥补 GDP 赤字，嫁祸于人，并且挥舞"人权"大棒到处打压，以攻为守，让发展中国家的主权服从它们的"人权"。这也表明，虽然西方的力量特别是美国的力量大大削弱了，但它们的本性没有变，霸权主义仍然要在全世界发威，以掩盖和补救它们的经济虚弱。两大生态危机不仅给它们添了"乱"，而且是对它们的惩罚。当然，我们仍不能低估西方的实际力量。百足之虫，死而不僵。它们还有"真老虎"的一面，对此还应保持高度的警戒，要在科学发展观的指导下办好自己的事情，不断增强综合实力。

（原载《当代经济研究》2011 年第 6 期）

美国经济危机、美元霸权与
中国周边紧张局势

杨 斌

一 当前美国经济复苏缓慢并面临着再次恶化危险

2010 年以来美国经济复苏显现扑朔迷离的复杂态势，同二战后美国经历的历次经济周期呈现出迥然不同的特征。二战后美国历次经济衰退持续的时间较短，实施宽松货币财政刺激政策后一般经济复苏平稳，大约仅仅需要 17 个月就业水平就能恢复到衰退前水平。但是，这次美国经济复苏显得跌宕起伏、疲软乏力。2009 年年底以来美国似乎进入了较快的经济复苏，主流媒体不断报道乐观的消息。但是，好景不长种种坏消息很快又接踵而至。美国权威机构经济周期研究所（ECRI）发布的每周经济先行指数，2010 年 5 月底以来由正变负并呈现自由落地式下滑，6 月 4 日下降为负 3.6%，7 月 2 日下降为负 8.3%，7 月 30 日下降为负 10.3%、值得指出，美国以前的历次经济周期波动中，只有当国民经济已经或即将陷入衰退时，经济先行指数才会下降到如此低的水平。① 美国经济重新出现愁云密布的形势，导致奥巴马总统的民意支持率不断下滑，美国民主党在中期选举中丧失了众议院多数席位，这表明奥巴马的经济刺激计划效果不佳并遭受重挫。

自 2007 年美国爆发次贷危机以来，早在 2007 年夏季和 2008 年春季，美国官方就多次宣布经济复苏，但是，事实证明这种经济复苏持续

---

① Claus Vogt , "Two Leading Indicators Pointing to Another Recession", 2010, http://www. moneyandmarkets. com/two – leading – indicators – pointing – to – another – recession – 39482.

时间不长，各种经济指标出现短暂改善后再次恶化，2008 年年底进一步升级为全球金融和经济危机。由此可见，美国官方宣扬的所谓复苏并不是无可争议的平稳、强劲经济复苏，而是巨资救市和泡沫崩溃两种力量相互碰撞的震荡状态，表现为呈现上升和下降的相互矛盾经济指标同时存在，某些经济指标出现忽而回升忽而下降的反复震荡；某些经济指标出现创纪录的深度下跌之后，自然出现降速降幅放缓和同前期相比环比增长，这种经济指标的反弹甚至在深度衰退时也会出现，如 2009 年 2 月日本外贸出口创纪录大幅度下降了 49.4%，第一季度日本国内生产总值同比下降了 15.4%，也创下有史以来最大跌幅，此后日本经济和外贸出口同比降幅放缓甚至出现环比增长。① 2009 年第一季度，欧盟 16 个成员国经济普遍大幅度下降，第二季度有些国家经济降幅收窄甚至出现环比增长，特别明显的恰恰是第一季度降幅最大的国家，但随后反弹增长指标又再次出现大幅度下跌。

2010 年年以来，美国经济依然并未进入平稳的经济复苏，而是延续着忽而回升忽而下降的反复震荡。2010 年 6 月美国消费者信心指数在一度反弹后再次深度下跌，美国消费者信心指数下降了 15.6%，从 62.7 大幅度下跌至 52.9；美国新增消费信贷的数额也出现急剧下跌，跌幅超过上次经济衰退的两倍以上，创下了 60 年来的最大跌幅，反映出消费者缺少信心扩大借贷消费，而银行对消费者的还贷能力极为担忧。② 2010 年底市场因感恩节、圣诞节进入销售旺季，美国消费者信心再次出现明显改善。2008 年美国爆发金融和经济危机以来，制造业因订单大幅度减少陷入深度衰退，商业主要依靠消耗存货满足市场需求，2010 年上半年随着商业为补充库存增加订单，美国进口和工业生产出现了明显的反弹，而进入 5 月耐用消费品订单再次出现下降，2010 年 6 月美国各州的工业生产也普遍下滑。③美国主流媒体时而宣扬经济复苏的乐观消息，时而散布二次探底的悲观情绪，深入考察美国经济这种令人困惑的矛盾现象，就会发现这次美国经济

---

① 刘浩远：《日本 7 月份企业物价指数创历史最大跌幅》，新华网，2009 年 08 月 12 日，http://news.xinhuanet.com/world/2009 - 08/12/content_ 11869133.htm。

② Mike Larson, "Double - Dip Recession Warning Signs Everywhere!", 07 - 02 - 2010, http://www.moneyandmarkets.com/double - dip - recession - warning - signs - everywhere - batten - down - the - hatches - 39555.

③ Ibid.

危机不同于以往经济周期的特征，美国政府虽然采取了力度空前的刺激措施，但是，美国经济依然疲软乏力并未进入平稳的复苏，某些指标如消费信贷甚至出现数十年来创纪录下跌，反映出美国经济随时面临着再次深度下滑的危险。

2010 年 8 月，美国劳工部宣布首次申请失业救济人数上升到 50 万人，创下年内新高并反映出新增失业人数正不断扩大。2010 年 12 月 3 日，美国劳工部发表的报告称，美国的失业率 11 月有所上升，失业率增加了 0.2 个百分点，进一步上升到 9.8%。① 2010 年以来美国私营领域的新增就业人数月均不到 10 万人，其中 6 月份仅为微不足道的一万六千多人。从 2007 年美国爆发金融和经济危机以来，美国始终深陷长期失业不断恶化的困境，失业人口中有高达 46.2% 为长期失业，人均失业时间达到了创纪录的 35.2 周，相当于美国过去五次经济衰退的 3 倍以上，创下了 60 年来长期失业的最糟糕纪录。以前在正常经济周期的复苏阶段，新增就业人数每月经常达到数十万人，但是，当前美国经济复苏在增加就业方面疲软乏力，显示出这次危机具有同一般经济周期截然不同的新特点。美国发生 1970 年经济衰退期间，恢复到衰退前的就业水平仅仅耗费了 18 个月时间，但是，这次危机爆发以来美国已经造成了 840 万人失业，倘若美国依照现在的缓慢速度增加就业，至少需要 17 年才能恢复到经济衰退前的就业水平，相当于 20 世纪 70 年代初的 10 倍以上，这说明美国经济距离真正康复仍遥遥无期。②

这次危机具有的一个新特点是失业率同国内生产总值指标不协调，由于美国虚拟投机经济膨胀导致国内生产总值严重掺水，失业率才是更好反映实体经济状况的经济指标，美国大萧条期间国内生产总值曾多次恢复增长，但是，人们根据失业率居高不下判断衰退延续了 10 年之久。美国政府宣布 2009 年第四季度国内生产总值呈现较大幅增长，似乎意味着美国经济已经触底反弹并进入复苏阶段，但是，美国的国内生产总值更多反映虚拟经济而非实体经济状况，2009 年第四季度美国的失业人数仍在持续攀升，美国劳工部发布的 10 月就业报告显示失业率突破 10%。尽管美国政

---

① 严婷：《美国 11 月失业率升至 9.8%》，《第一财经日报》2010 年 12 月 6 日。

② Martin D. Weiss, Ph. D., "Four Shocking Bombshells Bernanke Did NOT Tell Congress About Last Week", 07 - 26 - 2010, http: //www. moneyandmarkets. com/four - shocking - bombshells - bernanke - did - not - tell - congress - about - last - week - 39735.

府宣布 2010 年第一季度失业率出现了下降，但是，宏观数据与微观数据之间存在着明显矛盾和差距。2010 年 1 月，美国 372 个城市中有 363 个城市的失业人数上升，美国人口最多的加利福尼亚的 27 个城市之中，几乎所有城市的失业呈现恶化而仅有一个城市好转，这个城市恰好属于加利福尼亚失业最严重的城市，其失业率刚刚攀上 27.3% 的高峰后才出现小幅回落。据美国某些媒体分析，美国失业率下降同众多失业者丧失领取失业救济资格，以及长期失业人口丧失信心并不再寻找工作有很大关系。2010 年 6 月 26 日，由于美国国会的延长失业救济期限的法案未获通过，美国有 120 万失业工人丧失了领取失业救济的资格，同时美国劳工部宣布上周新申请失业救济人数达到 47 万人，反映出同政府宣扬的经济复苏不协调的恶化就业状况。①

2010 年 8 月美联储宣布正酝酿推出第二轮量化宽松货币政策，以应对经济出现二次探底和失业形势恶化的危险。这一事实充分说明美国并未进入平稳的经济复苏，美联储第一轮量化宽松货币政策的效果很不理想，不得不冒着引起投资者恐慌情绪和美元信誉危机的风险，推出这一明知将会遭到世界各国强烈反对的政策。但是，美国显然无法容忍滥发货币政策导致美元霸权衰落，因为这将从根本上动摇美国全球经济军事霸权的基础，同时也不愿意看到中国凭借强大国家调控能力优势，较好克服危机冲击恢复增长与美国衰落形成鲜明对比，在奥巴马访华后随即采取一系列措施挑战中国核心利益，包括为朝韩冲突、钓鱼岛争端、南海争端等推波助澜，甚至派遣航空母舰到黄海举行大规模军事演习，蓄意加剧中国周边地区紧张局势以遏制中国崛起。2001 年美国陷入网络泡沫破灭后的经济衰退，曾通过伊拉克战争实施军事凯恩斯主义措施挽救危机，这次美国经济危机的严重程度远远超过网络泡沫后的衰退，美国将转嫁经济危机的目标瞄准中国及其周边地区，意味着将对中国的经济金融安全和国防安全构成全面挑战。

二　运用马克思主义理论剖析当前美国经济危机

中国采取正确应对全球金融和经济危机策略的前提，是坚持马克思主

---

① Patrick Martin, "Nearly One Million US Workers Cut Off Unemployment Benefits", Global Research, June 19, 2010, http: //www. globalresearch. ca/index. php? context = va&aid = 19810.

义正确方法分析危机形成的深层原因和未来走势。倘若中国坚持马克思主义正确预测、判断全球危机走势，充分认识到危机的深层根源在于资本主义经济的基本矛盾，美欧政府采取的巨资救市办法是用新的债务泡沫挽救旧的债务泡沫，就可以清楚看出美欧政府采取的救市措施无法挽救危机，暂时缓和危机症状并推迟新危机爆发的能力也越来越差，就不会轻易相信美欧政府和媒体宣扬的经济复苏迹象，就能采取正确的内外兼顾的应对全球金融和经济危机的策略。美国金融家索罗斯认为当前金融危机的严重程度远远超过 1929 年大萧条，主要原因在于各种债务总额占国内生产总值的比重远远超过了 1929 年，1929 年大萧条时美国未偿付债务的总额是 GDP 的 160%，2008 年爆发金融危机时美国未偿付债务的总额是 GDP 的 365%，而且随着美国消费者和企业陷入困境将会上升到 500%，倘若考虑到金融衍生品未偿付债务总额还将会大幅度扩大十多倍，这就意味着美国蓄积的经济危机能量远远超过大萧条时期，正处于一个随时可能喷发的巨大债务泡沫火山口之上。①

当前美国官方宣布恢复增长丝毫不值得人们乐观并放松警惕，2008 年头两季度美国公布经济增长统计数据良好，但是，9 月次贷及相关金融衍生品债务泡沫破裂，雷曼、美林等著名金融机构在债务重压下相继垮台，美国经济也随之转眼从增长良好变成了严重经济衰退，说明经济增长在巨大债务泡沫打击下不堪一击。事后美国统计局修改数据称 2007 年第四季度经济其实已经陷入衰退，原来发布经济增长良好的统计数据是为掩盖贝尔斯登垮台后的严峻形势，促使人们相信政府救市之后经济和金融市场已经恢复正常，安抚国内外投资者放心购买华尔街金融机构大量抛售的有毒资产。由此可见，美国官方即使宣布经济恢复正常增长，也丝毫不能改变巨大债务泡沫利剑悬顶下的危险局面。1929 年大萧条时期美联储采取了紧缩货币政策，当前危机中美联储奉行截然相反的"直升机撒钱"滥发货币政策，注入数万亿美元巨资仍然无法挽救经济衰退的困境，充分说明当前危机的严重程度实质上超过了 1929 年大萧条。美国官方和主流媒体竭力宣扬的所谓"经济复苏嫩芽"，其实不过是许多指标创纪录下跌后的降速放缓现象。

深入考察一下网络泡沫破灭后美国的强劲经济复苏，就会发现美国媒

---

① 乔治 - 索罗斯：《反思 2008 的崩溃风潮》，《南方周末》2009 年 3 月 20 日。

体广为吹嘘持续数年的经济繁荣，其实也不过是虚假的次贷及相关金融衍生品泡沫膨胀，从广泛欺瞒世人的炫目繁荣到震惊世界的金融风暴，充分揭示了泡沫性经济复苏、繁荣的不可持续性。倘若人们坚持并发展马克思主义的经济危机理论，充分认识到2004—2007年美国经济复苏和繁荣的泡沫性质，认识到美国利用债务泡沫缓解危机并促进复苏的本质，认识到调整经济结构和转变增长方式的紧迫性和重要性，或许就不会购买巨额的美国两房债券和银行股票、债券，或许就不会过于迷恋美国次贷繁荣带来的出口需求激增，将中国经济发展的引擎过于依赖于美欧出口市场，从而避免遭受巨大的金融资产损失和出口需求锐减冲击。美国著名经济学家斯蒂芬·罗奇认为，网络泡沫破灭后的经济复苏是虚假的次贷繁荣，导致了美国巨大消费泡沫和全球贸易严重失衡，但是，渴望增长的中国却受到全球贸易繁荣的引诱，这一时期发展重点恰恰选择在最不平衡领域，因而美国消费泡沫破灭后必将面临痛苦的长期调整。

格林斯潘承认资本主义无法节制自己的贪欲，总想不断追求放纵贪欲自由甚至不顾自我毁灭的危险。由于私有制不能自我克制且尽情放纵贪欲，在当代金融创新提供了新型剥削手段的条件下，可以催生高杠杆金融衍生品泡沫的无限制膨胀，就可能促使资本主义基本矛盾不断积累和激化，在同以前相比较短的时间内积蓄巨大能量，酿成严重的金融和经济危机甚至危及资本主义生存基础。当代金融垄断资本就像无法自我节制的赌徒，进行金融衍生品赌博时完全丧失了自我控制能力，这就意味着本次危机与以前相比具有截然不同的特点，具有摧毁西方乃至全球资本主义经济基础的巨大能量，证明了列宁关于垄断资本主义垂死性或过渡性论述仍具有重要的现实意义。列宁曾指出"资本主义已发展到这样的程度，商品生产虽然依然'占统治地位'，依然被看做全部经济的基础，但实际上已经被破坏了，大部分利润都被那些干金融勾当的'天才'拿去了"。[①] 这次危机也说明金融衍生品泡沫对实体经济的巨大破坏，正日益瓦解着西方资本主义的经济基础，并促使其面临日益深刻的垂死、过渡过程的生存挑战。列宁在论述垄断资本主义是垂死的、过渡的资本主义时，还指出垂死性并不意味着资本主义将会很快灭亡，尽管私有制关系已越来越不适应生

---

① 列宁：《帝国主义是资本主义的最高阶段》（1916年），《列宁全集》（第27卷），人民出版社1990年版，第342页。

产力发展，但它可能因各种人为因素拖延继续生存下去，"在腐烂状态中保持一个比较长的时期"。[①]

西方社会改良时期推行严格限制金融投机的监管政策，超出了凯恩斯主张的宏观货币财政政策范围，更多是迫于社会主义国家形成的强大压力，借鉴了马列主义关于金融必须为实体经济服务的理论，因此，二战后西方经济周期缓和非但不能证明马列主义理论失效，反而恰恰证明了马列主义理论的正确性，具有影响现实和改变世界历史进程的强大生命力。但即使在西方国家实行社会改良的时期，美国金融财团也始终渴望回到甚至比大萧条前更少管制的资本主义，花旗银行的老板沃特·瑞斯顿为恢复自由放任资本主义，竭力支持哈耶克、弗里德曼等新自由主义经济学家。这表明金融垄断财团始终将社会改良视为被迫采取的权益之计，始终竭力支持新自由主义以求恢复自由放任资本主义，社会改良并不代表西方资本主义发生了本质性变化。

美国作为拥有全球经济军事霸权的资本主义国家，不会坐视金融和经济危机侵蚀其国际地位，帝国主义在逐渐衰亡的垂死过渡时期将拼命挣扎甚至变得更加危险，1929年大萧条引发第二次世界大战的灾难就说明了这一点。2008年爆发的西方金融和经济危机，严重削弱了美国的整体经济军事实力，给美国的全球霸权地位带来了严重挑战。2009年美国财政赤字达到了创纪录的1.4万亿元，挽救金融危机代价猛增限制了美国在全球的庞大军事开支。美联储滥发货币挽救危机导致美元大幅度贬值，美元霸权面临着比布雷顿森林体系解体更为严重的挑战，迫使美国正采取一系列特殊措施挽救全球霸权。美国正通过借助美元霸权制造庞氏骗局的办法，转嫁危机的损失、代价并掠夺全世界财富。美国纽约大学经济学教授鲁比尼曾准确预见次贷危机，他称现在美国整个国家的运作方式已经沦为骗局之国，政府、企业和银行都采取类似麦道夫的庞氏骗局，依靠不断制造绚丽的资产泡沫吸引并掠夺全世界的财富。根据美国财政部公布的统计数据，由于国际金融和经济危机的冲击，美国政府为挽救危机致使财政赤字急剧扩大，不断膨胀的国债泡沫达到了惊人规模，美国在今后12个月内将有2万亿美元国债到期，其中至少8800亿美元为全世界各国的投资者所购买，

[①]　列宁：《帝国主义是资本主义的最高阶段》（1916年），《列宁选集》（第2卷），人民出版社1995年版，第687页。

2010 年美国政府的财政赤字预计将达到 1.5 万亿美元，美国政府维持运转迫切需要筹集 3 万亿美元资金，而美国一年国内的全部储蓄总额仅为 6000 亿美元，这就意味着美国必须继续制造泡沫源源不断吸收全世界财富，利用美元霸权滥发货币向全世界转嫁危机代价。

三　警惕美国加剧朝韩紧张局势维护美元霸权

2010 年 8 月美联储宣布即将推出第二轮量化宽松政策之后，引起了世界舆论的轩然大波并遭到了一致谴责，美国滥发货币引起了全球投资者的普遍恐慌，美元指数出现了持续不断的下滑态势。2010 年 11 月在韩国首尔召开的 G20 峰会上，美国滥发美元政策成为了各国强烈抨击的众矢之的。笔者曾撰文指出美国不会容忍为其带来巨大利益的美元霸权走向衰落，必然采取特殊措施阻止美联储滥发美元政策导致的美元危机，① 甚至在全球各地策划金融战争和制造国际紧张局势。② 国际形势的发展证实了笔者的分析判断，似乎已经风平浪静的欧洲主权债务危机，骤然波澜再起成为了国际舆论关注的焦点，爱尔兰债务危机继希腊之后被暴露出来，甚至出现了扩大到西班牙、葡萄牙、比利时等国的蔓延态势。朝鲜半岛一度缓和的紧张局势也骤然升温，美韩连续在敏感区域内举行军事演习，2010 年 11 月 23 日发生了朝韩在延平岛交火和伤亡的事件。朝鲜半岛的紧张局势刺激了投资者的避险情绪，美元指数迅速反弹并且短短数日后一度突破了 80 关口。美国在朝鲜发射卫星和试验核弹后也相对克制，仅仅威胁经济制裁而没有举行大规模军事演习威慑，原因是朝鲜不像伊拉克、伊朗拥有丰富石油资源，美国缺乏足够的经济利益动机对朝鲜进行军事打击，而且朝鲜拥有核武器后军事冲突的代价太大。但是，倘若通过精心策划的挑衅事件制造紧张局势，美国可一箭双雕获得多方面经济利益和战略利益：刺激投资者避险情绪扭转美元急剧下跌的态势，既能够继续滥发美元又能维护美元购买力和美元霸权，这样可立刻获得成百上千亿美元的巨大经济利益；扭转国际舆论高度关注美国滥发美元的不利形势，将舆论焦点从抨

---

① 程恩富、杨斌：《金融危机可能迫使美国采取特殊措施维护霸权》，《红旗文稿》2010 年 11 期。

② 杨斌：《美国金融危机与国际局势动荡危险》，《世界社会主义》杂志 2009 年 8 月。

击美国量化宽松政策上转移开来；有利于军火工业综合体争取国防预算和订单，向亚洲国家扩大军火销售获取巨额利润；在局势不失控条件下制造借口举行大规模军事演习，将航空母舰开到中国周边进行战略性侦查和威慑。倘若美韩对朝鲜施压是为了促进局势稳定，完全可以在更为安全的海域展示军事威慑力量，也可以延续美国经常使用的经济制裁手段，完全没有必要在朝鲜明确表示反对的情况下，在双方有争议的海域举行实弹军事演习，甚至在俄罗斯强烈呼吁暂停演习后继续坚持实弹射击，致使朝鲜半岛紧张局势加剧到千钧一发的爆发关头。

美国历来将美元霸权视为维护全球经济军事霸权的关键，为此不惜采取任何手段包括蓄意制造危机甚至发动战争。美国著名经济学家、战略家恩道尔撰写的《石油战争》披露，1973 年美国政府、金融、能源巨头联合伊朗、沙特等中东盟友，蓄意制造石油危机推动以美元计价的石油价格暴涨了 400%，促使石油贸易对美元需求猛增并挽救了美元衰败。1973 年石油危机期间担任沙特石油部长的亚马尼王子，称《石油战争》一书"讲述了 1973 年石油价格发生变动的真相"，证实了恩道尔关于美国策划隐蔽经济战争分析的正确性。① 美国指挥北约发动的入侵南斯拉夫的科索沃战争，也有力扭转了欧元诞生导致的美元不断衰落危机。2009 年年底美元一度出现了急剧下滑的衰败危机，随后不久就爆发了迪拜房地产和金融危机，希腊债务危机后来也闹得沸沸扬扬，2010 年第一季度扩大为欧洲主权债务危机，也有效打击国际竞争对手并维护了美元霸权，将一度威胁美元霸权的欧元经济拖入了困难重重境地。近来国际媒体暴露出的大量证据表明，美国其实是迪拜危机和希腊危机的始作俑者，美国高盛财团直接参与了培育房地产和债务泡沫膨胀，美国的穆迪、标准普尔等评级机构选择在关键时机引爆了危机。2010 年 3 月 26 日发生了韩国"天安号"沉没事件，由此引发的国际紧张局势也客观上有利于挽救美元危机。

人们深入考察一下就会发现时间上耐人寻味的巧合，2010 年第一季度国际舆论关注的焦点，恰好有第一波欧洲主权债务危机，还有韩国的天安号潜艇沉没事件，2010 年第四季度韩国首尔峰会前后，正当美联储宣布推出第二轮量化宽松政策，滥发美元引发国际投资者恐慌和美元危机之时，恰好发生了第二波欧洲主权债务危机，还有韩国在美国支持下实弹演习引

---

① ［美］恩道尔：《石油战争》，赵刚译，知识产权出版社 2008 年版，第 146 页。

发的延坪岛事件。正当世界各国担忧美国滥发美元引发货币战争之时，美国为挽救美元危机和转移国际舆论的注意力，再次将欧元作为了发动隐蔽金融战争打击对象。美韩举行大规模军事演习所射出的实弹，其实很可能也是为配合美国隐蔽金融战争发射的。

2011 年美韩宣布将连续举行十次大规模军事演习，很可能在军演过程中发生类似天安号和延平岛的突发事件，朝鲜半岛的紧张局势随时可能再次骤然升温。美国不会约束金融垄断资本贪婪本性停止滥发美元，很可能制造更大的国际动荡和战争危险维护美元霸权。倘若人们不能认清巧合事件背后美国转嫁危机的图谋，还可能有第三波欧洲主权债务危机与第三次朝鲜半岛紧张局势同时发生的巧合。2011 年美元面临着比 2010 年更为危险的衰落态势，美国金融评级机构再次调低了希腊的债务信誉评级，暗中准备制造第三波欧洲主权债务危机，世界各国人民应睁大眼睛提高警惕，形成强大的舆论压力防止朝鲜半岛反复出现不幸的巧合，特别是美元更为危急的形势可能驱使美国铤而走险制造战争冲突。

四　坚持马列主义，从战略高度考察中国周边紧张局势

列宁曾作出了帝国主义就意味着战争的著名论断，他指出"帝国主义战争，即争夺世界霸权、争夺银行资本的市场和扼杀弱小民族的战争是不可避免的"。[1] 列宁所处的时代西方列强拥有军事上的压倒性优势，因而优先选择运用坚船利炮发动征服弱小民族的战争。但是，20 世纪 60 年代美国在越南战场遭受惨重失败，美国发现通过军事手段发动战争的代价越来越大，而掠夺财富和攫取垄断利润的收益正日益缩小，国际局势变化迫使美国进行了战争手段和形式的创新，采取更加隐蔽的政策武器和战争形式攻击国际对手。越战失败后尼克松提出放弃"冷战遏制"战略，转向运用政治经济手段进行谋攻的"缓和"战略，将经济贸易不是作为礼物而是作为武器，基辛格也提出通过能源、粮食和货币来控制世界格局，以扭转当时美国经济军事霸权全面衰落的局面。这种帝国主义在不利形势下被迫采取的战争形式变化，一方面说明垄断资本和帝国主义的贪婪本性没有改

---

① 列宁：《修改党纲的材料》，《列宁全集》（29 卷），人民出版社 1957 年版，第 474 页。

变，另一方面说明列宁的帝国主义理论不仅没有过时、失效，而且具有改变世界历史进程的强大生命力，迫使帝国主义采取新的伪装掩盖掠夺财富的战争，需要根据新的形势变化进行理论创新以揭露其伪装。

笔者的新著《美国隐蔽经济金融战争》坚持并发展列宁的金融垄断资本理论，指出"当前美国金融垄断财团具有了一定程度的人为操控危机的能力，能够通过借贷杠杆、金融衍生品和宏观货币政策，蓄意制造各种经济泡沫的膨胀并控制泡沫引爆过程，能够暂时缓解、推迟危机并促使其合并成更大的危机，这样就能将具有巨大破坏威力的危机作为武器，有选择地定向攻击国际对手以谋求世界霸权寻租利益，掠夺各国广大民众财富并通过各种途径转嫁危机损失"，"马克思主义理论从维护广大人民利益的立场出发，深刻揭示资本主义基本矛盾必然导致帝国主义战争，当然更不应该回避研究在世界格局改变的条件下，金融资本操纵国家运用欺诈手段进行的金融战争。只有这样，马克思主义才能提供一个科学的理论框架，客观考察垄断资本贪婪所诱发的种种道德风险，包括运用暴力手段发动战争谋求世界霸权，通过欺诈谋略掠夺财富并攻击国际对手等，为中国维护国家利益和金融安全提供有力的理论武器"。①

从新型经济金融战争的战略高度分析国际局势变化，就能洞察朝韩冲突、欧洲债务危机背后隐藏的美国金融霸权谋略。中国不仅应在外交上抗议美国航母在黄海军事演习，还应抨击美国量化宽松政策损害所有亚洲国家的经济利益，同时制造国际紧张局势挽救滥发美元导致的美元衰败危机，促使亚洲国家加强合作不让美国鹬蚌相争、渔翁得利。美国一方面鼓励韩国在敏感区域举行实弹军事演习，一方面施压中国管束朝鲜意在挑拨离间中朝关系，中国应巧避美国圈套并通过外交、经济筹码鼓励各方保持克制。朝鲜遭受美国全面封锁对军事挑衅极为敏感，中国应通过加强全面合作让朝鲜有足够的安全感，促使朝鲜认清、揭露美国挑衅背后隐藏的金融霸权图谋，采取更加稳妥的经济军事措施回应美国挑衅，展现反击能力的同时避免加剧紧张局势正中美国下怀。奥巴马政府的国务卿希拉里认为布什的新保守主义政策，过于片面强调依靠"硬实力"致使美国形象严重受损。希拉里提出美国应依靠"巧实力"来恢复全球主导地位，就是要通过灵巧运用可由美国支配的所有政策工具，包括外交、经济、政治等政策

---

① 杨斌：《美国隐蔽经济金融战争》，中国社会科学出版社2010年版，第6—9页。

筹码配合军事实力。希拉里公然在国际会议上插手、干涉中国南海事务，纵横捭阖积极挑拨离间中国同越南、东盟国家之间的关系，翻手为云覆手为雨同宿敌越南举行海上联合军演，不顾核扩散危险出尔反尔扬言向越南出售核反应堆，美国还以朝韩冲突为借口在黄海举行大规模军事演习，将航空母舰开至中国大门口并直接威胁中国腹地，中日围绕"钓鱼岛"的争端背后也隐藏着美国暗中支持、怂恿，这些事实充分展现了美国"巧实力"战略旨在遏制中国的"软战争"本质。

美国为欧洲主权债务危机和朝鲜半岛紧张局势推波助澜，只能暂时缓解美元危机并将严重威胁全球经济稳定，原因是美国并未因刺激经济计划出现真正的经济复苏，巨额银行有毒资产和社会失业等深层次矛盾依然非常严重，驱使其采取金融战争和制造国际紧张局势等特殊手段转嫁危机。当前美国不断在中国周边制造事端，还仅仅是加剧紧张局势遏制中国崛起，但是，由于这次美国金融和经济危机具有摧毁性能量，一旦美国因危机持续深化、升级面临着生存危险时，美国也可能铤而走险将紧张局势升级为战争。中国应坚持马列主义深刻认识当代资本主义的深层矛盾，从战略高度洞察美国加剧国际紧张局势背后的经济动机和霸权谋略，及早采取舆论、外交、经济、金融等领域的反制措施，未雨绸缪预防战争危险并将其消除在酝酿、积聚阶段。中国应敢于指出并促使世界各国认清美国挽救经济危机政策的失误，共同施压美国停止滥发美元挽救天文数字的金融衍生品有毒资产，将资金主要用于刺激实体经济和解决民众就业，这样才能避免美元危机不断升级威胁美国民众财富和各国外汇储备，防止危机升级迫使美国右翼和军工垄断财团寻找战争借口，转嫁危机损失并破坏世界各国人民的和平发展国际环境。

五　中国面对复杂国际形势应树立新国家安全观

美国重视通过隐蔽金融经济战争谋求全球霸权，美国政府和国会均设有专门负责经济安全的机构，里根执政时期由总统直接领导的国家安全委员会，成立了具有策划隐蔽经济战争能力的"国家安全规划组"，统一调动中情局和政府外交、经济部门力量，实施了通过隐蔽经济战加速前苏联解体的秘密战略。美国对朝鲜半岛紧张局势的一系列反应措施，也展现了军事、舆论、外交、经济、金融领域的配合。当前，美国正将策划隐蔽经济战争的主要目标转向中国，值得引起中国高度警惕并采取有效措施维护国家安全。中国应成立由党中央直接领导的国家安全委员会，坚持马克思主义从战略高度维护国家安全和经济金融安全，纠正某些部门将美国金融垄断财团视为中性金融机构的错误观念，统一领导、协调政府各部门和安全部门的力量，谨慎审查有关金融改革、汇率政策和金融部门的重大人事任命，防止本位主义和部门利益干扰国家的整体利益和战略利益，更好应对国际金融和经济危机对中国形成的各种威胁，防止全球危机外来冲击与国内不稳定因素发生共振，为国际敌对势力和分裂势力趁机利用以阻止中国崛起。中国面对美国霸权谋略战争进行综合性颠覆的严峻现实，迫切需要树立一种新国防观和新国家安全观，建立一种新的"大国防"和捍卫国家安全的构架，有效抵御和反击美国在舆论、经济、金融等领域的谋略战争。前苏联拥有实力雄厚的国防军队和国家安全部门，在国内革命战争和卫国战争中功勋卓著，但是，面对美国策划的秘密战略却几乎束手无策，因为，美国运用了新型的政治、经济、外交和攻心战政策武器，超出了传统国防部门和国家安全部门的关注和管辖范围。

令人遗憾的是，我国的涉外、经济、文化、教育领域的某些干部，缺乏对美国经济文化渗透的警惕，不熟悉其谋求霸权的战略动机行为，很容易被美国有意散布的烟幕蒙蔽。不少政企领导干部不了解美国统治阶层的思维方式，不熟悉支配其决策的国际战略思想。中国某些经济界、金融界的人士，盲目崇拜西方新自由主义的金融理论，主张中国金融改革应效仿美欧模式坚定不移推行金融自由化，却对列宁的金融垄断资本和帝国主义理论公开表示轻视态度。美国一方面滥发美元、操纵汇率并严重损害中国利益，另一方面却不断攻击中国操纵汇率造成了美国失业困难，甚至美国盟友德国总理默克尔也批评美国实行双重标准，指责中国操纵汇率的同时却自己滥发美元人为操纵汇率，但是，中国金融界人士却表示理解美国量化宽松政策，对美国严重损害中国利益的行为未能进行有力的反击，还声称外汇管理准则是"在商言商"只考虑经济收益，抛弃了马列主义强调政治与经济因素密切联系的科学理论，无视美国将经济金融政策作为国际战略工具的严酷现实。

由于受到"华盛顿共识"的金融自由化政策的误导，有关方面完全忽视了美国金融泡沫趋于破灭的大量迹象和预警，甚至在危机迹象日趋明显后还大量购买两房债券，花费巨资收购濒临破产的美国投行、基金的股份，蒙受了假如坚持马列主义认清金融垄断资本的本质，重视国内外关于美国经济金融战争的研究成果，吸取拉美推行新自由主义教训就完全能够避免的不必要损失。20世纪80年代中国开始改革开放时期，陈云同志强调当今世界仍然处于帝国主义时代，列宁关于垄断资本和帝国主义的理论并未过时。由于陈云同志坚持马列主义具有国际战略眼光，能够高瞻远瞩洞察美元霸权本质和不断贬值风险，才能在20世纪70年代用外汇储备购买数百吨黄金，现在这些黄金储备的价值已经增长了数十倍之多，同抛弃马列主义无视美国谋划经济金融战争的现实，盲目购买美国两房债券、有毒资产造成的损失形成了鲜明对比。中国应该将国家经济金融部门的领导责任，交给能继承陈云等老一辈革命家经验、智慧的干部承担。

列宁在实行新经济政策扩大对西方开放时曾指出，"现在一个新的时期到来了，他们在战争中已经失败了，现在要在经济方面作战了。这一点我们完全懂得。我们从来也没有幻想我们打完仗，和平就会到来，社会主义牛犊和资本主义豺狼就要拥抱了。没有这样想。你们要在经济方面同我们作战，这是一大进步"[①]。列宁清醒地认识到西方放弃了军事干涉政策，并不意味着同西方的对抗和战争威胁消失，而是战争从军事领域转移到了经济贸易领域，这是由垄断资本和帝国主义的本性决定的，但是，这同军事侵略相比较毕竟是一大进步。社会主义国家应该对同西方经济交往保持清醒头脑，认识到同西方经贸往来除了有互利双赢一面，还潜藏着西方利用经济手段破坏社会主义国家的危险，这样才能利用对外开放发展壮大社会主义国家，而不被西方策划经济领域的战争所击败、摧毁。

二战以后，西方国家实行社会改良政策缓和了经济周期波动，特别是20世纪70年代美国放弃"冷战遏制"战略转向"缓和"战略，展现友好姿态扩大与社会主义国家的经贸往来，有人认为这些现象证明列宁的帝国主义理论已经过时了，其实，西方研究冷战史的著名学者也承认，二战后西方实行社会改良是因为受到了生存威胁，当时社会主义阵营像一把枪一样顶住了西方国家的后背，迫使西方推行违反垄断资本贪婪本性的一系列社会改良，采取同新自由主义的私有化和金融自由化截然相反的国有化和金融管制化政策，资本主义才改善数百年的一贯野蛮形象出现了罕见的

---

① 列宁：《在俄共（布）莫斯科组织积极分子大会上的讲演》（1920年12月6日），《列宁全集》（第40卷），人民出版社1986年版，第73页。

"黄金时期"，美国在越战惨败后放弃了"冷战遏制"扩大同社会主义国家交往，更是因为世界人民利用列宁的帝国主义理论作为有力武器，弥补军事装备的不足战胜了帝国主义的军事侵略，美国发现通过军事手段发动战争的代价越来越大，而掠夺财富和攫取垄断利润的收益正日益缩小，这些历史事实非但没有证明列宁的帝国主义理论过时，反而证明列宁的帝国主义理论具有改变历史进程的强大生命力。但是，正如列宁指出西方愿意积极扩大经贸往来并非意味着战争威胁消失，而是国际局势变化迫使西方进行了战争手段和形式的创新，采取更加隐蔽的政策武器和战争形式攻击国际对手。

六　中国应联合世界各国共同制衡美元霸权

当前，中国应继承并发展列宁的垄断资本和帝国主义理论，清醒地认识到战争正从军事领域转移到经济金融领域，才能在扩大对外开放中发展壮大自己并立于不败之地。中国面对美国全球霸权的一系列军事、舆论、经济金融等领域攻势，也应在军事武器之外开发一系列舆论、经济金融等领域的政策武器，扭转被动局面反守为攻制衡美国全球霸权的软肋。抗战时期，蒋介石派遣胡宗南隐蔽陈兵陕甘宁边区，准备采取制造皖南事变的办法向延安发动进攻，中共中央在做好军事准备的同时发动了揭露蒋介石的舆论攻势，迫使蒋介石的战略图谋在国内外舆论的压力下破产。当前中国舆论界也应揭露美国为了维护美元霸权，通过策划金融战争和制造国际紧张局势，来转嫁美国量化宽松政策滥发美元导致的美元霸权危机，联合世界各国抵制美国金融垄断财团的损人利己政策。中国必须反守为攻才能根本改变被动挨打局面，必须始终牢牢抓住美国利用美元霸权占有各国财富的关键，主动联合世界各国积极推进各种替代美元霸权的方案，从根本上解决美国经济军事霸权对世界稳定的威胁。

美国是全球经济失衡和金融危机的始作俑者却频频指责中国，中国虽然坚决反驳并申辩却难以改变被动局面，但是，2009年中国提出建立超主权新型国际储备货币的主张，直接打中了美国利用美元霸权转嫁危机代价的要害，立刻赢得了广泛的国际支持并扭转了被动局面。2009年3月30日，美国《华盛顿邮报》撰文指出中国的建议将美国推向了被告席，迫使美国放弃傲慢指责别国的态度处于被动辩解的地位。尽管国际上不断有学者主张建立新型国际储备货币，但中国提出这·主张却使其具有了前所未有的国际影响力，这充分说明中国应该更加积极主动地维护自身的合法权益。

2009 年 1 月，美国财政部长盖特纳曾称奥巴马认为中国操纵人民币汇率，美国将通过各种外交手段施压中国改变汇率政策。但是，2009 年 3 月中国提出建立超主权新型国际储备货币的主张后，盖特纳立即通过多种沟通渠道向中方询问并表示担忧，其紧张之态仿佛唯恐美元是坏账累累的银行即将遭人挤兑，这种压力促使盖特纳改变态度公开承认中国并未操纵汇率。但是，在美国放松汇率指责并频频表示友好后，中国没有继续积极推进建立新型超主权国际货币的进程。美国在安抚中国并等待经济复苏减轻不利舆论压力后，又再次在奥巴马访华后发动了一系列战略攻势，包括向台湾地区出售军火将反导系统延伸至中国大门口，在中国周边地区不断制造国际紧张局势，出动航空母舰在黄海和南海举行大规模军事演习，暗中纵容、支持日本右翼在"钓鱼岛"的挑衅行为，纵横捭阖挑拨离间中国与其他亚洲国家的关系，不断强硬姿态提出中国操纵人民币汇率的指责，甚至挥舞征收全面关税大棒使中国再次陷入被威胁境地，还积极对欧盟国家、巴西、东南亚、印度的开展游说活动，企图联合这些国家指责中国操纵汇率，并且在各种国际会议上孤立中国施压人民币升值。

巴西、东南亚、印度等发展中国家都是美元霸权的受害者，这些国家都曾积极支持中国建立新型国际货币的主张，但是，中国没有掌握主动权积极联合这些国家反对美元霸权，推动建立新型国际货币制衡美国滥发美元操纵汇率，因此，美国反而有机可乘拉拢这些美元霸权受害国家反对中国。中国必须敢于挺身而出维护发展中国家的共同利益，形成反对美元霸权的国际统一战线，才能促使广大发展中国家从自身利益出发支持中国立场，迫使美国拉拢这些国家指责中国操纵汇率的企图遭到失败。韩国、日本也是美元霸权的受害者，但是，它们由于军事同盟关系不敢公开指责美国，中国应扩大同韩国、日本的双边货币互换和贸易结算，促使韩国、日本摆脱对美元和美国市场的依赖，认清并敢于抵制美国挑拨离间亚洲国家关系。

美国贸易逆差的根源是美国依靠美元霸权滥发货币占有各国财富，因此，美国同世界上九十多个国家存在着贸易逆差，其他国家货币即使升值大幅度提高了出口商品价格，也不会影响美国依靠成本近乎为零的美元弥补财政、贸易赤字。世界各国解决同美国贸易失衡问题的根本办法，开展国际合作建立不依赖美元的国际贸易清算体系，并最终在联合国框架下建立新型超主权国际储备货币，动摇美元霸权从而削弱美国的全球经济军事霸权的威胁。

中国建立新型超主权国际储备货币不能仅仅作为长期目标，而应看作争取在较短时期内付诸实施的现实目标，以应对滥发美元可能导致全球经济动荡和通胀压力的紧迫威胁。考虑到美国在国际货币基金内拥有一票否决权，中国应争取在联合国框架下建立新型国际储备货币。联合国委托斯蒂格利茨等著名学者组成的独立专家小组，也认为新型国际储备货币系统简单易行，而且有利于防止通货膨胀和国际贸易失衡等问题，建议联合国各成员国的领导人尽快展开讨论、磋商。

中国应加快推进建立新型超主权国际货币的进程，联合俄罗斯、印度、巴西、印尼等支持中国主张的国家，商议先行建立起一种过渡性的新型超主权国际货币，用于多边的经济交往和国际贸易计价、结算，以后逐渐扩大适用范围并吸引更多的国家加入，逐步形成联合国范围内众多国家加入的新型国际货币体系。新型的国际储备货币应采取灵活、自愿的原则，不排斥使用美元、欧元等现有的国际储备货币，而是同美元、欧元形成互补的良性竞争关系，同时也不排斥双边货币互换和长期贸易、投资协定。这样一方面可以减少美国及受其控制的盟国的反对阻力，另一方面可以让众多的新兴国家获得有力的谈判筹码，施加现实压力迫使美国在发行货币方面更加谨慎行事，切实有效反击美国施压中国人民币升值的汇率战攻势，形成国际压力有效制约美国滥发货币和操纵汇率的恶劣行为。

当前考虑到众多发展中国家出口下降和外汇储备减少的困难，中国应大力推动不依赖美元的双边长期协定贸易，扩大实践证明卓有成效的双边货币互换协议的规模，促使双方获得充足的低成本外汇开展贸易投资活动，开展长期工业化计划和结构调整方面的深层合作，同双方扩大市场抵御金融危机的刺激计划紧密挂钩，促进新兴国家的投资需求和能源、原料供应能力，促使双方都能获得廉价充裕的工业品和能源、原料供应。当前全球经济和国际贸易尚未完全摆脱疲软状态，通过宽松货币政策和扩大银行信贷刺激出口的效果有限，企业普遍反映最缺乏的不是资金而是长期稳定出口订单。中国"一五"计划期间中苏的长期贸易投资协议，就是双边协议贸易促进工业化蓬勃发展的成功范例。未来即使建立新型国际储备货币之后仍应保留双边协议贸易，以利于节制新型国际储备货币的发行并维护币值稳定。中国广泛开展不依赖美元的双边长期协定贸易，并且同各国的经济刺激和长期发展计划建立密切联系，能够推动有利于外贸、外汇平衡的经济发展方式转变。中国还可通过这种方式促进国际地缘战略利益，支援朝鲜、巴基斯坦、中亚和其他缺少美元外汇的国家稳定经济，有利于维护周边国家的社会稳定与和平发展的国际环境，共同阻止分裂、恐怖势力渗透和美国扩张势力范围。

广大发展中国家应积极推进南南货币合作和区域货币合作，通过双边货币互换建立不依赖美元的国际贸易结算体系，双方中央银行依据可调整固定汇率互换足够数量的货币，以确保双方在不采用美元计价和结算的情况下，双方的国际贸易和对外投资活动也能正常进行。这样能防止汇率自由浮动引发的外汇投机和汇率操纵，减少双方为赚取和持有美元付出的代价和风险，防止双方贸易投资活动遭受美元汇率大起大落的干扰，避免美元危机深化造成国际贸易萎缩和本国财产损失。中国已经同俄罗斯、阿根廷等国签订了货币互换协议，实践证明这一做法产生了积极的效果。广大发展中国家还应将双边货币互换发展为多边货币合作，形成多国参与的不依赖美元的国际贸易结算体系，为多国协商建立新型过渡性国际储备货币打下基础。同一地区的多个国家开展区域性货币合作，共同出资建立区域性货币基金和区域性银行机构，也有利于促进本地区的经济发展和金融稳定。广大发展中国家开展双边、多边和区域性货币合作，能够防止国际金融资本操纵美元汇率制造金融危机，导致发展中国家的实体经济和国际贸易陷入困境，限制美国利用美元霸权无偿占有别国的财富和资源，巩固、扩大美国在全球的经济、政治和军事霸权。

参考文献

[1] 何秉孟：《新自由主义评析》，社会科学文献出版社 2004 年版。

[2]［美］史蒂文·希亚特：《帝国金钱游戏》，王少国译，当代中国出版社 2007 年版。

[3] 程恩富：《金融风暴启示录》，中国法制出版社 2009 年版。

[4]［美］约翰·玻金斯：《一个经济杀手的自白》，杨文策译，广东经济出版社 2007 年版。

[5]［德］汉斯·马丁：《全球化陷阱》，张世鹏译，中央编译出版社 1998 年版。

（原载《马克思主义研究》2011 年第 4 期）

俄罗斯的全面私有化之痛

俄罗斯的经济改革之所以引起全世界的注意，尤其是引起正在建设中国特色社会主义的我国人民的关注，是因为俄罗斯的改革是把社会主义制度改造成为资本主义制度的巨大试验场。这场改革，在一定意义上指示着社会主义应该向何处去，考验着马克思主义灵还是不灵：如果俄罗斯经过资本主义化改革，政局稳定，经济繁荣，人民生活迅速提高，国力增强，国际地位大大上升，那么证明当前资本主义比社会主义更有优越性；如果经过这场改革，政局动荡，经济滑坡，人民生活严重恶化，国力衰弱，国际地位大大下降，那么证明资本主义道路并不像某些人描述的那样是"人类文明的正道"或者具有"普世价值"，我们就不必盲从。

俄罗斯经济改革迄今已有 20 年左右的历程，现在已经有可能根据改革的结果做一些评价。

俄罗斯的改革涉及政治、经济、文化、社会各个方面，我们仅就经济改革作点分析。俄罗斯的经济改革包括三方面内容。第一，基本制度的转换，即把社会主义制度改造成为资本主义制度，在经济上实行私有化；第二，运行机制的转轨，即由计划经济体制过渡到市场经济体制；第三，经济政策的调整，例如为了稳定宏观经济，调整财政金融政策等。我们在此着重分析一下俄罗斯的私有化。这是因为，在中国改革过程中一直有人主张私有化，于今仍屡见报刊。那么，私有化会导致什么样的后果呢？俄罗斯的改革已经回答了这个问题。

在俄罗斯的经济改革中，私有化居于核心地位。实现资本主义化，必须为资产阶级的政治统治奠定经济基础，这就要把公有制改造成为私有制。

要不要搞私有化，在俄罗斯显然是有争议的。这种争议，有的是属于意识形态性质的。一批过去曾声称忠于马克思主义、拥护社会主义的学者，在政局急剧变化的情况下，摇身变为反马克思主义、反社会主义的急先锋。他们攻击社会主义公有制造成了人与生产资料的异化，认为只有私有化才能使人与生产资料直接结合起来，才能消除异化；宣传人的本性是自私的，私有制才符合人的本性，说私有化是人性的复归；如此等等。这些为资本主义辩护的观点，如果用马克思主义的历史唯物主义来分析，其错误是十分明显的。异化，即人的产品反过来统治人这样一种社会关系，是私有制的产物。公有制的出现才是从根本上铲除了异化的土壤。至于说到人性，马克思指出："人的本质不是单个人所固有的抽象物，在其现实性上，它是一切社会关系的总和。"因此，不存在抽象的、永恒不变的人性，不同社会、不同阶级有不同的人性。自私，作为一种观念形态，是在私有制基础上产生出来的剥削阶级的思想，而不是人的一般的本性。那些熟读马克思主义著作的人，起劲地贩卖一些早被马克思主义批判过的带有常识性的错误观点，是"屁股指挥脑袋"，立场变了，一切理论观点也就跟着变化。

有的是属于实践性质的。例如，有人断言：私有化，把财产分散给个人所有，就可以调动积极性，从而为经济的快速发展、经济效益的迅速提高创造了条件；私有化，把公有财产卖掉，可以增加财政收入，弥补预算赤字；私有化，人人都拥有财产，这就实现了社会公平；如此等等。一时间，描绘私有化以后经济繁荣、社会公平的美好前景的文章，充斥俄罗斯的报章杂志。仿佛一切罪恶都来自公有制，实行私有化就百病消除、尽善尽美了。对这一类观点，最好的办法是让实践来检验。

1991 年 12 月 19 日，叶利钦发布总统令，批准《1992 年国有及市有企业私有化纲要基本原则》，决定从 1992 年 1 月 2 日起，实行大规模的私有化运动。俄罗斯的私有化，分为"小私有化"和"大私有化"两类。小私有化是指小型企业通过出售、租赁等方式实现的私有化；大私有化是指大中型企业通过先改造成为股份公司，然后再出售股份公司的股票方式实现的私有化。为了加速私有化，俄罗斯从 1992 年 10 月 1 日起，向每个公民无偿发放一张面值 1 万卢布的私有化证券，用以购买私有化企业的股票，这叫"无偿私有化"。其余的股票，要用个人的资金购买，这叫"有偿私有化"。小私有化到 1993 年年底基本完成，大私有化则由于受到资金短缺、资本市场不发达等因素的制约而困难得多。总起来看，俄罗斯私有化，到 1998 年大约实现了 70%。经过多年改革，社会主义经济制度已经基本上改造成为资本主义经济制度了。

为了衡量私有化的结果，俄罗斯杜马专门成立了"私有化结果分析委员会"，对私有化结果进行评估。据 1998 年 10 月 15 日俄《论坛报》报道，记者采访该委员会的委员弗·利西奇金，他的结论十分悲观，认为私有化"存在着掠夺俄罗斯、把我国人民变成国际金融寡头的奴隶这种犯罪事实"。私有化"破坏了国家统一的国民经济体系"，当权者"将大批财富据为己有，使经济陷入严重的危机"。这一反映了俄罗斯现实情况的结论，给了那些喋喋不休鼓吹私有化的人当头一棒。

具体来说，第一，私有化没有出现经济快速发展、效益迅速提高的景象，相反导致经济急剧衰落、陷入严重危机的境地。

美国记者莫蒂默·朱克曼访问莫斯科后撰文指出"20 世纪 90 年代俄罗斯的生产衰落比大萧条时期的美国更严重，实际人均收入下降 80%，国内生产总值下降 55% 以上。俄罗斯政府的年收入低于美国财政部一周的收入"。由于过去几年基建投资下降 90%，"俄罗斯的工业已大大衰落。石油产量下降 50%，基础设施——电力、核电厂、铁路和下水道系统——已解体"。

私有化破坏了整个国民经济。利西奇金说："私有化使得我们丧失了一系列部门。航空制造业已变成许多私营的工厂和小企业，生产能力只有过去的 12%—15%。从前每年制造 400 架各种类型的飞机，而现在不超过20 架，而且国内基本上没有购买者。许多飞机制造厂落入外国人的手中。燃料动力综合体一些部门的生产也大幅度下降。煤炭工业在苟延残喘，采煤量下降。冶金和机械制造业这一支柱产业也陷入了瘫痪境地。例如，近5 年钢铁和轧材的产量下降 60%，钢管产量下降近 90%。外资收购了一些具有重要战略意义的有色和稀有金属企业。在原先的一些大型机床制造企业所在地，像莫斯科奥尔忠尼启则机床制造厂、莫斯科磨床厂等地，今天已成了喧闹的交易市场。由于私有化，俄罗斯自己的商船队几乎已不复存在。……这种例子举不胜举。"

第二，私有化没有增加国家财政收入，相反，导致大量国有资产的流失。

鼓吹私有化的人曾经大肆宣传，实行私有化国家可以得到上万亿的收入，足以弥补财政赤字，有助于控制通货膨胀。事实上，私有化给预算带来的收入少得可怜。据联邦国库管理总局的资料，1992—1996 年，联邦私有化上缴预算的收入 5 年合计 8480 亿卢布，仅占预算收入总额的 0.15%。

私有化过程中，国有资产被半卖半送、明卖实送地给了有权有势的人。12.5 万家企业平均以每家 1300 美元的价格被"私有化"了。不少拥有上万工人的大型机械厂只卖了个面包厂的价钱。据最保守的估计，所出售企业的实际价值超过 1 万亿美元，而实际只卖得了 72 亿美元。"在私有化过程中，企业是通过有政治关系的银行拍卖给媒体、银行和工业界巨头了。这是巧取豪夺，是历史上最大规模的无偿转让财富。"朱克曼的这段话概括了私有化的实质。

私有化非但没有增加国家收入，反而为资本外流敞开了大门。那些在私有化过程中购买企业的人无意生产，只想利用国家资本和公司信贷为自己捞取好处。他们利用政治关系不断弄到补贴和免税权，然后"以惊人的泰然自若态度把公司的现金同他们自己的现金混在一起存入瑞士银行"。有 3000 多亿美元就这样进入西方银行，再通过世界银行和国际货币基金组织借贷给俄罗斯，以支持进行改革的政府。从俄罗斯人民手中偷走巨额资金，再把它借给俄罗斯，还要付利息，这是多么惬意的买卖！无怪乎西方要全力支持俄罗斯的私有化并为之出谋划策了。利西奇金断定："俄罗斯整个私有化进程不仅是按照外国特工机构的授意，而且是在它们的领导和积极参与下进行的。例如，国有资产管理委员会和欧洲开发银行共同领导了 1993 年的私有化。仅在 1992 年一年，应丘拜斯的邀请，就有 200 多名外国顾问来到俄罗斯，其中就有中央情报局的人员。"这的确是"最卑鄙无耻的勾当！"

第三，私有化没有出现人人拥有生产资料的社会公平现象，反而导致社会两极分化，引起了强烈的社会反响。

为了说明私有化的社会意义，许多学者都强调私有化可以实现社会公平，保证社会稳定。从理论上讲，这一论点十分荒谬。在私有制条件下，个人的物质利益的大小同其占有的生产资料的多少成正比。因此，人们普遍具有不断扩大所占有的生产资料规模、聚敛更多财富的内在欲望。自由商品经济又使得这种欲望表现为市场上的激烈竞争。私有制基础上的市场竞争必然是大鱼吃小鱼，出现两极分化，并不可能实现人人平等的社会公正。而两极分化的社会必然导致激烈的阶级斗争，也无法实现社会稳定。

俄罗斯实行私有化以后的现实也揭穿了私有化推行者的谎言。作为私有化的结果，俄罗斯产生了严重的社会两极分化。据利西奇金估计，在改革中，"所有'民主派'人士——70万至90万人——都得到了好处。这是总数。得到最大甜头的人不超过一两千人"。这些靠改革发财的"新俄罗斯人"过着奢侈糜烂的生活，他们是资本主义化改革的支持者、推行者。与此相对照，在私有化过程中，90%以上的居民都受到损失，他们的生活每况愈下。至少70%的俄罗斯人仅能糊口，领养老金的老人时有饿死。成年人的预期寿命已从1990年的64岁降低到1997年的59岁。私有化使俄罗斯公民的宪法权利遭到严重破坏，导致贫穷和死亡，致使国内犯罪猖獗，出现了2000多个有组织的大型犯罪团伙，黑手党的活动大大超过意大利。俄罗斯的现实使得那些所谓私有化可以保证社会公平和稳定的美丽神话，像肥皂泡一样很快破灭了。

第四，私有化没有导致民主和自由，相反造成了金融工业集团的寡头统治。

金融工业集团是俄罗斯大规模私有化过程中形成的一种金融资本与工业资本相互渗透、相互融合的经济组织形式，是私有化的产物。私有化过程中，一些富有的企业领导人迅速变成了工业寡头。经济的不断恶化与资本市场的混乱为工业企业与金融企业的接近和融合提供了现实的经济基础。他们出于利益上的相互需要，彼此联合，金融工业集团逐步形成并壮大。

俄罗斯的金融工业集团并不是完全自发地产生的，是由政府通过颁布法律、命令等手段自上而下地推动和组织起来的，因而具有官僚资本的性质。

金融工业集团建立以来，在俄罗斯经济生活中的作用不断提高，迄今已掌握国民经济的命脉，垄断了金融部门以及诸如石油、天然气等许多重要产品的生产。它在国民生产总值中的比重达到10%，但对整个经济的控制和干预能力都远远不止如此，包括"七巨头"在内的金融工业集团控制了俄罗斯经济的近50%。

金融工业集团对社会经济生活的消极影响不可低估。首先，由于资本迅速向少数人手中积聚，造成社会严重的两极分化，成为引起社会冲突的重要根源，威胁着国家经济、社会的安全。其次，由于金融工业集团是官商勾结的产物，因而在其形成和发展过程中，产生了严重的腐败现象。腐败的蔓延成为投资和经济发展的重要障碍。再次，金融工业集团的扩张主要集中于银行、石油和与出口有关的、当前有利可图的行业，人为地造成了经济比例的失调，使得原先已经不合理的经济结构更加畸形。最后，从追逐最大利润出发，处于垄断地位的金融工业集团热衷投机，造成俄罗斯泡沫经济空前繁荣，资本流向极不合理，为金融危机埋下了祸根。所有这些都证明了列宁早就揭示的一个真理：垄断性的资本主义必然导致停滞和腐朽。在俄罗斯，处于垄断地位的金融工业集团的腐朽性尤为明显。

金融工业集团不仅控制了整个国民经济，而且左右着俄罗斯的政局。俄罗斯金融工业集团的代表人物之一，"尤科斯"石油公司总裁谢尔盖·穆拉夫连科，在 1996 年 6 月 4 日的《独立报》上公开表示："在现在的俄罗斯，企业家应该成为有政治影响的人物。除了企业家外，谁都不可能准确地预测采取的政治决策会给经济带来什么样的后果。现在生活逼迫我参与政治。国家的未来取决于这一点。所以，在俄罗斯，大企业家必须是大政治家。"他们有的直接公开出面参加政府，更多的是在幕后操纵政府的人事安排和重大决策，使政府按照他们的利益办事。1996 年在总统选举中，金融工业集团耗资 5 亿美元，组织大规模舆论宣传，阻止俄共久加诺夫当选，保证叶利钦上台执政。1998 年 5 月底，当基里延科政府追缴税款的决策侵犯了他们利益时，别列佐夫斯基召集金融贵族秘密开会，决定说服叶利钦总统，解散基里延科政府。类似的材料不胜枚举。

俄罗斯实行私有化的后果是可怕又可悲的，而且影响极为深远。

必须指出的是，造成这样严重的后果，从整体上讲并不是具体措施不当所致，而是私有化本身必然带来的。在当今条件下，实行私有化必然是恢复资产阶级私有制，而且必然出现垄断资产阶级的统治。日益尖锐的资本主义基本矛盾不可避免地阻碍生产力的发展，导致激烈的阶级冲突。这是不以人们意志为转移的客观规律，是任何辩护词改变不了，也无法掩盖的必然性。私有化绝对没有好下场，这是已为俄罗斯的现实所证明了的真理。

在俄罗斯改革初期，人们由于受西方和国内"民主派"宣传的影响，也由于对苏联后期戈尔巴乔夫改革的失望，曾对俄罗斯激进的资本主义化改革抱有幻想，尽管当时生活艰难，但对未来充满憧憬。然而这种愿望彻底落空了。他们不再相信任何人的诺言，乐观的估计已为悲观的预测所替代。

如果说，改革初期俄罗斯出现的情景，某些俄罗斯学者（甚至我国某些主张私有化的学者）可以用"转型的阵痛"、"改革的必要成本"等来搪塞的话，那么时至今日，情况又如何呢？西班牙《起义报》2010 年 7月 3 日刊登了题为《资本主义制度给俄罗斯带来了灾难》的文章。文章认为，从社会主义模式向资本主义模式的转变，给俄罗斯的经济、政治和社会等各个方面带来了严重后果，俄罗斯的人均收入、生活水平、社会保障等方面都大不如苏联时期。俄罗斯的"私有化过程是对国家财产前所未有、厚颜无耻的大抢劫，黑帮犯罪分子以极低的成本对各个产业、对全球最赢利的石油、天然气和钢铁企业实现了经济控制。经过一番私人抢劫，俄罗斯国家仅拥有不到 10% 的资产……俄罗斯是世界上富翁人数最多的国家之一，1991 年俄罗斯 10% 的最富有者与 10% 最贫穷者之间的收入对比是 4:1，而到了 2010 年这一对比差距扩大为 41:1"。俄罗斯"年均国内生产总值不足 1 万亿欧元，排在西班牙之后"，"在食品供给上丧失了独立性，50% 的食品依靠进口，很多耕地已经不再种植庄稼。相比 1991 年，2009 年俄罗斯人消费的热量少了三分之一，消费的牛奶减半"。"2006 年的实际平均工资、人均收入、养老金、学生奖学金等都比 1991 年下降不少。""因为对公共卫生的投资缺乏，1991 年以来，俄罗斯面对严重的人口危机。""有 1250 万俄罗斯人没有劳动能力，约 500 万人吸毒，流浪儿童的数目超过 400 万，儿童入学率只有 25%。""2009 年俄罗斯的人均寿命为 61.4 岁，而 1991 年的人均寿命为 64 岁，妇女 73 岁。""俄罗斯社会保障系统遭到严重破坏。2009 年俄罗斯用于社保建设方面的资金占国内生产总值的 4.25%，而西方国家在这方面的投入为国内生产总值的 8% 至10%。""俄罗斯人的身高也缩减了 1.5 厘米，参军的青年中 15% 营养不良。""社会真实失业率约 25%。"这篇文章指出："这些数据无不显示出俄罗斯社会生活水平的下降。"这就是走资本主义道路的后果。只要站在普通老百姓的立场上，都会反对走这条道路的。

俄罗斯的以私有化为核心的资本主义改革会落到这样的下场，原因有二。一是国际环境。西方国家不允许俄罗斯强大起来，他们希望俄罗斯变成原料产地和成品销售市场，希望俄罗斯"弱而不乱"。西方国家仍把它当作"潜在的敌人"来对待。原来说得天花乱坠的"援助"落空了，即使少得可怜的"援助"也附加了不少苛刻的政治经济条件。而北约东扩更是给俄罗斯当头一棒。事实正如邓小平同志所指出的，社会主义国家如果"不坚持社会主义，最终发展起来也不过成为一个附庸国，而且就连想要发展起来也不容易。现在国际市场已经被占得满满的，打进去都很不容易"。二是国内因素。在当前的历史条件下，资本主义生产关系已是生产力发展的桎梏。一搞资本主义，经济就可以"腾飞"的想法脱离现实。资本主义基本矛盾——生产社会性与私人资本主义占有之间的矛盾，必然导致无产阶级和资产阶级的对立，导致整个社会中的生产无政府状态，导致周期地爆发的经济危机。资本主义经济的发展史证明马克思和恩格斯对资本主义生产关系的分析是完全正确的。2008 年世界金融危机和经济危机，再一次证明了这一点。在世界范围内资本主义已进入停滞、腐朽的垄断阶段的今天，资本主义的复辟只能是束缚生产力的发展，而不可能像刚刚取代封建社会的资本主义上升阶段那样生机勃勃，带来繁荣和兴旺。

俄罗斯私有化的改革实践清楚地表明，以私有化为核心的资本主义化改革必然导致严重后果，不会有好下场的。俄罗斯改革是一面镜子，它从反面证明了我国改革的方向和方法的正确性。总结俄罗斯改革的教训，我们应该更加坚定信心，坚定不移地沿着建设有中国特色社会主义道路前进。

（原载《国企》2011 年第 6 期）

资本主义劳动过程研究：从缺失到复兴

谢富胜　宋宪萍

正如芬伯格指出的，马克思成熟著作中包含着两种对资本主义的相关批判，分别为所有制理论和劳动过程理论，前者建立在资本主义经济分析的基础上，后者建立在资本主义组织形式的社会学基础上。①

马克思之后，几代正统的马克思主义者都忽略了对资本主义劳动过程的批判研究，"对生产方式的批判让位于对作为一种分配方式的资本主义的批判"②。然而，"只把分配关系看作历史的东西而不把生产关系看作历史的东西的见解……建立在一种混同上面，这就是，把社会的生产过程，同反常的孤立的人在没有任何社会帮助的情况下也必须完成的简单劳动过程相混同"③。

我们在对政治经济学意义上的生产方式进行准确界定的基础上，将系统梳理资本主义劳动过程研究从缺失到复兴的历史演进，阐述国内外资本主义劳动过程的最新研究动态。

一　政治经济学意义上的生产方式：占主导
地位的资本主义劳动过程

在马克思的著作文本中，生产方式是个多义词，围绕着"生产方式"一词的确切含义，我国的马克思主义经济学界曾长期展开论战。迄今为止，对于资本主义生产方式，国内学术界并没有统一的看法，即使为大部

---

① 安德鲁·芬伯格：《技术批判理论》，韩连庆、曹观法译，北京大学出版社 2005 年版，第48 页。

② 哈里·布雷弗曼：《劳动与垄断资本》，方生等译，商务印书馆 1979 年版，第 13 页。

③ 《马克思恩格斯文集》（第 7 卷），人民出版社 2009 年版，第 1000 页。

分学者所接受的——资本主义生产方式是生产力和生产关系的辩证统一——的观点也过于抽象，很难把它与运用于其中的资本主义社会的具体历史区别开来。

美国马克思主义经济学者哈维对资本主义生产方式概念的分析，对我们有很大的启发。① 按照他的看法，马克思在三个十分不同的意义上使用了"生产方式"这个术语。第一种是指生产特定使用价值的过程中采用的现实方法和技艺，例如当马克思谈到"棉纺织业的生产方式"时，就是如此。第二种是在资本主义生产方式的意义上，他通常是说资本主义生产关系下劳动过程的特有形式（当然包括剩余价值生产过程），这种劳动过程在资本主义阶级关系下服从于商品的生产，这是马克思在《资本论》中使用这个概念的主要含义。第三种是从总体上或为比较的目的使用的，特别是在马克思的《1857—1858 年经济学手稿》等著作中，这一概念用于指代以下事物的全部，包括生产、交换、分配和消费关系，以及制度、司法和行政上的安排，政治组织和国家机构、意识形态和社会（阶级）再生产的特有方式。哈维指出，"生产方式"的第三种含义只能作为一个初步的概念，理解其内涵必须通过进一步的历史的、理论的和比较性的研究，他基本上倾向于第二种解释。从第二种解释出发，然后逐渐地建立对于资本主义生产方式整体的、综合的理解。

我们认为，哈维对于资本主义生产方式的分析是符合马克思的本意的。(1) 在任何社会形式的生产活动中，物质资料的生产是人类社会生存发展的基础，作为物质变换关系的物质生产力与作为其社会形式的生产关系总是发生矛盾运动，这种矛盾运动具体体现在作为二者结合的中介——劳动过程之中。(2) 在资本主义社会中，资本获得价值增值能力始终依赖于对生产中活劳动的创造物与雇佣工人所得之间的差距的不确定性，实现这种不确定性的差距受到雇佣工人的主观情况、劳动的特殊条件等多方面限制，突破这些限制要求在资本主义生产过程中对劳动进行控制，需要压迫、适应、同化与合作的某种混合，即资本主义劳动过程最基本的关系是劳资关系。(3) 竞争导致工资、价格和利润在社会中的运动所产生的外在压力，激励特定的资本主义生产当事人进行创新，这些创新和压力结合着生产本身的组织和技术安排又产生出整个经济和社会的结构。在这种动态

① Harvey, David, *The Limits to Capital*, Chicago: The University of Chicago Press, 1982, p. 25.

相互作用中，劳动过程内部分工和体现在劳动过程中的技术变化已成为资本主义生产当事人维持价值增值的重要手段，组织协调和技术创新能力的差异决定着特定的劳动过程价值增值的可能性。

正如格林所指出的，劳动过程是马克思主义经济学三大组成部分之一。马克思对于古典经济学最根本的批评，就是认为他们未能分析资本主义制度是如何作为特定历史过程导致特殊生产方式出现的。生产资料的所有制使得资本家可以控制生产过程本身，是资本家获得利润的基础。马克思细致入微地分析了机器的发展如何确确实实地从工人手中夺走了对工作进度的控制权，从而使这种控制有了质的变化。因此与其他学派相比，强调生产过程即劳动过程是马克思主义经济学区别于其他学派的最重要特征。①

我们需要特别注意的是，在任何既定的、实际的资本主义经济体系中，我们会很容易发现一些相互纠缠、混杂的劳动过程。以往劳动过程的剩余部分、未来劳动过程的萌芽和从某些国家现有劳动过程中引进的因素等都可以在一个特定的社会中被发现，不同的甚至相对立的劳动过程同时存在并发挥着各自的作用。资本主义经济中劳动过程的具体形式从来就不是纯粹的，因为非主导地位的劳动过程，作为创新的产物以及竞争和模仿的结果，从来不会被占主导地位的资本主义劳动过程完全排挤出去，任何经济体系中的劳动过程都能分成占主导地位的形式和其他形式与相异形式。因此，对于作为政治经济学意义上的生产方式——资本主义劳动过程的研究——我们应着眼于既定经济体系中，占主导地位的、支配最大量商品交换的资本主义劳动过程。

二　资本主义劳动过程研究的缺失

马克思指出，劳动力的消费是在流通领域以外进行的，要想知道资本是怎样进行生产的，必须跟随"货币占有者和劳动力占有者一道……进入门上挂着'非公莫入'牌子的隐蔽的生产场所"②。借助于劳动二重性这个

---

① 约翰·伊特韦尔等编：《新帕尔格雷夫经济学大辞典》（第3卷），陈岱孙主编译，经济科学出版社1996年版，第420页。

② 《马克思恩格斯文集》（第5卷），人民出版社2009年版，第204页。

工具，基于劳动和劳动力的区分，马克思揭露了资本主义生产过程是资本主义劳动过程和价值增值过程的统一。从深入阐释资本的本性以及资本积累的实质出发，马克思分析了资本主义劳动过程如何在资本的控制下，从手工工场内部的协作和分工转变为以机器大工业为基础的工厂内部的机器劳动分工。在此基础上，马克思阐明了资本主义社会组织劳动过程的特定方式，参与生产活动的人与人之间的关系如何在既定的社会生产力水平下产生，而劳动过程的发展又是如何在特定的资本主义生产关系下展开的。

然而，在《资本论》第 1 卷出版后的 100 多年里，劳动过程问题并没有受到马克思主义者的重视，没有再出现按照马克思所采用的方法来论述资本主义劳动过程的后续著作。例如，布雷弗曼指出，"无论是这整个资本主义和垄断资本主义的世纪中生产过程的变化，或是劳动人民的职业结构和工业结构的变化，……根本没有一本根据马克思主义的传统、按照马克思《资本论》第一卷中论述资本主义生产方式的方法来论述这个问题的后继著作"①。布若威强调，《资本论》第 1 卷出版后，马克思对劳动过程的分析，基本上既没有受到挑战，也没有得到发展。② 当代最著名的后马克思主义学者拉克劳、墨菲认为，对劳动过程的研究在马克思主义传统中长期被忽视了。③

为什么在马克思去世后，劳动过程问题没有受到马克思主义者的重视呢？

丹尼尔·贝尔认为，马克思早期对异化劳动的研究，指出了异化劳动的双重根源，"人失去了对劳动条件的控制，也失去了对劳动产品的控制。……异化的根源归根到底来自财产制度"④。马克思认为异化可以通过改变社会关系而得到克服，但是在缩小这个概念范围的过程中，"马克思冒了两次风险：其一是在财产私有制中寻找异化的根源；其二是通过如下观念引入了一种乌托邦主义的思想：一旦财产私有制被消灭，人将立即获得自由。而马克思的追随者们从这些结论中引申出了庸俗的含义"⑤。尽管

---

① 哈里·布雷弗曼：《劳动与垄断资本》，方生等译，商务印书馆 1979 年版，第 11—12 页。

② Burawoy, M., *The Politics of Production: Factory Regimes Under Capitalism and Socialism*, London: Verso, 1985, p. 21.

③ 拉克劳、墨菲：《领导权与社会主义的策略》，尹树广、鉴传今译，黑龙江人民出版社 2003 年版，第 87 页。

④ 丹尼尔·贝尔：《意识形态的终结》，张国清译，江苏人民出版社 2001 年版，第 413 页。

⑤ 同上书，第 414 页。

马克思在《资本论》等晚期著作中对劳动的非人性、碎片化作了很多创造性论述，但所有制问题却是其关注的重心，劳动过程理论迷失在所有制理论中。因此，劳动过程的研究尽管"可能导向关于工作和劳动的新人道主义观念的道路，却被搁置了下来，没有人去探索过那条道路"①。但是"异化也是劳动组织的一个结果，为了终结异化，一个人必须检验劳动过程本身"②。

布雷弗曼认为，首先，这可能与马克思对资本主义劳动过程非凡的透彻性和预见性分析有关。马克思的分析"对劳动过程每一个特殊问题看来都是适当的，而且对于全面的生产运动也是非常正确的。……工厂制度的发展看来在每一点上都证实了马克思的看法，并使任何想再作他已作完的事情的企图成为多余"③。其次，垄断、军国主义、帝国主义、民族主义、资本主义制度的"危机"和"崩溃"趋势、革命的战略和关于从资本主义过渡到社会主义的等重大问题支配着马克思主义者的分析工作，使得他们无暇顾及对资本主义劳动过程的研究。再次，资本主义科学技术和劳动生产率以及工人消费水平的提高，削弱了加入工会的工人阶级的革命动力，越来越把注意力转移到对劳动在产品应占的份额的讨价还价上，这种工人运动形成的环境使马克思主义者不得不集中于资本主义的危机和各种具体事态上，而忽视了对资本主义内在缺陷的批判。最后，苏联的工业化是模仿资本主义模式的，苏联采用的仅仅在有些细节方面不同于资本主义国家的劳动组织。"马克思以谨慎的保留态度论述的资本主义技术，和他以激烈的敌对态度论述的劳动组织和劳动管理，现在都成为相当可以接受的东西了。"④

恰恰如马克·布劳格所说，"也许有些人认为马克思对劳动过程分析只是马克思主义经济学中不重要的一部分，但有很多人阐明，在马克思的分析中被当作不重要的部分恰恰是马克思主义的核心"⑤。由于缺乏对这个马克思主义的核心——资本主义劳动过程从一个阶段到另一个阶段的批判

① 丹尼尔·贝尔：《意识形态的终结》，张国清译，江苏人民出版社 2001 年版，第 443 页。

② 同上书，第 443—444 页。

③ 哈里·布雷弗曼：《劳动与垄断资本》，方生等译，商务印书馆 1979 年版，第 12 页。

④ 同上书，第 15 页。

⑤ Blaug, Mark, "Misunderstanding Classical Economics: The Straffian Interpretation of the Surplus Approach", *History of Political Economy*, 1999, Vol. 31, No. 2, p. 222.

研究，马克思主义经济学者只能用抽象的一般规律描述特定的资本主义社会是怎样获得发展的，而不能将这些发展奠基于一般规律之上。马克思主义者认为现代工厂是劳动过程的一种不可避免的虽然是有待改善的组织形式。[①]"想用简单的形式抽象，直接从一般规律中得出不可否认的经验现象"[②]，马克思对李嘉图学派解体的分析值得马克思主义者的警惕。

三 资本主义劳动过程研究的回归与发展

1974 年，马格林发表了《老板们在做什么?》一文，以翔实的经济史资料证明，剥夺工人对产品和过程的控制权的两个决定性的步骤——精细劳动分工的发展和集中化了的组织发展，都不是主要因为技术上的优越性而发生的，这些组织创新的引入是为了确保资本家在生产过程中的核心角度，即源于资本主义生产关系的出现。[③] 同年斯通的文章对 19 世纪美国钢铁行业结构变迁的历史研究表明，通过引进节约劳动的技术，雇主们摧毁了技能工人掌控生产过程并使用雇主的资本进行生产的体系结构，获得生产过程的控制权，技能工人不得不转为机器操纵工。现有的劳动力市场制度是雇主们用来强化雇主对雇员控制的，并非不可避免的必然趋势，为了使雇主的权威永久化而设计的劳动过程的再分配体系的实质，是剥夺技能工人关于生产过程的知识并把知识转到管理方所有。[④] 法国的高兹在 1976 年主编的一本著作中指出，工作的分化和专业化、脑力和体力劳动的分离、精英对科学的垄断、巨型公司的出现和权力的集中化，并非来自提高生产效率的必要性，而是来自资本家为了增值自身而永久保持对工人统治地位的唯一目的。[⑤]

如果说马格林和斯通等激进经济学者的分析使得劳动过程作为一个研究领域得以正式确立的话，那么劳动过程研究是在 1974 年布雷弗曼出版

---

① 哈里·布雷弗曼：《劳动与垄断资本》，方生等译，商务印书馆 1979 年版，第 14 页。

② 《马克思恩格斯全集》第 26 卷（1），人民出版社 1972 年版，第 69 页。

③ Marglin, Stephen A. ," What Do Bosses Do? The Origins and Functions of Hierarchy in Capitalist Production", *Review of Radical Political Economics*, 1974, Vol. 6.

④ Stone, Katherine, "The Origins of Job Structures in the Steel Industry", *Review of Radical Political Economics*, 1974, Vol. 6.

⑤ Gorz, André, *The Division of Labour: the Labour Process and Class – Struggle in Modern Capitalism*, Hassocks: Harvester Press, 1976, p. 8.

了《垄断与垄断资本》一书以后才得以真正复兴的。布雷弗曼的著作着眼于资本主义社会劳动过程的转型以及 20 世纪美国劳工阶级结构的变化，从而为历史的和社会的研究开辟了一个新的方向。他的基本观点是，随着垄断资本主义劳动过程的发展，构想逐渐与执行分离，构想活动逐渐集中到少数管理人员手中，工人逐渐被去除技能而退化。布雷弗曼指出，资本家购买到劳动力以后所面临的最大挑战和问题是如何将工人的劳动能力转化为实际的劳动。这种转化会受到多种因素的影响，因而是很不确定的。为了减少这种不确定性，对资本家来说，将劳动过程的控制权从工人手里转移到自己手里是非常必要的。实现这种控制是通过泰勒制或科学管理方法的应用，以及通过对熟练工人的管理达到对劳动概念的占有来实现的。这一过程引起了劳动分工的进一步发展，雇佣工人的劳动被分解为一般的、不断重复的各种标准化动作。流水线生产的出现使手脑的分离、概念和执行的分离达到了极为严格的程度，管理部门取得了对装配速度的绝对控制，工人的劳动强度达到了非常高的程度，劳动“成为管理部门所指挥的生产过程的一种客观要素”[1]。生产活动通过科学管理和机器的发展进行充分改组以后，职能部门也必须重新进行划分，垄断企业组织的巨大规模使其内部的计划实际上成了必要的社会协作计划的粗糙代替品。管理职能的扩大、销售机构的发展使越来越多的劳动者成为办公室工作人员和销售机构的雇佣人员。与此同时随着资本主义生产方式扩展而创立的新工业、新服务业也吸收了大量劳动者，从整体上看，工人阶级的职业结构发生了巨大的变化。

布雷弗曼的著作在国际学术界引起了极大的反响，它被学术界誉为里程碑式的贡献，并引起了广泛的争论。1976 年以后，研究资本主义劳动过程理论的文献飙升，以英语文献为例，《每月评论》、《政治与社会》、《资本与阶级》、《剑桥经济学报》、《经济和工业民主》、《激进政治经济学评论》、《批判社会学》、《工作、就业和社会》以及许多产业关系、组织理论、批判管理学等领域的学术期刊都开设了专栏进行讨论。从我们目前掌握的劳动过程研究文献来看，大概可以区分为以下几个阶段。

第一阶段，从 1974 年开始到 20 世纪 80 年代初，围绕着布雷弗曼为技能所下的定义、“去技能化”趋势、工人的客体或主体地位、劳动过程与

---

[1] 哈里·布雷弗曼：《劳动与垄断资本》，方生等译，商务印书馆 1979 年版，第 152 页。

广泛的社会经济背景的联系、劳动过程中的性别差异问题等诸多方面。一些人试图在马克思和布雷弗曼的大框架里进行历史和案例研究，进一步对马克思和布雷弗曼的观点进行严格而精确证明，出版了很多资本主义劳动过程理论和历史、案例研究的专著。另一些人则强烈批判布雷弗曼和马克思，从而在西方学术界引起了一场布雷弗曼争论。

第二阶段，从20世纪80年代初到20世纪90年代，为了完善或修正布雷弗曼的研究，这一阶段的劳动过程研究重点是研究管理部门如何适应工人抗争的，关注的焦点是管理控制和技术形成的策略。20世纪80年代末以来，劳动过程的研究呈现出多元化的趋势。这一方面促使劳动过程理论渗透到了诸多社会科学领域——劳工史、劳动经济学、经济史、劳动关系学、商学、管理学、人力资源管理、工业社会学、工业地理学、组织理论等。一些学者坚持马克思和布雷弗曼的理论传统，试图理解资本与劳动之间的内在矛盾关系以及它对生产组织的影响，将资本主义劳动过程的动态变迁与政治经济学整体理论紧密联系起来，形成了法国调节学派和美国的社会积累结构学派，提出了福特主义积累体系等概念。

第三阶段，从20世纪90年代末以来，福特主义危机促使西方学者探讨福特主义劳动过程的内在缺陷和福特主义积累体系的内在矛盾。福特主义劳动过程面临着向新的模式的转变，在此过程中，一些学者相继提出后福特主义、精益生产方式、弹性专业化等新的分析范式，其中每一个理论都强调了福特主义劳动过程向其他模式劳动过程转变中的不同方面。另一些学者从劳动过程中的工人是有主观追求的活的个体出发，将研究的焦点转向了工人的"主体性"，将认同、性别、年龄、种族、公民权、国籍等问题引入资本主义劳动过程理论。尽管这些学者承认阶级和阶级矛盾在资本主义劳动过程中的重要性，但却认为阶级附属于或导源于主体性。

进入21世纪以来，对"主体性"的建构和解构逐渐成为了劳动过程理论的主流研究动向。这一方面是由于越来越深刻地受到了后结构主义思潮（尤其是福柯）的影响，另一方面是由于后福特主义时代社会需求的多样化和工人地位的提升，要求社会科学对人的消费和生产行为给予适当的解释。但是，"主体性"理论本身却逐渐成为了对个别工人的社会意识的一般性研究，这就使得资本主义劳动过程理论日渐偏离了马克思的分析思路和原初的发展方向。然而，问题仍然存在：在资本主义劳动过程中阶级处于哪里？还有空间研究资本主义生产关系吗？如果研究资本主义，那么应该怎么研究它呢？劳动过程理论怎样才能重获生机？在 2007 年欧洲管理学会组织的一次以劳动过程和批判管理学的论坛上，美国的阿德勒对劳动过程研究的后结构主义趋势感到悲哀，他呼吁回归马克思主义。[①] 在最新的一篇文章中，英国的汤普逊则呼吁在劳动价值论和资本循环理论的基础上重建资本主义劳动过程理论。[②]

有趣的是，尽管美国是资本主义劳动过程研究复兴的起源地，但是自从 20 世纪 80 年代以后，劳动过程研究逐渐变成一个以英国学者为核心的欧洲学术研究的热点，其突出表现就是国际劳动过程大会（the International-al Labour Process Conference）的建立和发展。

国际劳动过程大会在 1983 年于英国曼彻斯特理工学院（UMIST，现在是曼彻斯特大学的一部分）商学院创办。129 名专家学者参加了第一届大会并对英国学者提交的 16 篇论文进行了讨论。而 1989 年在曼彻斯特召开的第 7 届大会上，近 50% 的论文来自非英国学者。从整体上看，迄今为止 28 届大会中 30%—40% 的论文来自美国、荷兰、澳大利亚、瑞典、加拿大、法国、意大利、日本、巴西、印度、中国香港和其他国家与地区。参会论文数量从 1983 年的 16 篇逐渐增加到 1988 年的 52 篇，20 世纪 90 年代后逐渐增加到 80 篇左右，进入 21 世纪基本稳定在 100 篇左右，2008 年都柏林国际劳动过程大会达到了 160 篇，内容涉及工业社会学、就业、商业和管理学、人力资源管理、产业关系和组织分析等诸多学科。第一个 10 年中，大会主要是在英国伯明翰的阿斯顿大学和曼彻斯特理工学院轮流举办，会议名称开始称为"组织和控制劳动过程年会（UMIST/ASTON）"。从 1992 年开始更名为"劳动过程大会"，1993 年正式更名为"国际劳动过程大会"并开始在英国布莱克普、爱丁堡、布里斯托尔、伦敦和格拉斯哥等城市举办。2004 年开始在英国以外的阿姆斯特丹举办，这标志着国际劳动过程大会建立了牢固的国际基础。

与美国劳动过程研究最初集中在经济学界不同的是，英国劳动过程研究主要由商学院的学者从社会学和产业关系的视角进行分析。一方面反映了英国社会学研究中学术市场的独特性。英国的社会学必须解决英国的生

---

① Adler, P. S., "The Future of Critical Management Studies: A Paleo - Marxist Critique of Labour Process Theory", *Organization Studies*, 2007, Vol. 28. No. 9.

② Thompson, Paul, "The Capitalist Labour Process: Concepts and Connections", *Capital & Class* 2010, Vol. 2.

产率和经济绩效问题，布雷弗曼的著作为工作的历史和经验研究开辟了新的方向，他不仅提供了一个逻辑一致的理论框架，而且将研究焦点定位于在工作场所内外的一系列问题上。他将劳动分工、技术和管理方法与职业结构、阶级结构和资本主义发展的阶段性联系起来的分析对于英国社会学研究者具有很大的吸引力。① 另一方面也反映了英国撒切尔夫人上台后，左翼社会学研究的工作机会和研究经费逐渐减少枯竭时，工业或组织社会学家不得不流向商学院和管理学院的现象，也反映出英国这一时期商学院的发展被给予更大的多样化发展空间的事实。

国际劳动过程大会一直着眼于劳动过程和工作组织的经验研究和最前沿的理论争论。在迄今为止的 28 届年会中，主办者按照研究主题编辑出版了 21 本论文集，内容涉及劳动过程理论和劳动过程经验研究，涵盖了技术、性别、中间管理阶层、技能和劳动过程转变中涉及的种种问题如品质圈、质量管理、日本化、知识经济和弹性就业等许多方面，很难想象当代组织和管理的激进研究不受到劳动过程研究视角的影响。②

四 中国学者对劳动过程的研究

早在 1979 年，商务印书馆就出版了布雷弗曼《劳动与垄断资本》的中译本，但并没有激起中国学者对劳动过程研究的兴趣。对于国内马克思主义经济学界来说，忽视资本主义劳动过程研究可能是受《资本论》第 1 卷中将劳动过程视为一般性范畴的影响，或者是认为马克思对机器大工业的分析极其深刻而适用于现时代则没有研究的必要。③ 改革开放以来，中国社会的经济结构发生了深刻的变化，非公有制经济获得巨大发展，个体户、私营企业主、雇工等新的社会群体开始出现。20 世纪 80 年代刚刚恢复的中国社会学界借鉴了国际学术界正在兴起的社会分层的理论和研究方

---

① Little, Craig R., The Labour Process Debate: A Theoretical Review 1974 – 1988, in David Knights & Hugh Willmott ed., *Labour Process Theory*, Hampshire: Macmillan, 1990, p. 47.

② 关于这些出版物的介绍，请参见 http://www.ilpc.org.uk/BookSeries.aspx。

③ 马克思一段话对于今天我们为什么要研究劳动过程是很有启发的。"就劳动过程只是人和自然之间的单纯过程来说，劳动过程的简单要素是这个过程的一切社会发展形式所共有的。但劳动过程的每个一定的历史形式，都会进一步发展这个过程的物质基础和社会形式。这个一定的历史形式达到一定的成熟阶段就会被抛弃，并让位给较高级的形式。"（《马克思恩格斯文集》（第 7 卷），人民出版社 2009 年版，第 1000 页。）

法，对中国新出现的社会分化现象进行了解释。随着中国市场化进程中社会冲突特别是劳资冲突、官民冲突等群体性事件逐渐增多，20 世纪末，一些留学海外的中国学者开始利用劳动过程理论分析中国市场转型期工人的主体性是如何建构的问题，其中农民工的身份认同、阶层意识和非公有制经济中的管理控制策略成为研究的热点。21 世纪以来，中国学术界发现仅仅用阶层分析的视角不足以透视和理解中国的社会不平等现象，"必须回到马克思的立场上，把阶级分析带回来"①。中国社会学界开始了介绍、借鉴和应用国外社会学界劳动过程理论和研究方法的进程。但是与劳动过程研究相关的其他学科如人力资源管理、商业和管理等学科，则可能由于主流意识的殖民而没有觉察到劳动过程研究的存在。

1. 海外中国学者对劳动过程的研究

在《制造同意》一书中，布若威认为"工人们带到车间的性格与意识的差异只是略微解释了车间行为的差异性。人们在工作组织中的位置则对这些行为作了最充分的解释"②。他的深受女权主义影响的学生李静君则对这种看法提出了质疑。她认为，阶级和性别之间的关系是复杂的，都是在生产中而不是在生产之外被生产和再生产出来的，二者共同构成了权力的基础。通过对香港和深圳属于同一家企业、同是使用女工和同样的技术、生产同样款式的音响设备甚至高层管理都是同一批人员的两家工厂的比较研究，她对布若威的生产政治理论进行了批判和发展。③ 这两个地方的女工都不能依靠国家或企业进行劳动力的再生产，而只能依靠地方网络或者亲朋关系，而这些网络又是通过性别加以组织并嵌入当地的劳动市场：在香港工厂中"主妇工人"（Matron Worker）将家庭的责任放在优先地位，她们关注工作的道德含义。因此香港工厂是一种"家庭霸权主义"的工厂政体：工厂实行周五工作制，允许在紧急情况下外出，迟到也不扣工资。管理者的理解和宽容使得工人产生了自我管理和自我约束的机制。而在深圳工厂中却是一种"地方专制主义"的工厂政体：工厂认为"打工妹"

---

① 冯仕政：《重返阶级分析？——论中国社会不平等研究的范式转换》，《社会学研究》2008年第 5 期。

② 迈克尔·布若威：《制造同意——垄断资本主义劳动过程的变迁》，李荣荣译，商务印书馆 2008 年版，第 182 页。

③ Ching Kwan Lee, *Gender and the South China Miracle: Two Worlds of Factory Women*, Berkeley: University of California Press, 1998.

(Maiden Worker) 相比于在厂里的男性工人，流动性比较大，因此工厂安排女工只从事一些服务性的低技术工作，而且在工作中严格贯彻纪律。所以她指出，"性别作为一种权力过程……性别不但引致不同的经济收入，也产生了不同的劳动关系经验，所以马克思传统里的生产政治理论，必须将性别加进对劳工、劳动的分析"。① 工厂政体应当被看做是性别化的秩序，工作现场是性别建构、生产与再生产的场所，管理者和工人都求助于性别来施加控制或施行反抗，并将之合法化。

香港理工大学的潘毅采取了马克思主义、后结构主义、女性主义、文化研究、话语分析等多种理论视角，在 1995—1996 年通过对深圳一家电子工厂内的女工进行了半年的人类学研究，深入分析了中国市场化改革和全球化的过程中，"打工妹"作为一种特殊的社会身份在阶级、性别、城乡二元结构上的多维互动建构过程。指出了三种可能影响"打工妹"身份认同和抗争的结构性力量："来自国家社会主义、跨国资本以及家庭父权制的三重压迫，这三者联手创造出一种以阶级/性别，以及城乡差别为基础的特殊劳动剥削形式。"② 在国家、资本、社会文化的共同作用下，"打工妹"被塑造成一种受城乡分割的户籍制度歧视的、受资本剥削的、受男权统治的、受社会优势人群排斥的社会人群。2005 年，潘毅的《中国女工》获得美国社会科学界的"米尔斯奖"（C. Wright Mills），她成为自从1946 年该奖项设立以来，首位获此殊荣的亚洲学者，表明中国劳动过程研究获得国际社会学界的认可。在随后的一篇研究跨国劳动过程的研究中，她和合作者指出，全球化时代带来了资本主义生产方式积累的变化，带来了资本流动在时间和空间上重新组合的过程。中国宿舍劳动体制为研究跨国劳动过程提供了一个独特的空间视野，通过宿舍劳动体制，流动的资本和流动的劳动力结合，资本把空间的意义整合到管理和控制中。这使得管理权力不仅控制工人的工作过程，同时控制生活过程。它带来双重异化的产生，而且导致工作日的延长和劳动实践的灵活控制。宿舍劳动体制伴随着全球化生产的去地域化而出现，把高度抽象的资本空间和特定的生产空间结合在一起。宿舍劳动体制既是新的控制方式，也为劳动团结和抗争提

---

① 李静君： 《劳工与性别：西方学者对中国的分析》，http：//www.thcscc.org/laogong/ljj.htm。

② 潘毅：《中国女工——新兴打工阶级的呼唤》，香港：明报出版社有限公司 2007 年版，第5 页。

供了新的可能。① 在后来的文章中，她认为《中国女工》迎合了欧美社会学"阶级已经死亡"的主流论述，使用了后结构主义等时髦的话语而忽略了马克思的阶级分析，没有意识到"打工妹"作为一个新兴的工人阶级的形成问题，所以她重新开始阅读马克思的著作。②

2. 国内社会学界对劳动过程的研究

专注于劳动过程研究的马克思主义学者布若威当选为美国 2004 年度社会学会会长，引起了国内社会学界对布若威劳动过程理论研究的浓厚兴趣，对布若威著作的介绍和应用成为国内工业社会学近几年显著的学术方向。

童根兴、李洁、梁萌先后对布若威三部作品——《制造同意》、《生产政治》、《辉煌的过去》，进行了介绍和评论。③ 游正林对 20 世纪 80 年代关于劳工抗争和管理控制策略的相关劳动过程文献做了较系统的梳理。④ 闻翔、周潇立足于社会学的角度，以有限的文献为基础，对劳动过程研究思想进行了述评。⑤ 宓小雄以布若威的观点为主线，概括地阐述了西方部分社会学者对于资本主义工厂制度的演变和相应的工厂秩序，并在此基础上对改革开放以来的国有企业的劳动控制进行了研究。⑥

与此同时，国内一些学者尝试着用布若威的"生产政体"理论结合中国的经验研究发展出一些新的论题。例如，沈原通过对天津、上海、广州、兰州和重庆五个城市的建筑业农民工的调查研究，将关系网络作为研究中国工人劳动过程的一个新视角，提出了"关系霸权"这一概念，指出关系既成为权力的资源，又对权力的边界造成了限制。但在一定的条件

① 任焰、潘毅：《跨国劳动过程的空间政治：全球化时代的宿舍劳动体制》，《社会学研究》2006 年第 4 期。

② 潘毅：《马克思的阶级形成理论》，《开放时代》2009 年第 6 期。

③ 童根兴：《共识型工人的生产——从新制度主义框架看布洛维的〈制造共识〉》，《社会学研究》2005 年第 1 期；李洁：《重返生产的核心——基于劳动过程理论的发展脉络阅读〈生产政治〉》，《社会学研究》2005 第 3 期；梁萌：《在生产体制中发现工人阶级的未来——读布洛维劳动过程理论三部曲之一〈辉煌的过去〉》，《社会学研究》2007 年第 1 期。

④ 游正林：《管理控制与工人抗争——资本主义劳动过程研究中的有关文献述评》，《社会学研究》2006 年第 4 期。

⑤ 闻翔、周潇：《西方劳动过程理论与中国经验：一个批判性的述评》，《中国社会科学》2007 年第 3 期。

⑥ 参见宓小雄《市场转型期国有企业的劳动控制》，社会科学文献出版社 2007 年版。

下，关系会从拘住建筑工的"关系枷锁"转变成联合建筑工进行抗争的纽结。① 闻翔、周潇等人通过对白沟镇箱包业家户工的研究，将以籍贯为基础的族群性带入劳动过程，试图将"族群性"这一新的视角引入劳动过程理论，他们认为，资本会主动利用籍贯造成的族群性来分裂工人，用以加强对他们的控制，即"差异政治"；但在反抗资源有限的情况下，以籍贯为基础的族群性或许可能成为工人可利用的资源之一，即"团结文化"②。何明洁运用布若威"生产政体"的分析框架，结合服务业行业特征和女性农民工的自身特点，探讨了同一家酒楼中女工的内部分裂，透视不同生产政体下资本对劳动者的控制、劳动者的反应策略和认同的产生机制。她发现，"和记"的"女性农民工"群体高度分化为"大姐"和"小妹"，这种角色的区别造成了管理者和工人对自身角色地位的认同及不同的行为规范，形成了以"强制"为特征的"大姐/专制政体"和以"同意"为特征的"小妹/霸权政体"。③

3. 国内马克思主义学术界对劳动过程的研究

在国内马克思主义学术界，研究劳动过程的学者较少。据笔者所知，自 2003 年以来，南开大学经济学院高峰教授在为政治经济学博士生开设的课程中，专设一章讲述资本主义劳动过程的研究。进入 21 世纪以来，一些学者开始了对当代资本主义劳动过程研究的理论介绍和分析工作。例如，程恩富教授认为劳动生产率的变化，可能引起劳动复杂程度和社会必要劳动量的变化，从而引起商品价值量的变化，并以此说明科技劳动和管理劳动等在劳动过程中价值创造的作用与事实。孙寿涛、唐正东分别对美国积累的社会结构学派和法国调节学派代表人物阿格里塔关于美国资本主义劳动过程演变的阶段进行了介绍。谢富胜等人则对于欧美学者关于劳动过程的最新理论研究进行了介绍和分析，并提出需要进一步考虑到社会再生产的背景、工人技能对资本积累要求的适应性和资本主义生产方式扬弃的现实性。王晓晖等人对弗里德曼的分析资本主义劳动过程的框架进行了系统的介绍，并基于汤普逊的著作，介绍了 20 世纪 80 年代以来劳动过程研究发展的基本脉络和理论核心。关锋呼吁应重视马克思主义的劳动过程

① 参见沈原《市场、阶级与社会》，社会科学文献出版社 2007 年版。

② 闻翔、周潇：《西方劳动过程理论与中国经验：一个批判性的述评》，《中国社会科学》2007 年第 3 期。

③ 何明洁：《劳动与姐妹分化——"和记"生产政体个案研究》，《社会学研究》2009 年第 2 期。

理论，认为该理论是当今在新左翼、后现代理论家中颇为盛行的微观政治学得以产生的重要理论渊源。①

与此同时，一些学者开始应用劳动过程理论研究当代资本主义的现实问题。谢富胜利用马克思的资本循环理论，系统总结福特制生产组织及其内部劳动过程的基本特征，揭示福特制生产组织内在的缺陷，并对20世纪80年代末以来发达国家形成的劳动过程新形式——后福特制企业组织进行了分析。在同年的一篇文章中，他指出政治经济学意义上的生产方式即占主导地位的劳动过程，通过控制雇佣劳动实现生产效率是劳动过程中的核心，技术进步与控制形式的动态运动使劳动过程不断演变，同时也导致了资本主义积累体系的阶段性演变，初步建立了分析资本主义劳动过程的理论框架。王星将马克思的劳动过程理论与劳动安全结合起来，探讨了不同国家技能养成方式的差异，指出不同的劳动政治类型能够规制技能生产的路径走向，进而影响物化技术的选择过程中的劳动的主体性，与此相关的技术形成政治经济学是解释资本主义国家形成不同竞争优势的一个重要切入点。韩立新在细致的文本考察基础上，指出马克思的劳动概念是以"根源性自然"为基础的"目的实现"和"物质代谢"的辩证统一，从而回答了劳动过程理论中的生态学难题。孟捷借助于劳动过程理论中"去技能化"问题的争论，从默会知识的角度强调了工人技能的增长，试图为劳动与资本在价值创造中的正和关系提供一个实践基础。②

---

① 程恩富：《现代马克思主义政治经济学的四大理论假设》，《中国社会科学》2007年第1期；孙寿涛：《社会积累结构学派的理论与方法探析》，《山东科技大学学报》2003年第1期；唐正东：《雇佣劳动的嬗变与当代资本主义的自我调节——阿格里塔的调节理论及其评价》，《南京大学学报（哲学·人文科学·社会科学版）》2007年第2期；王晓晖、田维绪：《弗里德曼管理思想策略述评》，《贵州民族学院学报》2008年第3期；王晓晖：《劳动过程理论：简史和核心理论》，《前沿》2010年第10期；谢富胜、李安：《回归马克思主义——欧美学术界劳动过程理论争论的新动向》，《马克思主义与现实》2009年第5期；关锋：《劳动过程理论：马克思主义不应被疏漏的向度》，《学术月刊》2010年第10期；关锋：《马克思的劳动过程理论与微观政治学》，《哲学研究》2011年第8期。

② 谢富胜：《资本主义劳动过程：从福特主义向后福特主义转变》，《中国人民大学学报》2007年第2期；谢富胜：《资本主义劳动过程和马克思主义经济学》，《教学与研究》2007年第5期；王星：《劳动安全与技能养成：一种政治经济学的分析》，《江苏社会科学》2009年第5期；王星：《技术的政治经济学：基于马克思主义劳动过程理论的思考》，《社会》2011年第1期；韩立新：《马克思主义和生态学：马克思劳动过程理论的生态学问题》，郇庆治主编：《重建现代文明的根基——生态社会主义研究》，北京大学出版社2010年版，第37—62页；孟捷：《劳动与资本在价值创造中的正和关系研究》，《经济研究》2011年第4期。

五　结语

正如基塔所指出的，20 世纪 70 年代以来国外对资本主义劳动过程理论研究相继经历了分解、分裂、吸收和同化的过程，劳动过程理论研究的马车似乎已经陷入一个沙滩，后结构主义渗入劳动过程理论使建立一个内在的具有一致性的理论框架更为困难。① 汤普逊认为，最初的劳动过程研究中的两个论点：技能退化和控制，逐渐被吸收进组织理论，并部分地褪去了大部分的政治经济学色彩。关于"主体性的争论"涉及工作关系的生产和再生产中主体因素的意义和特征，进而导致劳动过程理论演变成一种批判的管理研究。自从 1980 年以来，资本显著地驱动了对雇员的默会知识和技能以及其情感和身体特征以维持其价值增值，对劳动过程的研究必须在积累逻辑和管理控制这两个原则的基础上，把劳动价值论和劳动过程理论联系起来。然而马克思主义者在劳动过程的争论中并没有运用价值规律和资本循环等概念，现有的理论阐释还是有限的。②

就国内现有的研究来看，马克思主义经济学界的研究才刚刚开始，对劳动过程的研究主要集中在社会学界，现有的一些文献主要集中在介绍布若威的文献，既不全面，也没有关注到最新前沿。在现有的几个案例研究中，存在着一种特定的人类学取向，采用民族志方法，偏重于主观意义的理解，只能提供一种静态的"诠释性理解"，供人从中进行解读，而不是也不可能如实再现研究时的社会总体状况。

资本主义劳动过程的研究涉及诸多学科，近 30 多年来，积累了在大量的文献。为了集中研究核心问题，同时为避免不必要的误解，我们认为，马克思主义经济学对劳动过程的研究必须要注意以下两个问题：第一，"在资本主义生产中，生产商品的一些劳动部分往往是用一种属于以前的生产方式的方式进行的，而在以前的生产方式中事实上还不存在资本与雇佣劳动的关系，因而与资本主义观点相适应的生产劳动与非生产劳动范畴是完全不适用的。然而由于与占统治地位的生产方式相适应，事实上还不从属

---

① Kitay, J., "The Labour Process: Still Stuck? Still a Perspective? Still Useful?", *Electronic Journal of Radical Organization Theory*, 1997, Vol. 1.

② Thompson, Paul, "The Capitalist Labour Process: Concepts and Connections", *Capital & Class* 2010, Vol. 2.

于这种生产方式的关系也在概念上从属于这种生产方式了"①。因此，对当代劳动过程变迁的研究，主要是指发达资本主义国家占据主导地位的劳动过程变迁，我们不能因为这些非主导性劳动过程形式的存在而否定主导性劳动过程研究的意义。事实上，很多社会学者的研究就存在这些问题，这也是他们否定马克思主义核心命题如去技能化、脑体分工和对雇佣劳动进行控制的主要根源。第二，"任何时候，我们总是要在生产条件的所有者同直接生产者的直接关系——这种关系的任何当时的形式必然总是同劳动方式和劳动社会生产力的一定的发展阶段相适应——当中，为整个社会结构，……发现最隐蔽的秘密，发现隐藏着的基础。不过，这并不妨碍相同的经济基础——按主要条件来说相同——可以由于无数不同的经验的情况，自然条件，种族关系，各种从外部发生作用的历史影响等等，而在现象上显示出无穷无尽的变异和彩色差异，这些变异和差异只有通过对这些经验上已存在的情况进行分析才可以理解"。② 某些劳动过程的研究文献，基于性别、种族、区域、文化等诸多角度，涉及教育、传播等各行各业，对于理解当代资本主义劳动过程的多样性具有很大的意义。但是，这种研究忽视了阶级分析，堆砌事实资料而消解了资本主义内在矛盾的存在，无法上升到科学的层次。因此对当代资本主义劳动过程的研究，应该以剩余价值理论为基础，关注直接生产过程中劳资双方当事人关系变革的新形式。

参考文献

［1］马克思：《直接生产过程的结果》，人民出版社 1964 年版。

［2］谢富胜：《分工、技术与生产组织变迁》，经济科学出版社 2005 年版。

［3］Edwards, P. K. , *Conflict at Work*, Oxford：Basil Blackwell Ltd. , 1986.

［4］Piore, Michael J. & Charless F. Sabel, *The Second Industrial Divide*, New York：Basic Books, 1984.

［5］Jessop, Bob, *Regulationist Perspective on Fordism and Post - Fordism*, London：Edward Elgar Publishing Inc. , 2001.

［6］A. Friedman, *Industry and Labour*, London：MacMillan, 1979.

（原载《马克思主义研究》2011 年第 10 期）

---

① 《马克思恩格斯文集》（第 8 卷），人民出版社 2009 年版，第 524 页。

② 《马克思恩格斯文集》（第 7 卷），人民出版社 2009 年版，第 894—895 页。

马克思主义经济学与
西方经济学比较研究

当代西方马克思主义经济理论
研究的新取向

胡乐明

自《资本论》出版以来，马克思主义经济学的传播与研究在世界范围内不断扩展，并呈现愈益多样化趋势。二战后，各种各样研究成果和分析工具被用来克服马克思主义经济分析的"缺陷"或被用于增强马克思主义的经济分析，形成几种值得关注的理论倾向。

一 马克思主义经济学与非马克思主义 经济学的"融合"

二战之后，各种各样的非马克思主义经济学观点和分析工具被不断用来进行马克思主义经济理论研究，以"沟通"、"融合"马克思主义经济学与非马克思主义经济学。其中，部分学者试图"沟通"马克思主义经济学与西方主流经济学的"联系"，部分学者则试图"沟通"马克思主义经济学与西方非主流经济学的"联系"。

1942 年，英国著名凯恩斯主义经济学家琼·罗宾逊在其《论马克思的经济学》里第一次明确提出，"用现代分析更为准确和细致的方法来重新考察马克思观点"，"沟通"马克思经济学与凯恩斯经济学之间的"联系"。尽管罗宾逊提出"沟通"马克思经济学与凯恩斯经济学是基于发展凯恩斯经济学角度，但是作为一种回应，当时许多西方马克思主义经济理论研究者从他们认为有利于马克思主义经济学发展的角度，为了改变他们认为的马克思经济学研究的"停滞"趋势，也在很大程度上表现出对凯恩斯经济学的"宽容"，或多或少地顺应了"沟通"的呼吁。斯威齐、巴兰以及米克等人在他们的研究和著述里明显地体现了这种取向。

保罗·斯威齐于 1942 年出版的《资本主义发展的理论：马克思的政治经济学原理》一书，是反映当时马克思主义经济学在西方研究特点的代表作。该书对马克思逝世之后马克思主义政治经济学研究的一些重要的理论争论作了概述，并对当时一些"正统"理论观点提出了"挑战"。其中，最为突出的是他对"消费不足论"在解释资本主义经济危机方面的意义的肯定。他通过详细考证认为，"消费不足"和"生产过剩"实际上是一个钱币的两面，在理解资本主义经济危机的实质时，"用'比例失调'来否定'消费不足'的做法是不正确的"。显然，他对"消费不足论"的肯定与凯恩斯所倡导的"有效需求原理"有着某种内在的对应关系。此后，斯威齐与巴兰合作的《垄断资本》一书用"经济剩余"范畴替代了马克思的"剩余价值"范畴，强调了剩余价值的实现而非剩余价值的生产，实现了由"术语的更换"到"理论见解的必要的转换"，继续着"融合"马克思主义经济学与凯恩斯主义经济学的努力。

1956 年，罗纳德·米克的《劳动价值学说的研究》一书详尽地考察了劳动价值学说的发展史，论证了马克思的劳动价值论是真正的科学。然而，米克撰写此书的初衷之一，却是希望通过对劳动价值学说史的研究，在马克思主义经济学和非马克思主义经济学之间建筑"某种桥梁"。并希望，"在这个时代里，马克思主义者和非马克思主义者将由互相攻击对方的虚伪性和不学无术，而转变为互相了解和评价对方的观点，双方进行和平的竞赛，看看谁能对经济现实给予更正确和更有用的分析"。他的这一主张，显然是对当时西方经济学界流行的"沟通"马克思经济学与凯恩斯经济学思潮的一种回应，也在很大程度上得到了许多西方马克思主义经济理论研究者的响应。此后，在 1966 年该书的第二版序言，米克还对"斯拉法—马克思命题"进行了对照分析，认为斯拉法与马克思的模式之间存在着有趣的"类似"。

随着 70 年代"凯恩斯革命的革命"的兴起，"沟通"马克思主义经济学与凯恩斯主义经济学的努力趋向沉寂。但是，"沟通"马克思经济学与新古典主义经济学的取向却悄然兴起。约翰·罗默等人的研究便是这一取向的典型代表。作为分析马克思主义学派的代表人物，罗默明确宣称，"在我看来，在过去 200 年里，经济学理论的主要成就是对经济中的价格决定和收入分配有了一种相对完整的系统表述，即人们所说的一般均衡理论"；"标准的社会科学的方法并不像许多马克思主义学者感觉的那样充满资产阶级的味道"，"那些方法可以富有成效地应用于马克思主义研究"。

因而，罗默认为要解决经典马克思主义的种种问题，新古典经济学的一般均衡理论和分析方法不仅是适当的，而且是必不可少的。在其《剥削与阶级的一般理论》（1982）一书中，罗默便试图把马克思关于阶级和剥削的理论改造为建立在个体理性行为的基础之上，运用一般均衡模型和博弈论工具，经过严密的数学推导而得出的"一般剥削理论"。从而，提出了非劳动价值论的剥削概念：剥削归因于个人的不同禀赋以及他们的不同偏好。由此，阶级和剥削理论就独立于劳动价值理论，马克思的剥削和阶级理论就被解释为标准的新古典经济模型。

与上述学者不同，另有一些学者则致力于马克思主义经济学与西方非主流经济学的"沟通"与"融合"。以米歇尔·阿格里塔、阿兰·利比茨等人为代表的"调节学派"和以 M. 戈登、塞缪尔·鲍尔斯等人为代表的"社会积累结构学派"便是这一取向的典型代表。"调节学派"试图以马克思的制度经济理论为基础，并从布罗代尔等人的年鉴学派和波拉尼、熊彼特等人的理论汲取灵感，从高度抽象的概念如生产方式，分离出若干中介概念如积累体制和制度形式，用以解释经济行为体在相互作用时表现出来的规则性，分析西方发达资本主义国家从福特制向后福特制的转变，建立一种研究资本主义经济长期演化的理论框架。与"调节学派"一样，"社会积累结构学派"对于资本主义的经济发展和制度变迁之间的关系所作历史的、实证的、具体的考察，也深受制度学派的影响。在他们看来，社会积累结构是资本主义积累过程赖以进行的制度环境和制度集合体，既包含经济制度，也包含政治、法律、思想文化制度；既包括国内制度，也包括国际制度。一个长时期的、相对快速和稳定的经济扩张需要一个有效的社会积累结构。一个社会积累结构在一个时期内会促进经济的增长和稳定，但跟随其后的是一个较长时期的停滞和不稳定时期，直到建立一个新的社会积累结构。资本主义经济的每一个长波都与不同的社会积累结构相联系，而且长波与社会积累结构相互独立、相互决定。

二　马克思主义经济学的后现代主义阐释

20 世纪 70 年代之后，随着后现代主义思潮的兴起，马克思主义经济学的后现代主义阐释便成为了西方国家马克思主义经济理论研究的一种重要取向。其中，部分学者如詹姆斯·奥康纳等努力在马克思主义的问题框架内展开研究，尝试对马克思主义经济学进行后现代主义的建构性思考；另有一些学者如让·鲍德里亚等则试图以后现代主义"解构"马克思主义经济学。

2000年，美国学者埃纳斯图·斯奎帕尼提在美刊《马克思主义反思》春季号发表的《经济学的后现代危机与后现代主义革命》一文明确界定了经济学现代主义和后现代主义的区别。在他看来，现代主义经济学具备这样四个特征：确信经济学是一门关于"理性人"的个体存在的社会科学；一种实体论的价值论；社会结构均衡论；人类主体能根据积极而普遍的既定目标塑造世界。简单说来，现代主义即是"决定论"和"实在论"。后现代主义经济学则具有这样的趋势：无人本主义本体论；对实体主义的价值论的否弃；解释社会关系结构时不诉求一般均衡理论；把历史解释成一种目标开放的过程。区分现代主义经济学与后现代主义经济学的另一种适当的方法是三重二分法：中心/非中心，有序/无序，确定/不确定。在他那里，现代主义经济学与后现代主义经济学似乎是截然对立的。

事实上，许多学者认为，马克思的经济理论非常关注无序、不确定、结构变异、历史时间的演化过程与意识形态等内容，能够向后现代主义的重构敞开大门。1997年，詹姆斯·奥康纳发表的《自然的理由——生态学马克思主义研究》一书围绕着"可持续性发展的资本主义是否可能"这一问题对当代资本主义进行了深入的分析批判。奥康纳认为，虽然马克思和恩格斯在研究资本主义发展对社会造成的破坏方面属于一流的理论家，但他们确实没有将生态破坏置于资本积累和社会经济转型理论的中心位置。因此，必须把历史唯物主义与生态学关联起来，重新思考自然界在历史唯物主义之中的地位，把"文化维度"和"自然维度"引到历史唯物主义中去，实现其内延和外扩。在他看来，劳动关系是由各种文化实践、技术和工艺水平、生产工具和生产对象的发展水平、维持劳动价格稳定的能力、阶级的力量等元素多元决定的，因此即使处于同一生产力水平之下，人们之间的生产关系也是不同的。同时，"自然"的生产关系意味着自然条件或自然过程的一定形式，对于任何一个既定的社会形态或阶级结构的发展，能够提供更为多样的可能性。总而言之，社会劳动作为生产力和生产关系，它与文化和自然界、语言和主体间性、生态学之间是一种调节与反调节的关系。通过对历史唯物主义的后现代主义"重构"，奥康纳展开了关于资本主义生产力、生产关系与生产条件之间的矛盾分析，提出了资本主义经济危机和生态危机并存的"双重危机"理论，指出了资本主义不平衡发展和联合发展给全球带来的灾难。

与奥康纳不同，"后现代主义的牧师"鲍德里亚强调了后现代性与现代性之间的不可调和的断裂关系，并在《生产之镜》（1973年）和《符号政治经济学批判》（1981年）等论著里试图"解构"马克思理论体系的"根深蒂固的核心"即"生产主义"或生产方式理论，并代之以"消费主义"与"符号政治经济学批判"。在他看来，当代资本主义社会已经不同于马克思所分析的生产时代，消费构成了当下资本主义社会的主导逻辑。随着消费社会的来临，"消费"的内涵发生了根本性的转变，已经大大溢出了人与物品的关系和个人间的关系，延伸到历史、传播和文化的所有的层面。因此，必须放弃以"生产之镜"反映现实的政治经济学批判，走向"超现实"的"符号的政治经济学批判"。鲍德里亚认为，马克思旨在将使用价值从交换价值的束缚下解放出来的政治经济学批判并没有超越资本的逻辑和物质生产的思维方式。在当代社会，物质生产已经被媒介生产所取代，物体的实用功能维度已经让位于通过符号标识的"符号—物"的维度。通过"符号—物"的占有和消费，个体将自己的社会地位凸现出来从而使自己不同于他人。这样，现代资本主义社会完成了一种支配与控制，即通过消费者主动地进入到消费社会之中，并通过"符号—物"的消费无意识地认同了消费体系以及相应的社会体系。显然，尽管鲍德里亚认为符号政治经济学批判是对马克思政治经济学批判的发展，但是实际上他已经与马克思分道扬镳。

三 马克思主义经济学的"泛经济学化"

1867年《资本论》第1卷的出版，标志着马克思主义经济学作为一门独立学科的诞生。同时，马克思的经济分析与政治、社会、文化等方面分析相互依赖、相互支撑，共同构成了完整的马克思主义理论体系。因此，马克思之后尤其是当代西方马克思主义经济理论研究除了经济学专业化的努力之外，也存在一种跨越经济学科边界、融合多学科研究的"泛经济学化"取向。

伊曼纽尔·沃勒斯坦及其"世界体系的马克思主义"无疑是这一取向的典型代表。尽管《现代世界体系》目前只出版了3卷，却已构筑起了一个庞大的理论体系。在沃勒斯坦看来，资本主义是一个侵犯地方自治，使全球相互依赖，按照商品生产的需要重组社会关系和文化内涵的历史过程。只有将资本主义看成是一个世界体系，并用以解释马克思的经济理论，才能真正读懂马克思，才能理解资本主义的演进特征和发展规律以及人类社会的发展趋势。因而，必须以"世界体系"而不是"民族国家"或"社会形态"作为分析单位。作为一个不平等、不平衡的结构体系，资本主义世界经济体系趋向于在自身发展过程当中不断扩大不同地区间的经济和社会差距，中心化和边缘化是资本主义世界体系发展的同一个历史过程的两个方面。作为一种"历史体系"，资本主义世界体系遵循着"上升—平稳—下降"的周期性变化规律，呈现出长周期和中短周期不断地交叉发生的复杂状态，并且目前已经陷入了体系危机，正处于向新的秩序转换的混乱时期。然而，由于资本主义是一个世界体系，没有一种办法能让一个单独的国家从世界资本主义体系之中解脱出来，由俄国革命和中国革命开启的世界"反体系"运动将在资本主义世界体系的其他地方继续发生，资本主义矛盾将带来世界范围内"反体系"力量的联合，作为资本主义世界体系替代物的社会主义世界体系必将出现。显然，尽管沃勒斯坦的理论体系相对缺乏概念的准确性和分析的严密性，但是却较好地遵循了马克思的理论传统，坚持从经济分析出发，融合了众多学科资源和研究方法，实现了以整体性思维和复杂性思维为特征的"总体性"研究。

与沃勒斯坦不同，当代西方马克思主义经济理论研究，已经大大超出了"社会生产关系"这一马克思主义政治经济学特定的研究范围，甚至不是从技术、所有制和交换关系等层面来研究"经济"本身，而是把它作为一种政治的和文化的关系来加以研究，从而背离了马克思经济分析的理论传统，变成了一种"经济"的哲学批判、文化批判甚至语言批判。这种做法实际上是早期西方马克思主义学术传统的一种延续和反映。20 世纪 80年代初，佩里·安德森在对西方马克思主义历程进行了历史性考察之后指出，马克思本人的研究工作相继从哲学转到政治学再转到经济学，早期西方马克思主义者则颠倒了他的路线。大萧条之后，马克思主义分析框架之中对于资本主义大量的经济分析大都消失，取而代之的是日益兴起的哲学分析、文化艺术和意识形态研究。之所以如此，是因为早期西方马克思主义理论与实践产生了致命性的分离，切断了它本该具有的、与争取革命社会主义的群众运动的纽带。早期西方马克思主义者如卢卡奇、葛兰西和柯尔施等人认为，必须重新确定上层建筑与经济基础的相互关系，二者关系不应理解为决定者与被决定者的关系，进而公开贬低甚至否定马克思主义经济学在马克思主义理论体系中的地位。2010 年，加拿大学者阿兰·弗里曼于英刊《资本和阶级》第 34 卷第 1 期发表的《没有马克思的马克思主义》一文指出，资本主义当前面临 1929 年以来最为严重的经济危机，但是西方马克思主义的理论影响力却没有显著增加，其原因正是在于从 20 世纪 30 年代以来一直流行于西方马克思主义学界的一股思潮："没有马克思的马克思主义"——一种试图将马克思的结论与其经济理论相剥离的系统性尝试。作为对第二国际和第三国际的所谓的机械决定论的马克思主义的不满，当代西方马克思主义学界日益转向葛兰西、卢卡奇和柯尔施所关注的哲学、政治学、社会学或美学等研究领域，同时却忽略了像 H. 格罗斯曼与 R. 罗斯多尔斯基等人提出的富有挑战性的经济理论。

四　简要评论

M. C. 霍华德和 J. E. 金指出，21 世纪的马克思主义经济学应有四个方面的本质内容：（1）资本主义社会的阶级性质以及必然包括其中的阶级斗争是不可回避的现实；（2）资本主义社会再生产的一些关键问题包括再生产的较为狭隘的科学技术问题、再生产的意识形态的冲突问题等具有重要的分析意义；（3）强调再生产过程的矛盾性特别是强调不同阶级和阶级分化可能产生的对资本主义制度的威胁；（4）抓住世界经济体系"不平衡发展"这样一个内涵丰富的概念，说明资本主义世界体系不可能平稳而协调发展。在霍华德和金看来，马克思主义经济理论研究的各种取向只要能够坚持上述四个"本质"，就能够既不失去马克思主义经济学的本来面目，又能在未来的社会研究领域成为一种充满生命力和进步的研究纲领，否则只会导致马克思主义经济学的"消失"。霍华德和金对于马克思主义经济学的"本质"的界定未必科学，但是对于我们正确认识当代西方马克思主义经济理论研究的各种取向无疑具有重要的启迪意义。

对于发展马克思主义经济学而言，西方马克思主义经济理论研究的各种取向或探索既具有重要的启发意义，也具有重要的警醒意义。毫无疑问，马克思主义经济学的创新与发展必须合理借鉴非马克思主义经济学的科学成分。新古典主义经济学长期占据西方经济学界的主流地位，这一现象本身就值得我们发展马克思主义经济学借鉴和思考。应该承认，新古典主义经济学逻辑是值得马克思主义经济学汲取和借鉴的。但是，阶级立场、价值取向以及哲学基础的不同，注定了马克思主义经济学不可能与新古典主义经济学完全融合。罗默等人的马克思主义经济学新古典经济学化的努力只能使马克思主义经济学被曲解，使马克思主义经济学本质的东西被稀释、淡化甚至被抛弃。至于凯恩斯主义经济学，尽管凯恩斯开创了宏观经济分析，否定和批判了萨伊定律，承认有效需求不足会导致资本主义经济危机，从而为马克思主义经济学与凯恩斯主义经济学的相互借鉴提供了更大的可能，但是，他的宏观分析与马克思的历史唯物主义的整体主义方法，他的有效需求原理与马克思建立于劳动价值论和剩余价值论基础之上的无产阶级贫困化理论也是格格不入的。作为西方非主流经济学，制度学派和演化经济学对于历史演进过程的不确定性和多样性具有较强的解释力，吸收和借鉴演化经济学的优秀成果，挖掘马克思经济理论体系的制度分析和"演化"思想，可以使马克思主义经济学在解释分析纷繁复杂的现实世界方面获得更高的成就，同时也可以对马克思主义经济学内部的一些比较固定和僵化教条式阐释进行校正。但是，制度学派和演化经济学不仅反对高深的数量模型系统，而且也不赞同以逻辑体系和理论模型系统解读现实。虽然在西方国家马克思主义经济学与制度学派和演化经济学同为"异端"，但是它们不仅不具备天然的"同缘性"，反而也存在本质的差异性。

西方马克思主义经济理论研究历来注重从哲学和其他社会科学获取理论支援与创新灵感。马克思主义经济学的后现代主义阐释推动了人们对于马克思主义经济学的微观基础以及当下人类生活现象层面的关注。但是，必须注意运用马克思的辩证法思想来解读现代性与后现代性，而不是把它们割裂开来并抽象地对立起来。《资本论》作为一部"百科全书"不仅为后现代主义等哲学思潮的解读敞开了大门，也为各种社会科学知识的"注入"提供了空间。应该肯定，沃勒斯坦等人的马克思主义经济理论研究的综合化与跨学科化取向，有效地实现了在诸种复杂要素之间的集聚和整合，实现了经济学与哲学、社会学、历史学、地理学、生态学甚至女性学、建筑学等学科的交叉融合，凸显出马克思主义分析现代复杂经济社会系统内部矛盾的优势。但是，早期西方马克思主义学术传统统摄之下的当代国外马克思主义经济理论研究的"泛经济学化"，不仅模糊了马克思主义经济学的特定研究对象，从而阻碍了马克思主义经济学的未来发展，而且也贬低了马克思主义经济学的理论地位，从而降低了马克思主义理论体系的科学分析能力。

参考文献

[1] 顾海良：《20 世纪马克思主义经济学在西方的发展》，《教学与研究》1997 年第 7 期。

[2] 罗纳德·米克：《劳动价值学说的研究》，商务印书馆1979 年版，第 4—5 页。

[3] 约翰·罗默：《社会主义及其未来》，《马克思主义研究论丛》（第 1 辑），中央编译出版社2005 年版，第 160—175 页。

[4] 陈志刚：《后现代主义的马克思主义经济学》，《国外理论动态》2001 年第 7 期。

[5] 詹姆斯·奥康纳：《自然的理由——生态学马克思主义研究》，南京大学出版社2003 年版，第 63 页。

[6] 仰海峰：《西方马克思主义的逻辑》，北京大学出版社2010 年版，第 303—305 页。

[7] 佩里·安德森：《当代西方马克思主义》，东方出版社1989 年版，第 1—35 页。

[8] M. C. 霍华德、J. E. 金：《马克思主义经济学史（1929—1990）》，中央编译出版社2003 年版，第 399 页。

（原载《当代经济研究》2011 年第 9 期）

2010年诺贝尔经济学奖获得者的市场搜寻理论的介评

方兴起　邓理兵

瑞典皇家科学院宣布将2010年度诺贝尔经济学奖授予美国麻省理工学院的彼特·戴蒙德教授、美国西北大学的戴尔·莫滕森教授和英国伦敦政治经济学院的克里斯托弗·皮萨里季斯教授，以表彰他们对存在搜寻摩擦的市场的分析在劳动经济学领域的奠基性贡献。

一　市场搜寻理论的基本内容

新古典经济学在市场完全竞争和完全信息的假设下，认为价格可引导交易双方随时都可以找到对方，而不会发生搜寻成本，从而实现供求均衡，资源得到充分利用。显然，新古典经济学远离市场经济的现实。在现实经济活动中，交易双方要找到对方都必须付出搜寻成本，而且即使找到对方，却因价格难以达成一致还得继续付出搜寻成本寻找对方。2010年诺贝尔经济学奖获得者针对这种市场现象，提出了一种市场搜寻理论。在三位获奖者中，"彼特·戴蒙德对这种市场的基础理论作出了巨大贡献，戴尔·莫滕森和克里斯托弗·皮萨里季斯则进一步发展了市场搜寻理论，并使其适用于分析劳动力市场。三位获奖者的成果有助于我们从整体上理解一系列重要的经济问题，特别是决定失业的因素和失业的发展问题"。[①]

在20世纪60年代，已有学者开始研究买方的搜寻行为。彼特·戴蒙德在其1971年所写的论文中，认为新古典经济学的观点仅适用于市场上

[①]　Market with Search Costs［EB/OL］，Sweden SE Stockholm：The Royal Swedish Academy of Sciences［2010 – 10 – 11］，http：//nobelprize. org/nobel_ prizes/economics/laureates/2010/info. pdf.

的垄断者，即新古典经济学的均衡价格等于垄断者在没有搜寻成本的相应市场上所设定的价格。当考虑到买方搜寻行为的时候，即便是很小的搜寻成本也会产生与新古典竞争均衡完全不同的结果。对搜寻配对市场的几项重要研究发表于 1980 年前后。彼特·戴蒙德、戴尔·莫滕森和克里斯托弗·皮萨里季斯研究了不同性质的市场，为许多未解决的问题提供了新的答案。上述研究使他们得出了这样的结论：搜寻者不考虑外部效应，从而增加其他搜寻者的搜寻成本，这意味着一个不受管制的搜寻市场不会产生有效率的结果，这是由于搜寻配对过程与实际成本是相联系的，因此这种情况下的资源利用率可能会很低。另外，在新古典完全竞争模型中，无管制市场的产出是有效率的。但在有搜寻成本的世界里却通常会存在几种可能的产出，而在这些可能的产出中只有一个是最佳结果。这意味着政府试图将经济引向充分就业的做法是情有可原的。

值得注意的是，戴尔·莫滕森和克里斯托弗·皮萨里季斯已经系统地开发和运用了市场搜寻理论来考察劳动力市场——特别是决定失业的一些因素，从而建立了一个 DMP（以三位获奖者姓氏首字母命名）模型。该模型描述了"失业者的搜寻活动、企业的招聘行为以及工资的形成过程"。该模型可以用来评估不同劳工市场因素对失业的影响、失业的平均持续时间、职位空缺数以及实际的工资水平。劳工市场因素可能包括失业工人数量、职位空缺数、失业保险待遇水平、实际利率、就业机构的效率以及公司招聘和解雇的成本等。

长期以来，人们认为劳动力市场只是在两种情况中波动：高失业人数和少量的职位空缺；低失业人数和大量的职位空缺。这个经验模式被称为贝弗里奇曲线（英国经济学家威廉·贝弗里奇所创立）。DMP 模型为贝弗里奇曲线提供了一个理论上的解释。如果失业人数和职位空缺数目朝反方向运动，那么这种改变就能反映出一个经济周期中在劳动力需求上所发生的变化。但是，如果失业人数和职位空缺数目同向变化（这种变化对失业现象的解释将更加合理），那么其原因可能是更低的配对效率，也可能是更加剧烈的结构变化增加了企业解雇工人的速率。这些变化意味着长期失业人数将会增加。DMP 模型已经成为将贝弗里奇曲线转换成对劳工市场进行经验研究所广泛使用的诊断工具，从而成为西方学者"分析失业、工资形成和职位空缺问题的最常用工具"。

市场搜寻理论不仅解释了为什么在许多人失业的同时会存在大量的职

位空缺的问题，还分析了经济政策是如何影响失业的问题。2010 年诺贝尔经济学奖获得者运用搜寻理论对失业保险的影响进行了理论和经验的研究，认为越慷慨的失业救济待遇会导致越高的失业率，因为失业者会花费更长的寻找时间和更高的搜寻成本。基于搜寻理论对失业保险方案的福利分析，他们认为调整失业保险的结构及其所提供的福利收入，可以提高失业工人和空缺职位之间的配对效率。

二　市场搜寻理论与现实的距离

在瑞典皇家科学院看来，市场搜寻理论解决了"为什么在许多人失业的同时会存在大量的职位空缺"的问题，解决了"经济政策是如何影响失业"的问题。而且，市场搜寻理论不仅适用于劳工市场，也同样适用于劳工市场以外的其他市场，从而"能帮助我们分析更多的社会现象"①。因此，市场搜寻理论被运用于研究与货币理论、公共经济、金融经济学、地区经济学和家庭经济学，以及房地产市场等相关领域的问题。但是，在国内外都有一些人对上述三位经济学家以市场搜寻理论而获得诺贝尔经济学奖提出质疑，如有人认为戴蒙德等三位获奖者并不是市场搜寻理论的最重要的人物。还有人认为戴蒙德等三人获奖，与劳工市场和住房市场是当前全球经济重点关注领域有关。

在笔者看来，西方市场搜寻理论不是一个或几个经济学家的研究成果，而是一个群体的研究成果。在这个群体中究竟谁最具代表性，不同的人会有不同的看法。更为重要的是，评审委员会并非由计算机组成，而是由人组成。是人，就必然存在价值取向。因此，对 2010 年诺贝尔经济学奖提出质疑是可以理解的。这也并非第一次，也绝非最后一次。另外，诺贝尔经济学奖的颁发似乎有一个特点，即往往颁给"付诸长时间努力"且与颁奖时期的经济背景有一定关联的理论。基于这点来看，2010 年的诺贝尔经济学奖，即使它"与劳工市场和住房市场是当前全球经济重点关注领域有关"，也是无可厚非的。问题的关键在于：从某种意义上说，市场搜寻理论距离现实实在太遥远，以致无失业之虑的评审委员会的委员先生们

① Market with Search Costs［EB/OL］，Sweden SE Stockholm：The Royal Swedish Academy of Sciences［2010 - 10 - 11］，http：//nobelprize. org/nobel_ prizes/economics/laureates/2010/info. pdf.

因"太远而视而不见"。

首先，应该肯定获奖的市场搜寻理论所具有的反新自由主义的倾向。无论是凯恩斯以前的新古典经济学，还是当代理性预期学派的新古典宏观经济学，都不承认资本主义社会存在真正的失业。新古典经济学在市场完全竞争和完全信息的假设下，认为价格可引导劳资双方随时都可以找到对方，从而实现劳动力市场上的供求均衡。基于这点，新古典经济学将现实中的失业现象视为摩擦性失业和自愿失业。在理性预期学派的理论中，失业者的被迫、无奈与苦难却成为一种"休闲活动"，一种劳动者的偏好，即作为对弹性工资的一种反应，劳动者可以轻松地和自由地选择工作或失业（休闲）。诺贝尔经济学奖获得者保罗·克鲁格曼在评论"休闲论"的代表人物爱德华·普雷斯科特的理论时，曾愤怒地说："这理论显得太愚蠢了——大萧条真的成了大休假？老实说，我认为这一说法确实愚蠢。但是，普雷斯科特'真实商业周期'理论的基本假设在精心构造的数学模型之中，并应用复杂的统计技术将其映射到现实数据上，以致这一理论在许多大学的经济学系里主导着宏观经济学的教学。鉴于这一理论的影响力，普雷斯科特与来自卡内基·梅隆大学的芬恩·基德兰德分享了 2004 年的诺贝尔经济学奖。"[1] 2010 年三位获奖者的市场搜寻理论否定了新古典经济学的"自愿失业论"和新古典宏观经济学的"大休闲论"，认为搜寻成本导致了失业，从而回归到凯恩斯的"非自愿失业论"（尽管在解释失业的原因方面与凯恩斯不同）。并且明确指出新古典经济学的无搜寻成本的劳工供求均衡，仅适用于市场中的一种特例，即买方或卖方的垄断。另外，三位获奖者基于自己的理论主张政府应对劳动力市场加强管理，以缓解搜寻者行为的外部效应（搜寻者的行为增大了其他搜寻者的搜寻成本），提高配对效率。这实际上是对新自由主义的基石——无管制市场有效性的否定。

其次，应该弄清楚的是：把失业仅仅归结为搜寻成本能在多大程度上解释西方社会的失业问题。获奖者的市场搜寻理论将失业人数与职位空缺的关系分为两种情况：（1）失业人数与职位空缺反向变动；（2）失业人数与职位空缺同向变动。该理论着重分析的是第二种情况。在现实生活

---

① Paul Krugman, "How Did Economists Get it So Wrong?" September 6, 2009, http：／／www. nytimes. com／.

中，固然存在失业人数与职位空缺同向变动的情况，但它不是失业中的普遍现象。失业中的普遍现象应该是，也只能是失业人数与职位数的反向变动。因此，固然在学术上可以将个别现象，即失业人数与职位空缺同向变动作为研究的重点，但是由此所得出的研究结论，即搜寻成本是无法从整体上解释失业的原因的。更何况失业人数与职位空缺同向变动的原因除了搜寻成本外，至少还有劳动者的技能匹配因素。综上所述，市场搜寻理论只能部分地解释失业问题，而不能从一般意义上解释失业问题。所以，瑞典科学院表彰市场搜寻理论解决了"为什么在许多人失业的同时会存在大量的职位空缺"的问题，对于美国的失业群体来说，并未带来丝毫的慰藉。美国官方公布的失业率为 9.6%（真实的失业率则高达 17%），虽然难以确切地知道失业人数与职位空缺同向变动的情况在其中占多大比例，但美国的失业群体却非常清楚的是：他们之所以失业，直接的原因是职位的减少；而他们至今仍处于失业之中，并非是面对大量的职位空缺而苦于搜寻成本的提高或自愿选择勒紧裤带的"大休闲"，而是由于即使愿意降低工资或愿意付出高昂的搜寻成本也仍然找不到工作。凯恩斯能够坦率承认"富裕中的贫困"现象在资本主义社会达到了难以辩护的程度，但他却认为其根源在于有效需求不足，从而不敢，也不愿承认形成这种现象的根源在于资本主义的私有制。同样，今年获得诺贝尔经济学奖的三位经济学家能够坦率承认资本主义社会存在真正的失业，但却认为其根源在于搜寻成本，从而不敢，也不愿承认形成这种现象的根源在于资本主义的私有制。不过，如果这三位经济学家将西方的失业问题归咎于资本主义的私有制，他们还能获得诺贝尔经济学奖吗?! 答案是不言自明的：自 1969 年以来，似乎所有获得诺贝尔经济学奖的经济学家都未触及西方学术自由的底线——"私有制神圣不可侵犯"；反之，自 1969 年以来，主张最终消灭私有制的马克思主义经济学家，没有一位获得诺贝尔经济学奖。

最后，还应该弄清楚的是：政府调整失业保险结构及其所提供的福利收入，对解决失业问题究竟有多大的意义。瑞典皇家科学院表彰市场搜寻理论解决了"为什么在许多人失业的同时会存在大量的职位空缺"的问题，在客观上对深陷"失业门"的美国奥巴马政府的唯一帮助就是误导舆论。至于瑞典皇家科学院对市场搜寻理论解决了"经济政策是如何影响失业"问题的肯定，是否可以在奥巴马政府所推行的经济政策中得到印证，上网检索一下奥巴马政府执政以来所推行的增加就业政策，就一目了然。

显然，奥巴马的"第一次救助行动"和即将开始的"第二次救助行动"，都是试图通过财政赤字政策和量化宽松的货币政策来增加就业岗位，以降低居高不下的失业率。或许奥巴马政府会调整失业保险结构及其所提供的福利收入，但其目的绝不是解决失业问题，而是降低财政赤字。实际上，美国的新自由主义者一直都主张政府削减福利开支（但却主张增加军事开支），以迫使那些懒人选择工作而不是失业（"休闲"）。但凡接受这种主张的美国总统，都事与愿违。其原因在于，真正的失业或非自愿失业（在美国官方公布的失业率中，这类失业占绝大部分比例）的原因与失业保险结构及其所提供的福利收入完全无关。从这里不难看出，三位获奖者的经济政策主张未能完全摆脱新自由主义经济学的影响，从而其主张的经济政策除得到瑞典皇家科学院的肯定外，并不具有可行性。

参考文献

［1］朱富强：《诺贝尔经济学奖和克拉克奖的得主盛名难副》，《海派经济学》第 29 辑，上海财经大学出版社 2010 年版。

［2］丁晓钦：《保罗·克鲁格曼：凯恩斯经济学的"回归派"》，《海派经济学》第 29 辑，上海财经大学出版社 2010 年版。

［3］马艳：《现代政治经济学与西方经济学沟通综合的意义与路径分析》，《海派经济学》第 21 辑，上海财经大学出版社 2008 年版。

［4］周思成译：《关于新自由主义的危机——热拉尔·杜梅尼尔访谈》，《国外理论动态》2010 年第 7 期。

［5］方兴起：《西方经济学向何处去》，《当代经济研究》2010 年第 4 期。

［6］周肇先：《诺贝尔经济学奖对中国政治经济学发展的影响》，《当代经济研究》2010 年第 4 期。

［7］王宏昌、林少官：《诺贝尔经济学奖获得者讲演集（1978—2007）》，中国社会科学出版社 2008 年版。

（原载《马克思主义研究》2011 年第 2 期）

《西方经济学》教材中的若干误区分析

白暴力　白瑞雪

一　关于假定前提的误区

西方经济学存在许多关键性假定，这些假定在西方经济理论中具有举足轻重的作用。而国内出版的一些《西方经济学》教材，却误解和忽略了这些假定，形成了重要的误区。这些假定分为两类：一类是作为"理论逻辑出发点"的假定，另一类是作为"理论存在条件"的假定。

（一）作为理论逻辑出发点的"假定（设）"与所谓"规律"

现代西方经济学的理论逻辑出发点是一系列假定（设），他们从这些假定（设）出发，经过一系列逻辑推论，获得其理论结论。这是西方经济学的基本方法和哲学理念。例如，消费者行为理论（效用论）中的"边际效用递减假定"和"边际替代率递减假定"，生产理论中的"边际生产力递减假定"等。

然而，国内的一些《西方经济学》教材却将这些"假定（设）"写为"规律"，例如，将"边际效用递减假定"误写为"边际效用递减规律"，将"边际替代率递减假定"误写为"边际替代率递减规律"。

中国学生接受的是辩证唯物主义哲学基础，他们所理解的"规律"是指：客观存在、必然联系和必然趋势。所以，将"假定（设）"误写为"规律"的写法，会导致中国学生和读者产生误解，误认为：西方经济学是从客观规律出发，经过严格的逻辑推导，包括数学推导，得到符合客观规律的结论，因此，误认为，西方经济学描述的是客观规律。实际上，西方经济学不是这种哲学理念，他们的哲学基础不是唯物主义，而是从假定出发的"工具主义"。

西方经济学原著中，有些时间有些地方也会将一些重要的假定（设）叫做"Law"。但是，这里的"Law"与中国学生所理解的"规律"不是一回事。中国学生所理解的"规律"是指客观存在、必然联系和必然趋势。而这里的"Law"表示的是一门学科中的"定律"，即该学科中提出的重要假设，包括验证过的和未验证过的。[①]

为说明西方经济学的理论逻辑出发点是"假定"而不是"规律"，本文现以西方经济学中"效用论"的理论逻辑出发点，即"边际效用递减"和"边际替代率递减"为例。

R. Lipsey 所写的"Economics"（第六版）是一部经典的西方经济学教材，其中，是这样写的："The Hypothesis of Diminishing Marginal Utility"即"边际效用递减假定（设）";[②] "The Hypothesis of Diminishing Marginal Rate of Substitution"即"边际替代率递减假定（设）"[③]。中国经济出版社翻译出版的尼柯尔森所写的《微观经济理论》是一部西方较高水平的微观经济学教材，其中，是这样写的："马歇尔使用的边际效用递减假定解决水—钻石悖论问题。""直观地看，边际效用下降的假定与边际替代率递减的假定显然相关"。[④]

实际上，"边际效用递减假定"和"边际替代率递减假定"，还是一种较为通俗的表达，在西方经济学的原著中，更为专业的表达是"It is assumed that $f(q_1, q_2)$ is continuous，has continuous first - and second - order partial derivatives，and is a regular strictly quasi - concave function",[⑤] 即，"在此假定 $f(q_1, q_2)$ 是连续的，具有连续的一阶和二阶偏导数，并且是一个严格的正则拟凹函数"[⑥]。

类似地，我们还可以论证，作为西方微观经济理论中"生产理论"的理论逻辑出发点的"边际生产力递减"是"假定"而不是"规律"。

---

① Lipsey, *Economics* (Sixth edition), Harper and Row Publishers Inc., p. 74.

② Ibid., p. 132.

③ Ibid., p. 148.

④ 尼柯尔森：《微观经济理论》，中国经济出版社 1999 年版，第 78 页。

⑤ Henderson and Quandt, *Microeconomic Theory* (Third edition), McGrow - Hill Book Company, 1980., p. 8.

⑥ 亨德森、匡特：《中级微观经济理论》，苏通译，北京大学出版社 1988 年版，第 11 页。

综上所述，可见，在《西方经济学》的教材编写中，应该说明，西方经济理论的理论逻辑出发点是一系列假定（设），西方经济理论从这些假定（设）出发，经过一系列逻辑推论，获得其理论结论；因此，西方经济理论叙述的并不是中国学生所理解的"客观经济规律"。

（二）作为理论存在条件的假定与理论适应范围

在西方经济理论中，每个理论都有作为其存在条件的假定，这些作为其存在条件的假定决定了相应理论的适应范围。然而，国内编写的一些《西方经济学》教材忽略了这种理论的假定条件，导致学生和读者不了解相应理论的适应条件，往往将适应于特殊情况的理论误认为是一般理论。下面仅列举两例来说明。

例一，关于微观经济理论中的供求理论。

市场供求理论中的供给曲线是从生产理论和完全竞争厂商均衡理论中推导出来的，而在垄断竞争（不完全竞争）市场、垄断市场和寡头市场上，都没有供给曲线，[①] 市场供求理论也就不适用于垄断竞争（不完全竞争）市场、垄断市场和寡头市场。所以，市场供求理论的首要假定条件是完全竞争市场假定，其适应范围也仅限于完全竞争市场。[②]

实际上在西方经济学的分类中，多数商品市场并非完全竞争市场，例如工业消费品多是垄断竞争市场，大型工业品及航空类服务业等多是寡头市场，能源类则多是垄断市场，这些市场都不能使用供求理论来讨论。只有农副产品市场接近于完全竞争市场，可以使用供求理论来讨论，不过，农副产品市场也日益向垄断竞争市场靠拢。

但是，国内编写的一些《西方经济学》教材，往往将市场供求理论作为第一章，没有说明完全竞争假定是市场供求理论的基本假定前提。在这些教材中，似乎市场供求理论是适应于一切市场条件和商品的、没有限定条件的市场价格决定理论，似乎是统领一切的理论。这就使得学生和读者产生了误解，并常常用这一理论来分析国内外市场上出现的经济现象，而实际上这些市场多不是完全竞争市场。

---

① Lipsey, *Economics*（Sixth edition），Harper and Row Publishers Inc.，p. 245.

② 当然，市场供求理论还存在下列一系列其他主要假定条件，在需求曲线方面有：1. 非"吉芬商品"假定，2. 边际效用递减假定，3. 商品可替代性假定；在供给曲线方面有：1. 新古典生产函数假定，2. 生产要素可替代性假定。

例二，关于国民收入决定模型和乘数理论。

西方宏观经济理论中用最简单的总支出（AE）分析法建立的国民收入均衡模型是：

$$Y_e = \frac{1}{1-c}(C_a + I) \qquad (Y < Y_F)$$

其中，Y_e 表示均衡国民收入，这一均衡只在 $(Y < Y_F)$ 区间内有效。

由上述模型得到的投资乘数为

$$\frac{\partial Y}{\partial I} = \frac{1}{1-c} \qquad (Y < Y_F)$$

这就是西方宏观经济理论的最基本也是最有名的国民收入决定模型和乘数理论。

然而，这一理论有两个关键的基础性假定前提。[①] 第一个基础性假定前提是生产要素未充分利用，即未达到充分就业或者说存在着失业，也即 $Y_e < Y_F$。如果这个前提不存在，即生产要素已充分利用，计划总支出就不能决定国民总产品，均衡条件就失去有效性，上述国民收入决定理论就不能成立。第二个基础性假定前提是储蓄和投资相互独立决定，如果储蓄和投资由同样的因素决定，或者说储蓄能直接转化为投资，上述模型也不能成立。

实际上，这两个基础性假定前提也是整个西方宏观经济理论的存在条件，它们表达的是西方宏观经济理论赖以存在的社会经济制度基础——资本主义生产资料私有制。

然而，国内出版的一些《西方经济学》教材却没有说明这两个基础性假定前提，这就使学生和读者误认为，上述国民收入均衡模型是宏观经济的一般规律，适应于所有的经济状态和经济制度，并以此分析我国的各种阶段的经济现象。

二　关于相关科学知识的误区

经济学作为一门学科不是孤立的，而是与其他学科有着紧密联系的。西方经济学也是这样，它既使用其他学科的内容作为自己的工具，也使用

---

① 参见白暴力、白瑞雪《现代西方经济理论》，经济科学出版社 2010 年版，第 547—549 页。

其他学科的理论作为自己的学科基础。只有了解相关的科学知识，才能真正了解西方经济学的内容。然而，国内出版的一些《西方经济学》教材没有分清西方经济理论和西方经济理论所使用的其他学科的知识。下面仅举两例。

（一）关于欧拉定律与边际生产力理论

在国内出版的一些《西方经济学》教材中，有的学者将欧拉定律与边际生产力理论混为一谈，将欧拉定律说成是边际生产力理论的一部分内容。这在学术上形成了一定的混乱，使学生和读者误认为边际生产力理论是科学的、合理的。实际上，欧拉是 18 世纪的瑞士数学家，"欧拉定律"是数学上的一个定律。一方面，边际生产力理论使用欧拉定律的特殊形式来论证自己的内容；另一方面，一些西方学者则使用欧拉定律来诘难边际生产力理论，而正是欧拉定律所形成的诘难证明了边际生产力理论是不能成立的。

1. 欧拉定律[①]

数学上的欧拉定律的内容是：

对于 k 次齐次函数 $y = f(x_1, x_2, \cdots, x_n)$ ，只要它可微，就有关系式

$$ky = x_1 \frac{\partial f}{\partial x_1} + x_2 \frac{\partial f}{\partial x_2} + \cdots + x_n \frac{\partial f}{\partial x_n} \qquad (2\text{—}1)$$

存在。齐次函数的这个性质称为欧拉定律。这是欧拉定律的一般形式。

对于一次齐次函数，由于 $k = 1$ ，根据欧拉定律，有关系式

$$y = x_1 \frac{\partial f}{\partial x_1} + x_2 \frac{\partial f}{\partial x_2} + \cdots + x_n \frac{\partial f}{\partial x_n} \qquad (2\text{—}2)$$

存在。这是当函数为一次齐函数时欧拉定律的特殊形式。

2. 边际生产力理论中欧拉定律特殊形式的应用

边际生产力理论，借用欧拉定律的特殊形式，试图证明在完全竞争的资本主义经济中不存在剥削。

边际生产力理论假定：生产函数

$$q = f(C, L) \qquad (2\text{—}3)$$

是一次齐次的。根据欧拉定律的特殊形式有

---

① 《关于齐次函数和欧拉定律的介绍》，参见数学手册编写组《数学手册》，高等教育出版社 1979 年版。

$$q = \frac{\partial q}{\partial L}L + \frac{\partial q}{\partial C}C \qquad (2—4)$$

成立。将（2—4）式等号两边同乘以 P，得

$$Pq = P\frac{\partial q}{\partial L}L + P\frac{\partial q}{\partial C}C \qquad (2—5)$$

Pq 是产品的总值（也是厂商的总收入）用 R 来表示。边际生产力理论认为

$$Z = L\left(P\frac{\partial q}{\partial L}\right) , \pi = C\left(P\frac{\partial q}{\partial C}\right) \qquad (2—6)$$

分别是工资和利润。根据（2—5）式，可得

$$R = Z + \pi \qquad (2—7)$$

（2—5）式的含义是：要素的边际产品值总和等于产品总值（厂商总收入），（2—7）式的含义是：要素的收入总和等于产品的总值（厂商总收入）。由此得出的结论是：产品的价值按生产要素的贡献分配，恰好分配完毕，没有剩余。由此边际生产力理论证明完全竞争的资本主义经济中不存在剥削，是合理的。

3. 欧拉定律对边际生产力理论形成的诘难

下面说明在欧拉定律上对边际生产力理论形成的诘难。这些诘难表明了边际生产力理论是不能成立的。

（1）欧拉定律一般形式形成的诘难

边际生产力理论的假定前提是生产函数为一次齐次的。对于这个假定，一些经济学家已经提出批评。[1]

第一个层次的批评是：在一般条件下，生产函数并非齐次的，齐次生产函数只是生产函数的特例。如果生产函数不是齐次的，那么，边际生产力理论就不能成立。因此，在一般条件下，边际生产力理论不能成立。

第二个层次的批评是：退一步，假定生产函数是齐次的，但不是一次齐次的，那么，边际生产力理论就不能成立。因此，在一般条件下，边际生产力理论不能成立。论证如下：

假定，生产函数是 k 次齐次的，根据欧拉定律的一般形式（2—1）

---

① 参见 Asimakopulos, *Microeconomics*, Oxford University Press, 1978。白暴力：《微观经济学》，甘肃人民出版社 1988 年版。蒋中一：《数理经济学的基本方法》，商务印书馆 1999 年版。

式，有

$$kq = L\frac{\partial q}{\partial L} + C\frac{\partial q}{\partial C} \qquad (2—8)$$

将上式等号两边同乘以 P，得

$$kPq = LP\frac{\partial q}{\partial L} + CP\frac{\partial q}{\partial C} \qquad (2—9)$$

将（2—6）式和 $R = Pq$ 代入（2—9）式，得

$$kR = Z + \pi \qquad (2—10)$$

由（2—10）式可以得出以下两个结论，并相应地产生两个问题。

第一，当 $k > 1$ 时，即规模收益递增时，产品总值（即厂商总收入）R 小于工资与正常利润之和。由此产生的问题是：在这种情况下，用什么分配呢？

第二，当 $k < 1$ 时，即规模收益递减时，产品总值（即厂商总收入）R 大于工资和正常利润之和。由此产生的问题是：在这种情况下，就会有剩余。剩余归谁呢？如果归资本家，是不是剥削呢？

这就是使用数学上的欧拉定律一般形式对边际生产力理论所形成的诘难。

（2）欧拉定律特殊形式形成的诘难

还有些经济学家指出：如果生产函数是一次齐次的，那么，作为边际生产力理论第二个内容前提的厂商最大利润二阶条件不能被满足，因而边际生产力理论本身在逻辑上是不完善的，因而是不能成立的。[①] 具体论证如下。

前面已说明，如果生产函数是一次齐次的，根据欧拉定律的特殊形式（2—2）式，有

$$q = Lf_L + Cf_C \qquad (2—11)$$

由此可得

$$\begin{vmatrix} f_{LL} & f_{LC} \\ f_{CL} & f_{CC} \end{vmatrix} = f_{LL}f_{CC} - f_{LC}f_{CL} = \left(-\frac{C}{L}f_{CL}\right)\left(-\frac{L}{C}f_{LC}\right) - f_{LC}f_{CL} = 0$$

$$(2—12)$$

---

① Henderson and Quandt, *Microeconomic Theory* (Third edition), McGrow – Hill Book Company, 1980, p. 109.

而作为边际生产力理论前提的利润函数最大值的二阶条件是海赛行列式

$$\begin{vmatrix} f_{LL} & f_{LC} \\ f_{CL} & f_{CC} \end{vmatrix} > 0 \qquad (2\text{—}13)$$

由此可见，如果生产函数是一次齐次的，就不能满足作为边际生产力理论第二个内容前提的利润最大化的二阶条件，因而边际生产力理论在逻辑上是无法自身完善的。

这是在欧拉定律的特殊形式基础上对边际生产力理论所产生的诘难。

根据以上在欧拉定律基础上产生的诘难，可以看到：如果生产函数不是一次齐次的，边际生产力理论不能成立；如果生产函数是一次齐次的，边际生产力理论也不能成立。

总之，欧拉定律是数学上的一个定律，而不是边际生产力理论的一部分内容，而且，实际上，边际生产力理论使用欧拉定律的特殊形式来论证自己的内容的做法，是失败的，正是欧拉定律所形成的诘难证明了边际生产力理论是不能成立的。因此，国内出版的一些《西方经济学》教材，将欧拉定律与边际生产力理论混为一谈的写法，是需要更正的。

（二）关于西方经济理论的自然科学基础

西方经济理论是有其自然科学基础的，其自然科学基础是物理学中的力学，并且主要是牛顿力学即经典力学（或称古典力学）。西方经济理论形成时期，在物理学界，正是牛顿力学兴盛时期。西方经济理论使用了经典力学的基本范畴作为自己的基本工具范畴，并将这种状况保持至今。

在物理学中，如果一个物体当一个力作用其上时发生变形，当这个作用力撤去后又恢复原状，那么，就说该物体是"弹性"的。西方经济理论引入这一范畴来分析商品需求的特性：将价格作为影响商品需求量的"力"，较高的价格，将需求量压到较低的数量，需求的价格弹性就是用来度量作为作用力的价格使需求量"变形"的程度。同理，需求的收入弹性就是用来度量作为作用力的收入使需求量"变形"的程度。需求的交叉弹性就是用来度量作为作用力的相关商品价格使需求量"变形"的程度。在西方经济理论中，这种分析也用于商品供给、货币和资本的市场特性分析等各个方面。

在物理学中，"均衡"是指在没有外力作用下一个系统或系统中物体所处的状态，并将这种状态作为常态来分析物体或系统的状态。西方经济理论引入这一范畴来分析微观经济主体与市场、宏观经济主体与市场的状态，并将其看做是常态：在微观经济学中，在没有外力作用下，消费者的状态是最大效用，这是消费者均衡，看作消费者的常态；在没有外力作用下，厂商的状态是最大利润，这是厂商均衡，看作厂商的常态；在没有外力作用下，市场处于供求相等的状态，这是市场均衡，看作市场的常态。在宏观经济学中也是这样。

同样，西方经济理论中的均衡变化、均衡稳定等分析，也都是从物理学中经典力学引入的，这里就不再一一说明。

到了 20 世纪上半叶，物理学出现了飞跃性的发展，产生了量子力学、相对论、量子电动力学等一系列新的理论，物理学发展到了一个新的阶段。但是，西方经济理论的自然科学基础没有跟上物理学的发展，依然囿于古典力学之中。另一方面，物理学中，除了力学之外，还有电学、光学、热学、声学等；自然科学中，不仅有物理学，还有化学、生物学、天文学等。在 21 世纪的今天，西方经济理论仍然仅以古典力学作为其学科的自然科学基础，这就使得用它来分析社会经济现象具有很大局限性。

国内出版的一些《西方经济学》教材，没有说明西方经济理论的自然科学基础，因而，也没有据此说明西方经济理论的局限性，不能使学生和读者对西方经济学有全面的了解。

三　关于体系结构的误区

西方经济学力图构建一个完整的理论体系，每一内容形成整个理论体系的一个构成部分，以达成其理论目的。而这种理论目的往往具有很强的意识形态性。国内出版的一些《西方经济学》教材，虽然涉及了当代西方经济理论的各方面内容，但是，不能准确系统地反映西方经济理论体系结构的原形，也就无法表达西方经济理论各部分内容的学术作用及其本来目的，从而遮隐去了其意识形态性。下面仅举两例来说明。

（一）关于完全竞争市场的基本内容和理论体系

微观经济理论中关于完全竞争市场的基本内容和理论体系，可以用图

3—1 来表示。①

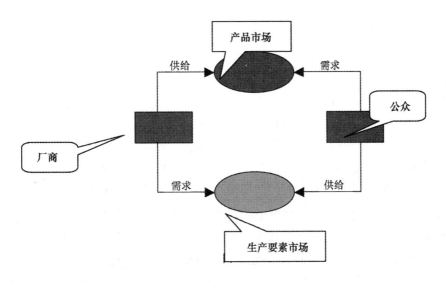

图 3—1

图 3—1 中，公众和厂商是市场参与者，产品市场和生产要素市场是两类基本市场，对这两类市场参与者和两类市场的研究便构成微观经济理论的主要内容。第一，公众作为消费者对产品市场构成需求，这个过程由消费者行为理论和市场需求理论构成，推导出市场需求曲线。第二，厂商作为生产者对产品市场构成供给，这个过程由生产理论、厂商行为理论和市场供给理论构成，推导出市场供给曲线。第三，市场需求与市场供给在产品市场上相互作用，使用需求曲线和供给曲线，说明产品市场价格与产量均衡的决定、变化和稳定，这是产品市场均衡理论。第四，公众作为生产要素所有者对生产要素构成供给，厂商则构成生产要素的需求，生产要素的供给与需求在生产要素市场上相互作用，决定生产要素的价格，同时也决定收入分配。第四个内容是生产要素价格决定与收入分配理论。

可见，在西方经济理论中，消费者行为理论和市场需求理论的学术作用和目的，在于推导出市场需求曲线；生产理论、厂商行为理论和市场供给理论的学术作用和目的，在于推导出市场供给曲线；然后，由需求曲线

---

① 萨缪尔森：《经济学》（第 16 版），机械工业出版社 1998 年版，第 30 页。

和供给曲线，说明产品市场价格与产量均衡的决定和变化。

所有这些理论内容有一个重要的意识形态目的：构建一个价格（价值）理论，由此论证资本主义市场经济的优越性，并对抗马克思的劳动价值学说。这些理论中的一切假定和各种方法都是为这一目的服务的。因此，实际上，消费者行为理论、生产理论、厂商行为理论的学术作用和目的，并不在于对消费行为和生产过程进行分析。

国内出版的一些《西方经济学》教材，虽然介绍了消费者行为理论、生产理论、厂商行为理论和市场供求理论的内容，但是，没有强调它们之间的内在关系和理论脉络，没有说明它们所构成的学术体系，没有说明消费者行为理论、生产理论和厂商行为理论等的学术作用和目的。在这些教材中，篇章结构往往是这样设定的：市场供求理论；消费者行为理论；生产理论；厂商理论。这样，似乎市场供求理论就是分析市场价格决定，消费行为理论（效用论）的目的就是分析消费者的行为规律，生产理论的目的就是分析生产过程的规律，而完全竞争厂商均衡论的目的就是分析厂商的行为规律。

这样就会使得学生和读者不能真正了解西方经济理论及其意识形态性，并且，误认为西方经济理论是以直接指导消费和生产为目的的，从而往往试图直接将这些理论运用到对我国的经济运行和经济改革的分析研究之中。

（二）关于"弹性"

西方经济学中"弹性"这个概念，是用来表示各种函数和曲线性质的。需求函数（曲线）和供给函数（曲线）弹性的学术作用，在于讨论市场均衡价格的时径 P_t（价格变化的时间轨迹）和稳定性。正是这一讨论，说明了完全竞争市场在许多条件下是不稳定的，说明了市场经济缺乏稳定性，说明了市场失效。例如，使用需求弹性和供给弹性概念所建立的蛛网模型[①]

$$P_t = (P_0 - P_e) \left(\frac{\eta}{\varepsilon} \right)^t + P_e$$

---

① Henderson and Quandt, *Microeconomic Theory* (Third edition), McGrow - Hill Book Company, 1980, p. 16.

说明：只要供给曲线的弹性 η 大于需求曲线的弹性 ε，市场价格 P_t 就是不稳定的，就不会收敛于均衡价格 P_e。

然而，国内出版的一些《西方经济学》教材，一方面，将弹性作为一个独立的理论来介绍；另一方面，却不介绍由弹性概念所讨论的市场均衡价格的稳定性问题，甚至不介绍简单的稳定性模型——蛛网模型。

实际上，在西方经济学中，"弹性"不是一个独立理论，而是用来表示各种函数和曲线性质的概念，需求弹性和供给弹性，是用来说明市场均衡价格稳定条件和不稳定情况的。

在西方经济学中，由需求曲线和供给曲线所说明的市场均衡，也只说明了均衡的存在，并不说明市场价格的运动轨迹 P_t 和稳定与否，对于现实市场价格运动没有实际应用意义。如果只讲到此，这一理论仅具有意识形态意义。

西方经济理论中，使用需求弹性和供给弹性阐述的"市场均衡的稳定"理论，包含蛛网模型，对于现实市场价格运动 P_t 的分析才具有一定实际应用意义，这一理论说明市场价格运动的时间轨迹，说明市场价格在什么条件下是稳定的，什么条件下是不稳定的，说明市场失效，还说明对于不同的商品市场需要采用不同的微观经济政策。

因此，如果，仅仅讲市场均衡，而不讲"市场均衡的稳定"这一内容，就会使学生和读者误以为市场均衡说明了市场价格的运动规律，不了解西方经济学所描述的市场价格运动规律，误以为市场是万能的，形成对市场的盲目意识形态崇拜。

总之，国内出版的一些《西方经济学》教材中存在着一些理解误区，这些误区没有准确介绍西方经济理论的本来内容，从而有助于形成对西方经济学盲目的意识形态崇拜。克服这些误区，将有利于对西方经济理论的进一步系统介绍和深刻分析，有利于经济学教学和研究的进一步健康发展。

（原载《高校理论战线》2011 年第 10 期）

现代西方经济学的性质、研究对象和研究方法:一个批判性的评论

刘艳龙　　丁堡骏

马克思将西方资产阶级经济学发展和演变的历史划分为古典经济学和庸俗经济学两个历史时期,这是马克思主义经典作家运用唯物史观分析资本主义社会经济思想所得出的基本结论。尽管现代西方经济学家在研究对象和研究方法上一再地将其装饰成科学,然而,现代西方经济学无论是从研究对象还是从研究方法上看,其庸俗本质并没有改变,只是更加隐蔽和更具有欺骗性。

一　现代西方经济学的庸俗性质

马克思将资产阶级经济学演变历史过程划分为两个基本阶段:古典政治经济学和庸俗政治经济学。马克思在《资本论》第二版跋中明确写道:"1830 年,最终决定一切的危机发生了。法国和英国的资产阶级夺得了政权。从那时起,阶级斗争在实践方面和理论方面采取了日益鲜明的和带有威胁性的形式。它敲响了科学的资产阶级经济学的丧钟。现在问题不再是这个或那个原理是否正确,而是它对资本有利还是有害,方便还是不方便,违背警章还是不违背警章。不偏不倚的研究让位于豢养的文丐的争斗,公正无私的科学探讨让位于辩护士的坏心恶意。"① 可见,马克思将1830 年或者更准确一些说是英法资产阶级夺取政权的时间,看做是古典政治经济学和庸俗经济学的分水岭。资产阶级经济学从工场手工业时期产生、发展直到 1830 年这个时期达到了它的巅峰,这是古典政治经济学时

---

① 《资本论》(第 1 卷),人民出版社 1975 年版,第 19 页。

期。在此以后的资产阶级经济学就是庸俗经济学。

19 世纪后期，经济学家们沿用了马克思的褒义的古典经济学的称谓，而当然地拒绝了庸俗经济学的说法。他们不能接受资产阶级经济学已经转化为庸俗经济学的事实。他们将 18 世纪末期开始从古典经济学中分离出来并继续发展的庸俗经济学，看成是对以斯密和李嘉图学说为核心的古典经济学的发展。

他们将马歇尔的经济学说看做是新古典学派，而将马歇尔以前的边际主义看做是马歇尔新古典经济学范式重要的、带有标志性的组成部分，因而将其纳入了新古典学派。因而和新古典学派相对应的古典学派，自然就是将斯密和李嘉图的学说看成是古典经济学的典型体系，将 18 世纪末期开始从古典经济学中分离出来的并继续发展的庸俗经济学看成是古典经济学。可见，资产阶级经济学家出于本能而顽强地拒绝了庸俗经济学的称谓。

凯恩斯在《就业、利息和货币通论》中在否定前人理论时，扩大了古典经济学范围。凯恩斯写道："'古典经济学者'是马克思所首创的名词，用以泛指李嘉图和詹姆斯·穆勒以及他们的前辈们。这就是说，泛指集大成于李嘉图经济学的古典理论的那些创始人。我已经习惯于在'古典学派'中纳入李嘉图的追随者，即那些接受李嘉图经济学并加以完善化的人，包括（例如）J. S. 穆勒、马歇尔、埃奇沃思以及庇古教授。我这样做，也许犯了用语不当的错误。"① 可见，凯恩斯仍沿用了马克思"古典经济学"这一名词，但他没有接受马克思关于古典经济学和庸俗经济学划分依据，本能地抛弃了庸俗经济学概念。冒着犯"用语不当错误"的风险，凯恩斯将马克思看做是庸俗经济学的 J. S. 穆勒、马歇尔、埃奇沃思和庇古等提到名字的经济学家都列入到了"古典经济学"范畴。当然也意味着，那些没有提到名字的经济学家，如马尔萨斯、詹姆斯·穆勒、麦克库洛赫、西尼尔等也都被凯恩斯列入了该范畴。可见，在凯恩斯那里，"古典经济学"范畴是相当宽泛的。他把古典经济学界定为"从李嘉图的前辈起到他的剑桥老师及同事，这一整串的英国资产阶级经济学家"②。

如果说在凯恩斯那里没有拿出新的依据，只是冒着犯"用语不当的错

---

① 约翰·梅纳德·凯恩斯：《就业、利息和货币通论》，商务印书馆 1999 年版，第 7 页。
② 陈岱孙：《英国古典政治经济学》，载《陈岱孙文集》，北京大学出版社 1989 年版，第 935 页。

误"的风险，人为地硬性扩大了古典经济学的范围，那么，萨缪尔森则完全不同，他根据另外的标准重新解释了"古典经济学"的含义。萨缪尔森写道："用现代经济学语言来讲，我们将那种强调经济中自我矫正力量的学说称为古典理论；古典宏观经济思想植根于亚当·斯密（1776 年）、J. B. 萨伊（1803 年）和约翰·斯图亚特·穆勒（1848 年）的著作。"①可见，萨缪尔森所谓的"古典经济学"和"非古典经济学"（即新古典经济学及现代经济学）的区别在于，是否"强调经济中自我矫正力量"。他将所有的"强调经济中自我矫正力量"经济学都称为古典经济学。

在萨缪尔森以后，资产阶级经济学者在撰写经济思想史时，一般都将古典经济学界定为从亚当·斯密开始，经过李嘉图及其弟子们的发展，到1870 年结束；而将 1871 年边际效用学派的兴起，看做是新古典经济学的开始，新古典经济学核心是以马歇尔均衡价格论和瓦尔拉斯一般均衡理论。1936 年凯恩斯《通论》出版，标志着现代经济学的产生。如《经济理论和方法史》一书认为："从 1776—1870 年期间，这是一个经济分析的高产时代，现在人们称之为古典时期。"② 而另外一本《经济思想史》中也有相同的论述："古典学派开始于 1776 年亚当·斯密《国富论》的出版，结束于 1871 年 W. 斯坦利·杰文斯、卡尔·门格尔与里昂·瓦尔拉各自出版了阐释新古典理论的著作。"③ 他们认为："边际主义者有助于抵制马克思主义对无产阶级革命的召唤。"④

不难看出，从边际效用学派开始的新古典经济学的主要任务是反对马克思主义经济学，为资产阶级辩护，反映的是在资产阶级掌握政权以后的资产阶级的意识形态。正如《现代经济思想的渊源与演进》一书所说："回顾 19 世纪 70 年代及其后的经济学发展历程，我们发现，与其说经济思想被接受是因为它正确，被拒绝是因为它错误，不如说被接受因为它有用，被拒绝因为它不再有用。"⑤ 这正是上文所述的马克思在一百多年前所

---

① 保罗·萨缪尔森、威廉·诺德豪斯：《经济学》（第十六版），华夏出版社 1999 年版，第502 页。

② 小罗伯特·B. 埃克伦德、罗伯特·F. 赫伯特：《经济理论和方法史》，中国人民大学出版社 2001 年版，第 80 页。

③ 斯坦利·L. 布鲁：《经济思想史》，机械工业出版社 2003 年版，第 38 页。

④ 同上书，第 156 页。

⑤ 丹尼尔·R. 福斯菲尔德：《现代经济思想的渊源与演进》，上海财经大学出版社 2003 年版，第 143 页。

得出的结论："现在问题不再是这个或那个原理是否正确，而是它对资本有利还是有害，方便还是不方便，违背警章还是不违背警章。"从这个意义上看，开始于边际效用学派的新古典经济学依然是庸俗经济学。

因此，英国剑桥派经济学家、凯恩斯、萨缪尔森以及现代西方经济学思想史学者，虽然他们之间对如何界定古典经济学的范围都存在着这样或那样的差别，但他们有一个共同的特征：就是出于本能地否定了马克思关于古典经济学和庸俗经济学划分的依据，进而拒绝了马克思庸俗经济学的说法。

在这里，我们在坚持马克思的古典经济学与庸俗经济学划分的基础上，进一步将庸俗经济学划分为：早期庸俗经济学，即从 1830 年到 19 世纪中期；近代庸俗经济学，即从 19 世纪后期边际效用学派兴起到凯恩斯之前；现代庸俗经济学，凯恩斯《通论》发表到现在。我们认为现代西方经济学是庸俗经济学，并不是说其一无是处，而是指其从本质上、整体上是庸俗的，依然是在为资本主义制度辩护。但是，我们不否认现代西方经济学在关于市场经济具体运行的某些细节方面有一定科学成分，值得我们借鉴。

二　国内学者关于现代西方经济学性质看法的述评

1. 以陈岱孙为代表的老一辈经济学家的看法

在改革开放前和改革开放后一个较长的时期，我国经济学界以陈岱孙先生为代表的经济思想史学家都较严格地秉承了马克思关于西方资产阶级经济思想史分期理论。坚持了将以斯密和李嘉图为代表的以劳动价值论为基础的截止于 1830 年的资产阶级经济理论称为古典经济学。坚持了 1830年以后的资产阶级经济学包括现代西方经济学是庸俗经济学的基本判断。

2. 晏智杰为庸俗经济学翻案

晏智杰用"西方主要资本主义国家一百多年来经济的巨大发展和成就"来反推西方经济学思想史，对马克思关于庸俗经济学的论断提出了以下三点质疑：[1]"传统观念中的庸俗经济学果真同科学无缘吗？"晏智杰认为以往对萨伊、马尔萨斯、西尼尔和德国历史学派的看法存在片面和不妥，这些庸俗经济学对经济学的贡献是主要的；"传统观念中的庸俗经济学在研究方法论上一无是处吗？"晏智杰认为："以往的看法总是过头：否

---

① 晏智杰：《古典经济学》，北京大学出版社 1998 年版，第 13 页。

认描述现象的科学价值，否认经验归纳的必要性，否认经济生活中存在
'一般的'规律性。由此出发，必然低估甚至完全抹杀所谓'庸俗经济
学'在方法论上的历史贡献，同时又必然不恰当地抬高抽象演绎法的意
义，满足于高度抽象的据说是揭示了事物本质和规律性的理论，将本来异
常丰富、生动的'一般'与'特殊'、'本质'与'现象'辩证统一的思
想发展过程，简单化为生硬干瘪的教条集成。""就传统观念中的庸俗经济
学的社会作用来说，问题更明显了。诚然，他们是为资本主义唱赞歌，一
般来说也不同情劳动人民，能否因为这一点就对之一笔抹杀甚至'批倒批
臭'呢？显然不应如此简单化地认识和处理这个问题。"① 在提出上述质疑
后，晏智杰认为："对西方经济学的传统划分是难以成立了。"并进一步认
为马克思的关于古典经济学和庸俗经济学的划分是基于以下两点："第一，
资产阶级经济学是否科学，就要看（或者从根本上说）他怎样对待这个即
将崩溃的资本主义制度。……第二，资产阶级经济学即将完结，不仅古典
派的丧钟在 1830 年英法资产阶级取得政权之际已经响了，而且庸俗派的
丧钟此后不久也已经敲响了。而这两个丧钟之所以都已响起来，盖因资本
主义制度的丧钟就要响了。"② 据此得出结论：马克思的语言和论断有历史
局限性、过于激进。因此，"放弃有关资产阶级经济学丧钟已响的估计，
放弃古典派和庸俗派的划分，重新确立判断标准和划分的依据，就是非常
必要和应该的了"③。然后晏智杰先生提出了自己的生产力标准和依据，即
"判断某种经济学说是否科学，或者科学性的多少，应该视其是否反映或
符合社会生产力发展的要求"④。在否定了马克思的标准，进而提出自己的
划分标准以后，晏智杰先生将西方经济学划分为：前古典阶段、古典和新
古典阶段、现代阶段，并指出："这里所说的'古典阶段'同传统观念所
谓的'古典派'已是含义迥异、截然不同了。"

晏智杰通过歪曲马克思关于资产阶级经济学分期的划分标准，为庸俗
经济学翻案，进而为庸俗经济学家招魂，彻底沦落为庸俗经济学的辩护
士，比起为资本主义制度辩护的庸俗经济学家更加庸俗了一步。首先，晏
智杰先生为给庸俗经济学翻案，任意歪曲马克思关于古典经济学和庸俗经

---

① 晏智杰：《古典经济学》，北京大学出版社 1998 年版，第 14 页。
② 同上书，第 15 页。
③ 同上书，第 16 页。
④ 同上书，第 17 页。

济学的划分标准。马克思在区分古典经济学和庸俗经济学时，强调的是：在资产阶级处于上升时期的时候，封建地主阶级与资产阶级之间的矛盾是社会主要矛盾，资产阶级经济学在整体上反映了相对于封建地主阶级来说的先进的资产阶级的意识形态，因而从历史唯物主义的角度看，其科学性是主要的，而其庸俗成分则是次要的；在资产阶级掌握政权以后，无产阶级与资产阶级之间的矛盾上升为社会主要矛盾，资产阶级经济学的主要任务不再是反对封建地主阶级，而是反对先进的无产阶级及作为无产阶级意识形态的马克思主义经济学，其庸俗性是主要的，而科学成分则是次要的。至于庸俗经济学的不占主导的科学成分、个别分析技巧等并不能改变其为资本主义这个相对于无产阶级来说落后的制度的辩护性质。而要论庸俗经济学对社会的作用，那就更加明了，即为社会中的资产阶级服务。其次，晏智杰先生从形而上学的角度确立了其划分西方经济学的标准，即生产力标准。生产力与生产关系的辩证统一是历史唯物主义的基本要求，晏智杰先生只要其一，而将生产关系排除在外，进而以此为依据重新划分西方经济学。这本身就是一种倒退的、一种庸俗化的做法，即对自己有用的保留、不利的剔除。马克思的划分标准就已经包含了生产力标准，无产阶级与资产阶级联合起来反对封建阶级代表了先进生产力，晏智杰的生产力标准是庸俗的。综上所述，晏智杰先生对马克思的质疑及其所确立的划分西方经济学的新标准是站不住脚的，其为庸俗经济学所作的辩护如同"引魂幡"一样，加速了庸俗经济学走向"地狱"。

3. 高鸿业的疑惑和辩解

高鸿业曾对资产阶级经济学进行了分期，他指出"资产阶级经济学从它的产生一直到现在，经历了重商主义、古典经济学、庸俗经济学和庸俗经济学以后这四个阶段"[①]。其中，庸俗经济学从 1830 年开始，这继承了马克思的观点，但庸俗经济学与庸俗经济学以后两个阶段之间的界限，高鸿业教授并没有给出明确的说法。然而，我们从其后面的论述中能看出其中端倪："那时的庸俗经济学主要在于反对空想社会主义。当《资本论》第一卷于 1867 年出版以后，从 19 世纪 70 年代开始，西方经济学的任务之一便是反对马克思主义，成为马克思主义政治经济学的对立面。"[②] 从这里

---

① 高鸿业、吴易风：《现代西方经济学》（上册），经济科学出版社 1988 年版，第 3 页。

② 同上。

我们可以看出高鸿业教授将 1870 年以后的西方经济学看做是庸俗经济学以后。高鸿业教授如何认识庸俗经济学？又如何认识所谓"庸俗经济学以后"？

高鸿业教授引证马克思对庸俗经济学的有关论证，将"马克思所指出的庸俗经济学"的特点概括为三个方面：第一，庸俗经济学停留于研究事物的表面现象。第二，庸俗经济学只不过把资本主义市场上的成规、行话、生意经和经营法则用经济学术语系统地表述出来。第三，庸俗经济学的目的在于为资本主义制度辩护。① 在此之后，高鸿业认为，"根据上述三点，马克思对庸俗经济学的特点的论述无疑是正确的"。高鸿业继续论证道："既然萨缪尔森《经济学》是一本在一定程度上带有庸俗经济学性质的著作，既然庸俗经济学又属于非科学范围之内，那么，关于《经济学》的个别概念、论点和方法有值得借鉴之处的说法是否与马克思所指出的庸俗经济学的三个特点相冲突？"对于这个问题，高鸿业自己回答道："我们认为，冲突并不存在。因为《经济学》的内容并不全是庸俗经济学。退一步说，即使他的全部内容都是庸俗的，这也不能否定《经济学》中的个别概念、论点和方法的有用之处。"②

首先，高先生所谓的"全部内容都是庸俗的"，是否包括《经济学》中的个别概念、论点和方法？如果包括，那么就可以认定《经济学》中的个别概念、论点和方法都是庸俗的。庸俗的就是和科学背道而驰的，而和科学背道而驰的对科学研究来说就是无用的，这是最基本的科学研究是非标准。可见，"即使他的全部内容都是庸俗的，这也不能否定《经济学》中的个别概念、论点和方法的有用之处"的说法的逻辑混乱是显而易见的。撇开这一点不说，我们再来看高鸿业提出问题的方法。高鸿业首先肯定"马克思指出的庸俗经济学的特点的论述无疑是正确的"，然后高鸿业又认为萨缪尔森的《经济学》具有庸俗经济学性质，最后根据不完全是庸俗经济学，得出结论：萨缪尔森的《经济学》中的"个别概念、论点和方法的有用之处"。这里问题关键就在于高鸿业教授对萨缪尔森《经济学》是怎么评价的。换言之，这里问题的关键在于，高鸿业教授作判断"萨缪尔森《经济学》是一本在一定程度上带有庸俗经济学性质的著作"和

---

① 高鸿业：《评萨缪尔森〈经济学〉》，中国人民大学出版社 1998 年版，第 122—123 页。
② 同上书，第 124 页。

"《经济学》的内容并不全是庸俗经济学"的根据是什么？

高鸿业没有抓住马克思划分古典经济学和庸俗经济学的精神实质，还只停留在摘录语录、教条式地理解马克思关于庸俗经济学的论述。事实上，马克思划分古典经济学和庸俗经济学是生产力与生产关系、经济基础与上层建筑原理的具体应用。经济学是属于上层建筑和意识形态的范畴，古典经济学反映了资本主义产生、发展和上升阶段的资产阶级意识形态，主要任务是反对封建地主阶级的意识形态，是当时社会经济客观现实的反映。而当英法资产阶级掌握政权以后，工人阶级与资产阶级的矛盾代替资产阶级与封建阶级的矛盾上升为主要矛盾，资产阶级经济学作为资产阶级的意识形态主要任务是反对代表工人阶级利益的空想社会主义和马克思主义，为资本主义制度辩护。按照马克思运用生产力与生产关系、经济基础与上层建筑基本原理对资产阶级经济学所做的划分，庸俗经济学是一种客观存在。1830 年以后的资产阶级经济学在本质上都是庸俗经济学，只是其庸俗化的形式不同而已。高鸿业教授一方面认为马克思对庸俗经济学的描述是正确的，萨缪尔森的《经济学》中有马克思所描述的庸俗成分，从而部分是庸俗的；而另一方面高鸿业又认为萨缪尔森的《经济学》中除了庸俗部分以外还有部分是科学的。那么，萨缪尔森的《经济学》中到底有多大比例是庸俗的，又有多大比例是科学的？这完全依赖于高鸿业教授自己主观上是怎么认为的。而萨缪尔森的《经济学》作为资产阶级经济学就是庸俗经济学。如果为了证明萨缪尔森《经济学》中的"个别概念、论点和方法的有用之处"，就部分承认其庸俗性质，这本身就是一种庸俗化。萨缪尔森《经济学》从整体上是庸俗经济学并没有否认其"个别概念、论点和方法的有用之处"。

三　现代西方经济学研究对象的批判

现代西方经济学所普遍接受的研究对象是英国经济学家罗宾斯在《经济科学的性质和意义》一书中的界定，他认为："经济科学研究的是人类行为在配置稀缺手段时所表现的形式。……经济学是把人类行为当作目的与具有各种不同用途的稀缺手段之间的一种关系来研究的科学。"① 这一规

---

① 莱昂内尔·罗宾斯：《经济科学的性质和意义》，商务印书馆 2000 年版，第 19—20 页。

定到今天一直是现代资产阶级经济学教科书中普遍认可的观点，如美国经济学家曼昆在其最新出版的教科书《经济学原理》中写道："经济学研究社会如何管理自己的稀缺资源。"① 然而，现代资产阶级经济学各流派关于研究对象也存在一些争论，焦点主要集中于：在资源配置问题以外，要不要研究其他问题。如布坎南认为："我建议将此人类关系制度引进经济学家的研究范围，广泛地包括集体制度和私人制度。"② 并且，布坎南对罗宾斯的观点提出了批评，认为罗宾斯把经济学："变成一种比较简单的求最大值的应用计算技术……如果经济学没有比这更多的事情可做，我们最好就把经济学研究完全交给应用数学家。"③

自从资产阶级掌握政权以后，资产阶级经济学的任务明确为两个方面：一是为资本主义制度辩护；二是对资本主义市场经济运行做出理论解释并进行指导。在自身的不断发展和完善过程中，现代西方经济学将上述的两个任务很好地结合在一起，并且在表面上淡化其阶级辩护性，从而更有欺骗性，使得很多人特别是青年学生容易将其看做是科学的经济学理论。西方经济学的具体做法就是将抽象的资源配置问题作为经济学的研究对象，然后在理性的经济人假定基础上论证了资本主义市场经济在资源配置上最有效率，以此证明资本主义生产方式是自然的、永恒的。

实际上，问题的关键不在于是否研究资源配置，而是如何研究资源配置问题。资源稀缺及其有效配置问题在人类所经历的所有生产方式中都存在，每一种生产方式下的资源配置都结合了与该生产方式相适应的生产关系，从而表现出不同的特点。例如，原始社会极低的生产力所决定的原始社会生产方式下的资源配置方式只能是共同劳动、共享劳动果实；奴隶社会生产方式下的资源配置只能是由拥有生产资料和奴隶自身的奴隶主来安排生产和分配；封建社会生产方式只能由掌握土地的封建主来主导资源配置；资本主义生产方式下拥有资本的资本家是资源配置的主导方面，而工人处于从属地位。现代西方经济学排除了生产关系、单纯地研究抽象的"经济人"如何配置资源，目的在于否认资本主义生产方式下资源配置中的对抗性质，进而否认其历史阶段性。事实上，西方经济学并没有真正的

---

① 曼昆：《经济学原理》（微观经济学分册），北京大学出版社2006年版，第3页。
② 詹姆斯·M. 布坎南：《经济学家应该做什么》，西南财经大学出版社1988年版，第4页。
③ 同上书，第7—8页。

研究过资源配置。而马克思主义经济学则是在把每一种生产方式都看作是一个历史阶段的基础上、结合与该生产方式相适应的生产关系和交换关系来研究资源配置问题。

四　现代西方经济学研究方法的批判

谈到现代西方经济学的研究方法，我们不能忽略现代西方经济学两个重要人物的著作：一是萨缪尔森的《经济分析基础》；二是弗里德曼的《实证经济学方法论》。萨缪尔森的《经济分析基础》一书奠定了数学在现代西方经济学中的应用基础；而弗里德曼的《实证经济学方论》一文则为现代西方经济学中的实证研究开了先河。

在现代西方经济学发展过程中，为使其在形式上更接近于自然科学，模仿物理学、化学等自然科学大量应用数学方法和统计方法，并且在计算机技术兴起以后，又开发出了计量分析软件、计算机模拟仿真系统以及实验经济学等，再加上原有的资产阶级经济学传统的均衡分析法、边际分析法、实证分析法等，可以说现代资产阶级经济学的分析和研究方法多种多样、琳琅满目。我们应该承认的是，在具体的分析工具方面，现代资产阶级经济学的确要比马克思主义经济学丰富得多，也不可否认其取得了一定的成就：大量应用数学语言表述经济理论，使其逻辑上更严谨；注重统计数据的应用，使其部分理论更具有事实依据；在指导经济实践活动方面，更能提出一些具体的建议。

但是，我们更应该看到现代西方经济学的研究方法有着其先天的缺陷：没有历史唯物主义的世界观，没有唯物辩证法的科学方法论，在把资本主义生产方式看作自然的、永恒的生产方式的基础上，通过一些表述工具的创新来使其表面上看起来更像科学，然而却掩盖不了其阶级辩护性和内容的肤浅性。马克思在《资本论》中对庸俗经济学的批判在这里依然适用："在这里，我断然指出，我所说的古典政治经济学，是指从威廉·配第以来的一切这样的经济学，这种经济学与庸俗经济学相反，研究了资产阶级生产关系的内部联系。而庸俗经济学却只是在表面的联系内兜圈子，他为了对可以说是最粗浅的现象作出似是而非的解释，为了适应资产阶级的日常需要，一再反复咀嚼科学的经济学早就提供的材料。在其他方面，庸俗经济学则只限于把资产阶级生产当事人关于他们自己的最美好世界的陈腐而自负的看法加以系统化,赋以学究气味,并且宣布为永恒真理。"①
翻开现代西方经济学的高级微观经济学、高级宏观经济学、高级计量经济
学,我们看到几乎所有的内容都是数学,已经没有多少经济学理论。许多
数学工具的应用需要有严格的前提和假定。现代西方经济学为了披上数学
这件科学的外衣,不顾事实的客观性和理论的科学性,胡乱地设置假定以
达到其应用数学的目的。我们仅举一例,即可看出端倪。在所有西方经济
学教材里都要讲到的关于消费者偏好的特征和属性,为了构造消费者无差
异曲线,现代西方经济学家将偏好假定为:完备性、非饱和性、传递性和
反身性。事实上,由于偏好本身是主观的、不可验证的,又何谈上面的几
条性质。再深入分析,我们会发现上述假定不过是数学里关于不等式的假
定而已。

数学是一个非常有用的工具,但其能否被科学地应用在经济学研究
中,则取决于经济学理论本身是否是科学。如果理论本身是庸俗的,胡乱
地应用数学并不能使其转变为科学,至多是伪装成科学。

(原载《当代经济研究》2011 年第 10 期)

---

① 《马克思恩格斯全集》(第 44 卷),人民出版社 2001 年版,第 99 页。

工资上涨与通货膨胀之间没有
必然的联系

——从中国的"刘易斯拐点"说起

余　斌

一　中国的"刘易斯拐点"说明什么

2011 年中国"两会"期间，一位学者型人大代表引用诺贝尔经济学奖得主刘易斯的说法，称中国正面临一个劳动力从过剩到短缺的转折点即"刘易斯拐点"。这可能意味着，中国经济享受人口红利的时代过去了，"用工荒"将是"十二五"时期面临的一个重大挑战。① 美国媒体迅速接过上述中国学者的话柄声称，中国正在进入刘易斯拐点，工资将大幅上涨，继而认为随着价格上涨的中国商品出口至全球各地，通胀可能成为一个令全球担忧的问题，来自中国的产品价格上涨将使世界各国不得不接受新的中国价格。②

明明是国际垄断金融资本集团掌控的以美国为首的西方国家趁国际金融危机之机大肆发放本身并无价值的美元、欧元、日元等纸币掠夺世界人民，并在中东和北非制造骚乱和实行军事侵略导致国际油价大涨，而引发全球性通货膨胀，西方媒体却和国内学界相配合把这场通货膨胀的罪责归结到中国农民工要涨工资，让世界人民放过真正的罪魁，而把板子打在中国人民的身上。

实际上，关于中国的刘易斯拐点说并不成立。中国的人口每年仍在增

① 《"拐点论"困扰中国经济》，http://news.163.com/11/0330/03/70C7DQ9T00014AED.html。
② 《美媒称中国正在进入刘易斯拐点 工资将大幅上涨》，http://finance.ifeng.com/news/20110329/3776838.shtml。

长数百万人。人力资源和社会保障部部长尹蔚民也表示，中国"十二五"期间就业市场总体看仍是"供大于求"。据预测，我国"十二五"期间每年城镇需要安排的劳动力大约在2500万人，而目前每年城镇能够安排的劳动力就业大约1200万人，仍有1000多万人的就业缺口。而且我国现在尚有一亿农民需转移就业。①

另一方面，中国的农民工工资上涨不是刘易斯所谓农村剩余劳动力减少的结果，而主要是农村剩余劳动力长期滞留城市的结果。随着中国农民不再以农闲时打零工的方式进城打工，而是转变为长期滞留城市的农民工，其生活成本也就必然从农村的成本转移到城市的高成本。生活的成本上涨才是工资上涨的原因。同时，近年来农民工工资的上涨也是中国一些学者一直鼓吹并由政府有关部门实行的长期的"温和的"通货膨胀累积的一个必然结果。它也与美元大量进入中国和中国进口的原材料涨价，导致国际通货膨胀向中国转移有密切的关系。

更为重要的是，工资上涨是通货膨胀的结果而不是通货膨胀的原因。中国的"刘易斯拐点"论即便成立，也说明不了国际上的通货膨胀。在其他情况不变的情况下，工资的上涨只不过反映利润有所下降，收入分配更为合理，而这一点正是我国进一步深化收入分配改革的目标。美媒拿工资上涨作为通货膨胀的原因，也有阻碍中国收入分配改革转向社会和谐之嫌。

二 工资上涨与商品价格上涨之间的一般关系

在这里，我们就来详细论述一下工资上涨与商品价格上涨的关系。由于西方经济学认为，通货膨胀意味着一般价格水平的上涨，因此，这里所谈的也就是工资上涨与通货膨胀的关系，只是这里的通货膨胀是在西方经济学的意义上也就是人们在媒体上通常所见到的通货膨胀的意义上说的，而不是在通货膨胀的真正意义上说的。通货膨胀的真正意义是流通中的纸币的含金量下降。绝不能把所有的价格上涨，都视为通货膨胀。事实上，在货币的币值保持不变，即不存在通货膨胀与不存在通货紧缩的情况下，商品的价格随着商品价值的变动而变动，甚至随着供求关系的变动而变动都是十分正常的。绝不能因为商品价格出现了这样的波动就说发生了通货

---

① 《"拐点论"困扰中国经济》，http://news.163.com/11/0330/03/70C7DQ9T00014AED.html。

膨胀或通货紧缩。

在西方经济学看来，现代通货膨胀是成本推动型通货膨胀，即在失业率很高且资源利用不足时，由于成本上升所造成的通货膨胀。为了将成本推动型通货膨胀解释清楚，西方经济学家们常以工资为出发点。但是，西方经济学家也不得不承认，在1999年末2000年初，美国工资与价格上涨的顺序的是价格—工资—价格。① 也就是说，价格上涨在先，工资上涨在后，而后是价格的进一步上涨。

西方经济学家们用工资上涨来解释价格上涨，其实只是为了替滥发货币的金融垄断资本家打掩护而已。要知道，工资只是劳动力商品的价格，如果出现商品价格的普遍上涨，劳动力商品的价格从而工资自然也是要上涨的。否则，即便工资在其他商品价格上涨时不变，那也意味着工资的下降。"工资提高是商品价格提高的结果，不是它的原因。"②

马克思早就指出，"如果资本主义生产者可以随意提高他们的商品价格，那么，即使在工资没有提高的情况下，他们也能这样做，而且会这样做；工资在商品价格跌落的情况下，就永远不会提高；资本家阶级就永远不会反对工联，因为资本家阶级在任何情况下始终可以像他们现在不过偶尔在一定的、特殊的、所谓局部的情况下所实际做的那样，利用工资的每一次提高而在更大得多的程度上提高商品价格，从而把更大的利润放进自己的腰包"③。但是，既然资本家和他们的西方经济学家们竭力反对工会，那就说明工资上涨，只是减少了资本家们获得的剩余价值和利润，而不会带来商品价格的普遍上涨。

有人或许要说，工资上涨后，工人的购买力增加了，会导致需求的扩张，于是从需求的角度导致商品价格的上涨。对此，马克思回应说，"由于工资提高，工人对需求，特别是对必要生活资料的需求会增加。他们在极小的程度上增加了对奢侈品的需求，或者说，在极小的程度上产生了对原先不属于他们消费范围的物品的需求。对必要生活资料的需求的突然的更大规模增加，无疑会暂时使必要生活资料的价格提高。结果是：在社会资本中用来生产必要生活资料的部分将增大，用来生产奢侈品的部分将缩

---

① 萨缪尔森、诺德豪斯：《宏观经济学》（第17版），人民邮电出版社2004年版，第272页。

② 《资本论》（第2卷），人民出版社2004年版，第377页。

③ 同上书，第376页。

小，因为奢侈品的价格将会由于剩余价值的减少、因而资本家对奢侈品需求的减少而跌落。反之，如果工人自己购买奢侈品，他们工资的提高——在购买奢侈品的范围内——并不会使必要生活资料的价格提高，只会使奢侈品的买者发生变换。奢侈品归工人消费的数量比以前增加，而归资本家消费的数量则相应地减少。如此而已。经过几次波动以后，就会有和以前价值相同的商品量在流通。——至于各种暂时的波动，那么，它们造成的结果不外是把原来在交易所干投机事业或在国外寻找用途的那种用不上的货币资本投入国内流通"①。因此，仅仅是在一定的、特殊的、所谓局部的情况下才有可能出现工资上涨造成商品价格的上涨。

另一方面，从马克思的价值转形理论来看，工资上涨的确会造成西方经济学用于度量通货膨胀的消费价格指数（CPI）的上升。但这只不过表明，消费价格指数并不是度量通货膨胀的合适指标，而不能说明工资上涨导致通货膨胀。

三　价值转形下的工资上涨与通货膨胀的关系

价值转形为生产价格的根本原因是，在资本主义制度下，"商品不只是当作商品来交换，而是当作资本的产品来交换"②。也就是说，当商品是劳动的产品即劳动者自己所有的产品时，平等的等价交换规律自然应当是等量劳动的产品相交换。"不然的话，难道可以设想，农民和手工业者竟如此愚蠢，以致有人会拿 10 小时劳动的产品来和另一个人 1 小时劳动的产品交换吗？"③ 但当商品是资本的产品即归资本家所有的产品时，"平等"的交换规律自然就要转形为等量资本的产品相交换了。

价值转形的一般理论在这里就不赘述了，《资本论》第 3 卷中有详细阐述。我们在这里只考察在价值转形的情况下，工资的一般变动是如何影响市场价格的波动中心——生产价格的。

假定工资一般变动前，社会平均资本有机构成为每 100 资本中，可变资本为 x，不变资本为 100 - x，即资本有机构成为 $(100 - x) c + xv$。剩余

---

① 《资本论》（第 2 卷），人民出版社 2004 年版，第 375—376 页。

② 《资本论》（第 3 卷），人民出版社 2004 年版，第 196 页。

③ 同上书，第 1016 页。

价值率为 y，一般利润率 p′= xy/100。记 Δx 为某个偏离社会平均资本有机构成的部门每 100 资本中不变资本的偏离量，也就是说，该部门的资本有机构成为 $(100 - x + \Delta x)$ c + $(x - \Delta x)$ v。由于在这里的工资一般变动不涉及固定资本的损耗和流动不变资本的周转，因而假定不变资本的价值转移率为 q。于是，该部门每 100 资本生产的商品的成本价格为

$$(100 - x + \Delta x) \, q + (x - \Delta x)$$

生产价格为

$$(100 - x + \Delta x) \, q + (x - \Delta x) + xy$$

记 z 为工资变动率，于是剩余价值率变为 y - z。[1] 这时要生产同样数量的商品，该部门的资本预付变为

$$(100 - x + \Delta x) + (x - \Delta x)(1 + z) = 100 + (x - \Delta x) \, z$$

社会平均资本有机构成的每 100 资本预付要变为

$$(100 - x) + x(1 + z) = 100 + xz$$

平均利润变为

$$x(y - z)$$

一般利润率变为

$$\frac{x(y - z)}{100 + xz}$$

于是，同样数量商品的成本价格变为

$$(100 - x + \Delta x) \, q + (x - \Delta x)(1 + z)$$

生产价格变为

$$(100 - x + \Delta x) \, q + (x - \Delta x)(1 + z) + \frac{x(y - z)}{100 + xz} [100 + (x - \Delta x) \, z]$$

因此，一般利润率的变化为

$$\Delta p' = \frac{x(y - z)}{100 + xz} - \frac{xy}{100} = \frac{-zx(100 + xy)}{100(100 + xz)}$$

生产价格的变化（记为 E）为

$$(100 - x + \Delta x) \, q + (x - \Delta x)(1 + z) + \frac{x(y - z)}{100 + xz} [100 + (x - \Delta x) \, z]$$
$$- [(100 - x + \Delta x) \, q + (x - \Delta x) + xy]$$

---

[1] 这里隐含假定 z < y。显然地，z > -1。

$$= \frac{-z\Delta x(100 + xy)}{100 + xz}$$

由于 100 − x 是原社会平均资本有机构成中不变资本所占份额，而且 z > −1,因此，有

$$100 + xz > 100 - x > 0$$

又由于

$$100 + xy > 0$$

因此，从上面的计算结果中可以看出，$\Delta p'$ 与 z 异号，而 E 与 $z\Delta x$ 异号。

这也就是说，就一般利润率的变化而言，当工资提高时，一般利润率下降；而工资降低时，一般利润率提高。

至于生产价格的变化，当 z 与 Δx 同号即 $z\Delta x > 0$ 时，E < 0 即生产价格下降；当 z 与 Δx 异号即 $z\Delta x < 0$ 时，E > 0 即生产价格上升；而当 $\Delta x = 0$ 时即对于具有平均资本有机构成的部门来说，工资无论如何上下变动，生产价格不变。

由于 z > 0 意味着工资提高，z < 0 意味着工资降低，$\Delta x > 0$ 意味着资本有机构成相对于社会平均资本有机构成偏高，$\Delta x < 0$ 意味着资本有机构成偏低，因此，上述推论意味着，对高构成的资本所生产的商品来说，工资提高则生产价格下降；工资下降则生产价格上升；而对低构成的资本所生产的商品来说，工资提高则生产价格上升；工资下降则生产价格下降。

于是，在价值转形的情况下，在工资普遍提高时，所生产的商品的价格，在可变资本占优势（即低资本有机构成）的产业部门将会上涨，但在不变资本或固定资本占优势的产业部门将会下跌。①

由于西方经济学是用低资本有机构成的消费品生产部门的商品的加权平均价格构成消费品价格指数（CPI）来计算通货膨胀，因此，即便工资上涨并不改变总体商品的价值和生产价格，从而工资上涨并不是通货膨胀的原因，工资上涨也容易被这样的一个指标误导为是通货膨胀的一个原因。

此外，即便生活消费品的生产价格进而市场价格由于工资的提高而上涨，但是这一生产部门的资本家的利润率还是下降了。由于总体上工人承受的剥削程度即剩余价值率下降，因此，这种由于工资上涨而造成的生活

① 《资本论》（第 2 卷），人民出版社 2004 年版，第 377 页。

消费品的生产价格的上涨的幅度会小于工资上涨的幅度。同时，由于工人阶级的货币积蓄微薄，甚至要透支消费，因而这种价格上涨也不会削减多少工人以往积蓄的购买力，从而工资上涨在总体上对于工人是有利的。

另一方面，当工资下降时，商品的总体价格也不会变化，高资本有机构成部门的商品的生产价格将会上涨，而低资本有机构成部门生产的商品的生产价格将会下降，但下降的幅度远远小于工资下降的幅度。西方经济学一直指责工资刚性，即工资能升不能降，导致资本家难以靠进一步地牺牲工人来获得更多的利益，但实际上归资本家所有的商品的价格才是刚性的。

四 "工资上涨引起通货膨胀"理论的根源

某些生产部门的资本家无论如何会有这样的经验：工资上涨，商品的平均价格就上涨，工资下跌，商品平均价格就下跌。至于不以工资的变动为转移的商品价值对这种变动的隐蔽的调节作用，却是资本家的"经验"说明不了的。既然西方经济学家们的思想和他们的理论越不出资产者的生活所越不出的界限，因而他们只能将（部分）资本家陈腐的生活感悟加以系统化，赋以学究气味来构成西方经济学的大厦。于是，即便他们不是出于为资本家的利益辩护的目的，也会把工资上涨与通货膨胀联系起来。

由于西方经济学有意无意地将消费品价格指数（CPI）的上涨与通货膨胀等同起来，因此，西方经济学家自然更是可以似是而非地用计量经济学手段并选用特殊时段的数据来"证明"通货膨胀源于工资上涨，这样一方面可以把通货膨胀的罪责推到工人或者工会的头上，掩盖通货膨胀的真正来源；另一方面可以借此恐吓工人不要追求涨工资。

但是，一方面，我们看到，工资的普遍上涨在价值转形下虽然会引起CPI的上升，但也会引起高资本有机构成的工业品的价格及其指数（PPI）的下降；因此，如果PPI没有随着CPI的上升而相应的下降，那就说明存在真正的与工资上涨无关的通货膨胀；另一方面，通货膨胀的本质是货币贬值，而不是由各种因素所影响和决定的商品价格上涨。即便商品的市场价格不上涨，也有可能存在通货膨胀。这是因为，随着劳动生产率的普遍提高，单位商品的价值进而转形后的生产价格会下降，如果商品的市场价格此时没有随着生产价格的下降而降低，那就要用国际垄断金融资本所发行的货币的贬值来解释，从而这种价格的不降低就是通货膨胀。

总之，工资上涨与通货膨胀之间没有必然的联系，中国的刘易斯拐点，与国际社会的通货膨胀没有必然的联系，相反地，滥发货币救市和掠夺世界人民的国际垄断金融资本要对国际社会的通货膨胀负责。

参考文献

［1］《资本论》（第 2 卷），人民出版社 2004 年版。

［2］《资本论》（第 3 卷），人民出版社 2004 年版。

［3］［美］萨缪尔森、诺德豪斯：《宏观经济学》（第 17 版），人民邮电出版社 2004 年版。

（原载《经济纵横》2011 年第 11 期）

积累的社会结构理论述评

丁晓钦　尹　兴

积累的社会结构理论由 David Gordon、Richard Edwards 和 Michael Reich 三位学者于 1982 年首先正式提出，如今在西方非主流经济学中越来越成为一个很有影响力的学派。该理论力图解释资本主义经济所特有的以每 50 到 60 年为一个完整周期（经济的快速扩张与停滞或危机）这一经济现象，但是并不局限于解释资本主义周期性危机，还为理解资本主义制度随时间的演化以及不同国家的不同资本主义系统的制度差异提供了一个平台。

一　积累的社会结构理论的基本框架

何谓积累的社会结构？整个社会存在着各种各样的制度安排，在分析一个积累的社会结构时，应该将哪些制度纳入这一框架之内？一个完整的积累的社会结构的生命周期包括哪些阶段？积累的社会结构理论将资本主义历史划分为哪些发展阶段？这一系列问题构成了积累的社会结构理论的基本分析框架。

1. 积累的社会结构的定义

Gordon、Edwards 和 Reich（1982）认为，资本家在进行一项投资之前，必须考虑两个重要因素：具有吸引力的利润率和投资信心度。而这一信心度只能通过一套稳定而适宜的制度安排来加以保证，这套适宜投资的制度安排就是"积累的社会结构"。

一些学者为了说明新自由主义是一个新的积累的社会结构，对其进行了重新定义，如 Martin H. Wolfson 和 David M. Kotz 等。他们认为，积累的社会结构是一个连贯的、持久的促进盈利和作为资本积累过程的框架的体制结构，但并不一定能促进经济的快速增长，因为作为一个整体来快速积累并不是单个资本家的核心利益，一般也不是资本家能够克服困难来合作重建社会结构的基础。Kotz（2003）将积累的社会结构分为管制的积累的社会结构和自由的积累的社会结构两种类型。前者具有如下特征：有限的国家管制、资本对劳动力的主导优势、激烈的竞争、自由的市场理念。而管制的积累的社会结构则具有如下特点：国家干预、劳资之间合作妥协、企业之间的适度竞争、承认政府和其他非市场机制的积极作用。虽然两种积累的社会结构都有助于剩余价值的有效分配，但只有管制的积累的社会结构才能促进快速积累和经济增长。

2. 积累的社会结构的形成和结构整体性

Kotz（1994）认为，积累的社会结构在早期会建立起一套核心机制，这个核心机制必须能够充分稳定阶级冲突和竞争并维持长期市场，然后这一核心机制影响和塑造其他机制的形成，最终组成一个完整的积累的社会结构。Kotz 难以解释构成初始核心机制的组织统一性，而 McDonough（1994）不必担心这个问题，他试图从能体现新的积累的社会结构的"统一原则"的单一机制或事件的角度来解释积累的社会结构的结构整体性，并从 Gordon 的观点中需求支持。Gordon（1980）认为，"个体组织间的相互依赖构建了一个联合的、有着统一的自身内部结构的社会结构，即一个复合的整体，这个整体结构的功能要大于这些个体机制关系的总和"。这一"统一的内部结构"是"这一整体的任一组成机制的改变，都将很有可能导致其他所有机制的动荡或不稳定，从而影响整个结构"的原因。McDonough 认为，这一完整的机制就是积累的社会结构框架的核心，而且这些机制之间的关系对每一个积累的社会结构而言都是独特的，并具有历史偶然性。

Lippit（2010）在扩展了 Resnick 和 Wolff（1987）的多元决定论概念的基础上，进一步完善了 McDonough 的思想。Resnick 和 Wolff（1987）认为，"每个独特的社会过程是由所有其他社会过程互动组成的，每个过程'自身'包含了所有其他过程组成的截然不同甚至相反的性质、影响、时间和方向"，但 Resnick 和 Wolff 关注的是每个社会过程被与之互动的其他社会过程"多元决定"，而 Lippit 将这一概念扩展到机制和社会过程、"外在"事件或条件、其他机制之间的互动，即机制形成和变化的不断进行的过程是由以下互动引起的：（1）任一特定机制的内在矛盾；（2）与之共存的其他机制；（3）外在事件；（4）全方位的社会过程。所有这些元素互相决定。他认为，为了解释任何一个特定积累的社会结构的整体机制，我们要避免孤立地定义某一机制，而且要认识到各种力量的集合才能创造和维持每个机制，这些力量包括其他机制、全方位的社会过程和外在事件（历史偶然性），因为这些力量可能最终会破坏单个机制甚至整体机制。

3. 积累的社会结构的完整周期

该理论认为，随着时间的推移，积累的社会结构会交替性地刺激或抑制资本积累的速度。在积累的社会结构形成的最初阶段，由于决定利润率的一系列因素得到保证，从而对预期利润的信心得到稳定，这就促进了资本家的投资，经济得以快速扩张，同时经济形势的好转也强化和完善了当前的积累的社会结构。但是，随着时间的推移，不断恶化的阶级矛盾、日益加剧的竞争以及其他因素，使制度不再稳定，资本家对未来的预期日益悲观，从而导致投资率不断下降，最终当前的积累的社会结构遭到破坏，经济限于长期停滞或演变为经济危机。值得注意的是，积累的社会结构是组成一个特定的积累的社会结构的各种机制间的联系，因此，当积累的社会结构崩溃的时候，也就意味着整个机制全部崩溃而不是局部瓦解。在停滞的状态下，各种力量不断博弈以及一系列的试探，最后社会的综合力量指向恢复利润率方向，一套新的积累的社会结构开始形成并不断完善。

4. 积累的社会结构理论对资本主义发展阶段的划分

不同学者对资本主义发展历史的划分持有不同的观点，这里主要阐述较有影响力的三种。

第一种观点又称之为空间化学派（Michael Wallace & David Brady, 2010），认为从 1820 年到 2000 年共存在过 4 个积累的社会结构，即无产阶级化、同化、分化、空间化的积累的社会结构。

第一个积累的社会结构在 19 世纪 20 年代开始，在 40 年代—70 年代巩固，70 年代进入衰退期。在这个积累的社会结构中，无产阶级化便于资本家将工人集中于工厂内监管使其更可靠更高强度地工作。逐渐明显的阶级矛盾和手艺工人的技术垄断导致第一个积累的社会结构消亡，并催生了第二个积累的社会结构——（对工人劳动的）同化。同化的积累的社会结构在 19 世纪 70 年代开始，在 1890 年后得到巩固，并在一战期间进入衰退期。同化将劳动拆分为一些简单的工作并且破坏手工艺工人对技术的垄断。但是同化提高了工人的阶级觉悟，从而形成了新的危机。二战后，对工人的分化解决了这个危机，形成和巩固了第三个积累的社会结构。分化就是将不同部门（主要分为垄断部门和竞争性部门）的工人归属于不同的体制以降低工人的团结性，并通过官僚系统控制潜在的冲突。但是，由于垄断部门工人在工作稳定后寻求改善工作条件的斗争增多，企业对职工稳定度和灵活雇工的要求也增多，该系统越来越难以维持，并随着经济全球化而矛盾加剧。第四个积累的社会结构是空间化的积累的社会结构，它在20世纪70年代开始进入探索期，在2000年左右进入巩固期。空间化由技术控制系统所补充，它借助于计算机网络将专家支配权拓展到经济活动的所有节点，形成一个对资本家更灵活积累系统，增加了利润并将风险转移给工人。

第二种观点的代表是McDonough、Reich和Kotz（2010），他们认为，美国第一个积累的社会结构形成于19世纪末，是一个由中小型企业市场结构掌控了倍具竞争力的积累的社会结构，而后在大萧条时代被终结。第二个积累的社会结构伴随着凯恩斯主义福利制度在二战结束后被巩固，并在20世纪70年代结束。这一美国战后的积累的社会结构包括五种机制：资本—劳动协议（劳动力让步于企业管理权以换取实际工资提升和工作安全保障）；美国强权统治下的和平（美国霸权遍布全球，强势的美元限制了美国公司进口原材料的成本并加快其海外扩张）；资本—公民协议（企业同意提供社会保障、医疗和其他福利以换取公众最小限度地干预其公司盈利）；资本家间无声的竞争（国内市场寡头垄断，国外工业弱小）以及有利的金融框架（布雷顿森林体系形成了一个稳定的低利率金融环境）。第三个积累的社会结构在20世纪80年代被建立，我们称之为当代的积累的社会结构或者新自由主义的积累的社会结构。在这个积累的社会结构中，资本管制被解除、私有化不断进行、工会力量被削弱、经济不断全球化和金融化。

第三种观点则从公司基本形式和管理战略转变的角度来划分不同时期的积累的社会结构，如Prechel（2000）。他认为，在积累的社会结构的衰退期，企业很难从内部获得足够资金以应付危机的情况尤为明显，这时企业就会转变基本形式和寻求重组，同时争取国家层面的支持以促进这种转变。在此分析框架下，第一个积累的社会结构的衰退期是在19世纪70年代到19世纪90年代末，在这一时期，有限公司逐渐出现并最终成为公司主导形式。第二个积累的社会结构的衰退期是在20世纪20年代到30年代，在这一时期，企业转变到多部门形式，而财务投资回报成为衡量成功的标准。第三个积累的社会结构的衰退期是 20 世纪 70 年代到 90 年代，在这一时期企业将其部门变成子公司，产生多层次的子公司，并根据分列数据做出财务决策。

二 积累的社会结构理论在时空应用上的最新发展

积累的社会结构理论的应用范围非常广泛，在时间和空间上都获得了多层次多角度的发展，并与社会学、人类学、犯罪学等学科交叉。积累的社会结构理论最初是以历史描述的方法分析美国资本主义制度的长期变迁，时间跨度涵盖了整个资本主义发展的时期，但是最近为了分析的需要，积累的社会结构理论的分析也开始短期化，应用于比"长波"要短的时期，并应用到各种层次的空间上。

积累的社会结构理论在空间应用上获得了多层次的发展。在微观层面上，积累的社会结构理论拓展到了州县［如 John（2003）使用积累的社会结构框架讨论了美国新奥尔良市的阶级冲突，Lobao et al.（1999）研究了国家的积累的社会结构的元素对县的影响］或某一政府部门［如 Carlson，Gillespie 和 Michalowski（2010）研究了美国监狱和司法系统对积累的社会结构的影响］甚至企业层面［如 Boyer（2010）考察了首席执政官报酬增长与当代社会积累机构的关系，戈德斯坦（2009）探讨了企业组织能力理论和积累的社会结构理论如何相互借鉴］，在国家层面不再局限于少数发达国家，对亚非拉国家的分析逐渐增多，在此基础上对国际层面的跨国机构、金融化和全球化进行了分析。下面重点阐述从国家层面到国际层面的分析。

在国家层面上，积累的社会结构理论不仅分析了美国、日本等主要发达国家，最近还分析了一些亚非拉国家，如亚洲的约旦、科威特，非洲的埃及、拉美的墨西哥。Pfeifer（2010）认为，20 世纪 90 年代后埃及、约旦、科威特都建立起了不同程度的新自由主义的积累的社会结构，进行私有化和贸易自由化，通过有利于雇主的更灵活的劳动法，放松了对金融风险的控制。Salas（2010）认为，1982 年外债危机使墨西哥的积累的社会结构开始了大转型，以国内市场为导向的模式逐渐被转向新自由主义，低收入工作极度不稳定且工资极低，收入分配变得更糟，绝大多数人的生活水平没有提高。Robinson（2003）描述了中美洲 5 个国家从国家主导的积累的社会结构向全球化的积累的社会结构的变化，并认为其反映了发展中国家的一个普遍趋势。

20世纪80年代以前大部分国家的积累的社会结构各具特色，但是80年代以后，随着经济全球化的加深和贸易投资一体化的增强，资本可以通过国家间的自由流动来摆脱单个国家对资本的管制，各个国家也从凯恩斯式的积累的社会结构转向服务于全球化积累和跨国资本家利益的积累的社会结构。随着世界各个地区社会结构的转变和跨国化，一个新的全球积累的社会结构对各国原有积累的社会结构的转变发挥了重要影响。不仅上述亚非拉国家自20世纪80年代以来发生了新自由主义转变，世界上绝大多数国家都经历了新自由主义的积累的社会结构变革，而一些跨国机构在其中发挥了重要作用。

在国际机构方面，积累的社会结构理论不仅分析了WTO等跨国组织推动贸易自由化的作用（如McDonough，2009），而且重点分析了国际金融机构，包括IMF和世界银行。这些组织以借贷和帮助为回应强制发展中国家实行"一揽子"的新自由主义政策，如放开外贸、浮动汇率、私有化、消除管制、取消补助，以及减少社会开支，取代原先的进口替代战略。William K. Tabb（2010）也指出，这些国际组织在促进金融化进而转变全球积累的社会结构过程中功不可没。

在全球层面上，积累的社会结构理论分析了全球新自由主义下的积累的社会结构，尽管不是所有的学者都认为这是一个新的积累的社会结构。这涉及对积累的社会结构的重新定义。如果不要求新的积累的社会结构保证经济的快速增长，只要求其能够促进盈利和资本的积累，则新自由主义及其全球化新自由主义都可以被认为是一个新的积累的社会结构。Kotz & McDonough（2010）认为，新自由主义更多地基于全球化这一层面而不是单一民族国家这一层面，"全球化新自由主义"一词更好地概括了当代积累的社会结构。这一积累的社会结构在20世纪80年代早期得以稳固，其主导机制是新自由主义的意识形态、政策和机构（包括资本和货物的跨国流动、生产的国际化、跨国公司的供应链管理等），其他的机制则包括劳动者权利的削减、空间化的劳动力控制战略、金融化、车间的灵活专业化等。新自由主义促进全球化，而全球化的资本有力地支撑了新自由主义的定位，最终生产的全球化增强了资本追寻目标的能力，却削弱了劳动力。Tabb（2010）进一步总结了全球化积累的社会结构的特征：保持生产力与工资之间相应的差距；在质量上采取各式各样的全球化竞争；打破贸易保护；增强借贷和投资资本的流动性；通过资本对劳动力的全面压制来暂时稳定劳资矛盾。

一些学者反对全球化的积累的社会结构的说法。如 Wallace M. & D. Brady（2010）认为，全球化并不能真正解释工会化程度的国际差异，应该用空间化的积累的社会结构来解释美国经济在世纪之交的转向。Bowles, Samuel, Edwards 和 Roosevelt（2005）则称之为跨国的积累的社会结构。Robert（2002）认为全球化只不过是资本主义发展的新阶段。不过，不论如何称呼全球化层面的积累的社会结构，它都有着相似的特征，如更灵活的资本和对工人的压制。Kotz 和 McDonough（2010）分析了这种积累的社会结构的内在矛盾，主要包括总需求不足、金融系统日益脆弱、资产泡沫、危机更容易蔓延、美元角色矛盾、阶级矛盾激化、环境危机等。

三　积累的社会结构理论评述和展望

在积累的社会结构理论兴起的同时，熊彼特主义和马克思主义经济学长波理论在解释经济长周期方面都取得了长足的发展，新制度经济学也在借鉴新古典经济学分析方法的基础上对旧制度经济学进行了脱胎换骨的变革，将积累的社会结构理论与这些理论进行比较分析，有利于评述其理论优缺点，并猜度其发展潜力。

1. 积累的社会结构理论与其他长波理论的比较分析

积累的社会结构概念是积累的社会结构学派的重要理论创新。Gordon 提出这个概念后以其为首的积累的社会结构学派用它来分析资本积累的长期波动和解释了资本主义发展的不同阶段，因此在经济思想史上有时被归属于一种长波理论，尽管该学派的一些学者并不认同。不过积累的社会结构理论在对经济长周期的分析上确实符合长波理论的基本特征。长波理论源于康德拉季耶夫，现代主要分支有熊彼特主义技术长波论、曼德尔的长波理论、调节理论和积累的社会结构理论。熊彼特主义技术长波论强调基础技术及其相关制度对经济长波的影响，技术起着决定性作用；曼德尔的长波理论强调长波中阶级斗争对技术革命的影响，认为阶级斗争的结果决定了长波从下降转向上升的转折点，阶级斗争通过影响技术革命进而影响长波的转折；调节理论主要研究技术和制度之间的辩证关系，认为只有当技术和制度之间存在着动态和谐时，经济才会形成较长的上升期，技术也起着至关重要的作用；积累的社会结构理论强调有利于资本积累的特定制度环境即积累的社会结构的形成和衰败在经济长期波动中的决定性作用。不难看出，积累的社会结构理论是这几个长波理论中唯一一个将技术创新置于非核心地位的理论。不仅如此，它对制度结构的分析也是最为详尽的，不仅关注阶级斗争（曼德尔的长波理论所关注）、资本组织劳动的方式和资本家之竞争的形式（调节理论所关注）等，还关注金融制度、资本与公众的关系、国家与公民的关系甚至家庭关系，因而是评价最高的分析资本主义社会制度变迁的非正统思想。

同时，关注过多制度也使其容易遭受攻击为"多元决定论"，没有一个统一的标准。尽管该理论认为每一个积累的社会结构理论包含着一个相对统一的结构，但如何去界定哪些制度安排应该纳入积累的社会结构当中似乎并没有一个清晰而又简单的准则。即使是同一个经济环境，不同的研究者可以得出不同的积累的社会结构，进而得出不同的兴起和衰亡时期，显得不够严谨。

这其实与积累的社会结构理论偏重历史描述的特点有关，历史的多面性和复杂性一方面使得分析的角度变宽，容易陷入强调历史偶然性的误区，另一方面容易陷入机械决定论或强调历史偶然性的误区，并且角度过多，难以判定关键特征。

2. 积累的社会结构理论和新制度经济学理论的比较分析

积累的社会结构理论由于强调制度对经济发展的作用，而与新制度经济学有某些相似之处，同时在概念和分析重点上又有着根本的区别。积累的社会结构的制度体系是以一组核心关系建立的几个关键关系，而新制度经济学使用的制度概念不仅包括一系列正式制度，还包括非正式制度，并且更强调非正式制度的长期作用。积累的社会结构学派在分析中以社会阶级关系为基础，认为阶级关系的和谐或稳定能够促进资本积累或利润积累，而新制度经济学以产权分析为核心，认为只要产权明晰即可提高经济效率，不论产权归属是否有利于劳动者，实际上否认了劳资关系是否和谐对经济效率的重要性。新制度经济学引入了新古典经济学的"经济人"假设和成本—收益分析方法，而积累的社会结构理论所研究的制度结构内外部之间的关系，是从整体而非微观个体的角度来研究的，也无法用成本—收益分析来简化，只能采取历史唯物主义、矛盾分析法等。

积累的社会结构理论对资本主义发展的本质有着更深刻更全面的解剖，但是在解剖后没有提出明确的对策。新制度经济学认为明晰的产权有助于提高经济效率，是理想的制度，而积累的社会结构理论并没有提出一个"理想"或标准的积累的社会结构，并以此评判其他积累的社会结构的优劣。虽然劳资和谐的战后积累的社会结构能同时促进资本积累和经济增长，但是被认为容易遭受"利润挤压"的危机（Kotz，2009）。因此，积累的社会结构理论似乎缺少一个明确奋斗的方向，只能解释和批判现实政策，却不能指出前进的方向。

3. 积累的社会结构理论展望

在上述比较分析中，积累的社会结构理论一方面显示出解释资本主义制度变迁时的灵活性、深刻性和全面性，另一方面也暴露出微观基础薄弱、定位分析不够精确、缺乏政策指导的明确方向等缺点。但瑕不掩瑜，积累的社会结构理论依然拥有较大的理论发展空间和非常广阔的应用空间。积累的社会结构理论由于其较大的灵活性，在时空应用上已经获得了多层次多角度的发展，随着案例研究的增多和时间的积淀，必然会为新思想的产生和发展提供实践的沃土。尤其是各国各地区积累的社会结构之间的互动与全球化积累的社会结构的发展之间的辩证关系，仍将成为理论热点并推动积累的社会结构理论在概念外延、界定准则和理想模型上的进一步发展。2008 年至今的世界金融和经济危机和多国财政货币危机对欧美发达国家政府的执政能力和合法性提出了严峻挑战，也将促使各国积累的社会结构的形势尽快明朗，有助于化解积累的社会结构理论当前的争论，获得比较统一的标准。

参考文献

［1］ Bowles, Samuel, Edwards & Roosevelt, *Understanding Capitalism：Competition, Command and Change*, New York：Oxford University Press, 2005.

［2］ Boyer, R. , "The Rise of CEO Pay and the Contemporary Social Structure of Accumulation in the United States", in McDonough, Reich & Kotz, *Contemporary Capitalism and Its Crises：Social Structures of Accumulation Theory for the 21st Century* , New York：Cambridge University Press, 2010, pp. 215 – 238.

［3］ Carlson, Gillespie & Michalowski, "Social Structure of Accumulation and the Criminal Justice System", in McDonough, Reich & Kotz, *Contemporary Capitalism and Its Crises：Social Structures of Accumulation Theory for the 21st Century* , Cambridge University Press,

2013, pp. 239 – 263.

[4] Gordon, D., "Stages of Accumulation and Long Economic Cycles", in Terence K. Hopkins and Immanuel Wallerstein eds., *Process of the World System*, Beverly Hills: Sage, 1980, pp. 9 – 45.

[5] Gordon, D., Edwards R. & M. Reich, *Segmented Work, Divided Workers*, Cambridge University press, 1982, pp. 23, 25 – 26.

[6] John, A., "Race and Hegemony: The Neoliberal Transformation of the Black Urban Regime and Working – Class Resistance", *American Behavioral Scientist*, Vol. 47, No. 3, 2003, pp. 352 – 380.

[7] Kotz, D. M., "Long Waves and Social Structures of Accumulation: a Critique and Reinterpretation." *Review of Radical Political Economics*, Vol. 19, No. 4, 1987, pp. 16 – 38.

[8] Kotz, D. M., "Interpret in the Social Structures of Accumulation Theory", in Kotz, McDonough & Reich, Social Structures of Accumulation: *The Political Economy of Growth and Crisis*, Cambridge University Press, 1994, pp. 50 – 71.

[9] Kotz, D. M., "Introduction", in Kotz, McDonough & Reich, *Social Structures of Accumulation: The Political Economy of Growth and Crisis*, Cambridge University Press, 1994, pp. 1 – 8.

[10] Kotz, D. M., "Neoliberalism and the Social Structure of Accumulation Theory of Long – Run Capital Accumulation", *Review of Radical Political Economics*, Vol. 35, No. 3, 2003, pp. 263 – 270.

[11] Kotz, D. M., "The Financial and Economic Crisis of 2008: A Systemic Crisis of Neoliberal Capitalism", *Review of Radical Political Economics*, Vol. 41, No. 3, 2009, pp. 305 – 317.

[12] Kotz, D. M. & McDonough, T., "Global Neoliberalism and the Contemporary Social Structure of Accumulation", in McDonough, Reich & Kotz, *Contemporary Capitalism and Its Crises : Social Structure of Accumulation Theory for the 21st Century*, New York: Cambridge University Press, 2010, pp. 93 – 120.

[13] Lobao et al., "Macro – level Theory and Local – level Inequality: Industrial structure, Institutional Arrangements, and the Political Economy of Redistribution, 1970 and 1990", *Annuals of the Association of American Geographers*, Vol. 89, No. 4, 1999, pp. 571 – 601.

[14] Lippit V. D., "Social Structures of Accumulation Theory", in McDonough, Reich – Kotz, *Contemporary Capitalism and Its Crises : Social Structure of Accumulation Theory for the 21st Century*, New York: Cambridge University Press, 2010, pp. 45 – 71.

[15] McDonough, T. , "Social Structures of Accumulation, Contingent History and Stages of Capitalism", in Kotz, McDonough & Reich, *Social Structure of Accumulation: the Political Economy of Growth and Crisis*, Cambridge University Press, 1994, pp. 72 – 84.

[16] McDonough, Reich & Kotz, "Introduction", in McDonough, Reich & Kotz, *Contemporary Capitalism and Its Crises: Social Structure of Accumulation Theory for the 21st Century*, Cambridge University Press, 2010, pp. 1 – 22.

[17] Prechel, H. , *Big Business and the State: Historical Transition and Corporate Transformation, 1880s – 1990s*, State University of New York Press, 2000.

[18] Resnick, S. A. & R. D. Wolff, *Knowledge and Class: A Marxian Critique of Political Economy*, University of Chicago Press, 1987, p. 88.

[19] Pfeifer, K. , "Social Structure of Accumulation Theory for the Arab World: the Economies of Egypt, Jordan, and Kuwait in the regional System", in McDonough, Reich & Kotz, *Contemporary Capitalism and Its Crises: Social Structure of Accumulation Theory for the 21st Century*, Cambridge University Press, 2010, pp. 309 – 354.

[20] Robinson, William I. , *Transnational Conflicts: Central America, Social Change, and Globalization*, London: Verso, 2003.

[21] Robert, W. , *The Enigma of Globalization: A Journey to A New Stage of Capitalism*, London: Routledge, 2002.

[22] Salas, C. , "Social Structure of Accumulation and the Condition of the Working Class in Mexico", in McDonough, Reich & Kotz, *Contemporary Capitalism and Its Crises: Social Structure of Accumulation Theory for the 21st Century*, Cambridge University Press, 2010, pp. 286 – 308.

[23] Tabb, W. K. , "Financialization in the Contemporary Social Structure of Accumulation", in McDonough, Reich & Kotz, *Contemporary Capitalism and Its Crises: Social Structure of Accumulation Theory for the 21st Century*, New York: Cambridge University Press, 2010, pp. 145 – 167.

[24] Wallace, M. & D. Brady, "Globalization or Spatialization? The Worldwide Spatial Restructuring of the Labor Process", in McDonough, Reich & Kotz, *Contemporary Capitalism and Its Crises: Social Structure of Accumulation Theory for the 21st Century*, New York: Cambridge University Press, 2010, pp. 121 – 145 .

[25] Wolfson, M. H. & D. M. Kotz. , "A Reconceptualization of Social Structure of Accumulation Theory", in McDonough, Reich & Kotz, *Contemporary Capitalism and Its Crises: Social Structure of Accumulation Theory for the 21st Century*, New York: Cambridge University Press, 2010, pp. 72 – 90.

[26] 大卫·科茨:《当前金融和经济危机:新自由主义资本主义的体制危机》,

《海派经济学》2009 年第 1 期。

　　[27] 大卫·科茨：《马克思危机论与当前经济危机：大萧条或严重积累型结构危机?》，《海派经济学》2010 年第 2 期。

　　[28] 唐·戈德斯坦：《在社会积累结构理论下对能力角色的探讨》，《海派经济学》2009 年第 2 期。

　　[29] 特伦斯·麦克唐纳：《论国际"类主权国家"机构与社会积累结构》，《海派经济学》2009 年第 1 期。

（原载《经济学动态》2011 年第 11 期）